Michael Haase

Im Zeichen des Re

Meiner Frau
Christine
gewidmet,
die mich seit vielen Jahren
auf den Spuren des Alten Ägyptens
begleitet und meine Begeisterung für
das einzigartige Erbe der Pharaonen teilt.

Michael Haase

Im Zeichen des Re

Die geheimnisvollen Sonnenkönige Ägyptens

Ungelöste Rätsel der Pyramidenforschung

Mit 79 Farbfotos,
47 Abbildungen und 7 Tabellen

Herbig

Bildnachweis

Fotos:
Michael Haase: 1, 3–8, 10, 12–18, 21–27, 29, 31–41, 43, 45–54, 56–74, Vor- und Nachsatz
Christine Mende: 2, 9, 11, 19, 20, 28, 30, 42, 44, 55, 75–78

Tabellen und Zeichnungen:
Michael Haase

Vor- und Nachsatz: Die Sahure-Pyramide auf dem Abusir-Plateau. Blick von Südosten. Links daneben die Mastaba des Ptahschepses. Im Vordergrund Ruinen einer weiteren Mastaba der Abusir-Nekropole.

Gedruckt auf chlorfrei gebleichtem Papier

Umschlaggestaltung: Wolfgang Heinzel
Umschlagbild: Image Bank, München
Herstellung und Layout: Franz Nellissen
Satz: Atelier für Typographie H. Numberger, München
Gesetzt aus 11/14,2 Sabon auf Apple Macintosh
Druck: Jos. C. Huber KG, Dießen
Binden: R. Oldenbourg, Kirchheim
Printed in Germany
ISBN 3-7766-2025-0

Inhalt

Auftakt

Ein Mythos zerbricht 7

Teil I

Jenseits des Horizonts 18

1 *Die Säulen der Welt* 23
Im Schatten der Götter 24 · Jenseits der Tempelmauern 26 · Machtzentrum Heliopolis 29 · Symbole der Unsterblichkeit 34 · Im Banne der Sonne 39

2 *Der Erbe des Cheops* 43
Djedefres Profil 44 · Die neue Kultfunktion 46 · Jenseits von Giza 48 · Dem Himmel am nächsten 51 · Logistische Höchstleistungen 53 · Die Pyramide des Djedefre 56 · Kammersystem freigeräumt 59 · Steine für Djedefre 62 · Der Weg zum Sternenzelt 64 · Der erste Sphinx Ägyptens? 65

3 *Herrscher ohne Namen* 67
Thronstreitigkeiten? 67 · Zeichen in Stein 71 · Familienbande 72 · Das Rätsel von Zawyet el-Aryan 76

Teil II

Brennpunkt Giza 80

4 *Im Schatten des Cheops* 85
Rückkehr nach Giza 86 · Die Wahl des Baugrundes 88 · Größer als Cheops? 91 · Rätselhaftes Kammersystem 97 · Unbekannte Kammern? 104 · Sicherheitssysteme 106 · Das Problem der Probleme 108 · Das Spiralrampenmodell 111 · Das »Anschüttungsmodell« 114 · Das Rätsel von Medum 116 · Ein Prinzip unter der Lupe 119 · Monumentale Architektur 122

5 *Das Rätsel des Sphinx* 127
Mischwesen der Superlative 128 · Die Renaissance des Sphinx 131 · Eine vergessene Grabkammer? 135 · Eigentümer unbekannt 138 · Abbild von Cheops oder Chephren? 140 · Baudaten des »Sphinx-Tempels« 143 · Der erste Sonnentempel? 146 · Das »Haus des Chephren« 148

TEIL III

Das Zeitalter der Sonnenkönige 151

6 *Das Ende des Cheops-Clans* 155
Architektur im Wandel 156 · Am Wendepunkt des Pyramidenzeitalters 158 · Ein Bruch der Tradition? 163 · Die Prophezeiung 167 · Herkunft unbekannt 171 · Machtübernahme in Heliopolis 173 · Spurensuche 176 · »Der den Großen schaut« 180

7 *Zielpunkt Abusir* 185
Der »Große Graben« von Sakkara 187 · Der Königsfriedhof von Abusir 190 · Rückkehr nach Sakkara? 195 · Lokaltermin am »Lustort des Re« 196 · Rätselhafte Sonnenheiligtümer 199 · Grabungsfeld mit Zukunft 203 · Totentempel für den Sonnengott? 205

8 *Der Himmel über Memphis* 207
Am Ende der Sonnendynastie 208 · Texte für das Jenseits 212 · Astronomie in den Pyramidentexten 217 · Der erste Königsmord 224

AUSKLANG

Am Ende der Pyramidenzeit 228

ANHANG

Anmerkungen 232 · Literatur 248 · Danksagung 252 · Register 253

Auftakt
Ein Mythos zerbricht

Der Tod kam überraschend und schnell, obwohl der junge Ägypter Sethu schon seit Stunden auf der Flucht war und ständig um sein Leben fürchten mußte. ...

> »Sehet, Dinge haben sich zugetragen, die seit den fernsten Zeiten nicht geschehen sind: Der König ist vom Pöbel gestürzt worden! (...) Sehet, es ist soweit gekommen, daß das Land des Königtums beraubt worden ist von ein paar Menschen, die nichts von Regierung verstehen. (...) Sehet, das Land hat sich zusammengerottet in Banden, der Elende raubt die Habe des Edlen.«[1]

Als im Morgengrauen die ersten Flammenmeere die dunstbeladene Luft über der alten Königsresidenz »Ineb Hedj« und der benachbarten Pyramidenstadt »Mennefer Pepi« durchschnitten und dunkle Rauchschwaden den ägyptischen Himmel hinaufstiegen, hatte es Sethu nicht mehr in seinem Haus gehalten. Zu seinem Entsetzen hatten sich die Gerüchte aus den umliegenden Provinzen bewahrheitet, waren die Aufstände, die seit Wochen im Hinterland tobten, jetzt doch bis zur Schaltzentrale des Staates gelangt.
Zum wiederholten Male stieg die Sonne in diesem Jahr nun schon in einem Land ohne Herrscher zum Zenit auf – in einem Land, in dem die heilige Weltordnung dem Chaos gewichen war. Doch nun schien die letzte Phase des Unterganges des einst so ruhmreichen Götterstaates begonnen zu haben, warf eine düstere Zukunft ihre Schatten voraus. Das Land versank im Kampfgetöse der ersten Revolution in der Menschheitsgeschichte. Rebellierende Horden und organisierte Kampftruppen aus dem Süden zogen brandschatzend und raubend durch die fruchtbare Nilebene. Charismatische Revolutionsführer witterten ihre Chance, die maroden Verhältnisse des Pharaonenimperiums zu ihren Gunsten ausnutzen zu können. In ihrem

Schlepptau hatten sie die unzähligen Armen und Hungernden des Landes, die auf ein besseres Dasein hofften und bereitwillig jedem folgten, der ihnen ausreichend Land und Korn versprach.

»Es ist doch so: Hallen, Säulen und Mauern sind in Asche gelegt. (...)
Es ist doch so: Die Herzen sind zu gewalttätig, Unheil ist im Lande
verbreitet, Blut ist überall (...) Viele Tote sind im Fluß bestattet,
die Flut ist zum Grab geworden (...)«[2]

Sethu war sich seiner Lage bewußt und suchte wie viele seiner Mitbewohner einen sicheren Weg aus der umkämpften Hauptstadt. Sein Ziel war der im Norden liegende, große Tempelbezirk von Iunu. Dort würde er seinen Vater, einen Re-Priester und Expeditionsleiter des ehemaligen Königs, antreffen. Im heiligen Tempelbereich der Stadt, in dem die mächtigen, massiv gebauten Heiligtümer der Götter Atum und Re standen, hoffte er eine sichere Zuflucht zu finden und zum Weltengott für seine ewige Existenz in einer besseren Welt – jenseits von Tod, Anarchie und Entbehrungen – beten zu können.

Sethu kannte die Gegend nördlich der Residenz genau. Dort hatte er als Kind gespielt und mit seinen Spielkameraden die Nilebene zwischen den westlich am Wüstenrand liegenden Königsgräbern und den großen Steinbrüchen im Osten unsicher gemacht. Er war zu Fuß unterwegs, hielt sich vom Nilufer fern und nutzte jede Deckung. Oft hielt er sich versteckt, wenn er in der Umgebung rebellierende und plündernde Leute hörte – oder auch nur vermutete. So dauerte es viele Stunden, bis Sethu Iunu erreichte. Die Sonne hatte ihren Zenit längst überschritten und senkte sich dem Horizont entgegen. Der Himmel nahm erste Züge seines markanten Abendrots an. Doch da war noch ein anderer Widerschein. Schon von weitem sah Sethu, daß die Außenbezirke der Dörfer, die sich um den Tempelbezirk gruppierten, in Flammen standen.

Die Schreie der Verzweifelten und das Gegröle der Gottlosen wurden mit jedem Meter, den sich Sethu dem Zentrum der Sonnenstadt näherte, deutlicher und brannten sich tief ins Bewußtsein des jungen Ägypters. Sein Fluchtziel behielt er jedoch gebannt im Auge – trotz der ersten Zweifel, die ihn beschlichen. Unwirklich, aber deutlich hoben sich die hohen Mauern der Tempelgebäude, eine Handvoll Obelisken und ein breiter Umfassungswall von den umliegenden Häusern ab. Nachdem sich Sethu vorsichtig – manchmal totstellend, manchmal hinter Häusern und Ställen versteckend –

bis zum großen Tempelkomplex vorgekämpft hatte, hielt er plötzlich inne. Das westliche Haupttor der großen Umfassungsmauer stand weit offen und viele, wild gestikulierende und um Hilfe schreiende Menschen drängten auf das heilige Areal. Ein furchtbarer Gedanke durchzuckte ihn: War er schon zu spät gekommen? Ohne zu überlegen, bewegte er sich in Richtung des Tores. Wenige Minuten später befand er sich selbst im Tempelbezirk und hielt sich hinter einer der vielen Sphinxstatuen versteckt. Die großen Alabastersphingen flankierten einen gepflasterten, leicht ansteigenden Weg, der in Richtung des auf einer kleinen künstlichen Anhöhe liegenden Atum-Heiligtums verlief, hinter dem sich auch der Re-Tempel befand. Sethu beobachtete gebannt die Geschehnisse, die sich unmittelbar vor ihm abspielten.

Am riesigen Eingangspylon des Atum-Tempels hatten sich viele Dorfbewohner versammelt und versuchten, mit aller Macht Einlaß zu bekommen. Doch die massiven Holztore waren verschlossen, versperrten ihnen den Weg in eine sichere Zuflucht. Im Umfeld lagen viele Tote, zuckten Leiber vor Schmerzen. Ineinander verkeilte Menschen kämpften brutal und ohne Gnade. Nicht weit entfernt von Sethu hatte eine große, zerlumpt aussehende Gruppe von Bogenschützen Position bezogen und begonnen, gezielt auf die gottesfürchtigen Regierungstruppen, die sich auf der Tempelmauer verschanzt hatten, zu schießen. Ihr Pfeilhagel wurde nur spärlich erwidert. Die Verluste unter der Dorfbevölkerung, die zwischen die Fronten geriet, waren groß. Einer nach dem anderen, der hilfesuchend in Richtung der Tempelmauern stürmte, sank getroffen zu Boden, krümmte sich im Todeskampf. Den Angreifern war es anscheinend egal, wen sie töteten und die verängstigten Verteidiger hatten längst aufgegeben, zu unterscheiden. Sie schossen auch immer öfter auf jene, die sich dem Tempel schutzsuchend näherten. Niemand von ihnen dachte im entferntesten daran, die Tore zu öffnen, um den Bauern und Dorfbewohnern Hilfe zu leisten.

Als Sethu die ersten Rauchschwaden bemerkte, die aus dem Tempel aufstiegen, wurde ihm klar, daß er sich beeilen mußte. Auch wenn er befürchtete, daß die Situation am Eingangstor des Re-Tempels, das er von seiner Position aus nicht sehen konnte, ähnlich war, wollte er zumindest einen Versuch wagen, seinen Vater im Tempel zu erreichen. Noch war er zuversichtlich, aus der Sache heil herauszukommen, denn immerhin hatte er es – allen Gefahren zum Trotz – schon bis hierher geschafft. Er würde zusammen mit seinem Vater auch bis in die östlichen Berge gelangen. Doch in Gedanken versunken, wie er sich im Schutz der rechts von ihm liegenden Priesterwohnungen an der Umfassungsmauer entlang bis zum östlich gelegenen

Re-Tempel schleichen könnte, schlug das Schicksal erbarmungslos zu und ließ dem jungen Mann keine Chance.

In dem Augenblick, in dem sich Sethu von der Sphingen-Allee abwandte, hörte er ein schnalzendes Geräusch und spürte einen leichten Schlag im Rücken. Instinktiv drehte er den Kopf zur Seite und nahm im Augenwinkel das Ende eines Pfeiles wahr, der sich in seinen Körper gebohrt hatte. Augenblicklich, so als ob der Blickkontakt dem Gehirn den entscheidenden Impuls gegeben hatte, spürte Sethu den stechenden Schmerz, der seine Beine lähmte und seine Sinne vernebelte. Sterbend fiel er zu Boden, schlug sein Körper hart in den Staub. Halb auf dem Rücken, halb auf der Seite liegend blickte er ein letztes Mal zum Horizont und sah direkt in die rötliche Sonnenscheibe. Plötzlich fühlte Sethu keinerlei Schmerzen und nahm auch die wärmende Abendsonne nicht mehr wahr. Dann übermannte seinen Körper eine eisige Kälte. Seine letzten Gedanken galten dem Sonnengott, dem mächtigen Herrscher am Firmament, und seinem Vater, den er im gesegneten, himmlischen Jenseits wiederzutreffen hoffte. ...

Als die Sonne hinter dem Horizont verschwand, war der Kampf um Iunu fast entschieden. Während der Mob siegestrunken durch die Straßen zog und wahllos Magazine, Ställe und Häuser plünderte, ging auch die Auseinandersetzung im Tempelbezirk dem Ende entgegen. Die noblen Häuser der Re- und Atum-Priester, jene heimlichen Lenker und Denker des Staates, die hinter den Königen jahrhundertelang die Geschicke des Staates mitgestalteten, brannten lichterloh. Die einst mächtigsten Priester des Landes verloren ihre Unantastbarkeit, wurden gedemütigt, vertrieben und ermordet. Mit der Erstürmung ihrer großen Tempelanlagen verwandelten sich die ehemaligen »Ausbildungszentren« der pharaonischen Elite unaufhörlich in einen Vorhof zur Hölle, in dem das letzte Kapitel der einflußreichsten Priesterschaften der Pyramidenepoche geschrieben wurde. Auch in der Tempelbibliothek – dem »Haus der Buchrollen« – des Re-Harachte-Tempels erwarteten zwei Priester betend ihren gewaltsamen Tod, dessen Vorboten schon grölend durch das Heiligtum zogen.

»Ich habe große Angst, weiser Khentka. Sie werden uns töten, uns zerstückeln wie Vieh und unsere zerfetzten Leiber verbrennen. Unseren Kas wird der Weg ins gepriesene Jenseits auf Ewigkeit verwehrt bleiben. Warum erbarmen sich die Götter unser nicht?«

Hetis Stimme zitterte, während er sich noch weiter in die Ecke des Raumes drängte. Sein Blick haftete starr auf den mächtigen, verschlossenen Flügeltüren, deren große Querriegel nicht lange Schutz vor den anstürmenden Horden bieten würden. Durch die dicken Türen drang seit vielen Minuten undefinierbarer Lärm. Der entscheidende Kampf um den Tempel hatte demnach schon die inneren, heiligen Bereiche erreicht.

»Fürchte dich nicht«, versuchte Khentka seinen jüngeren Priesterkollegen zu beruhigen. »Re hat uns nicht vergessen.«

Doch auch er verspürte die gleiche Angst wie Heti und ahnte, daß die mächtigen Götter zur Zeit ebenso weit entfernt waren wie der Ka ihres weltlichen Repräsentanten, des letzten Horus, den man erst vor kurzer Zeit in aller Eile und provisorisch zu Grabe getragen hatte. Khentka versuchte ruhig und gottvertrauend zu wirken, sich seine Angst nicht anmerken zu lassen. Auch er war nicht bereit und in keinster Weise darauf vorbereitet, sein ewiges Leben aufzugeben. Nie hatte er daran gedacht, ernsthaft Gefahr laufen zu müssen, im Urozean des Chaos als Namenloser unterzugehen. Unweigerlich dachte er an seinen einzigen Sohn, der in Mennefer seinen Dienst tat. Wie es wohl derzeit in der Umgebung der Königsresidenz aussah? Was wäre, wenn er sterben und niemand seinen Weg ins Jenseits vorbereiten würde? Wer würde ihre Namen in Zukunft lobpreisen, wer ihrer am »ewigen Wohnhaus« auf dem südlichen Gräberfeld bei den Pyramiden der großen Könige gedenken?

»Wie konnte dies alles nur geschehen? Warum zürnen uns die Götter, warum haben sie unser Volk entzweit?«

Hetis Fragen rissen Khentka aus seinen Gedanken und ließen ihn die Realität wieder bewußt werden. Er hatte die Probleme mit der immer schwieriger werdenden Versorgungslage des Landes und mit den auf Eigenständigkeit bedachten Südprovinzen schon lange kommen sehen.

Auch sein Vater, der »Vorsteher aller königlichen Bauarbeiten« unter dem ehrwürdigen König Pepi Neferkare war, hatte immer wieder auf die Dekadenzerscheinungen im Beamtenapparat hingewiesen, der oftmals unfähig war, auf Probleme in den Provinzen schnell zu reagieren. Und auch schon damals fürchtete dieser die machthungrigen Gauleiter im Hinterland, die immer öfter ihr Wort gegen den König erhoben hatten. Doch sein Glaube an das Gleichgewicht des göttlichen Weltsystems, sein Glaube an das Prinzip der Maat und sein Vertrauen in die Allmacht eines unfehlbaren Königs, der in der Vergangenheit als unantastbar galt, hatten seine Befürchtungen stets wieder beschwichtigt.

»Wir haben gefehlt und müssen nun dafür bezahlen. Wir, die wir zu den heiligen Männern des Staates gehörten, wußten seit vielen Jahren von den

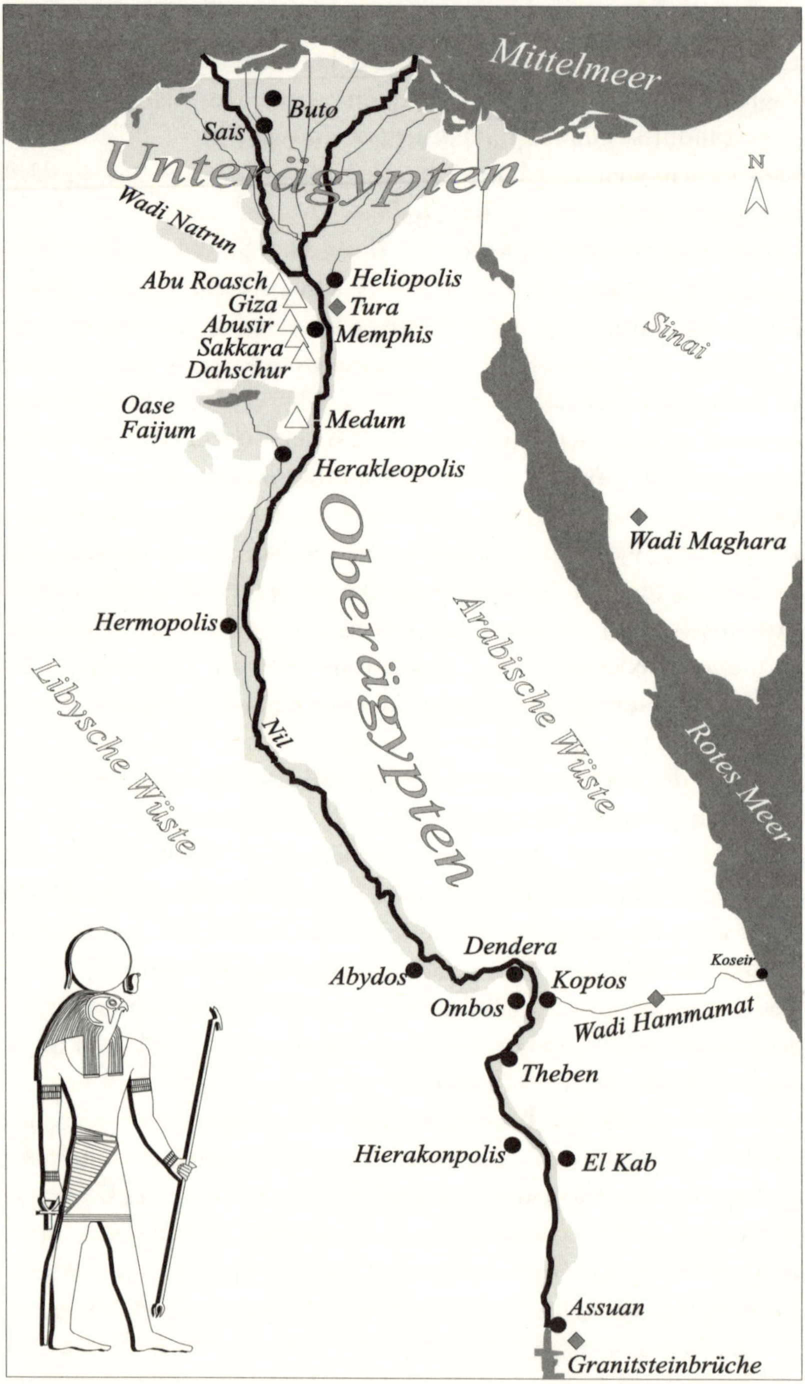

Abb. 1: Wichtige Städte, Pyramidenfelder und Kultplätze zur Zeit des Alten Reiches.

Problemen unseres geliebten Landes. Wir haben zusammen mit unseren Königen immer wieder diskutiert und versucht, die Probleme zu bewältigen. Doch wir hatten keinen Erfolg. Letztlich waren wir alle schwach, haben nur Zugeständnisse gemacht, die unsere Feinde stärkten. Zuletzt waren sie alle unzufrieden, weil die Maat nicht alle Kinder des Landes gleichermaßen mit ihrer Gerechtigkeit versorgte: die Basis unseres Staates, die Bauern, und das Fundament unserer Verwaltung, die Beamten. Wir haben viele sehr reich gemacht, denen, die wie Kinder waren, Macht gegeben über viele Menschen, Land und Vieh. Den meisten jedoch haben wir immer mehr Abgaben aufgebürdet, die ihre Unzufriedenheit anheizte. Die Ärmsten der Armen haben sich nun erhoben und fordern ihren Teil. Die Mächtigen im Hintergrund werden sich bald erheben und versuchen, nach der Krone des Königs zu greifen, um über die ›Beiden Länder‹ zu herrschen.«

Khentkas Worte machten Heti nachdenklich, ließen ihn seine Angst kurzzeitig vergessen. Wehmütig dachte er an die vielen Geschichten über die glanzvollen Zeiten seiner Vorfahren, die er während seiner Ausbildung studieren mußte und die ihm seine Eltern, die sie von ihren Eltern gehört hatten, immer wieder erzählten. Ruhmreich waren sie gewesen, die Könige der alten Zeit. Namen wie Chufu, Chaefre, Userkaf, Niuserre und Teti fielen ihm wieder ein. Ihre Kas waren mächtig und ihre Grabmäler und Totentempel, die noch immer wie strahlende Juwelen und steinerne Labyrinthe am Rand der Westwüste in den Himmel ragten, wahrlich gigantisch. Die Könige waren nach ihrem irdischen Dasein zu den Göttern aufgestiegen und hatten sich mit ihnen in der Re-Barke vereinigt, um im Zyklus der Zeit ewig über das Land zu wachen. Er kannte alle ihre Grabmäler, ihre Tore zu den Sternen. Aber wo waren die Seelen der alten Könige geblieben? Was sollte nun aus ihrem weltlichen Erbe werden, wer sollte die heiligen Tempel pflegen und den Opferkult aufrechterhalten? War das Ende der ägyptischen Welt nun gekommen?

Das laute Pochen und der Rauch, der sich seinen Weg durch die Ritzen des Tores bahnte, machte den beiden Re-Priestern bewußt, daß ihr Schicksal sich in den nächsten Minuten entscheiden würde. Für einen Moment spielte Khentka mit dem Gedanken, eine der Fackeln, die den Raum erhellten, in die Magazinschränke zu werfen, die alten Papyri und somit das gesammelte Wissen des Tempels dem Feuer zu übergeben. Doch er zögerte, konnte es nicht übers Herz bringen, das Vermächtnis seiner Vorfahren zu vernichten. Er hoffte, daß sich zukünftige Gelehrte in einer besseren Zeit der Vergangenheit erinnern und ein neues starkes Reich aufbauen würden. Ein letztes Mal trafen sich die Blicke der beiden Priester, als die schon brennende Tür niedergerissen wurde. ...

> »Was geschaffen war, ist zerstört, Re (der Sonnengott) kann mit der Schöpfung von vorn beginnen. Das Land ist gänzlich zugrunde gegangen, ohne Rest. Nicht einmal das Schwarze unter dem Nagel ist geblieben von dem, was (Re) bestimmt hat.«[3]

Der Rest ist Geschichte, das Schicksal der heiligen Tempel von Iunu, jenem Ort, den man heute Heliopolis nennt, eng mit dem Volksaufstand verwoben, der um das Jahr 2160 v. Chr. zum Sturz des Königtums führte und den Untergang der ersten großen Blütezeit des Pharaonenreiches – das sogenannte »Alte Reich« (um 2700–2160 v. Chr., 3.–6. Dynastie) – besiegelte.[4]
In jener Zeit stand Ägypten durch ökonomische Engpässe, langanhaltende innenpolitische Querelen und eine weitverzweigte, nicht mehr vollständig handlungsfähige Beamtenschaft am Abgrund und war nicht mehr zentral regierbar. Die Landesverwaltung war zersplittert, viele Gaue wurden schon seit langem autonom von mächtigen Fürstengeschlechtern beherrscht. Das als Gottesgeschenk angesehene Königtum wurde durch schwache Herrscher, zu lange Regentschaften sowie viele staatliche Zugeständnisse und Privilegien an die Tempelkulte zusätzlich destabilisiert. Die große Pyramidenepoche Altägyptens, in der die monumentalsten Grabmäler aller Zeiten gebaut wurden, besaß nur noch einen Hauch längst vergangener Stärke und Homogenität.
Die Zentralregierung hatte dem Niedergang des Reiches in den letzten Jahrzehnten vor dem endgültigen Zusammenbruch nichts mehr entgegenzusetzen gehabt, konnte keine neuen Impulse geben. Die einstige gottgleiche Autorität der Pharaonen, wie sie noch die großen Pyramidenbauer Snofru, Cheops und Chephren innehatten, besaß im 22. vorchristlichen Jahrhundert angesichts der vielen Mißstände im Lande und vor dem Hintergrund einer immer stärker werdenden Persönlichkeitsentfaltung der hohen Beamten und Provinzfürsten keine ordnende Gültigkeit mehr. Selbst die religiösen Führer des Landes hatten letztlich ihren Einfluß und ihre Machtstellung verloren und konnten zur Stabilität des Staates nichts mehr beitragen. Als schließlich die Versorgungsstruktur des Landes vollständig zusammenbrach und erste Hungersnöte die Folge waren, nahmen die sogenannte »Revolution von Memphis« und der darauffolgende Bürgerkrieg ihren Lauf und sollten das Land nachhaltig erschüttern.

Insgesamt betrachtet dauerte die monarchistische Krise am Ende des Alten Reiches fast 140 Jahre und wird heute in der Ägyptologie als »Erste Zwischenzeit« bezeichnet. Nur spärliches archäologisches Fundmaterial konnte bislang über diese Epoche zutage gefördert werden, da der monumentale Tempel- und Grabbau fast völlig zum Erliegen kam. Um so strahlender erscheint dagegen das über fünf Jahrhunderte lang andauernde Alte Reich, das durch die Herrschaft und das Wirken titanenhafter Gottkönige und ihrer auserwählten Priesterschaft geprägt wurde.

Nach den Zeiten des monumentalen Pyramidenbaus, in denen man viele Millionen Tonnen Stein scheinbar mühelos durch die Wüste transportierte und zu Grabmälern auftürmte, waren es vor allem die Geschehnisse in der zweiten Hälfte der 4. Dynastie und in der 5. Dynastie, die die Zeichen der damaligen Zeit setzten. Diese Epoche war vor allem durch eine tiefe religiöse Verbundenheit mit dem Sonnengott Re geprägt, die u.a. auch durch den Bau großer pyramidaler Sonnenheiligtümer bekundet wurde. An ihrem Ende kamen die geheimnisvollen, jenseitsorientierten Pyramidentexte in Mode, die in den königlichen Grabbauten der 6. Dynastie ihre volle literarische Entfaltung fanden.

Obwohl schon viele Forschergenerationen das Land am Nil bereisten, in seiner Erde nach verborgenen Schätzen und Altertümern gruben, gigantische Grabmäler und Tempelanlagen freilegten und wissenschaftlich erforschten, ist das Zeitalter der Entdeckungen auch am Übergang ins dritte Jahrtausend noch lange nicht vorbei. Die Ägyptologie hat in den letzten zwei Jahrhunderten zwar unschätzbare Leistungen vollbracht, fast alle Bereiche des pharaonischen Lebens durchleuchtet, analysiert und interpretiert, aber dennoch bleiben viele Fragen offen – vor allem aus der Zeit des Alten Reiches. Nach wie vor gehören viele der abseits der großen Touristenattraktionen liegenden Pyramidenfelder aus dieser Epoche zu den nur unvollständig erforschten Zonen auf der archäologischen Landkarte. Sie bergen noch so manches Geheimnis, das es in Zukunft zu entschlüsseln gilt. Und selbst hinter der steinernen Fassade der bekannten Bauwerke verbergen sich manchmal Rätsel, deren Lösungen noch ausstehen.

Das vorliegende Buch nimmt sich einer großen Auswahl der offenen Fragestellungen und ungelösten Rätsel der Pyramidenforschung an und versucht sie auf der Grundlage der gesicherten ägyptologischen Erkenntnisse umfangreich darzustellen und weitreichend zu analysieren: Welche Erkenntnisse brachten die aktuellen Ausgrabungen am kaum erforschten Pyramidenkomplex des Djedefre, Cheops Sohn und unmittelbarer Thronfolger, zutage? Welche Geheimnisse bergen die Chephren-Pyramide und der »Große Sphinx von Giza«? Wie wurde die zweitgrößte Pyramide Ägyptens gebaut und wer errichtete den rätselhaften »Sphinx-Tempel« auf dem Giza-Plateau? Wie ging die 4. Dynastie zu Ende und welchen Einfluß hatte der Sonnenkult aus Heliopolis in jener Epoche? Wer waren die sogenannten »Sonnenkönige« der 5. Dynastie? Wo liegen ihre inschriftlich belegten, aber größtenteils noch verschollenen Sonnentempel verborgen? Steckt hin-

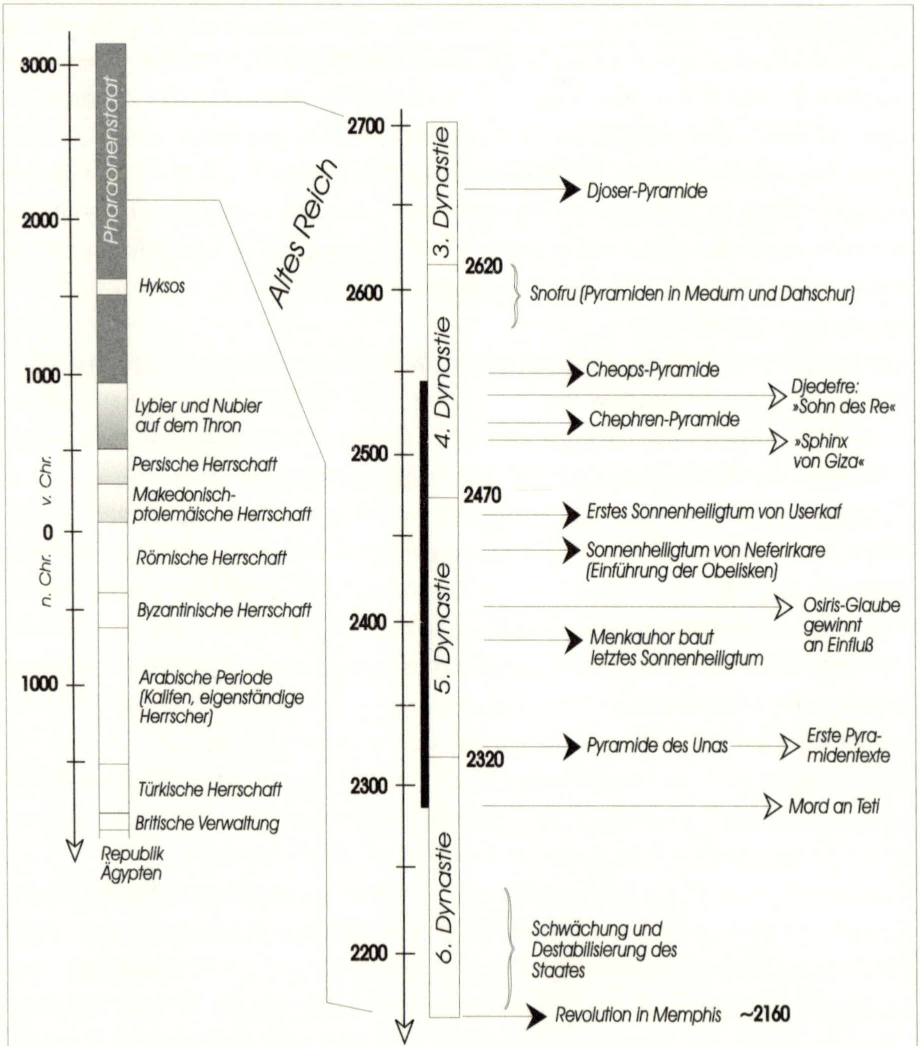

Abb. 2: Zeittafel mit wichtigen Ereignissen im Alten Reich.

ter den ersten religiösen Jenseitstexten womöglich ein verborgenes astronomisches Wissen der Ägypter?
Damit ist der kulturhistorische Rahmen abgesteckt, markieren die genannten Zeitabschnitte und Themen das Koordinatensystem, innerhalb dessen sich die Beschreibungen und Darstellungen der folgenden Seiten bewegen. Im Angesicht der vielen in diesem Buch dargestellten Befunde und offenen Fragestellungen ist »Im Zeichen des Re« wie ein Fingerzeig auf die heutigen Probleme der Pyramidenforschung und somit auch ein zukunftsgerichteter Hinweis, daß die Pyramidenfelder Ägyptens noch viele Überraschungen und neue Erkenntnisse offenbaren können. Es ist nicht nur den Archäologen gewidmet, die seit Beginn der Ägyptologie in akribischer Kleinarbeit versuchen, die alte Kultur der Ägypter zu erforschen. Es soll auch postum das Können der altägyptischen Architekten sowie die schöpferische Geisteskraft des frühen Pharaonenstaates würdigen, dessen intellektuelle Persönlichkeiten Garanten ihrer damaligen Zeit waren und zu Wegbereitern der gesamten mediterranen Geschichte wurden.
Zwar wirkt das Erbe des Alten Ägyptens am Ende des 20. Jahrhunderts wie ein in Stein modellierter Mythos aus einer Epoche weit jenseits unserer eigenen Geschichte – fremd und angesichts der gegenwärtigen, alltäglichen Probleme oftmals auch unwichtig. Doch wir können unserem Erbe nicht entfliehen und haben eine Verantwortung gegenüber unserer Geschichte, weil auch die Menschen des nächsten Jahrtausends ein Recht darauf haben, zu erfahren, woher sie kommen. Seien wir also stets bestrebt, heute und zu allen Zeiten, das Erbe der pharaonischen Kultur – ebenso wie das jeder anderen vergangenen Hochkultur auf unserer Erde – ehrfürchtig und mit Bedacht zu erhalten, es zu pflegen und unseren Nachfahren zugänglich zu machen, damit sie die ewigwirkende Suche nach unserer ursprünglichen, kulturellen Identität weiterführen und dem Rätsel der Menschwerdung noch einen Schritt näher kommen können.

Teil I
Jenseits des Horizonts

»Jede Gottheit ist für den Gläubigen eine besondere Gestalt mit unverwechselbaren Zügen gewesen, also auch mit bestimmten Wesenszügen, die sie mit keiner anderen Gottheit teilt. (...)
Die ägyptischen Götter haben einen Anfang in der Zeit und ein Ende in ihr. Sie werden geboren oder geschaffen, sie wandeln sich in der Zeit, sie altern und sterben und sie werden eines Tages nicht mehr sein.«[1]

Erik Hornung

Kairo, am 22. Februar 1996. Ich war zur Zeit des für die Moslems so bedeutsamen Fastenmonats Ramadan in der ägyptischen Hauptstadt und konnte an einem seiner abschließenden Festtage auf dem berühmten Pyramidenplateau von Giza ein Spektakel der ganz besonderen Art miterleben.
Wie wohl jedes Jahr hatte die ägyptische Antikenverwaltung das gesamte Plateau an diesem Feiertag für die Kairoer Stadtbevölkerung geöffnet. Niemand brauchte den üblichen Eintrittspreis zu bezahlen und selbst die sonst unter den strengen Blicken der Pyramidenaufseher bewachten unzugänglichen Bereiche des Areals waren problemlos zu besichtigen. Dementsprechend pilgerten Tausende Einwohner Kairos zu den Weltwunderbauten ihrer Vorfahren, campierten überall zwischen den altehrwürdigen Ruinen und kletterten sogar die berühmte Cheops-Pyramide hinauf. Letzteres war von hochoffizieller Stelle zwar schon seit vielen Jahren untersagt, doch wurde das Verbot an diesen Tagen ausgehebelt. Wie das Licht die Mücken zog

die größte Pyramide Ägyptens die Menschen an und verleitete sie zu ihrer Besteigung, was durch ihre fehlende, einst glatte Außenverkleidung erst möglich wurde. Die zahlreich vertretenen Touristenpolizisten bemühten sich vergeblich, den Ansturm auf die Cheops-Pyramide zu unterbinden. Sie achteten aber zumindest darauf, daß man die sicheren Wege entlang der Pyramidenkanten hinauf wählte und die oftmals mit Flugsand bedeckten Flanken mied. Mir schien es fast so, als ob die Offiziellen dabei zusätzlich ein Auge auf die Touristen warfen und bei jeder sich ihnen bietenden Gelegenheit freundlichst versuchten, diese von ihrem Vorhaben abzubringen, während man die Einheimischen in der Regel gewähren ließ.

So befanden sich auch zum Zeitpunkt, an dem ich an der Cheops-Pyramide eintraf, Hunderte Wagemutiger auf dem Weg zur Pyramidenspitze oder waren im Begriff, heil wieder herunter zu kommen. An jenem Tag hatte auch ich vor, ein Stück die Westwand hinaufzuklettern, um von dort aus einen guten Ausblick auf den sogenannten Westfriedhof der Cheops-Nekropole zu bekommen. So begann ich inmitten des bunten Treibens und unbeachtet von den Touristenpolizisten in der Nähe der Nordwestecke der Pyramide mit dem Aufstieg. Die ersten Hürden wurden leicht und mit der notwendigen Vorsicht genommen, wobei ich mich langsam zur Mitte der Westflanke hin orientierte. Problemlos erreichte ich etwa die zwanzigste Steinlage, ohne daß mich jemand bei meinem Vorhaben störte. Doch ab dieser Region, in etwa 18 Meter Höhe, wurde mir bewußt, warum das Besteigen der Pyramide über eine ihrer Flanken ein gefährliches Unterfangen war. Immer öfter mußte ich nach Steinblöcken Ausschau halten, die nicht fast vollständig von feinem Schuttmergel und Flugsand bedeckt waren und den notwendigen sicheren Halt für meinen weiteren Aufstieg boten. Hier oben konnte man durch allzu große Hast oder Unsicherheit schnell ins Abrutschen kommen. Jeder Fehltritt hätte unweigerlich zum Sturz in die Tiefe geführt. So wurden die nächsten vier Steinlagen mehr oder weniger zur Tortur. Sie ließen mich schnell zur Überzeugung kommen, es bei dieser Höhe zu belassen, um mich nicht noch einer unnötigen Gefahr auszusetzen. Also setzte ich mich kurzerhand auf einen Steinblock und ließ meine Blicke über das westliche Gräberfeld schweifen.

Der Westfriedhof der Cheops-Nekropole besitzt eine enorme Ausdehnung. Er ist fast zweieinhalb Mal so groß wie die Grundfläche der Cheops-Pyramide.[2] Über einhundert kastenförmige, teilweise symmetrisch in Reihen angeordnete Grabbauten, sogenannte »Mastabas«,[3] heben sich relativ deutlich vom Schutt der Jahrtausende ab. Sie bargen einst in ihren unter-

irdischen Grüften die sterblichen Überreste hoher Beamter, einflußreicher Priester und verdienter Arbeiter. Sie alle nutzten die Gunst ihres Königs und ihre erarbeiteten Positionen im damaligen Staatssystem aus, um sich mit ihren Familien und Nachkommen über drei Dynastien hinweg im direkten Umfeld des Königsfriedhofes bestatten zu lassen. Derart eingebunden in einer Art »königlichen Jenseitspalast«, konnten sie aufgrund der Fürsprache des verklärten Königs in ihren beständigen Grabbauten auf eine ewige Fortdauer ihrer Seelen und eine ausreichende Versorgung im Jenseits hoffen. So spiegelt dieses Gräberfeld auch das ideologische Abhängigkeitsverhältnis zwischen den privilegierten, nichtadligen Ägyptern und ihren gottähnlichen Königen wider, das zur Zeit des Pyramidenbaus vorherrschte.

Hinter all diesen im Schatten der Cheops-Pyramide liegenden Grabanlagen verbergen sich unzählige Einzelschicksale von Menschen, die im Bannstrahl ihrer Götter und Könige lebten und während ihres irdischen Daseins wie auch auf ihrer letzten weltlichen Station auf dem Weg ins Jenseits vom Wohlwollen der königlichen Allmacht abhängig waren. Und dies, obwohl die dort Bestatteten zur intellektuellen Gilde des damaligen Pharaonenstaates gehörten, ohne deren Mitwirken das komplexe Staatsgebilde nicht hätte existieren können. Viele, die auf dem Westfriedhof ihre letzte Ruhestätte fanden, waren auch maßgeblich am Bau der Pyramide beteiligt, an deren Westseite ich mich damals »klammerte«, andere wiederum mit der Pflege des Andenkens ihres Königs beschäftigt.

Unweigerlich und vermutlich durch die von meiner Position aus klein wirkenden Menschen inspiriert, die sich über das Plateau bewegten, kam mir damals wieder zu Bewußtsein, daß ich in der Vergangenheit schon oftmals mit der Frage nach dem Sinn der enormen Bauleistungen im Pyramidenbau konfrontiert wurde. Mein Blick schweifte über die Westwand bis hinauf zur kaum sichtbaren Pyramidenspitze und ich hielt mir die Dimensionen dieser Fragestellung vor Augen.

Irgendwann um das Jahr 2550 v. Chr. wurden die Bauarbeiten an der Cheops-Pyramide, die den phantasievollen Namen »Horizont des Cheops« trug, beendet. Gut 20 Jahre lang hatten im Durchschnitt etwa 20000 Arbeiter täglich am Grabkomplex gearbeitet und dabei irgendwie auf Rampen oder stabilen Anschüttungen, mittels Schlitten und per Muskelkraft und vielleicht sogar unter Verwendung anderer Hilfsmittel wie Flaschenzügen oder ähnlichen Hebevorrichtungen die tonnenschweren Steinblöcke bis zur Pyramidenspitze transportiert. Das fertiggestellte Grabmal war letztendlich mit den Abmaßen eines modernen Wolkenkratzers vergleichbar: über 146 Meter hoch und 230 Meter breit. Innerhalb dieser Grenzen türmten die Ägypter mehr als zwei Millionen Kalksteinblöcke auf, die allesamt ein Gewicht von etwa 6,5 Millionen Tonnen in sich vereinten.

In Gedanken versunken blickte ich nach Norden in Richtung des gut acht Kilometer entfernten Ortes Abu Roasch. Dort hatten die Ägypter unter der Regentschaft von Cheops' Sohn und Thronfolger Djedefre ebenfalls Enormes vollbracht und eine Pyramide auf einem über 150 Meter hohen Berg errichtet, der von meiner Position aus gut zu erkennen war. Fast automatisch fiel mir auch der Begründer der 4. Dynastie und Vater des Cheops, Snofru,[4] ein. Er war es, der das klassische Pyramidenzeitalter erst einläutete. Sein unsterbliches Vermächtnis waren vor allem drei große Pyramidenkomplexe, die für ihn in vier Jahrzehnten errichtet wurden und etwa 3,8 Millionen Kubikmeter Steinmaterial beinhalteten.[5] Schließlich macht auch Chephrens über 140 Meter hohes Grabmal, das sich nur ein paar hundert Meter entfernt von mir erhob, deutlich, daß der Gigantismus im ägyptischen Grabkult Methode hatte und während des gesamten Alten Reiches das Charakteristikum jener Epoche darstellte.

Im Angesicht dieser gigantischen Steinberge erscheint heutzutage vielen Laien die Errichtung der riesigen »Tresore« für die sterblichen Überreste einzelner Könige auf den ersten Blick als übertrieben und unverständlich – im Unterbewußtsein sogar als unsinnig. Sie finden aus ihrer Anschauung heraus keine akzeptablen Gründe und keine stichhaltigen Argumente, die diese riesigen Aufwendungen und Anstrengungen rechtfertigen würden. Ganz ähnlich verhält es sich auch mit der immer wieder andiskutierten Fragestellung, ob wir heute noch in der Lage wären, die enormen Bauleistungen der Ägypter mit ihren einfachen Hilfsmitteln und Werkzeugen zu wiederholen. Auch dies wird oftmals vorschnell mit einem Kopfschütteln beantwortet, da vielen eine derartige Aufgabenstellung als zu übermächtig erscheint.

Dem kann man wohl nur entgegnen, daß es wie schon vor 4500 Jahren natürlich auch in unserer heutigen Zeit möglich wäre, Bauwerke wie die Cheops- oder die Chephren-Pyramide mit einem effizienten Rampensystem, Holzschlitten, allerlei den Ägyptern bekannten Werkzeugen und vor allem einer großen Anzahl von Arbeitern zu errichten. Warum auch nicht? Die Aufschichtung vieler Millionen tonnenschwerer Steinquader zu einer Pyramide mag zwar ein sehr mühsames und äußerst zeitraubendes Abenteuer sein, unmöglich ist es ganz sicherlich nicht. Warum letztlich trotzdem viele Menschen skeptisch bleiben und ein derartiges Projekt für eher unwahrscheinlich oder gar unmöglich halten, ist ein psychologisches Problem und beruht wohl in erster Linie auf der Bewertung der Nützlichkeit eines derartigen Bauwerkes. Denn was den Skeptikern letztlich nur fehlt, ist so etwas wie ein politischer Auftrag, ein persönliches Motiv oder ein kulturübergreifendes Leitsymbol, in dessen Bannstrahl die zu leistende Mühe sinnvoll erscheint und einen persönlichen Lohn verspricht.

Interessanterweise sind die hier geschilderten Auffassungen nicht neu, denn auch schon die antiken Griechen hatten mit dem Gigantismus des altägyptischen Grabkults ihre Schwierigkeiten. Ihre Einschätzungen eines sklavenorientierten Pyramidenbaus, angetrieben von herrschsüchtigen königlichen Despoten, die ihr Volk auszubeuten versuchten, entpuppten sich letztlich als krasse Fehlinterpretation der antiken Geschichtsschreibung. Derartige Sichtweisen resultierten nicht zuletzt auch daraus, weil die griechischen Historiker vor dem Erbe einer Hochkultur standen, deren Glaubens- und Wertevorstellungen sie nicht verstanden, die sie voreingenommen mit ihrem eigenen Kulturkreis verglichen und falsch interpretierten. Hierin liegt auch das grundsätzliche, fast zeitlos wirkende Problem begründet.

Ähnlich wie die antiken Griechen erkennen auch viele meiner Zeitgenossen bei der Bewertung des Pyramidenbaus die eigentlichen und wahren Motivationen nicht, die letztlich zum monumentalen Bauwesen in Ägypten führten. Sie vernachlässigen meist, daß es in der altägyptischen Gedankenwelt wichtige religiöse Aspekte gab, die die enormen Bauleistungen inspirierten und lenkten: die Vorstellung von einer übermächtigen Göttergilde, die die ägyptische Welt beherrschte, die Rolle der gottgleichen Könige im Staat, in der Gesellschaft und im Totenkult sowie der grundlegende Glaube an ein Leben nach dem Tod.

Vor diesem Hintergrund kann man die Pyramiden nicht nur als gigantische Grabmäler einzelner Könige sehen, sondern muß auch ihren religiösen Charakter und ihre Symbolwirkung berücksichtigen. Demnach hat es fast den Anschein, als ob das alte biblische Sprichwort, daß der Glaube Berge versetzen kann, in Wahrheit schon im Pyramidenzeitalter seinen Ursprung hatte.

1 *Die Säulen der Welt*

Die Götter der alten Ägypter sind auch heute noch im Land am Nil allgegenwärtig und treten dem aufmerksamen Beobachter bei seinen Sightseeing-Touren in den pharaonischen Tempeln und Gräbern mannigfaltig entgegen. Auf Schritt und Tritt wird man mit ihren fast stereotyp wirkenden Darstellungsformen – stets eingewoben in kultische Handlungsabläufe – konfrontiert. Geheimnisvoll und mysteriös erscheinen sie in übergroßen, in Stein gemeißelten Darstellungen, ausgestattet mit einer unüberschaubaren Vielfalt an Symbolik: Menschenkörper mit Tierhäuptern, die scheinbar undefinierbare Insignien und Gegenstände in den Händen halten, geflügelte Sonnenscheiben, die dekorativ die Architrave riesiger Pylonentore schmücken oder sitzende, mit skurril wirkenden Kronen versehene Personen, vor denen ein ägyptischer König seine Ehrerbietung in Form einer Opfergabe darbringt.

Dies alles wirkt auf viele irreal und fremdartig. Als Kinder eines technokratischen Zeitalters sehen sich die meisten Besucher mit einer magisch wirkenden Welt konfrontiert, zu der ihnen ohne eine tiefergehende Auseinandersetzung letztlich »der Schlüssel des Verstehens fehlt«.[6] Dies war im Alten Ägypten ganz anders. Damals waren alle Bereiche der Gesellschaft fest in religiösen Glaubensvorstellungen eingebunden. Die Ägypter waren davon überzeugt, daß ihre gesamte Welt von überirdischen Göttern beherrscht, daß alle Bereiche der Natur und ihres eigenen Daseins durch Handlungen spezieller Gottheiten geregelt wurden. Und zwar über das Diesseits hinaus bis ins Jenseits.

Diese Vorstellungen entsprechen aus dem heutigen Verständnis heraus denen einer naturalistisch orientierten Glaubensgemeinschaft, deren übermächtiger Götterglaube sich wohl nur aus dem Unverständnis gegenüber den naturwissenschaftlichen Zusammenhängen der Welt deuten läßt. Denn immer dort, wo man keine Erklärungen für die Phänomene der Natur finden konnte, mußten überirdische Prinzipien und Mächte definiert werden, denen man die Verantwortung für die unverstandenen Wechselwirkungen innerhalb seiner Lebensumgebung übertrug. Infolgedessen entwarfen auch die Ägypter ein Weltbild, dessen Stützen allesamt in göttlichen Händen lagen und das das Universum aus ihrer Sicht erklärbar machte.

Im Schatten der Götter

Im Banne ihrer religiösen Anschauungen entwickelten die Ägypter schon sehr früh speziell auf die Götter zugeschnittene Kulte, die die gesamte Gesellschaft mit ihren mannigfaltigen theologischen Werten und Doktrinen durchdrangen. Für die Götter wurden landesweit Heiligtümer errichtet, in denen auserwählte Priester ihnen ehrfürchtig huldigten und ihre Kultbilder pflegten. Die Glaubensvorstellungen der Ägypter wurden dabei im allgemeinen von den vielen unterschiedlichen Ausprägungen der Lokal- und Stadtgottheiten dominiert und geprägt. Diese waren in ihren jeweiligen Ortschaften zwar von großer Bedeutung, hatten bis auf wenige Ausnahmen überregional aber nur einen geringen Einfluß. So betrat mit den Jahrhunderten eine fast unüberschaubare Vielzahl von Gottheiten die ägyptische Bühne, die von einer undurchdringlich erscheinenden Menge an mehrfach deutbaren Götterdarstellungen und Symbolen begleitet wurde.
Die ägyptischen Priester hatten es in der langen Geschichte ihres Landes nie fertiggebracht, ein zusammenhängendes und widerspruchsfreies, hierarchisches System zu entwickeln, in das man ihre Götter überschaubar und mit klaren, gegenseitigen Wechselwirkungen ausgestattet eingliedern konnte. Auch die frühzeitigen Versuche einzelner Priestergemeinden, in den großen religiösen Zentren von Memphis, Hermopolis oder Heliopolis durch Einführungen von Göttergenealogien und Bildungen von Göttergruppen künstlich eine gewisse Ordnung in die Götterwelt zu bekommen, hatten mehr lokalen Charakter und konnten die grundsätzliche Tendenz der dezentral orientierten, gesamtägyptischen Theologie nicht ausgleichen. Zwar gab es im Alten Ägypten stets Götter, die allein oder durch eine »Verschmelzung« mit anderen Gottheiten eine herausragende Stellung einnahmen, doch ihre dazugehörigen Priesterschaften konnten nicht nachhaltig und langfristig zur Bildung einer zentralen, monotheistisch orientierten Staatsreligion im modernen Sinne mit einheitlichen und widerspruchsfreien Glaubensvorstellungen beitragen. Da die einzelnen Götter außerdem in der langen Geschichte des Pharaonentums zahlreichen Veränderungen in ihrer Anschauung und Funktion unterworfen waren, verwundert es nicht, daß sich die moderne ägyptologische Forschung heutzutage trotz einer Fülle an überlieferten Texten, bildlichen Darstellungen und archäologischen Befunden noch kein hundertprozentig klares Bild von allen Ausprägungen und Aspekten der religiösen Welt der Ägypter machen kann. Eines scheint aus heutiger Sicht aber festzustehen: Während der fast dreitausendjährigen

pharaonischen Geschichte war es nur dem Sonnengott möglich, ein Objekt beständiger »theologischer Spekulationen und kultischer Verehrung« zu werden und darüber hinaus auch als »Staatsgott etwa für das Königsdogma große politische Bedeutung« zu erlangen.[7]

Abb. 3: Nach den ägyptischen Vorstellungen wurden königliche Bautätigkeiten von den Göttern überwacht: der König und die Schreibergöttin Seschat bei der Tempelgründung. Sie stecken Pflöcke in den Boden, die von einem Strick umspannt sind. Beim »Spannen des Strickes« wurden die Abmaße des Tempels auf dem Baugrund festgelegt.

Neben der allmächtigen Göttergemeinschaft stellte das Königtum die zweite Säule der ägyptischen Welt dar, in der der König als Mittelpunkt der Gesellschaftsordnung zu allen Zeiten eine »gottgleiche« Verehrung erfuhr. Obwohl sich die Anschauungen des Königtums im Lauf der langen Pharaonengeschichte veränderten, wurde die Stellung des Königsamtes als Staatsideal niemals bewußt in Frage gestellt. Dahinter verbarg sich in erster Linie ein religiöses Dogma.

Die Ägypter sahen ihren König als Inhaber eines göttlichen Amtes.[8] Für sie war er die irdische Erscheinung des falkengestaltigen Himmelsgottes Horus, der die Rolle eines Stellvertreters des obersten Gottes der Ägypter auf Erden übernahm.[9] Man sah im König den »Nachkommen des Gottes Horus«, verstand das irdische Königtum als »legales Erbe der Götter«, die in vorgeschichtlicher Zeit das Land regiert haben sollen.[10] Ausgedrückt wurde der Göttlichkeitsanspruch des Königs durch eine mehrteilige Titulatur, in der der »Horusname« stets am Anfang aufgeführt war.

Auf dieser Basis wurde sein Verhältnis zu den Göttern durch ein sorgsam über viele Generationen entwickeltes Dogma nach den Vorstellungen einer autokratischen Königsideologie und vor dem Hintergrund seiner göttlichen Abkunft festgelegt. Aufgrund seiner durch das Herrscheramt übertragenen gottgleichen Autorität hatte der König durch sein Wirken die Ordnung und Gerechtigkeit in der Welt zu erhalten und zu beschützen. Eine solche Aufgabe konnte er neben der realen Ausübung seiner politischen Tätigkeiten aus religiöser Sicht nur auf der Ebene des direkten Kontaktes mit der Götterwelt, also durch den Vollzug des Kultes bewerkstelligen. Infolgedessen hatte der König aufgrund seines göttlichen Amtes auch eine einzigartige Priesterrolle inne, die ihn befähigte, allein für die Einhaltung der Weltordnung Sorge zu tragen und als Mittler zwischen den Welten aufzutreten. Er war damit streng religiös betrachtet der »Herr aller Rituale«, der einzige wahre Priester des Landes, der den Göttern Opfergaben darbringen und als Lohn ihren Beistand für sein Land und sein Volk erlangen konnte. Aus diesem Grunde wurde nicht nur das gesamte Staatsgebilde, sondern auch das komplette Kultgeschehen im Lande auf den obersten Ägypter ausgerichtet. Vor diesem Hintergrund wird verständlich, so der deutsche Ägyptologe Wolfgang Helck, daß der »totale Anspruch des Königs auf die Menschen« theoretisch einzig und allein aus seiner Stellung als eine Art Weltgott erwuchs, »dem zu dienen die einzige Aufgabe des Menschen war, der in diesem Dienst die Garantie seines eigenen Seins sah«.[11]

Jenseits der Tempelmauern

Auch wenn es außerhalb der Göttertempel Ägyptens zu allen Zeiten volkstümliche Kultplätze wie Höhlen und heilige Bäume gab, an denen lokale Schutzgeister und niedrige Götter verehrt wurden, fand der eigentliche Götterkult stets hinter hohen Mauern und völlig von der Außenwelt abgeschirmt statt. Die Göttertempel waren außer dem König und seiner Familie nur den mit dem jeweiligen Kult des Gottes betrauten Priestern vorbehalten, gegebenenfalls noch speziellen Bediensteten, die im Tempelbezirk ihrer Arbeit nachgingen. Keinem Normalsterblichen war es hingegen gestattet, den heiligen Bezirk zu betreten. Für die Ägypter galten die Tempel ihrer Götter ähnlich wie die Pyramidenkomplexe ihrer Könige als »verbotene Orte«. Sie sahen in ihnen nicht nur Kontaktstellen zur allmächtigen, überirdischen Götterwelt, sondern auch die weltlichen »Wohnhäuser« der Götter. In ihren innersten Räumen, den Allerheiligsten, standen die Kultbilder, die den angebeteten Gott darstellten und auf die sich das Kultgeschehen konzentrierte. Sie galten als von den Göttern beseelt, da man glaubte, daß ein Teil ihrer göttlichen Macht in ihnen lebte. Somit richteten sich die Verehrung und ständige Pflege der Kultbilder direkt an die Gottheiten selbst, »statteten sie mit Lebenskräften aus« und garantierten ihnen »immerwährendes Zugegensein.«[12] Dies bestimmte weitestgehend die Grundlage für die elitären Zeremonien, die in den Tempeln vollzogen wurden.

Der Kultvollzug im Tempel war prinzipiell die alleinige Aufgabe des Königs. Dies drückt sich heute noch für alle sichtbar vor allem in den vielen reliefierten Opferszenen an den Tempelwänden und -mauern aus, auf denen stets der König zu sehen ist, wie er die heiligen Kulthandlungen vor den Göttern ausführt und ihnen die unterschiedlichsten Opfergaben darbringt. Eine derartige Vorgehensweise war natürlich nur ein durch die Königsideologie geprägter, rein theoretischer Idealzustand und ein manipuliertes, für die Ewigkeit auf Stein festgehaltenes Trugbild des wirklichen Geschehens. Die Realität im landesweiten Kultgeschehen sah ganz anders aus, da der König nicht überall zugleich tätig werden konnte. Hier lag der Betrieb der Göttertempel in den Händen der jeweiligen Priestergemeinden. In der Regel waren nur sie für den täglichen Götterkontakt zuständig. Dementsprechend delegierte der König seine spezielle Priesterfunktion an den Oberpriester eines Tempels, der damit das außergewöhnliche Privileg und zugleich die Machtbefugnis erhielt, als eine Art kulttechnischer Stellvertreter des Regenten zu fungieren und in seinem Namen das Gleichgewicht der Welten zu erhalten. Auch hier zeigt sich wieder die dominierende Stellung des Königtums innerhalb der ägyptischen Gesellschaft. Vom Wohlwollen der Könige hing es in der Regel ab, wen sie als Oberpriester einsetzten, wieder absetzten oder – da ab einem gewissen Zeitpunkt die Priesterämter durch Vererbung vom Vater auf den Sohn übergingen – schlichtweg duldeten.

Über den alltäglichen Kultbetrieb in den Göttertempeln und ihre internen Riten ist aus dem Alten Reich nur wenig bekannt. Die einzelnen Rituale und Kulthandlungen sind erst seit dem Neuen Reich (1570–1070 v. Chr.) durch Papyriaufzeichnungen oder Tempelreliefs belegt. Das Kultgeschehen in jener Zeit orientierte sich am Zeremoniell des königlichen Hofes, vollzog sich landesweit in fast stereotyper Weise und hatte in dieser Form über 1000 Jahre lang bis in die ptolemäisch-römische Zeit hinein Bestand. Hierbei diente vom Prinzip her der Tagesablauf des Königs mit seinen Bekleidungs- und Speisungsriten als Vorlage und wurde auf die Abfolge der kultischen Handlungen an den Götterbildern übertragen. Da es auf der anderen Seite aber bereits in der ägyptischen Frühzeit rituell verehrte Kultbilder und Fetische gab, kann man durchaus davon ausgehen, daß die aus dem Neuen Reich bekannten Kulthandlungen zu Ehren der Götter auch schon im Alten Reich nach einem vergleichbaren Schema abliefen.[13]

Den allgemeinen Kultablauf kann man sich dabei folgendermaßen vorstellen:[14] Das alltägliche Ritual begann stets früh am Morgen. Der kultausübende Hohepriester entnahm dem Tempelbrunnen »heiliges Wasser«, betrat den Tempel und weihte im Opfertischsaal ein Speiseopfer. Danach begab er sich unverzüglich in das Allerheiligste, in die weltliche Wohnung des Gottes. Er durchschritt dabei den Tempel auf seiner Längsachse. Dieser Weg war so angelegt, daß der Fußboden in Richtung des Allerheiligsten wie eine Rampe leicht anstieg, während die Decke immer niedriger wurde. Damit wurden Erde und Himmel symbolisch aufeinander zugeführt. In dem Maße, wie sich der Abstand von Boden und Decke verjüngte, nahm auch die Helligkeit ab. Der Priester sollte dadurch in eine immer tiefere Dunkelheit vordringen, bis er schließlich das Allerheiligste erreichte, in dem sich das Abbild der Gottes befand.

Nachdem der Oberpriester mit einer Fackel Licht im Kultraum erzeugte, räucherte er den Raum betend mit Weihrauch und reinigte ihn somit symbolisch als Vorbereitung für das nachfolgende Ritual. Dann öffnete er im Namen und heiligen Auftrag des Königs den Götterschrein und enthüllte das Kultbild. Durch das »Sichtbarmachen« des Götterbildes erwachte die in der Reliquie gegenwärtige Gottheit – sie trat sozusagen »in Erscheinung«. Unterwürfig legte sich der Hohepriester auf den Boden, küßte die Erde und erwies dem nun auf Erden erschienenen Gott durch anbetende Sprüche oder durch gesungene Lobeshymnen und Kultlieder seine Ehrerbietung. Nach der Weihräucherung des Gottes und der Darreichung von Myrrhe, wohlriechender Öle und einer kleinen Figur der Göttin Maat nahm der Priester das Kultbild aus dem Schrein und stellte es auf den vorher gereinigten Boden. Dann begann er mit seiner Säuberung von der Zeremonie des Vortages. Dabei löste er die Leinenbinden und Stoffe, mit denen das Kultbild umwickelt war, reinigte es anschließend mit Weihrauch und Wasser und »kleidete« es wieder mit frischen Stoffen und Binden an. Handelte es sich um eine humanoide Götterstatue, wurde das Kultbild – ähnlich wie bei den Riten der Morgentoilette und Bekleidung des Königs – mit Ölen gesalbt, an den Augen geschminkt und mit einem Zeremoniengewand versehen.

Anschließend übergab der Priester dem Kultbild die Insignien der Macht und Herrschaft über das Erdreich wie Krummstab und Geißel und brachte ihm ein Speiseopfer dar. Während er dem Gott die »lebenskraftspendenden« Speisen offerierte und ihn somit symbolisch zum Mahl einlud, rezitierte der Priester eine Opferliste und huldigte ihm wiederholt mit gesungenen Hym-

nen. Es folgte die Schlußreinigung, in der das Kultbild erneut beweihräuchert wurde. Danach setzte es der Hohepriester wieder zurück in den Schrein, verschloß ihn, löschte die Fackel und versiegelte die Kultkammer bis zum nächsten Tag.
Wie Hinweise aus einigen spätzeitlichen Tempeln andeuten, wurde neben dem allmorgendlichen Kult in vielen Heiligtümern ebenfalls eine Art Mittags- und Abendkult in Form von Reinigungshandlungen und Lobpreisungen zelebriert. Diese Zeremonien fanden dabei aber vermutlich in benachbarten Räumen und nicht im Allerheiligsten statt.
Neben diesen hier beschriebenen alltäglichen, hinter den Mauern der Tempel vollzogenen Zeremonien gab es im Alten Ägypten auch einen öffentlichen Kult, der sich, ähnlich wie bei unseren modernen kirchlichen Feiertagen, an einem religiösen Festkalender orientierte. Derartige Feierlichkeiten waren in der Regel mit Prozessionen verbunden, bei denen das Götterbild das Allerheiligste verließ und auf ein Tempeldach bzw. in den Tempelvorhof gebracht oder sogar aus dem heiligen Bezirk heraus geführt wurde. Beim »Auszug des Kultbildes« nahm auch das Volk teil. Derartige Auftritte galten als »Erscheinungen des Gottes«, wenngleich das Kultbild in seinem Schrein für die Augen der Öffentlichkeit stets verborgen blieb. Die Ägypter nutzten jedoch diese indirekte »Kontaktaufnahme« mit ihren Göttern zum Überbringen persönlicher Wünsche und Anfragen. Da direkte Antworten von einem stummen Götterbild nicht zu erwarten waren, wurden die Bewegungen der von Priestern getragenen Prozessionsbarke, auf der sich der Schrein befand, als »Willensäußerungen der Gottheit« aufgefaßt und im Sinne eines Orakels gedeutet.[15] Auch wenn diese Art der Barkenprozession und Orakeldeutung erst seit dem Beginn des Neuen Reiches inschriftlich belegt ist, werden im Alten Reich sicherlich vergleichbare Riten und eine ähnliche »Öffentlichkeitsarbeit« der Götterpriester stattgefunden haben.

Machtzentrum Heliopolis

Heliopolis war die Hauptstadt des 13. unterägyptischen Gaus, der den Namen »Der Herrscher ist heil« trug,[16] und lag an der Südost-Spitze des Nildeltas, nordöstlich vom heutigen Kairo. In der Ägyptologie gilt Heliopolis heutzutage als eines der wichtigsten geistigen und religiösen Zentren des Alten Ägyptens. Der Name Heliopolis bedeutet »Sonnenstadt« und ist jüngeren Datums. Er stammt von den Griechen und leitet sich von der Be-

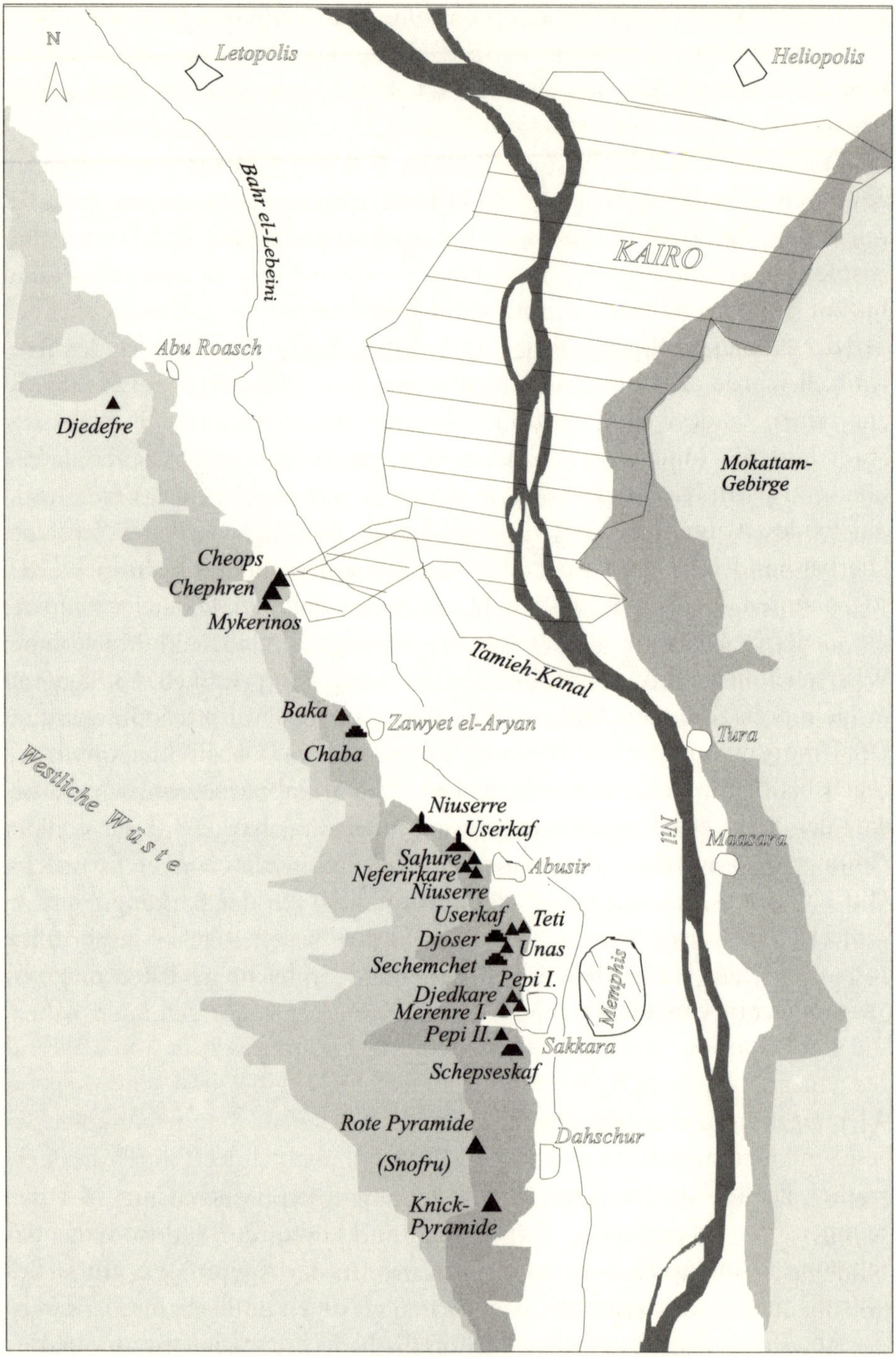

Abb. 4: Die Pyramidenfelder in der Umgebung von Memphis.

zeichnung ihres Sonnengottes Helios ab. In babylonischen Texten des zweiten vorchristlichen Jahrtausends wird Heliopolis »Ana« und bei den Assyrern des siebenten Jahrhunderts vor Christus »Unu« genannt. In der Bibel wie auch in koptischen Texten findet sich dagegen die Bezeichnung »On«. Interessanterweise wird Heliopolis in der griechisch-römischen Epoche auf ägyptisch »Pet net Kemet«, »Der Himmel Ägyptens«, genannt. Eine Bezeichnung, die durchaus gewisse Aspekte ihres einstigen Charakters widerzuspiegeln scheint.

Bis zur 5. Dynastie war Heliopolis ein Kultzentrum, in dem ausschließlich der der Königsideologie nahestehende Schöpfergott Atum verehrt wurde. Danach wurde der Sonnenkult dort heimisch und steuerte von Heliopolis aus seinen landesweiten Einfluß. Der damalige, altägyptische Name der Stadt lautete »Iunu«, was heute in der Ägyptologie mit »Pfeiler(stadt)« übersetzt wird. Dies könnte eine entfernte Anspielung auf das Verehrungsobjekt des Atum- und später indirekt auch des Re-Kultes gewesen sein. Hierbei handelte es sich vermutlich um ein kegelförmiges Kultobjekt, den sogenannten »Benben-Stein«, der auf einem Pfeiler aufgesetzt als Vorbild für die in der 5. Dynastie auftretende Obeliskenform gedient haben könnte. Wahrscheinlich motivierte er die spätere Errichtung der vielen Obelisken in Heliopolis, die zum Wahrzeichen dieser religiösen Metropole wurden. Der Ursprung und der wahre Symbolcharakter des Benben-Steins sind hingegen bis heute nicht eindeutig geklärt. Es wird aber bisweilen vermutet, daß der Stein ein Überbleibsel eines Meteoriten war, der – da er vom Himmel, also aus der »überirdischen« Welt der Götter, auf die Erde fiel – »für eine Form des Atum« gehalten wurde.[17] Über seinen Verbleib gibt es keinerlei Hinweise. Seine Spur verliert sich ähnlich wie bei den vielen anderen vergleichbaren Kultobjekten jener Epoche im Nebel der langen pharaonischen Geschichte.

Die von Heliopolis ausgehenden Kulte hatten in ihrer Konzeption während der ganzen ägyptischen Geschichte eine große religiöse und schöpferische Wirkungskraft auf die Gesellschaft und die Gedankenwelt der Ägypter. Sie besaßen einen primär kosmischen Charakter,[18] nicht zuletzt durch den vermutlich zu Beginn des Alten Reiches entstandenen Mythos der »Götterneunheit von Heliopolis«. Dies war das älteste, bislang aus Ägypten bekannte kosmogonische System von Urgöttern, das eine Genealogie des Kosmos und des Königtums beinhaltete. Auf der Grundlage der heliopolitanischen Neunheit wurde insbesondere der Weltherrschaftsanspruch des Pharaonentums direkt von dem der Götter abgeleitet und zugleich der in

Heliopolis ansässige Göttervater Atum und später der dort angesiedelte Sonnengott Re in den Mittelpunkt des Kosmos gestellt.

Die zentrale Idee dieses kosmogonischen Modells war »das ›Werden‹, im Gegensatz zur Erschaffung der Welt«. Die Spitze der Götterneunheit bildete dabei Atum, der »Selbstentstandene«, der nicht nur »Schöpfer, sondern Ursprung« war, wie ihn der deutsche Ägyptologe Jan Assmann bezeichnete.[19] Ähnlich wie bei den modernen Urknallmodellen, nach denen unser Universum scheinbar aus dem Nichts heraus entstand und sich unter bestimmten Voraussetzungen und Bedingungen weiterentwickelte, wurde auch bei den Ägyptern die universelle Selbstentstehung »jenseits der geschaffenen Welt formuliert«.[20]

Konkret stellten sich die Ägypter des Alten Reiches den Zustand ihrer Welt vor dem »Schöpfungsakt« als eine Art »Urflut« vor, in der der Schöpfergott Atum dahintrieb.[21] In diesem Chaos, so beschreibt der Schweizer Ägyptologe Erik Hornung das uranfängliche Szenario, ruhten »Tag und Nacht (...) noch ungetrennt in der Finsternis, die raumlos und zeitlos« war. Es gab weder Leben noch Tod, weder Formen noch Strukturen. Doch dann plötzlich, einer göttlichen Initialzündung gleich, verwandelte sich der Gott Atum »in die Welt«, als der Schlamm der Urflut sich formte, als Urhügel emporstieg und aus den Wassermassen auftauchte – »ähnlich dem Bild, das dem Ägypter jeden Herbst vor Augen stand, als die Wasser der jährlichen Nilüberschwemmung zurückwichen.« So entstand festes Land, das sich gegen die Urflut abgrenzte, so daß der Schöpfergott auf ihm stehen und sein Werk beginnen konnte. Und ähnlich wie man heute glaubt, daß die physikalischen Randparameter zu Beginn der Entwicklung unseres Universums letztlich die grundsätzlichen Eigenschaften des heute erfaßbaren Raumzeit-Kontinuums definierten, erzeugte Atum zuerst die Götter Schu (Luft) und Tefnut (Feuchtigkeit, Tau) und diese dann Geb (Erde) und Nut (Himmel). Die Götterneunheit wurde schließlich durch einen dritten Akt der Schöpfung vervollständigt, in dem man die Götter Osiris, Isis, Nephtys und Seth in die Welt setzte.

Interessanterweise brachten die Ägypter diesen Mythos von der Entstehungsgeschichte ihrer Welt wohl auch immer geographisch mit diesem Kultort in Verbindung. Sie sahen in Heliopolis »die uranfängliche Stadt«, wo sich ihrer Meinung nach der mythologische Urhügel befand, »auf dem Atum erstmals Fuß fassen konnte«, um die Welt zu erschaffen.[22] Infolgedessen errichtete man den zentralen Atum-Tempel, den »Chut Benben«, das »Benben-Haus«, auf einem künstlich angeschütteten Hügel, dem sogenannten »Hohen

Sand von Heliopolis«, der den mythischen Urhügel repräsentieren sollte.[23] Wie alle Kultanlagen in Ägypten war auch der große Tempelbezirk von Heliopolis, in dem bis zu zehn den Göttern geweihte Heiligtümer gestanden haben sollen, eine Einrichtung, die u.a. durch königliche Stiftungen über einen großen Landbesitz und somit über ein gesichertes Einkommen verfügte. Nur so waren die notwendigen Götteropfer, das Aufrechterhalten des umfangreichen Kultbetriebes und der Fortbestand der Tempelanlagen langfristig zu sichern. Da die landwirtschaftlichen Produkte und sonstigen Opfergaben den Göttern aber nur symbolisch überreicht werden konnten, wurden sie zum größten Teil zur Versorgung der Priesterschaft verwendet oder in den Tempelschatz integriert. Derart gut versorgt und ideologisch in das Weltbild vom göttlichen Königtum auf Erden eingebunden, werden sich die vielen Priestergemeinden des Landes in der Regel stets loyal gegenüber ihrem gottgleichen Vorgesetzten verhalten und gewissenhaft die ihnen anvertrauten und übertragenen Kultämter und Funktionen erfüllt haben. Zudem war die Berufung in ein Priesteramt im Alten Reich mit mannigfaltigen Vergünstigungen verbunden. Neben der Entlohnung mit Ländereien und Naturgütern beinhaltete ein Priesteramt auch oftmals die Freistellung von staatlich verordneten Zwangsarbeiten, so daß man bei der religiösen Kaste von einer besonders privilegierten Klasse innerhalb der altägyptischen Gesellschaft sprechen kann.

Vor diesem Hintergrund wurden die heliopolitanischen Tempel des Schöpfergottes Atum und des Sonnengottes mit der Zeit zu einflußreichen Wirtschaftszentren, in denen man große Speicheranlagen und eine eigene Verwaltung errichtete. Zusätzlich ausgestattet mit Sonderrechten, die steuerliche Abgabefreiheiten und Zugriffsrechte auf Tribute der Fremdländer beinhalteten, wurde Heliopolis schon während des Alten Reiches zu einem großen ökonomischen Machtfaktor im Land. Inschriftliche Aufzeichnungen über die Vermögensverhältnisse jener Epoche existieren zwar nicht, jedoch gibt es derartige Informationen über den Tempel des Sonnengottes aus der Regierungszeit von Ramses III. (Neues Reich, um 1180 v. Chr.), die durchaus repräsentativ für die Verhältnisse im Alten Reich sein könnten. Danach umfaßte der Grundbesitz dieses Tempels in der Ramessidenzeit insgesamt 441 Quadratkilometer Ackerland, zu dem 45 544 Tiere und 12 963 Bedienstete gehörten. Ein enormes Wirtschaftsimperium. Zu jener Zeit war nur noch der Amun-Tempel mit 2393 Quadratkilometern Ländereien vermögender. Zusammengenommen beanspruchten die Priestergemeinden des Neuen Reiches für sich allein einen beachtlichen Teil der verfügbaren Nutzfläche des Landes.[24] Angesichts dieser Zahlenwerte sollte es unabhängig von den tiefreligiösen Grundsätzen der ägyptischen Gesellschaft niemanden wundern, daß man im Alten Ägypten Kirche und Staat nicht trennen konnte.

Symbole der Unsterblichkeit

In der langen Geschichte des Pharaonentums gehörte der Glaube an ein Leben nach dem Tode zu den prägnantesten religiösen Vorstellungen dieser Gesellschaft. Die Ägypter waren davon überzeugt, daß der körperliche Tod nur ein Übergangsstadium in einen zweiten, ewig währenden Lebensabschnitt im Jenseits darstellte. Beide Bereiche, Diesseits und Jenseits, bildeten für sie offensichtlich eine real existierende und untrennbare »duale Einheit« innerhalb einer von Göttern beherrschten und vom König geordneten Welt. Eine beneidenswerte Sichtweise vor dem Hintergrund unserer modernen Vorstellungen und Ängste von der eigenen Vergänglichkeit, die wir im Alltag allzugern verdrängen und denen wir uns meist nur im Angesicht des Todes stellen.

Diese für alle Menschen geltende Vorstellung von einem ewigen Leben entwickelte sich aber erst mit der Zeit und galt nicht für die Anfänge der ägyptischen Geschichte. Im Alten Reich besaß man diesbezüglich unterschiedliche Auffassungen, da die damaligen Jenseitsvorstellungen durch die Auslebung des Königsdogmas zweigeteilt waren: Während normale Menschen in einer Art unterirdischen Jenseitswelt der Ahnen auf eine »Fortdauer über den Tod« hinaus im Gedächtnis ihrer Nachwelt hoffen durften, blieb in jener Zeit das ewig währende Leben ausnahmslos das Vorrecht der Könige.[25] Nur ihnen war es vergönnt, eine Art »Erlösung vom Tode« zu erfahren und durch ihre Eingliederung in die göttliche, am Himmel lokalisierte Jenseitssphäre selbst zu Göttern zu werden und Unsterblichkeit zu erlangen. Diese unterschiedlichen Sichtweisen der jenseitigen Daseinsform wurden erst am Ende des Alten Reiches durch das Auftreten der Osiris-Religion angeglichen, so daß das Unsterblichkeitsmonopol der Könige gebrochen wurde und allen Ägyptern ein ewiges Leben zuteil werden konnte.[26]

Die im Alten Reich vorherrschenden Ansichten von einem, den Königen vorbehaltenen, ewigen Leben im Himmel einerseits und dem »Wohnen im Grabe«[27] als nicht-königliche Jenseitsexistenz anderseits manifestieren sich aus heutiger Sicht vor allem in der grundsätzlichen Zweiteilung der Grab-

formen in Pyramide und Mastaba. Wie die Pyramidenfelder heute zeigen, orientierte sich der Wunsch der normalen Ägypter auf eine nachtodliche Fortdauer maßgeblich an der unmittelbaren Nähe ihrer Gräber zur königlichen Nekropole und war von der Weiterexistenz des Königs abhängig. Wem es durch seine gesellschaftliche Stellung möglich war, ließ sich demzufolge im Umfeld der königlichen Pyramiden begraben. Da die Könige nach ihrem Tod als Götter in den himmlischen Jenseitswelten lebten und dort wie zu Lebzeiten als Mittler und Fürsprecher ihres Volkes auftraten, konnten somit auch die normalen Ägypter durch die Einbettung ihrer Gräber in den auf die Ewigkeit ausgerichteten königlichen Grab- und Totenopferkult auf ein ewiges und gesichertes Weiterleben im Jenseits hoffen. Durch diese Abhängigkeit wurden insbesondere die Pyramidenkomplexe zu Schlüsselpositionen innerhalb des staatlich-privaten Totenkultes. Die Vorstellungen, Sehnsüchte und Glaubensdoktrinen, die sich im Alten Reich um das Leben nach dem Tode drehten, gingen dabei vermutlich auch mit dem Prozeß der Formfindung der königlichen Grabmäler einher, die als »Symbole der Unsterblichkeit« viele Jahrhunderte den Totenkult in Ägypten bestimmten. Der ägyptische Pyramidenbau begann in der 3. Dynastie auf der nahe des Dorfes Sakkara gelegenen Nekropole der damaligen Königsresidenz »Ineb Hedj« – heute besser bekannt als Memphis.[28] Um das Jahr 2680 v. Chr. gab König Djoser seinem obersten Baumeister Imhotep den historischen Befehl, für ihn ein monumentales Mausoleum zu errichten. Der Bau des in den Himmel weisenden Grabmals dauerte über ein Jahrzehnt und vollzog sich in mehreren Schritten. Eine schon fertiggestellte, quadratische Mastaba wurde erst zu einem flachen Dreistufenbau erweitert, ehe dieser wiederum in zwei weiteren Schritten zu einer sechsstufigen Pyramide umgeformt wurde. Das vollendete Grabmal bedeckte eine leicht rechteckige, für damalige Verhältnisse unfaßbar große Grundfläche von über 13 000 Quadratmetern und besaß eine Höhe von etwa 62 Metern.[29] Damit wurde eine mehrere Jahrhunderte lange Bautradition im königlichen Grabkult eingeleitet, in der man die größten Grabmäler der Welt errichtete.
Die spezielle Baugeschichte und die daraus resultierende äußere Form der ersten Stufen-Pyramide Ägyptens wie auch die spätere Umformung dieses Bautyps in geometrisch echte Pyramiden muten für viele Menschen heute wie ein reines Zufallsprodukt, wie ein Geistesblitz des Imhotep und seiner Nachfolger an. Seitdem die ersten Ausgräber die königlichen Pyramiden erforschen, wurden unterschiedlichste Ansätze diskutiert, auf welchen Gedankengrundlagen die Form der Grabmäler entstanden sein könnte. In der

	König	Nekropole	Name der Pyramide	Dimensionen
	Snofru	Medum	Dauerhaft ist Snofru	Länge: 144 Meter Höhe: 92 Meter Neigungswinkel: 51,84 Grad
	Snofru	Dahschur	Erscheinung des Snofru	**Länge: 190 Meter Höhe: 104 Meter Neigungswinkel: 55/43,6 Grad**
	Snofru	Dahschur	Erscheinung des Snofru	Länge: 220 Meter Höhe: 105 Meter Neigungswinkel: 43,6 Grad
	Cheops	Giza	Horizont des Cheops	**Länge: 230,36 Meter Höhe: 146,59 Meter Neigungswinkel: 51,84 Grad**
	Djedefre	Abu Roasch	Sternenzelt des Djedefre	Länge: 106,20 Meter Höhe: ~ 67 Meter Neigungswinkel: ~ 51,84 Grad
	Chephren	Giza	Groß ist Chephren	**Länge: 215,25 Meter Höhe: 143,50 Meter Neigungswinkel: 53,17 Grad**
	Baka	Zawyet el-Aryan	**Stern des Baka (?)**	**Länge: 200 Meter Pyramide wurde nicht fertiggestellt (nur Ausschachtung).**
	Mykerinos	Giza	Göttlich ist Mykerinos	**Länge: 104,60 x 102,20 Meter Höhe: 65 Meter Neigungswinkel: 51,3 Grad**

Tab. 1: Die Pyramiden der 4. Dynastie im Vergleich.

Regel erkennen die Gelehrten religiöse Motive hinter der pyramidalen Gestaltung der Königsgräber, sehen einen Zusammenhang zwischen ihrer kultischen Funktion und ihrer geometrischen Formgebung. Denn nach allen bisherigen Erkenntnissen stellten die Pyramiden im Verständnis ihrer tiefreligiösen Erbauer nicht nur gigantische »Grabsteine« und Symbole der königlichen Allmacht dar, sondern wurden auch als Sinnbilder des Glaubens an die Göttlichkeit des Königtums und als Kontaktstellen zur Jenseitswelt gesehen.

Infolgedessen vermutet man beispielsweise, daß mit der »Überhöhung des königlichen Grabes« auch der »Aufenthaltsort des verstorbenen Königs an religiöser Bedeutung gewonnen haben muß«[30] und sieht die Entstehung der ersten Pyramiden durch einen gewachsenen, zentralistischen Anspruch des Königtums und seiner kultischen Stellung gegenüber den Göttern begründet. Andere Forscher glauben, die geometrische Form der Pyramide wurde durch den Einfluß des Sonnen- oder Schöpferkultes motiviert und sei symbolisch nach den Vorbildern des mythischen Urhügels oder des heiligen Benben-Steines der Atum-Priesterschaft aus Heliopolis entstanden. Wieder andere versuchen die später auftauchenden religiösen Pyramidentexte auszudeuten, in denen von einer Treppe in den Himmel die Rede ist, um somit die Pyramidenform aus den Jenseitsvorstellungen der Ägypter heraus zu erklären.[31]

Ich teile vom Prinzip her derartige, religiös motivierte Denkansätze für die vorliegende Fragestellung und erkenne einige Querverbindungen, vor allem bei dem Motiv des Urhügels, obwohl ich noch eine etwas andere Vorstellung von der pyramidalen Formfindung der Königsgräber damit verbinde.

Wäre es aufgrund der tiefen Religiosität und vielschichtigen Göttergläubigkeit der Ägypter nicht denkbar, daß die Pyramidenform letztlich vielleicht nur eine in Stein gebaute Reflexion einer menschlichen Sehnsucht nach göttlicher Verbundenheit war? Wurde diese Form womöglich auch deshalb gewählt, weil sie abstrakt betrachtet »Türmen« ähnelte, die in den Himmel wiesen und somit den universellen Wunsch nach Götternähe befriedigen konnten?[32] Diente demnach die Pyramidenform vielleicht als Bindeglied zur jenseitsorientierten Götterwelt und dokumentierte eine Art innere Verbundenheit der Ägypter mit der überirdischen Sphäre außerhalb ihrer Welt?

Diese spezielle Interpretation deckt sich durchaus mit der weltweiten Existenz pyramidenförmiger Bauwerke, die in vielen alten Kulturkreisen in den meisten Fällen entweder als Grabmal eines Gottkönigs oder als Sockelbau für einen Göttertempel dienten. Man hat es hierbei anscheinend mit einer archetypischen Baustruktur der frühen Hochkulturen unserer Erde zu tun, die in der Regel stets auf eine Jenseits- oder Götterwelt ausgerichtet war. In diesem Sinne ist womöglich auch das Motiv des mythischen Urhügels, das die Formgebung der Königsgräber beeinflußt haben könnte, zu interpretieren. Wie die archäologischen Forschungen gezeigt haben, wurden künstlich errichtete Anhöhen in mehreren frühen Kultzentren Ägyptens gefunden. Deshalb kann man davon ausgehen, daß sich der Mythos vom Urhügel nicht nur ausschließlich an den durch die Natur vorgegebenen Rhythmus der Nilschwemme anlehnte, der die Ägypter bewog, Erhöhungen innerhalb der Überschwemmungszonen zu bauen, auf denen man wohnen und Kultstätten errichten konnte. Es wäre möglich, daß die Errichtung dieser Anhöhen letztlich auch wieder etwas mit dem Bedürfnis nach einer weltlichen Erhöhung des Kultplatzes und mit der Nähe zur Götterwelt zu tun hatte.[33] Somit könnte das Motiv des Urhügels den Anfang einer in allen frühen Hochkulturen global greifbaren, stets mythologisch verankerten und religiös ausgelebten Verehrung von auf Hügeln und Bergen liegenden Kultstätten markieren, die oftmals als Wohnsitz der Götter und als eine Art Kontaktstelle zum Himmel angesehen wurden. Selbst heute noch bauen die Menschen kleine Kapellen auf fast unerreichbare Bergspitzen, krönen Kreuze, Altäre und sonstige religiöse Markierungs- und Verehrungssymbole die Plateaus vieler Anhöhen auf unserer Erde, fast so, als ob wir noch immer Zeichen für die Götter setzen möchten, die ausdrücken sollen, »kommt und sprecht mit uns«.

Dies führt wieder zurück zum Ausgangspunkt, zum ersten Pyramidenbau in der Menschheitsgeschichte, der unter ganz speziellen Bedingungen und Motivationen entstanden sein wird. Hierbei ist insbesondere von Interesse, ob schon zu Beginn der Pyramidenevolution ein religiös motivierter Beweggrund die Formgebung der Stufen-Pyramide beeinflußte oder ob nicht womöglich erst das als Bauexperiment fertiggestellte Grabmal bestimmte Glaubensvorstellungen hervorrief, die daraufhin zu dem gigantischen königlichen Grabkult im Alten Reich führten.

Letzteres ist durchaus denkbar, denn als Djoser den Auftrag zum Bau seines Grabmals gab, konnten seine Architekten immerhin schon auf eine lange Tradition im Grabbau und fundierte Erfahrungen bei der Bearbeitung des Baumaterials Stein zurückblicken. Aufgrund umfassender Land- und Verwaltungsreformen waren vom Standpunkt der Logistik, Technik und Materialwirtschaft zu Beginn der 3. Dynastie alle notwendigen Voraussetzungen erfüllt, um das Zeitalter der monumentalen Grabbauten einzuläuten. So war womöglich aus evolutions- und entwicklungstechnischer Sicht gerade zur Regierungszeit Djosers der richtige Zeitpunkt gekommen, daß ein einfallsreicher Bauleiter den experimentellen Versuch wagte, ein Grabmal erstmalig himmelwärts zu errichten. Vielleicht ist der Bau der Djoser-Pyramide entfernt mit dem inneren, wohl schon immer latent vorhandenen Wunsch der Menschheit vergleichbar, die Grenzen der eigenen Erkenntnis überschreiten zu wollen. Womöglich war es eine Kombination aus forschender menschlicher Neugier und notwendigem technisch-wissenschaftlichen Know-how, die Djosers Architekten motivierte, das Grabmal schlußendlich in die Höhe zu bauen. Vielleicht steht die Djoser-Pyramide am Beginn einer Entwicklung, in der die Menschen daran gingen, die Naturgesetze in einem gewissen Rahmen zu erforschen, die die Menschen aller Epochen letztlich über Kontinente und Meere trieb und ihnen sogar einen kleinen Spalt des Tores in den Weltraum öffnete. Im abstrakten Sinne könnte man die Pyramiden der Ägypter durchaus mit den Raumschiffen des 20. Jahrhunderts vergleichen, die selbst ein Spiegelbild des menschlichen Forscherdrangs darstellen und zugleich bereit sind, Kontakt mit der Welt außerhalb unserer Welt aufzunehmen.

Im Banne der Sonne

Die Sonne: Zentralgestirn unseres Sonnensystems, im Mittel 149,6 Millionen Kilometer von der Erde entfernt und seit über 4,5 Milliarden Jahren unaufhörlicher Energiespender unserer kleinen Welteninsel.
Ihre Vergöttlichung in allen alten Hochkulturen erscheint uns heute bei näherer Betrachtung als selbstverständlich. Die Sonne bestimmt den natürlichen Lebenszyklus auf unserem Planeten und ist für das Dasein der Menschheit verantwortlich. Sie spendet Licht und Wärme, vertreibt die dunklen Schatten und die Kälte der Nacht. Elementare Bewußtseinszustände, die die Menschen vom Anbeginn ihrer Existenz beeinflußten und in ihren Bann zogen. So prägte sich das mit Abstand eindrucksvollste Objekt am Himmel mit der Zeit nachhaltig ins Bewußtsein aller Kulturkreise ein und inspirierte ihre Phantasie, in der Sonne eine göttliche Macht, eine universelle Gottheit am Firmament zu erkennen.
Auch im Alten Ägypten erfuhr die Sonne eine göttliche Verehrung und besaß während der pharaonischen Geschichte einen hohen Stellenwert im vielgestaltigen Pantheon. Sie wurde in diesem Land der geographischen Gegensätze, in dem sich die tote und lebende Natur unmittelbar berühren, als sichtbares Symbol eines ewig währenden Lebenszyklus gesehen. Ihre Verehrung spiegelte sich in den unterschiedlichen Gottesnamen wider, mit denen die Ägypter im Laufe der Zeit die verschiedenen täglichen Erscheinungsformen der Sonne wie Aufgang, Untergang und Tageslauf beschrieben und sie als verschiedenartige Aspekte eines omnipotenten Sonnengottes deuteten.
In der Ägyptologie ist heute nicht bekannt, zu welchem Zeitpunkt die Verehrung der Sonne genau begann und an welchem Ort sie ihren Ursprung hatte. Man vermutet, daß sie aufgrund ihrer ewigen Präsenz am Himmel schon früh als Urgottheit angesehen wurde. Signifikante inschriftliche Belege für eine frühzeitige Verehrung gibt es aber bislang nicht, sieht man einmal von einigen wenigen Hinweisen in frühen Texten ab, in denen die Sonnenscheibe als Hieroglyphenzeichen verwandt wurde. Es hat demnach den Anschein, so resümiert der tschechische Ägyptologe Miroslav Verner, »als

ob der Sonnenkult in den ältesten Zeiten überwiegend unter den niedrigsten Volksschichten verbreitet gewesen«[34] war und demzufolge keine ausgewählten, exponierten Kultplätze besaß. Daraus ließe sich schließen, so Verner, daß der Sonnengott zu Beginn der ägyptischen Staatsentstehung lediglich »im Schatten anderer, bedeutenderer Gottheiten«[35] stand und erst im Laufe des Alten Reiches an Bedeutung gewann. So bezog sich der »eigentliche und wichtigste« Name des Sonnengottes, »Re«,[36] wohl ursprünglich nur auf die am Himmel sichtbare Sonne als Gestirn und stellte eine Bezeichnung für die Sonnenscheibe dar. Erst mit der Zeit entwickelte sich dieser Begriff auch zum Namen des Sonnengottes selbst, wurde Re »zur Verkörperung und Personifikation der Sonne« und das hieroglyphische Ideogramm der Sonnenscheibe zu seinem Götterzeichen.[37]

Um den Sonnengott in einen weltlichen Kultbetrieb zu integrieren und ihn damit »greif- und verehrbar« zu machen, mußten die Ägypter ihn bildhaft gestalten. Sie stellten sich Re als Personifikation menschengestaltig vor und formten auf dieser Grundlage ihre Kultbilder. Auf dem Kopf trug der Sonnengott eine Sonnenscheibe, um die sich eine Uräusschlange wand, und an seinem Kinn zierte ihn der obligatorische Götterbart.[38] Wohl erst mit dieser »Vermenschlichung« des Sonnengottes begann auch seine gezielte Kultausbreitung in Ägypten.

Alle bisherigen Befunde lassen darauf schließen, daß das kulturhistorische Eintreten des Sonnengottes in die Geschichte Ägyptens ein langsamer Prozeß war, der vermutlich durch eine erkennbare Wandlung oder eine »Verdeutlichung« in der Weltanschauung der Ägypter hervorgerufen wurde.[39] Der stetige Bedeutungsanstieg seiner Glaubenslehren setzte erst nach den ersten Dynastien des Alten Reiches ein. Er wurde aus heutiger Sicht erstmals in der 3. Dynastie richtig greifbar und manifestierte sich schließlich in der Mitte der 4. Dynastie.[40] Zu jener Zeit hatte die landesweite Entfaltung des Sonnenglaubens und der damit einhergehende wachsende Einfluß seiner Priesterschaft auch die oberste Staatsebene erreicht und nahm Konturen innerhalb des Königtums an. Die Könige trugen Geburtsnamen, die mit dem Götternamen »Re« gebildet wurden, und fügten ihren Titulaturen die Bezeichnung »Sohn des Re« als festen Bestandteil hinzu.

Im Sog dieser Entwicklung wurde der Sonnenkult gegen Ende der 4. Dynastie in Heliopolis angesiedelt und der Sonnengott mit Beginn der 5. Dynastie in den Status eines Staatsgottes erhoben. Heliopolis entwickelte sich daraufhin zum bedeutendsten religiösen Zentrum des Alten Reiches.[41] Fast jeder Herrscher der 5. Dynastie errichtete ein eigenständiges, vom Aufbau her den Pyramidenkomplexen ähnelndes, großes Sonnenheiligtum, das eng mit der königlichen Grabanlage in Zusammenhang stand. Mit der Errichtung dieser Tempel und der Einführung der Obelisken als dominante Kultobjekte kam es in jener Zeit auch zur breiten architektonischen Entfaltung des Sonnenglaubens. In dieser Epoche manifestierte sich unter Steuerung der heliopolitanischen Priesterschaft auch eine »Symbiose« zwischen dem alten Königsgott Horus und dem Sonnengott, womit vermutlich die »Einbindung« des neuen Staatsgottes in die alte Königsideologie ihren Abschluß fand. Ab Mitte der 5. Dynastie wurde Re mit dem Horus-Aspekt »Harachte«, dem

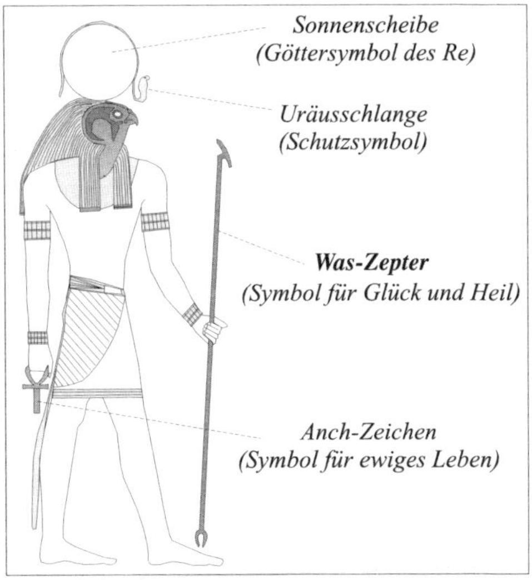

Abb. 5: Darstellung des Gottes Re-Harachte.

»horizontischen Horus«, in Verbindung gebracht und erfuhr als »Re-Harachte«, »als morgendlicher Sonnengott des Osthorizontes«, höchste Verehrung im Land.[42] Man stellte sich den »heliopolitanischen Sonnengott« menschengestaltig mit roter Hautfarbe und dem Kopf eines Falken vor, den eine Sonnenscheibe mit einer Uräusschlange krönte.[43]

Am Ende der 5. Dynastie erschienen schließlich die ersten religiösen Inschriften in den königlichen Grabmälern, die sogenannten »Pyramidentexte«. Aus ihnen geht hervor, daß der Sonnenglaube und die Stellung des Sonnengottes im ägyptischen Weltgefüge auch eine beherrschende Rolle für die königlichen Jenseitsvorstellungen spielten. Aus diesen Texten erfährt man erstmals, daß sich die damalige Sonnentheologie nicht nur auf eine Verehrung der Sonne als abstraktes Himmelsobjekt beschränkte, sondern sich vor allem auf die schon erwähnten Aspekte ihrer scheinbaren täglichen

Bewegung konzentrierte. Hierbei sahen die Ägypter den alltäglichen, sich immer wiederholenden, horizontübergreifenden Lauf der Sonne am Himmel als eine Barkenfahrt des Sonnengottes auf dem »zyklischen Fluß des Lebens«.[44] Der Sonnenaufgang wurde dabei als Geburt, der Sonnenuntergang und die Nachtfahrt als Alterungs- und Regenerationsprozeß des Sonnengottes interpretiert und mit verschiedenen Götternamen (Chepre/ Harachte, Atum) und Attributen versehen. Hierin zeigt sich, wie auch in vielen anderen Bereichen dieser Gesellschaft, einmal mehr die Mannigfaltigkeit und Komplexität der altägyptischen Denkweise.

Und wenngleich es den Anschein hat, daß sich der Einfluß der Sonnenpriester am Ende des Alten Reiches – insbesondere aufgrund neuer einflußreicher Glaubensvorstellungen im Totenkult – wieder etwas verringerte, behielt der Sonnengott seine außerordentliche religiöse Stellung innerhalb der ägyptischen Götterwelt, die er bis zum Ende des Pharaonentums nicht mehr einbüßen mußte. Besonders im Neuen Reich wurde der ägyptische König mit keiner anderen Gottheit so häufig auf eine Stufe gestellt wie mit dem Sonnengott Re. Dahinter verbarg sich letztlich die ideologische Vorstellung, daß der König die göttliche Aufgabe hatte, den Lauf der Sonne durch diverse Kulthandlungen zu sichern und somit die Ordnung und den Bestand des Kosmos zu garantieren.[45]

So wurden, rückwirkend betrachtet, irgendwann im Lauf des 26. vorchristlichen Jahrhunderts die Weichen für den langanhaltenden und dominanten Sonnenglauben gestellt, woraufhin der Sonnengott fast zweieinhalb Jahrtausende lang ein hohes Ansehen in der ägyptischen Welt erfuhr. Die Geschichte des Sonnenkultes wurde dabei ab der 5. Dynastie vorrangig in Heliopolis geschrieben. Res unaufhaltsamer Siegeszug am Götterhimmel begann jedoch schon etwa 70 Jahre zuvor unter König Djedefre, in dessen Regentschaft der Sonnengott auch Einzug in die Königsideologie hielt.

2 *Der Erbe des Cheops*

Um das Jahr 2550 v. Chr. starb Cheops nach einer vermutlich 30jährigen Regentschaft und das Königsamt wurde gemäß dem Erbrecht und der Rangfolge innerhalb der Familiendynastie an Djedefre übertragen, der damit nach Snofru und Cheops als dritter Herrscher der 4. Dynastie in die Königsannalen einging.

Die direkte Übernahme der Amtsgeschäfte erfolgte sofort nach Cheops' Tod, die offizielle Krönungsfeier erst nach seiner Bestattung, deren Zeremonie Djedefre als designierter »Herrscher von Ober- und Unterägypten« protokollarisch leitete. Dies dokumentieren achtzehn Aufschriften seines Namens auf diversen Abdeckblöcken, mit denen das östliche Königsboot an der Südseite der Cheops-Pyramide versiegelt wurde.

Djedefre war innerhalb der populären Wissenschaftspublizistik jahrzehntelang nur eine Randfigur des Pharaonentums, wurde oftmals in der Königsabfolge übersehen. Sein großer Unbekanntheitsgrad in der Öffentlichkeit resultierte dabei in erster Linie aus der Tatsache, daß im Gegensatz zu den Königen der Giza-Pyramiden nur spärliche archäologische Befunde und Artefakte zutage gefördert wurden, die seine einstige Existenz dokumentieren. Hinzu kam der überaus schlechte Erhaltungszustand seiner Grabanlage. Ihre ungünstige Lage abseits der heutigen Infrastruktur, nordwestlich von Kairo, ihre erst spät einsetzende systematische Erforschung und ein gewisses akademisches Desinteresse in Form einer eher unzureichenden Öffentlichkeitsarbeit taten ihr übriges. Doch nicht zuletzt aufgrund der letztjährigen Ausgrabungen an seinem Grabmal wurde Djedefre in diesem Jahrzehnt nach und nach in den Mittelpunkt des öffentlichen Interesses gerückt, so daß sich auch langsam das Geheimnis um diesen König lüftet, der für fast ein Jahrzehnt die Geschicke Ägyptens lenkte. Je mehr man sich dabei mit diesem Herrscher und seinem Wirken beschäftigt, um so deutlicher treten Indizien zutage, die zeigen, daß sich unter seiner Regentschaft ein religiöser Wandel im Alten Reich vollzog. Es hat fast den Anschein, als ob nach Cheops' Tod ein Ruck durch das Land ging, der den Nährboden für die rasche Entfaltung einer bestimmten Glaubensrichtung und ihrer Priestergilde bildete.

Djedefres Profil

Die Suche nach markanten Eckpunkten und Handlungsdaten aus dem Leben Djedefres erweist sich heute als äußerst schwierig. Zu ungenügend ist das archäologische Fundmaterial aus seiner Regierungszeit, die nach dem Turiner Königspapyrus, einer ägyptischen Königsliste aus dem Neuen Reich, mit acht Jahren und einigen Monaten angegeben wird.[46] Die wenigen inschriftlich überlieferten Aufzeichnungen weisen auf verschiedene Bautätigkeiten hin und belegen, daß er eine Expedition in die Grauwacke-Steinbrüche der östlichen Wüste entsandte, um Steinmaterial für die Ausstattung seines Pyramidenkomplexes zu gewinnen.[47] Über seine familiäre Situation gibt es dagegen etwas umfangreichere Informationen, die Djedefre ein wenig aus dem Dunkel der 4. Dynastie zerren.

Djedefres Mutter war vermutlich Meritites, die Hauptgemahlin von Cheops. Er ging zwei Ehen ein, die drei Söhne und eine Tochter hervorbrachten. Eine seiner Gemahlinnen hieß Hetepheres II. und war die Witwe seines vermutlich schon früh verstorbenen, älteren Bruders Kawab, der ursprünglich die Rolle des Kronprinzen des Reiches innehatte. Durch diese Ehe untermauerte Djedefre zusätzlich die Legitimation seiner Titelansprüche im Sinne des innerfamiliären Thronfolgerechts. Unter seinen Kindern befanden sich der spätere König Baka, der kurzfristig vor oder nach der Regierungszeit von Djedefres jüngerem Bruder, Chephren, den ägyptischen Thron übernahm und Neferhetepes, in der einige Ägyptologen die Mutter von Userkaf, dem ersten König der 5. Dynastie, zu erkennen glauben.[48]

Für Djedefre war als Thronfolger kein Grabbau in Form einer großen Mastaba auf dem östlichen Friedhofsgelände der väterlichen Nekropole vorgesehen. Er selbst hatte wohl auch kein Interesse daran, sich auf dem weitläufigen Giza-Plateau bestatten zu lassen und schon einen anderen Platz für sein Grabmal im Visier. Er ließ seine eigene Nekropole etwa acht Kilometer nördlich von Giza auf einem hohen Bergrücken in der Nähe der heutigen Ortschaft Abu Roasch errichten.

Wie jeder König des Alten Reiches begann Djedefre schon zu Lebzeiten damit, an verschiedenen Stellen des Landes Opferstiftungen für seinen späteren Totenkult einrichten zu lassen, die sein Andenken lebendig halten sollten. Da er jedoch weniger als ein Jahrzehnt regierte, fallen die Belege seiner Stiftungen und die der dazugehörigen Totenpriester weit geringer aus als die seiner sehr viel länger herrschenden Amtskollegen jener Epoche. Nur vier Domänen konnten bislang inschriftlich nachgewiesen werden, darunter auch die Totenstiftung an seiner Nekropole bei Abu Roasch. Djedefres Toten- und Verehrungskult hatte aber trotz alledem viele Generationen Bestand und blieb auch außerhalb des königlichen Grabbezirks bis zum Ende der 5. Dynastie lebendig.[49]

Dies widerspricht eindeutig den in der Vergangenheit immer wieder geäußerten Spekulationen, daß es nach Cheops' Ableben zu familiären Thronstreitigkeiten gekommen sei, die Djedefre mit Hilfe der mächtigen heliopolitanischen Priesterschaft nutzte, um sich unrechtmäßig die Königswürde zu sichern. Für diese Behauptung gibt es bislang keine schlüssigen Beweise. Djedefres zeitliche Einordnung als ägyptischer Regent in die Mitte der 4. Dynastie ist durch inschriftliche Überlieferungen in den Annalen eindeutig belegt und wird durch Grabinschriften hoher Priester und Beamter späterer Dynastien zusätzlich bestätigt. Seine königliche Herrschaft wurde nicht nachträglich getilgt und demnach als legitim angesehen. Außerdem konnte innerhalb der Beamtenschaft jener Zeit kein Bruch oder Wechsel festgestellt werden, was einen sicheren Hinweis für innenpolitische Stabilität und Kontinuität darstellt.[50]

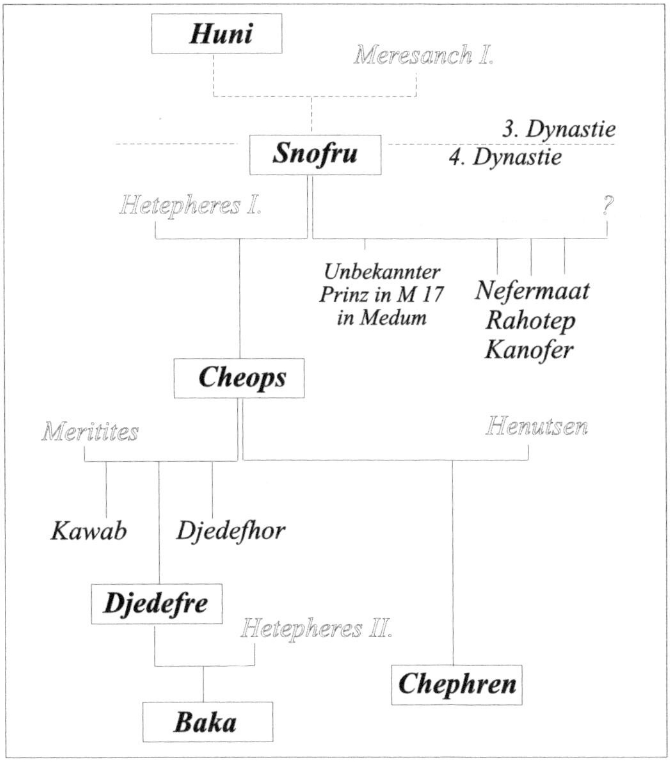

Abb. 6: Die überlieferten Thronfolgen der Königsfamilie vom Ende der 3. Dynastie bis zur Mitte der 4. Dynastie.

Das, was Djedefre aus religiöser Sicht wohl zum interessantesten König der 4. Dynastie macht, ist seine offenkundige Hinwendung zum Sonnenglauben. Dies wird vor allem durch zwei Merkmale charakterisiert. Djedefre führte einen auf den Sonnengott zugeschnittenen Eigennamen, »Djed-ef-Re«, der sich mit »Dauerhaft ist Re« übersetzen läßt.[51] Diese Art der Namensgebung hatte im Alten Reich eine »Vorbildfunktion«, so daß nach Djedefre viele Könige ihre Eigen-, und ab der 5. Dynastie auch ihre Thronnamen mit dem Götternamen »Re« bildeten. Beispiele hierfür sind Chaefre, Menkaure, Sahure oder Niuserre.

Noch markanter als die Wahl der Eigen- und Thronnamen war jedoch die Modifikation der königlichen Titulatur, die ab Djedefre ebenfalls erstmals eine Komponente des Sonnengottes aufwies. Dabei wurde Djedefres Titulatur, die er bei seiner Inthronisierung annahm und die sich aus den Elementen »Der Gestaltete« (Horusname), »Goldenster der Falken« (Goldhorusname) und »Der durch die beiden Herrinnen Gestaltete« (Herrinnenname) zusammensetzte, um die Bezeichnung »Sa-Re« – »Sohn des Re« – erweitert. Dieser Zusatz stand stets vor dem Eigennamen und wurde nach seiner Einführung zu einer festen Komponente in den königlichen Titulaturen der nachfolgenden Epochen.[52]

Hierdurch wird aus heutiger Sicht deutlich, daß sich der Sonnenglaube ab Mitte der 4. Dynastie auch bis in die oberste Staatsebene durchgesetzt hatte und seine Repräsentanten mit an der Spitze der ägyptischen Glaubensgemeinschaften standen. Somit nahm der Sonnengott innerhalb der Königsideologie von diesem Zeitpunkt an eine wichtige Stellung ein, die mit jedem neuen Regenten durch dessen göttliche Titulatur aussagekräftig dokumentiert wurde.

Die neue Kultfunktion

Für die Ägypter stellte der König das Bindeglied zwischen ihrer Welt und dem Reich der Götter dar. Durch den Vollzug der Kulte in den Göttertempeln wurde er aber auch zu einer Art Transportmedium neuer religiöser Einflüsse und Vorstellungen. Demnach hatten grundlegende Veränderungen in der Göttertheologie des Alten Ägyptens zwangsläufig auch Auswirkungen auf die Königsideologie.

Aus heutiger Sicht spricht vieles dafür, daß die unaufhaltsame Ausbreitung des Sonnenglaubens im Alten Reich auch indirekt die göttliche Stellung des

Königs beeinflußte und eine Art »Angleichung« der politischen und kultischen Funktionen des Königtums verlangte. Ob eine derartige Reform schon in den Regentschaften der Könige Cheops oder Snofru langsam vorbereitet und mit Djedefre erst umgesetzt wurde, läßt sich derzeit nicht klären. Doch sicherlich wird der Einfluß des Sonnenkultes im Königshaus schon längere Zeit zu spüren gewesen sein und in Djedefre letztlich nur einen mächtigen Verfechter gefunden haben. Dies drückt vermutlich auch seine Titulatur aus.

Hinter den Königstitulaturen steckten in der Regel politische Programme, die die Kontinuität, Stärke und Schöpferkraft des Königtums und seines aktuellen Repräsentanten zum Ausdruck bringen sollten. Bei Djedefres Titelwahl fällt diesbezüglich vor allem der markante Begriff »Der Gestaltete« auf, der im Zusammenhang mit dem im Eigennamen auftretenden Gottesnamen Re gesehen werden kann. Da der Horusname die Stellung und Kultfunktion des Königs als weltlichen Repräsentanten des Himmelsgottes charakterisierte, dem die Herrschaft über das Land gegeben war, lassen sich Horus- und Eigenname programmatisch etwa wie folgt deuten: Djedefre sollte als neuer »Horus auf Erden« die Herrschaft des Sonnengottes Re gestalten und dauerhaft bewahren.[53] Infolgedessen sieht Erik Hornung in dem neuen Titel »Sohn des Re« eine Art politisch-kultische Standortbestimmung zwischen der alten Königsideologie und dem erstarkten Sonnenglauben, letztlich also eine Definition des ideologischen Verhältnisses zwischen dem König und dem Sonnengott.[54]

Diese Festlegung war zwar für die Zukunft bestimmend, bedeutete aber wohl nicht unmittelbar – darüber sind sich mittlerweile viele Ägyptologen einig –,[55] daß mit Djedefres Regentschaft der neue Re-Glauben in direkter Konkurrenz zur alten Königsideologie trat und womöglich eine Abwertung der ideologischen Rolle des Königs einleitete.[56] So drückt der Titel »Sohn des Re« weder eine »Minderung der göttlichen Macht des Königs«[57] im Amt noch einen »Verlust der Identität zwischen Gott und König«[58] aus. Die maßgeblichen Aspekte der Königsideologie und die Funktion des alten Weltengottes Horus blieben durch die neue Standortbestimmung unangetastet, was sich auch in den Titulaturen der nach Djedefre folgenden Könige ausdrückte. Der Horusname wurde stets an erster Stelle geführt, während sich die Bezeichnung »Sohn des Re« lediglich als einleitender Zusatz auf den in der Titulatur zuletzt genannten Eigennamen bezog. So wurde der alte Gott Horus auch in der 5. Dynastie, in der der Sonnengott alle Eigenschaften einer Staatsgottheit aufwies, noch immer als »Bezugsgott am Himmel«

gesehen,[59] dessen weltliche Kultrolle der König innehatte. Nach der Auffassung des deutschen Ägyptologen Rolf Gundlach war letztlich auch die Aufgabenstellung des Königs als »Sohn des Re« nur eine reine »Kultfunktion, die gegenüber dem Re derjenigen gleicht, die der ›Horus auf Erden‹ sicher schon in der Frühzeit gegenüber dem himmlischen Horus im Kult wahrzunehmen hatte«.[60]

Jenseits von Giza

Kairo, am 6. September 1995. Wir standen am Eingang des »Forte Grand«, einem Hotel am südwestlichen Rand von Kairo, in Sichtweite der berühmten Pyramiden von Giza. Fast wie auf Bestellung fuhr ein Taxi vor die Absperrung der großen Hoteleinfahrt, wurde die morgendliche Stille durch laute, als Frage formulierte »Taxi-Taxi«-Rufe zerrissen.

Lächelnd und mit der Geschäftsfreudigkeit der ägyptischen Taxifahrer bestens vertraut, bewegten sich meine Frau Christine und ich langsam in Richtung des schwarzweißen Peugeots älteren Baujahrs, der mit brummendem Motor am Straßenrand wartete. Ein älterer, über das ganze Gesicht grinsender Ägypter, der sich uns später als Achmed vorstellte, öffnete seine Beifahrertür und fragte uns in gutem Englisch, wohin wir fahren wollten. Nach Abu Roasch, zur Pyramide des Djedefre, erwiderte ich kurz – mit einem Seitenblick das Fahrzeug musternd – und richtete mich schon auf eine längere Auseinandersetzung über den fälligen Fahrpreis ein. Es tue ihm leid, kam die prompte Antwort. Er kenne natürlich das Dorf Abu Roasch, aber von der Pyramide des Djedefre habe er noch nie etwas gehört.

Wir zögerten, schauten uns ein wenig verwundert an und führten ein kurzes Zwiegespräch über den Umstand, daß dem Fahrer die von unserem Standpunkt nur etwa acht Kilometer entfernte Nekropole des Cheops' Nachfolgers Djedefre unbekannt war. Völlig problemlos hatten wir schon zwei Jahre zuvor die Anhöhe, auf der die Ruine der Pyramide steht, besucht und dachten deshalb auch diesmal, daß ein so nahes Ziel vor der Haustür der Weltwunderbauten von Giza den einheimischen Taxifahrern bestens vertraut wäre. Nun, unser Taxifahrer belehrte uns eines besseren. Er war wohl die berühmte Ausnahme von der Regel.

Unsere Verwunderung war ihm nicht verborgen geblieben. Geschickt lenkte er plötzlich ein, wollte ein lukratives Geschäft so früh am Morgen nicht gefährden: Er kenne einen guten Touristenführer im Dorf Abu Roasch, der

3

Neben einer allmächtigen Göttergemeinschaft stellte das Königtum die zweite Säule der ägyptischen Welt dar, in der der König als Mittelpunkt der Gesellschaftsordnung zu allen Zeiten eine gottgleiche Verehrung erfuhr. Die Götter Ägyptens waren zahlreich und vielgestaltig. Auf Reliefs wurden sie in der Regel zusammen mit dem König dargestellt.

1 *Der König opfert den Göttern zum Wohlergehen des Landes. Im Gegenzug erhält er ihren göttlichen Schutz und ewiges Leben. Relief aus dem Tempel von Karnak.*

2 *Reliefs auf einem Pylon im Tempel von Karnak, die den König in mehreren Szenen opfernd vor verschiedenen Göttern zeigen.*

3 *Relief auf dem 1. Pylon im Tempel von Philae. Unten die Götter Hathor, Horus und Isis (von links). Darüber räuchert der König vor Isis und Harpokrates (von rechts).*

4

5

4 Der falkenköpfige Gott Horus (links) und der ibisköpfige Gott Thot (rechts) überschütten (weihen) den König symbolisch mit »Lebenswasser«. Relief aus dem Chons-Tempel in Karnak.

5 Prinz Rahotep, Sohn von König Snofru. Rahotep war Bau- und Expeditionsleiter in der 4. Dynastie. Sitzstatue aus dem Ägyptischen Museum in Kairo.

6

7

5 Der erste Pyramidenbau der Menschheitsgeschichte: die Stufen-Pyramide des Djoser auf dem memphitischen Königsfriedhof bei Sakkara. Blick von Südosten.

7 Die größte Pyramide Ägyptens: die Cheops-Pyramide. Blick von Westen. Im Vordergrund der Beamten- und Priesterfriedhof, der zur Cheops-Nekropole gehört.

8

10

Am Pyramidenkomplex des Djedefre bei Abu Roasch.

8 Die Ausschachtung der Grabanlage im Jahr 1992. Blick in Richtung Süden. Noch sind Grabschacht und Korridor meterhoch mit Schutt und Sand gefüllt.

9 Im Jahr 1995 war der Grabkorridor schon fast freigeräumt. Mittlerweile wurden die Arbeiten beendet und die Grabausschachtung vollständig freigelegt.

10 Am Eingangsbereich der Pyramide liegen noch vereinzelt Granitblöcke, mit denen sie teilweise oder sogar vollständig verkleidet gewesen sein soll.

11 Die Bootsgrube südlich des Totentempels. Blick von Süden.

12 Die Ruinen des Totentempels, der an der Ostseite der Djedefre-Pyramide liegt.

11

12

13

14

13 Blick auf den zentralen Bereich des Familienfriedhofs der Cheops-Nekropole, der östlich der großen Pyramide von Giza liegt. Rechts im Vordergrund die Mastaba des Chaefchufu (Chephren). Die zweite Mastaba in der linken Reihe gehörte Djedefhor. Unten rechts ein im Neuen Reich errichteter Isis-Tempel. Blick von der südlichen Königinnenpyramide.

14 Die beiden großen Pyramiden von Giza. Rechts die Cheops-, links die Chephren-Pyramide. In der Bildmitte der Zentralfriedhof der Chephren-Nekropole. Im Vordergrund ein islamischer Friedhof, der direkt am Hitan el-Gurab liegt.

15b

15a König Chephren. Eine 1,68 Meter hohe Sitzfigur aus Diorit aus dem Ägyptischen Museum in Kairo. Sie wurde im Jahr 1860 im Taltempel der königlichen Nekropole gefunden.

15b Seitenansicht des Statuenkopfes: der Horus-Falke hält seine Flügel schützend um den König.

'6 Blick auf die Chephren-Pyramide von Südosten. Sie besitzt an der Spitze noch Teile ihrer Verkleidung. ›m Vordergrund der westliche Bereich der großen Steinbrüche, aus denen das Material für die beiden großen ›yramiden von Giza gewonnen wurde. Später baute man in der Steinsenke Mastabas und Felsengräber. ₹echts im Vordergrund ist die Ruine der Mastaba von Chentkaus I. zu erkennen.

17

17 *Die Chephren-Pyramide von Südwesten aus gesehen.*

18

18 *Beschrifteter Granitblock, der südlich des Totentempels der Chephren-Pyramide liegt und einst zu einem Torpfeiler gehörte. Man erkennt einen Teil der Königstitulatur: links steht senkrecht der Eigenname (»Cha-ef-Re«, »Er erscheint, nämlich Re«), rechts der Horusname von Chephren (»User-jb«, »Mit starkem Willen«).*

zudem noch ein entfernter Verwandter von ihm sei. Der würde bestimmt genau wissen, wo sich die Ruinen befinden und uns gerne dorthin führen. Um diese Uhrzeit – es war kaum neun Uhr – sei er immer zuhause anzutreffen. Wir sollten uns keine Sorgen machen, alles würde zu unserer Zufriedenheit ablaufen.

Wir waren einverstanden und wiesen Achmed noch darauf hin, daß er sich auf eine unruhige Fahrt auf staubigen Wüstenpisten einrichten sollte, über die man von Süden kommend sogar bis auf die Anhöhe und direkt vor die Ruinen der Pyramidenanlage fahren könnte. Insgesamt planten wir etwa vier bis fünf Stunden für die gesamte Exkursion ein. Zu unserem Erstaunen nannte er uns einen äußerst kulanten Preis, den wir mit ein wenig Feilscherei noch zu unseren Gunsten herabsenken konnten. Nur einen Augenblick später setzte sich unser Taxi in Bewegung und das »Abenteuer« Abu Roasch nahm seinen Lauf.

Die Sache mit dem ortskundigen Vetter x-ten Grades erwies sich schnell als Reinfall. Falls er jemals existierte, war er unter der unserem Taxifahrer bekannten Adresse nicht erreichbar. Nun gut. Auf solche Malheure in Ägypten waren wir eigentlich immer vorbereitet und ließen uns nicht entmutigen. Äußerlich gelassen und freundlich, aber bestimmend wiesen wir unseren Fahrer schnell an, sich im Dorf nach einem neuen ortskundigen Führer durchzufragen. Irgendwo werde es schon einen mit der Umgebung vertrauten Dorfbewohner geben, lautete die Devise. Gesagt, getan. Nach nur wenigen Minuten stieg ein junger Mann in unser Taxi und dirigierte uns zum Rand des Dorfes. Weiter mitkommen wollte er nicht. Er deutete hinaus in die westliche Wüste und erklärte Achmed den weiteren Weg. Freundlich nahm er unser Bakschisch entgegen und entfernte sich schnell wieder in Richtung Dorfzentrum. Spätestens zu diesem Zeitpunkt kamen unserem Fahrer die ersten Zweifel, ob der allmächtige Allah ihm an diesem Morgen wohlgesonnen war. Unwirklich, fast bedrohlich sah die Landschaft vor uns aus. Einzelne Hügel ragten aus dem kargen Wüstenboden, dessen durch Jeepspuren vorgezeichnete Pisten nicht gerade einladend wirkten. Markant erhob sich in einiger Entfernung ein langgezogener Bergkamm, der unser Ziel darstellte.

Langsam, immer auf die Stoßdämpfer seines Wagens achtend, setzte Achmed sein Gefährt wieder in Bewegung. Keine zehn, durch unendliche Holper zur Tortur für Rücken und Muskeln gewordene Minuten später kamen uns ebenfalls erste Zweifel. Achmed hatte den richtigen Weg auf die Anhöhe anscheinend nicht gefunden, fuhr etwas unschlüssig durch die Gegend und hielt immer wieder Ausschau. Was aus der Entfernung wohl noch klar erkennbar war, sah zwischen den Sandhügeln aber schon wieder ganz anders aus. Wir hatten uns offensichtlich verfahren. Kurzerhand ließen wir das Auto stoppen, stiegen aus und versuchten uns zu orientieren. Leider hatten wir keine topographischen Karten der Umgebung zur Verfügung, da wir auf eine derartige Orientierungslosigkeit nicht vorbereitet waren. Eines wurde uns aber schnell klar: Wir befanden uns schon zu weit nordwestlich des Dorfes, das wir weit hinter uns noch erspähen konnten. Zwar lag die von uns anvisierte Anhöhe direkt vor uns, aber von unserem Standort aus konnte wir nicht einschätzen, welchen Weg wir vor Jahren mit dem Auto genommen hatten, um auf das Hügelplateau zu gelangen. So entschlossen wir uns zum Erstaunen unseres Fahrers, die weitere Exkursion zu Fuß fortzusetzen. Wir fuhren noch ein kurzes Stück bis an die nordöstliche, sehr langgezogene Flanke der Anhöhe, wo ein Weg nach oben führte. War dies der natürliche, etwa eineinhalb Kilometer lange Aufweg der Djedefre-Pyramide, über den wir schon so viel in der Fachliteratur gelesen, den wir aber bei unserem ersten Besuch kaum beachtet hatten? Wir baten Achmed, der sein Grinsen schon vor etlichen Schlaglöchern verloren hatte, am Fuß des Berges zu warten und setzten uns in Richtung Gipfel in Bewegung.

Fast geradlinig führte der bis zu zehn Grad steile Weg nach oben. Oft blieben wir stehen und ließen die Einsamkeit der kargen Landschaft auf uns wirken. Kein Laut, vom leichten Pfeifen des Windes abgesehen, war zu hören. Aber auch kein Zeichen und kein Stein deutete darauf hin, daß der Pfad, auf dem wir uns befanden, von Menschenhand angelegt oder zumindest teilweise gestaltet wurde. Mußten sich nicht auf einem Aufweg Reste von Fundamenten, Seitenwänden oder sonstigen Markierungen finden lassen, stellten wir uns nach einigen hundert Metern die Frage. Hatten die Steinräuber, die die Pyramide des Djedefre über die Jahrtausende fast vollständig abtrugen, auch alle Spuren der Aufbauten des Aufweges verschwinden lassen? Waren wir überhaupt auf der richtigen Fährte?

Nach fast einem Kilometer wurden unsere Zweifel zerstreut. Ein unscheinbarer, aber eindeutig von Menschenhand bearbeiteter Kalksteinblock ragte aus dem Felsschotter: ein erstes Überbleibsel des monumentalsten Aufweges, der je zu einem königlichen Pyramidenkomplex gehörte. Nun waren wir uns sicher, bald am Ziel zu sein. Mit jedem Schritt kamen wir der letzten Ruhestätte Djedefres näher, legten den restlichen Weg zum Bergplateau frisch motiviert und mühelos zurück, bis sich schließlich die Umrisse des noch erhaltenen Pyramidenstumpfes vor uns erhoben.

Niemand schien auf diesem einsamen Felsplateau zu sein. Das kleine Wärterhäuschen sah verlassen aus, und von den Wächtern der Pyramidenruine war weit und breit keine Spur zu erkennen. Noch konnten wir nicht wissen, daß schon sehr bald drei Aufseher über uns »herfallen« würden und uns nur eine knappe halbe Stunde blieb, die Pyramidenanlage ungestört zu besichtigen. Bei unserem Rundgang erlebten wir dabei eine große Überraschung, denn wir waren in eine große Restaurationskampagne eines französisch-schweizerischen Archäologenteams hineingeraten und bekamen erstmals Strukturen an Djedefres Pyramidenruine zu Gesicht, die seit Jahrhunderten unter Schutt und Sand begraben lagen. Uns wurde erneut klar, daß wir es bei der Pyramide des Djedefre mit einem ganz besonderen Bauwerk zu tun haben. Ganz offensichtlich vollbrachten die Baumeister dieses Königs nach dem Kraftakt der Errichtung der riesigen Cheops-Pyramide wieder schier Unglaubliches, setzten erneut ein Zeichen der königlichen Allmacht und ihres bautechnischen Könnens. Und dabei hatte das Pyramidenzeitalter doch gerade erst begonnen.

Dem Himmel am nächsten

Das gut 150 Meter hohe Felsplateau, auf dem Djedefre sein Grabmal errichten ließ, stellte einen würdigen und absolut einmaligen Platz für die Nekropole eines Königs dar. Derart hoch auf einem Berg gelegen und weithin über die gesamte Nil- und Wüstenebene sichtbar, konnte die im Vergleich zum Grabbau seines Vaters sehr viel kleiner ausgefallene Pyramide von Djedefre sogar mit dem Weltwunderbau auf dem Giza-Plateau mithalten. So läßt sich der Pyramidenkomplex, der den fast poetisch wirkenden Namen »Sternenzelt des Djedefre« trug, heute durch zwei Merkmale charakterisieren, die ihn besonders auszeichnen: Er ist der nördlichste und auch der am höchsten gelegene der gesamten ägyptischen Pyramidengeschichte. Vielleicht sollte gerade der letzte Aspekt durch die eigentümliche Namenswahl der Grabanlage ausgedrückt werden, da die Ägypter diese Nekropole aufgrund ihrer extrem hohen Lage als dem Himmel am nächsten gelegen ansahen.

Heute wird von den Fachleuten nicht ausgeschlossen, daß die Wahl dieses Platzes auch durch die besondere Hinwendung Djedefres zum Sonnenkult motiviert wurde, dessen verehrter Gott tagtäglich am Himmel seine Bahnen zog. Vermutlich lag nördlich der heutigen Ortschaft Abu Roasch in der

Nähe der alten Stadt Letopolis eine bislang noch nicht eindeutig lokalisierte Kultstätte des Sonnengottes, von der aus der Sonnenglauben vor seiner Kultansiedlung in Heliopolis Verbreitung fand.[61] Womöglich war es gerade diese räumliche Nähe zu der Priesterschaft des Re, die den Standort von Djedefres Nekropole in gewissem Umfang beeinflußte.

Insgesamt wird hier erkennbar, daß Djedefre wohl den Wunsch verspürte, nicht im Schatten vergangener Könige zu stehen, sondern etwas Neues zu erschaffen, was alles Frühere übertraf oder sich zumindest klar von dem unterschied. Im Alten Ägypten trifft man, so Erik Hornung, oftmals auf derartige Leitmotive und ideologische Vorstellungen, die einerseits von einer »Sehnsucht nach Begrenzung« geprägt waren, aber andererseits auch das Verlangen, »alle Grenzen zu überwinden und aufzulösen«, widerspiegeln.[62] So wurden beispielsweise im klassischen Pyramidenzeitalter in der Regel die Grundrisse der Kammersysteme und die Dekorationsprogramme der Umgebungsbauten der Königsgräber von Regierung zu Regierung neu gestaltet oder weitreichend modifiziert, wenngleich man stets grundsätzliche architektonische Eigenschaften beibehielt.

In diesem Zusammenhang stellt sich prinzipiell die Frage, inwieweit die Könige im Alten Reich persönlich auf die architektonischen Entwicklungen im Grabkult Einfluß nahmen und in welchem Maße die Bauleiter an der konzeptionellen Grabgestaltung mitwirken konnten. Dies war vermutlich von Einzelfall zu Einzelfall verschieden und läßt sich heute nicht mehr rekonstruieren. Klar scheint derzeit wohl nur zu sein, daß es zumindest für die 4. und 5. Dynastie aufgrund der Vielfalt der Pyramiden sowie der sehr unterschiedlichen Konzeptionen ihrer Umgebungsbauten keine strengen religiösen oder staatlichen Richtlinien gab, die dogmatisch festlegten, wie ein königlicher »Mustergrabbau« auszusehen hatte. Die allgemeinen, den Grabkult beherrschenden religiösen Vorstellungen und Dogmen, die den Pyramidenbau in einem gewissen Rahmen auch gestalterisch beeinflußten, beschränkten sich vorrangig wohl nur auf die eigentliche Grabform und auf das Vorhandensein bestimmter, für das Begräbnis wichtiger Räumlichkeiten und architektonischer Elemente im Inneren der Grabmäler. Der »Rest« an gestalterischer Individualität lag in den Händen der Architekten und Könige.

So hat es aus heutiger Sicht fast den Anschein, als ob es den Bauleitern und sonstigen Intellektuellen jener Zeit in erster Linie oblag, im Grabbauwesen mit den Gesetzen der Natur zu spielen, ihr Können immer wieder aufs neue darzustellen und in einem gewissen Rahmen auch zu experimentieren. Fast so wie unsere heutigen Wissenschaftler immer wieder die Grenzen des Machbaren ausloten und mit dem Begriff »technologischer Fortschritt« betiteln, läßt sich das populäre Motto und Leitmotiv »Höher – Weiter – Schneller« unserer Leistungsgesellschaft auch indirekt auf die Gesamtentwicklung des ägyptischen Pyramidenbaus der 4. Dynastie übertragen. Auch schon damals tastete sich die intellektuelle Elite der Pharaonen an ihre Grenzen heran – im Geiste ebenso wie auf dem Reißbrett.

Logistische Höchstleistungen

Die Errichtung eines monumentalen Grabmals auf einem hohen Bergplateau stellte etwas Neues und Einmaliges in der noch jungen Pyramidengeschichte dar. Während man in Medum, Dahschur und Giza fast alle Komponenten des jeweiligen Pyramidenbezirks und der Bauorganisation theoretisch auf relativ engem Raum vereinigen konnte, bestand bei Djedefres Grabbau das Problem, den größten Teil des Baumaterials erst einmal über einen kilometerlangen Bergrücken auf das hohe Bergplateau transportieren zu müssen. Dieses Plateau machte mit einem Kerngebiet von ungefähr 50000 Quadratmetern nur etwa ein Viertel der Baustelle der Cheops-Pyramide aus, was vermutlich auch die Bauorganisation vor Ort vor so manches Hindernis und Problem stellte. Die logistischen Aufgabenstellungen beim Bau der Djedefre-Pyramide waren demzufolge völlig anders gelagert als bei ihren Vorgängerprojekten, die Anforderungen an die Architekten und Bauarbeiter dementsprechend hoch. Die bisherigen Erfahrungen der Ägypter mußten der neuen topographischen Situation angepaßt, neue Konzepte und Richtlinien erarbeitet werden.

Bislang gibt es keine wissenschaftlichen Publikationen über die Logistik beim Bau der Djedefre-Pyramide. Außerdem konnten aufgrund der Nähe einer militärischen Basis auch noch keine Ausgrabungen im Umfeld des Bergmassivs stattfinden, so daß eine vollständige Analyse der Infrastruktur der Nekropole nicht möglich ist. So ist man zur Zeit mehr auf Spekulationen und Mutmaßungen angewiesen, die aber durch Vergleiche mit den logistischen Anforderungen der vorhergehenden Pyramidenprojekte zumindest einige Ansatzpunkte für weitere Diskussionen liefern. Außerdem sind die grundlegenden Komponenten des Grabbezirks bekannt, in dessen Rahmen sich der Bau der Pyramide abspielte.

Das Bergplateau wurde für den Grabbezirk relativ großzügig ausgebaut.

Von seiner Umfassungsmauer sind heute aber nur noch an der Nordkante deutliche Spuren erkennbar. Sie umschloß ein rechtwinkliges, nordsüdorientiertes Areal von ungefähr 46 000 Quadratmetern, in dem sich neben dem Grabmal, dem Totentempel und einer Nebenpyramide vermutlich auch die Wohnquartiere der Priester befanden, die für den Toten- und Verehrungskult verantwortlich waren. Bei den bisherigen Untersuchungen wurden außerdem »Werkstätten« freigelegt,[63] die sich im direkten Umfeld des Totentempels befinden und womöglich mit den Abrißarbeiten bei der neuzeitlichen Demontage des Grabmals in Zusammenhang standen. Westlich des Grabbezirkes entdeckte man vor Jahren die Überreste einer großen Mastaba, die aber noch nicht systematisch untersucht wurde. Sie wird vermutlich einem hohen Beamten oder einem Familienangehörigen von Djedefre gehört haben.

Das Plateau erreichten die Bauarbeiter über den schon erwähnten flachen, langgezogenen Abhang, der nördlich von der Bergkuppe bis in die Ebene führt. Durch seitliche Anschüttungen und Befestigungen wurde dieser Bergrücken zu einer gigantischen Baurampe umfunktioniert, auf der die Steintransporte durchgeführt werden konnten. Später errichtete man auf ihr den überdachten Aufweg,[64] der vom Taltempel[65] in südwestlicher Richtung bis an den Nordhang führte und in den Totentempel[66] überging. Über die Ausmaße des Aufweges gibt es heute recht widersprüchliche Angaben in der Ägyptologie. Er wird mit Längen zwischen 1500 und 1800 Metern wiedergegeben.[67] Unabhängig davon, welcher Wert sich letztlich als richtig erweist, fest steht, daß er der längste Aufweg in der Geschichte des Pyramidenbaus war. Dies ist noch ein weiteres – wenn auch topographisch bedingtes – Charakteristikum, das die Djedefre-Pyramide auszeichnet.

Der Taltempel, von dem es heute nur einige spärliche Hinweise gibt,[68] wurde bislang noch nicht freigelegt, ebensowenig die übrigen Anlagen in seiner Umgebung. Ganz in seiner Nähe werden sich der Königspalast und die angeschlossenen zentralen Verwaltungstrakte befunden haben. Weiterhin ist davon auszugehen, daß im weiteren Umfeld noch ein größerer Wohnkomplex sowie Versorgungseinrichtungen, Magazinräume, Reparaturwerkstätten und Lagerplätze für die angelieferten Baumaterialien eingerichtet wurden. Wo sich diese Gebäude allerdings genau befanden, bleibt Spekulation. Nicht unwahrscheinlich, daß sie in der näheren Umgebung des Dorfes Abu Roasch gesucht werden müssen.

Für die Anlieferung der kostbaren Baumaterialien wie Holz und Hartgesteine mußte ein großes Hafenbecken ausgehoben werden, da derartige

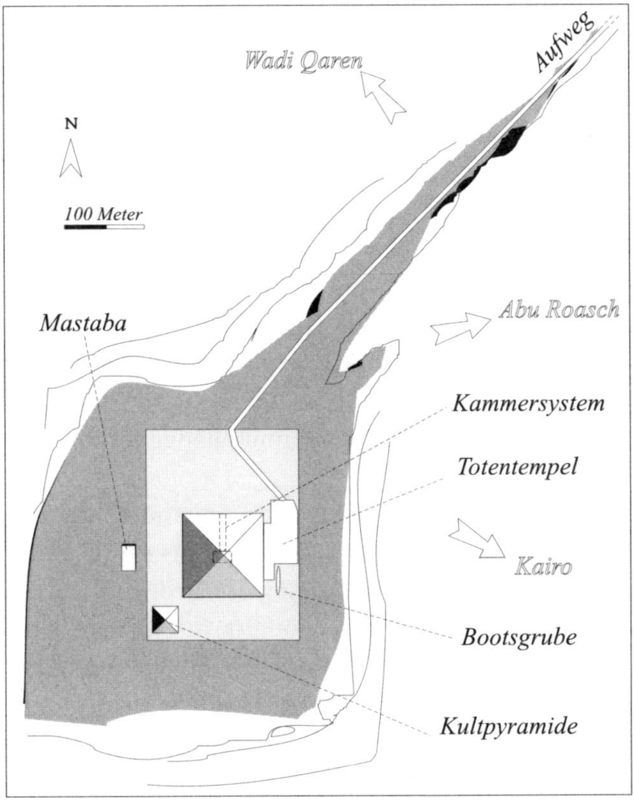

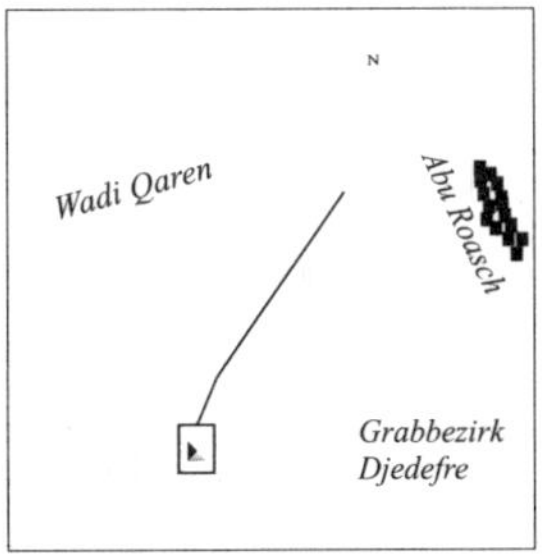

Abb. 7: Links: Aufbau der Nekropole des Djedefre (nach Porter/Moss und Jones). Oben: Umgebung der Grabanlage (nach Jones).

Rohstoffe fast ausschließlich auf dem Wasserweg transportiert wurden. Das Hafenbecken wurde über einen Stichkanal mit dem schon bestehenden Seitenkanal des Nil verbunden, den die Ägypter einst den »Großen Kanal« nannten und der bei den Arabern heute »Bahr el-Lebeini« (»Libyscher Kanal«) heißt.[69] Er stellte nach heutiger Auffassung den Haupttransportweg der damaligen Zeit in die nördlichen Provinzen des Landes dar. Logistisch günstig gelegen, wird sich der Hafen vermutlich unweit des Aufweges befunden haben, um unnötig lange Transportwege zu vermeiden. Von ihm sind bislang ebenfalls keinerlei Spuren gefunden worden. Genausowenig konnte man die kleine Pyramidenstadt des Djedefre lokalisieren, die einst aus den Arbeitersiedlungen entstand und die vermutlich bis ans Ende des Alten Reiches ein Zentrum pulsierenden Lebens war.
Die bisherigen Betrachtungen machen deutlich, daß die Positionen der Tempelanlagen von Djedefres Nekropole vorrangig aufgrund logistischer und topographischer Sachzwänge festgelegt wurden. Diese Vorgehensweise

ist ganz natürlich und generell bei allen Pyramidenkomplexen zu beobachten, da ihre grundsätzlichen Ausrichtungen durch die geographischen Orientierungen der Wüstenplateaus und des Nil als Transportweg vorgeschrieben waren. Hierbei ist noch die Frage zu klären, inwieweit sich dies mit der in der Ägyptologie geäußerten Vermutung in Einklang bringen läßt, daß zu Beginn der 4. Dynastie vorrangig »religiöse Vorstellungen und kultische Bedürfnisse« die Form der altägyptischen Pyramidenbezirke bestimmten und sich insbesondere ihre Ostwestausrichtungen bewußt am Sonnenlauf orientierten.[70] Auch wenn man gewisse Einflüsse der religiösen Glaubensvorstellungen auf die Gesamtgestaltung der Pyramidenanlagen nicht kategorisch ausschließen kann, gibt es jedoch bis auf die bloße Ähnlichkeit zwischen ihren Ausrichtungen und der Orientierung des Sonnenlaufes bislang keine stichhaltigen Beweise.

Man muß sich bei genauerer Lektüre der ägyptologischen Fachliteratur wohl generell die Frage stellen, warum heutzutage viele der bislang ungelösten oder ungewöhnlichen baulichen Befunde in den Pyramidenkomplexen oftmals nur als Ausdruck der damaligen Glaubensvorstellungen gesehen und verstanden werden. Auch wenn der Götterkult im Alten Ägypten in vielen Bereichen der Gesellschaft die treibende Kraft darstellte und das Leben der Menschen nachhaltig beeinflußte, wäre es wohl ein wenig zu einseitig gedacht, alle grundlegenden Prämissen der Gestaltung der Grabanlagen ausschließlich auf die Religion zu reduzieren. Der Glaube vermochte Berge zu versetzen und auch gestalterische Formen anzunehmen, doch die eigentliche Bauausführung stand auf einem anderen Blatt Papier.

Die Pyramide des Djedefre

Da sich der Pyramidenkomplex von Djedefre heute in einem sehr schlechten Zustand befindet, sind nur wenige Aussagen über die Einzelheiten seiner Errichtung möglich. Wahrscheinlich begann die gezielte Zerstörung der Anlage bereits im Mittleren Reich und wurde bis ins letzte Jahrhundert fortgesetzt. Besonders unter der Nähe einiger koptischer Klöster hatte das Grabmal von Djedefre zu leiden, die es lange Zeit als Steinbruch nutzten.[71] Infolgedessen ist es als solches nur noch schwer auszumachen, da nur wenige Kalksteinlagen des inneren Kernmauerwerks erhalten geblieben sind, die sich lediglich knapp zehn Meter hoch erheben. Ebenso rigoros wie das Kernmauerwerk wurde auch das unterirdische Kammersystem seiner

Steine beraubt, so daß die riesige Ausschachtung im Zentrum der Ruine heute unter freiem Himmel liegt.
Die wissenschaftliche Erforschung der Grabanlage vollzog sich in der Vergangenheit eher zurückhaltend und hatte lange Zeit viele grundsätzliche Fragen offengelassen. Die Ausgrabungen begannen zwar schon im Jahr 1837 unter Leitung des britischen Forschers John Shae Perring und wurden am Anfang dieses Jahrhunderts durch französische Ägyptologen fortgesetzt, doch die damaligen Untersuchungen erfaßten nur Teilbereiche der Nekropole und wurden in der Regel auch nur unzusammenhängend publiziert. So geriet Djedefres Grabkomplex im Laufe dieses Jahrhunderts mehr oder weniger in Vergessenheit, bis das »Institut Français d'Archéologie Orientale« zusammen mit der Universität Genf die Grabungen im Jahr 1993 wieder aufnahm. Hierbei konnten die Archäologen unter der Leitung des Schweizer Ägyptologen Michel Valloggia u.a. durch die teilweise Freilegung des Totentempels und der Pyramidenbasis sowie der vollständigen Räumung des mit Geröll aufgefüllten Grabschachtes eine Reihe wichtiger Erkenntnisse zutage fördern, die auch erstmals die genaueren strukturellen Daten der Pyramide erkennen lassen.[72] Insbesondere ließ sich dabei die lange Zeit nicht exakt bestimmbare Basislänge der Pyramide auf 106,20 Meter abschätzen, einem Wert, der einer altägyptischen Längeneinheit von gut 202 Ellen entspricht, wenn man ein durchschnittliches Ellenmaß von 0,525 Meter zugrunde legt.
Schwieriger gestaltete sich dagegen die Bestimmung des Steigungswinkels der Pyramide, da die Ruine aufgrund ihrer geringen Höhe kaum vertikal orientierte Ansätze für Meßpunkte liefert und die Befunde an ihrer Basis nicht ganz eindeutig sind. Zwar hatte man schon früher in den unteren Lagen einige Verkleidungssteine aus Rosengranit gefunden, die einen Steigungswinkel von etwa 60 Grad aufweisen, so daß man vermutete, das Grabmal sei unter diesem Winkel gebaut worden,[73] doch die aktuellen Ausgrabungen erbrachten ein anderes Ergebnis. An einigen Stellen der Pyramidenbasis konnte man nachweisen, daß die Fundamentschicht des Grabmals mit einer Innenneigung von zwölf Grad errichtet wurde. Demnach müßte rein rechnerisch und unter der Voraussetzung, daß die vorgefundenen Verkleidungsblöcke nicht irgendwie »unterfüttert« waren, sondern unter diesem Winkel verlegt wurden, der Neigungswinkel der Djedefre-Pyramide etwa 48 Grad betragen haben. Doch im Gegensatz dazu favorisiert das französisch-schweizerische Ausgräberteam einen durchschnittlichen Winkel von knapp 52 Grad, der bei Djedefres Grabbau als Vorlage gedient

haben soll, und bezieht sich dabei vermutlich auf den Steigungswinkel der Pyramiden von Snofru in Medum und Cheops in Giza (51,84 Grad).[74] Die Frage des genauen Steigungswinkels scheint somit noch nicht abschließend geklärt zu sein, und man wird die zukünftigen Auswertungen und Veröffentlichungen der Grabungsmission abwarten müssen, die sicherlich auch zu diesem Thema ausführlich Stellung nehmen werden.
Aus beiden geometrischen Größen – Kantenlänge und Steigungswinkel – läßt sich eine Höhe der Pyramide von über 67 Metern berechnen, was in der Größenordnung von 128 Ellen liegt. Daraus ergibt sich ein theoretisches Volumen von ungefähr 252 000 Kubikmetern. Somit beinhaltete Djedefres Grabmal nicht einmal zehn Prozent des Volumens der Cheops-Pyramide.[75]

	Basislänge [Ellen]	Seked [Handbreiten]	Steigungswinkel [Grad]	Höhe [Ellen]
Medum-Pyramide	274	5½	51,84	174½
Knick-Pyramide (unterer Teil)	362	5	55,00	258 (theor.)
Rote Pyramide	420	7 1/3	43,60	200
Cheops-Pyramide	440	5½	51,84	280
Djedefre-Pyramide	202	5½	51,84	128 1/2

Tab. 2: Die Basismaße der Pyramiden von Snofru bis Djedefre im Überblick.[76]

Abschließend noch ein kleiner Exkurs in die Konstruktionslehre der alten Ägypter: Bei der Frage nach dem genauen Steigungswinkel der Pyramide sollte man heutzutage stets berücksichtigen, daß den damaligen Bauleitern unser modernes Winkelmaß gänzlich unbekannt war und sie den Neigungswinkel anders ermittelten als wir heute. Sie berechneten die Steigungsverhältnisse ihrer Pyramiden nicht über trigonometrische Funktionen wie etwa den Tangens, sondern benutzten bei ihrer Konstruktion festdefinierte Steigungsdreiecke, die meist ganzzahlige Kantenlängen aufwiesen. Dabei wählten sie die Maße ihrer Pyramiden derart, daß die entsprechenden Neigungswinkel einem einfachen Steigungsverhältnis S = Höhe/Halbe Basislänge entsprachen, das sich mit den Einheiten ihres Längenmaßsystems (1 Elle = 7 Handbreiten = 28 Fingerbreiten)[77] darstellen ließ.
Geht man beispielsweise davon aus, daß die Djedefre-Pyramide unter dem gleichen Winkel wie die Cheops-Pyramide errichtet wurde und ihre Höhe etwa 128,5 Ellen betrug, dann lag ihrem Bau ein Steigungsverhältnis von $S = 128{,}5$ Ellen/101 Ellen $\cong 14/11$ zugrunde.[78] In der Regel normierten die

Ägypter derartige Verhältnisse noch auf eine Elle Höhe, so daß im vorliegenden Fall ein Raster von S = 1 Elle/5$^1/_2$ Handbreiten entstand, was man als ein »Seked von 5$^1/_2$ Handbreiten« bezeichnete.[79]

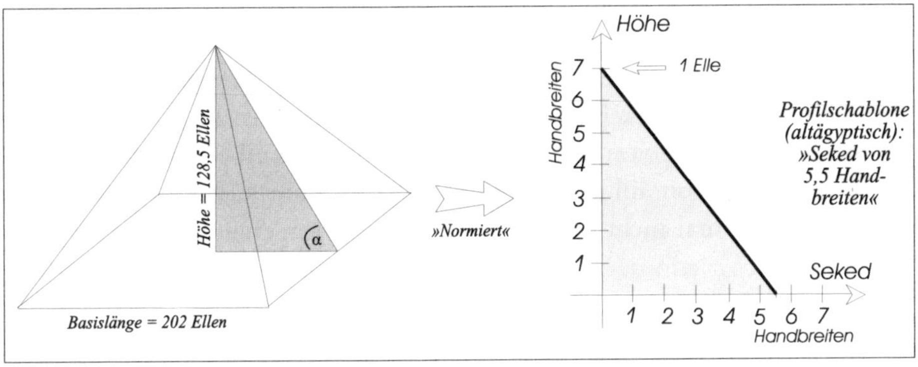

Abb. 8: Definition des Seked im Fall der Djedefre-Pyramide und ihre grafische Darstellung (Profil der Pyramide). Der moderne Böschungswinkel errechnet sich über tan(α) = Höhe/Halbe Basislänge = 128,5 Ellen/101 Ellen ≅ 7 Handbreit/5,5 Handbreit.

Aus Sicht der damaligen Bauleiter bedeutete dies praktisch folgendes: Man zeichnete die Umrisse der Pyramide in einer Bauzeichnung mit einem Konstruktionsraster von einer Elle Höhe bei 5$^1/_2$ Handbreiten Länge und fertigte für den Bau der Pyramide vermutlich rechtwinklige Dreiecksschablonen an, die nach diesem einfachen Steigungsverhältnis aufgebaut waren. Um in der Bauausführung demnach eine Elle an Höhe zu gewinnen, mußte der Steigungswinkel an den Verkleidungsblöcken der Pyramide stets so »eingearbeitet« werden, daß sich ihre Außenflächen um 5$^1/_2$ Handbreiten aus der Vertikalen heraus zur Pyramidenmitte neigten. Innerhalb dieses speziellen Baurasters wurden auch alle markanten Punkte des Kammersystems auf den Papyrusplänen der Architekten eingetragen, so daß eine kontinuierliche Bauausführung möglich war.

Kammersystem freigeräumt

Der grundsätzliche Aufbau und die Ausarbeitung des Kammersystems der Djedefre-Pyramide weichen stark von denen der Vorläuferbauten ab. Nachdem sich Djedefres Baumeister die mühsamen und mit einem Fehlschlag endenden Arbeiten am unterirdischen Kammerbereich der Cheops-

Pyramide ins Gedächtnis gerufen hatten,[80] entschlossen sie sich zwar wiederum ein Kammersystem tief im Felsboden anzulegen, doch diesmal bei seiner Ausarbeitung ganz anders vorzugehen. Um das schwierige Ausmeißeln von im Felsgestein liegenden Kammern und Gängen zu vermeiden, hob man im Zentrum der Pyramidenbasis einen 21 Meter mal 9 Meter großen und etwa 20 Meter tiefen Schacht aus dem Felsboden, zu dem ein fast sechs Meter breiter und 49 Meter langer, offener Korridor von Norden aus hinabführte. In dieser T-förmigen Ausschachtung konnten die Ägypter problemlos die Grabkammer, eine Blockiervorrichtung und den absteigenden Gang aufbauen und sie wieder mit Steinblöcken auffüllen, bevor man an den Bau der Pyramide ging. Eine derartige Vorgehensweise wird zwar den Baufortschritt in der Anfangsphase sehr verlangsamt haben, gewährleistete aber, daß das Kammersystem regulär und ohne größere Probleme in der geplanten Form fertiggestellt werden konnte.

Während der langen Periode des Steinraubes wurde nicht nur fast die gesamte Pyramide, sondern auch das Mauerwerk im Grabschacht größtenteils abgetragen. Bis vor wenigen Jahren war die Ausschachtung meterhoch mit Felsblöcken, Geröll und Schutt bedeckt, so daß viele Ägyptologen sogar die vage Hoffnung hegten, daß sich womöglich noch Reste des Königssarges oder Spuren der Granitverkleidung der Grabkammer unter den

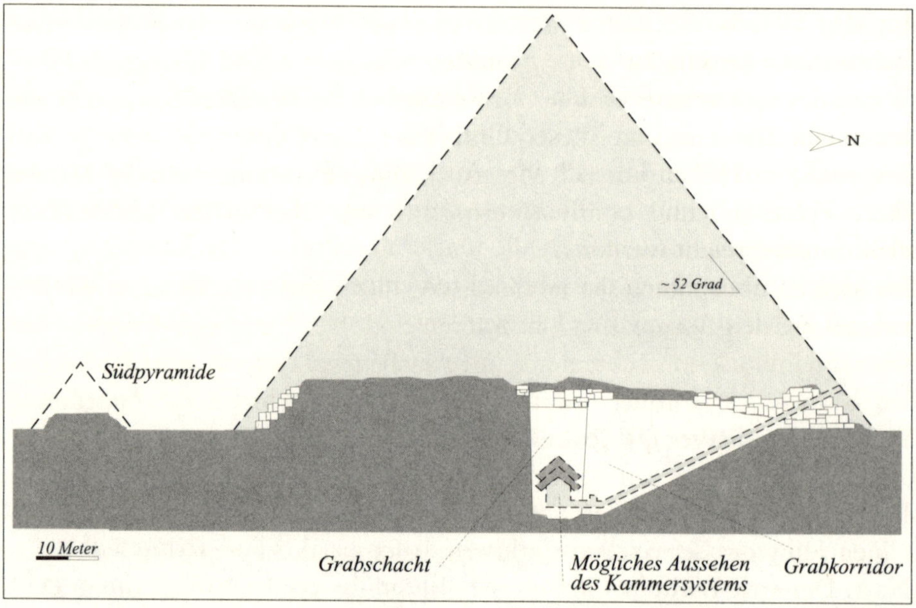

Abb. 9: Rekonstruktionen der Pyramiden des Djedefre (nach Valloggia und Stadelmann).

Schuttmassen verbergen könnten.[81] Doch keine dieser Vermutungen konnte durch die schon erwähnte, erst vor zwei Jahren beendete Freilegung der Ausschachtung bestätigt werden. Auch die Grabkammer und der Zugangskorridor wurden ihrer Aufbauten fast vollständig beraubt. Nur wenige Steinblöcke und Bearbeitungsspuren an den Felswänden deuten darauf hin, daß hier einst ein Kammersystem aufgebaut war. Die jüngsten Untersuchungen erbrachten aber andere interessante Befunde, die erstmals fundierte Rückschlüsse auf den Aufbau des Kammersystems zulassen.[82]
So deuten insbesondere die vorgefundenen Steinblöcke und Felsaussparungen am Grund des Grabschachtes darauf hin, daß der Boden der Grabkammer vermutlich mit fünf Kalksteinlagen ausgelegt war. Dies könnte man als Indiz dafür werten, daß der Sarkophag – ähnlich wie man es heute in der Grabkammer der Chephren-Pyramide in Giza sehen kann – teilweise oder vollständig im Bodenpflaster versenkt wurde. Da eine derartige Positionierung des Sarkophages auch im Fall der Pyramide von Zawyet el-Aryan, auf die ich im nächsten Kapitel noch zu sprechen komme, vorliegt, kann man hier wohl durchaus von einem architektonischen »Stilelement« jener Zeit sprechen.
Aus Struktur und Lage der ursprünglichen Grabkammer sowie unter Berücksichtigung des Gefälles des Felskorridors und der Basislänge der Pyramide hat man rekonstruiert, daß der Pyramideneingang in einer Höhe von gut acht Metern über dem Plateauniveau lag.[83] Diese niedrige Höhe vereinfachte im Gegensatz zu den Pyramiden von Snofru und Cheops das Einführen des Sarkophags und der Grabbeigaben bei der Begräbniszeremonie ungemein. Die Eingänge dieser Grabmäler lagen aufgrund ihrer großen Basismaße in Höhen von 17 Metern (Cheops-Pyramide) und 28 Metern (Rote Pyramide) und konnten vermutlich nur über große Rampenkonstruktionen erreicht werden.
Ein kleiner, aber interessanter Fund, der hier nicht verschwiegen werden soll, gelang den Ausgräbern am unteren Ende des Eingangskorridors. Auf einem Steinblock entdeckte man ein Bauarbeitergraffito in roter Farbe, das den Namen des Grabherrn aufweist und somit nochmals die Zuordnung dieses Pyramidenkomplexes zu Djedefre bestätigte.[84]
Ungelöst bleibt hingegen weiterhin die Frage nach dem eigentlichen Aufbau der Grabkammer. Zu diesem Punkt konnten die aktuellen Ausgrabungen keinen Hinweis liefern. Aufgrund der bekannten Bautradition innerhalb der 4. Dynastie und der Größenverhältnisse im Grabschacht könnte man aber vermuten, daß der Kammerbereich in zwei Räume aufgeteilt war, die

gemäß der Ausrichtung der Ausschachtung von Osten nach Westen orientiert nebeneinander lagen. Dabei endete der absteigende Korridor vermutlich in einer Art Vorkammer, an der sich westlich der Sarkophagraum anschloß. Möglicherweise gab es aber – ähnlich wie bei der Chephren-Pyramide – nur einen zentralen Grabraum, der durch irgendwie geartete Aufbauten unterteilt wurde. Ähnlich unsicher sind heute die Auffassungen der Ägyptologen über die mögliche Deckenkonstruktion, die die Grabkammer einst überdachte. Hierbei denkt man vornehmlich an eine Konstruktion nach dem Vorbild der Cheops-Pyramide, also entweder an ein mehrlagiges Giebelbach aus riesigen Granit- oder Kalksteinblöcken nach dem Muster der Königinnenkammer oder an ein System von Entlastungskammern wie es sich über der Königskammer befindet.[85] Doch alles dies bleibt reine Spekulation, da die archäologischen Befunde vor Ort keinerlei Hinweise auf die eine wie auch die andere Möglichkeit geben. So ist zu vermuten, daß sich die ehemalige Kammerstruktur der Djedefre-Pyramide wohl nie mehr schlüssig rekonstruieren läßt.

Steine für Djedefre

Mindestens 250000 Kubikmeter Stein verbauten Djedefres Bauarbeiter in dessen Grabmal. Davon waren über 90 Prozent Kalksteinblöcke, mit denen das Kernmauerwerk der Pyramide aufgebaut wurde. Daneben benötigte man für den Pyramidenkomplex auch noch andere Steinarten, die in den im Land weit verteilten Steinbruchgebieten gewonnen wurden. So kamen die kostbaren Hartgesteine Rosengranit und Granodiorit aus der Umgebung südöstlich von Assuan, Grauwacke aus dem Wüstengebiet östlich von Koptos und Quarzit vom Gebel el-Ahmar im Nordosten von Kairo. Aus den Diorit- und Quarzitsteinen fertigten die Bildhauer beispielsweise Statuen und Kolossalfiguren, die man im Totentempel aufstellte. Mit Rosengranit wurde der offene Hof des Totentempels ausgelegt und die Pyramide ummantelt.

In der Ägyptologie gibt es heutzutage unterschiedliche Auffassungen über die Menge des verbauten Granits. Dies hängt in erster Linie mit der noch immer nicht eindeutig geklärten Frage zusammen, ob das Grabmal von Djedefre vollendet wurde oder nicht.[86] Der Leiter der letzten Grabungskampagne, Michel Valloggia, ist entgegen aller Mutmaßungen über eine frühzeitige Einstellung der Arbeiten am Grabkomplex davon überzeugt, daß die Pyramide fertiggestellt und vollständig mit Granit verkleidet wurde.[87] Für die Behauptung einer vollständigen Verkleidung aus Granit spricht indirekt auch der Umstand, daß bislang an der Pyramide keinerlei Reste von Tura-Kalksteinen – dem sonst üblichen Verkleidungsmaterial der königlichen Grabbauten – gefunden wurden. Würde sich Valloggias Vermutung letztendlich bestätigen, so folgt daraus, daß die verbaute Menge des kostbaren Assuan-Granits in einer Größenordnung von schätzungsweise 10 000 Kubikmetern lag. Falls das Kammersystem ebenfalls komplett oder teilweise mit Rosengranit verkleidet war, erhöht sich die benötigte Menge sogar noch. Der Anteil an Rosengranit lag demnach bei Djedefres Grabbau um ein Vielfaches höher als beim Bau der Cheops-Pyramide, womit im Alten Reich wohl endgültig die Massenproduktion dieses kostbaren, aber auch überaus schwer zu fördernden und zu bearbeitenden Dekorationssteins eingeleitet wurde.[88]

Ungeklärt ist bislang noch der genaue Ursprungsort des lokalen Kalksteins, aus dem das Kernmauerwerk der Pyramide aufgebaut wurde. Die verlegten Steinquader hat man als grauweiße Kalksteine klassifiziert, die man in der geologischen Literatur als Kreidekalke bezeichnet und die in der direkten Umgebung von Abu Roasch vorkommen. Allerdings konnten in diesem Gebiet bislang keine Spuren eines pharaonischen Steinbruches gefunden werden.[89] Woher nahmen also die Ägypter das Kalksteinmaterial für den Bau der Pyramide?[90]

Ein kleiner Teil stammte aus der etwa 8400 Kubikmeter umfassenden Grabausschachtung der Pyramide. Dieses Material wurde vermutlich in Form von regelmäßigen Steinblöcken durch das Herausschlagen von Trennfugen gewonnen und zu 70 Prozent wieder zur Umbauung des Kammersystems sowie zur Auffüllung des Grabschachtes und -korridors verwendet. Der restliche Schuttmergel konnte als Rampenmaterial an der Pyramide oder als Füllstoff im Grabmal benutzt werden. Sicherlich wurde auch – ebenso wie bei vielen anderen Grabbauten jener Epoche – eine gewisse Menge Kalkstein direkt im Umfeld der Djedefre-Pyramide, entweder bei den Nivellierungsarbeiten an den Kanten oder auf dem gesamten Plateau, gewonnen. Diese Steine waren wohl von schlechter Qualität, konnten lediglich als grobes Füllmaterial verwandt werden und machten nur einen kleinen Teil des Kernmauerwerks aus. Der größte Anteil des Kalksteinmaterials stammte vermutlich aus dem Wadi Qaren, das heute nördlich des Aufweges, größtenteils im Einflußreich einer militärischen Basis liegt. Von dort aus hätten die Steinblöcke relativ schnell zur Baurampe und dann zur Baustelle transportiert werden können.

Der Weg zum Sternenzelt

Aufgrund ihrer geometrischen Form besitzt eine Pyramide keine gleichmäßige Massenverteilung innerhalb ihres Baukörpers. Daraus kann geschlossen werden, daß die theoretische Wachstumsrate, d.h. der Bau- und Arbeitsverlauf während ihrer Errichtung, nicht linear verlief.

Vor diesem Hintergrund kann man durchaus annehmen, daß den Ägyptern aufgrund ihrer mathematischen und logistischen Fähigkeiten bereits in der Theorie klar war, daß sie ihre großen Pyramiden nicht mit gigantischen, aus größerer Entfernung direkt bis zu den Spitzen der Pyramiden hinaufreichenden Rampen errichten mußten. Das sich derartige Rampenmodelle davon unabhängig oftmals auch schon aufgrund der Nähe von Baustelle und Steinbruchgebiet wie von selbst ausschlossen, spricht zusätzlich für die durchdachte Logistik der ägyptischen Bauleiter. Sie wählten den Baugrund der königlichen Grabmäler gezielt in Abhängigkeit von der Lage der Steinbrüche aus. Dies wird wohl nirgends so deutlich wie bei den großen Pyramiden von Giza, wo die Grabmäler teilweise nur wenige hundert Meter von den jeweiligen Steinbrüchen entfernt errichtet wurden.

Im Gegensatz dazu ist aber das, was in Ägyptologenkreisen allgemein für die Errichtung der großen Pyramiden ausgeschlossen und im speziellen Fall der Giza-Pyramiden auch bestätigt wird, durchaus relevant für den Bau der Djedefre-Pyramide, bei der das Transportwegproblem völlig anders gelagert war. Hier waren die Ägypter schon allein durch die Wahl des hohen Plateaus gezwungen, in ihrem logistischen Konzept eine sehr lange Rampe zu berücksichtigen, um das benötigte Baumaterial und die sonstigen arbeitstechnischen Hilfsmittel zur Baustelle zu transportieren. Der etwa 1700 Meter lange und weit über 100 Meter hohe Aufweg dieser Pyramide entspricht dabei einer Baurampe mit einem geschätzten Volumen von über zehn Millionen Kubikmetern. Zwar mußten Djedefres Bauarbeiter nicht die gesamte Rampe an den Berg anschütten, sondern nur den schon vorhandenen Bergrücken »umfunktionieren«, monumental bleibt diese Aufgabe trotz alledem.

Etwas anders sah das Transportwegproblem auf dem Berg selbst aus. Der Platz auf dem Plateau war begrenzt und der Aufweg endete nur etwa 100 Meter nördlich der Pyramidenkante. So konnte die Pyramide nicht mit einer direkt auf die Nordseite des Baugrundes zugeführten Rampe errichtet werden, da diese in einem derartigen Fall eine Steigung von über 30 Grad haben mußte, was in der Pyramidenforschung als unmöglich angesehen wird. Schaut man sich allerdings die Topographie der Nekropole genauer an, fällt auf, daß der Aufweg schräg von Nordosten kommend, unter einem Winkel von etwa 45 Grad auf das Plateau trifft und in seiner Verlängerung den nordwestlichen Bereich der Pyramide tangiert. Aus dieser Beobachtung heraus erscheint es denkbar, daß sich die Schleppbahnen der Bergrampe am Ende des Aufweges auf dem Bergplateau gabelten. Damit konnten einerseits die antransportierten Steine in den östlichen Bereich der Baustelle zum Totentempel gebracht, andererseits aber auch die Bergrampe mit einer verträglichen Steigung in Richtung der Westflanke der Pyramide verlängert werden. Die eigentliche Baurampe lag dann tangierend an der Westflanke und womöglich auch noch teilweise an der südlichen Flanke des Pyramidenstumpfes an und konnte mit ihm in die Höhe wachsen.

Der erste Sphinx Ägyptens?

Südlich der Ruinen des Totentempels der Djedefre-Pyramide liegt streng nordsüdorientiert eine offene Barkengrube, die beachtliche Maße aufweist. Sie ist 35 Meter lang, 3,80 Meter breit und etwa 9,50 Meter tief. Damit besitzt sie ungefähr die gleichen Ausmaße wie die Barkengruben an der Südseite der Cheops-Pyramide.

Ich stand schon mehrmals vor dieser linsenförmigen Ausschachtung und habe mir die Frage gestellt, warum in Djedefres Nekropole bislang nur eine Bootsgrube gefunden wurde. Existierten keine weiteren? Immerhin wiesen die Grabkomplexe von Djedefres Vorgänger und Nachfolger insgesamt jeweils fünf derartige »Schiffbestattungsplätze« aus. Sollten sich womöglich noch weitere, bislang unentdeckte Bootsgruben in der Nähe des Totentempels oder an der Südseite der Pyramide verbergen? Falls dies tatsächlich zutreffen sollte, könnte die Bergung eines der »machtbeladenen« Totenschiffe des Djedefre möglicherweise neue und unschätzbare Erkenntnisse über den bis heute nicht vollständig verstandenen Barkenkult in der Pyramidenzeit offenbaren.

Eng mit der Schiffsgrube der Djedefre-Nekropole ist auch ein einmaliges Fundobjekt verbunden, um das sich ein weiteres Rätsel dieser Pyramidenanlage dreht. Ein französisches Ausgräberteam hatte im Jahr 1901 in der Grube Fragmente von mehreren aufwendig bearbeiteten Skulpturen entdeckt, die heute im Pariser Louvre ausgestellt sind. Unter ihnen befanden sich u.a. eine Granitstatue von Djedefres Sohn Setka, die ihn sitzend in der typischen ägyptischen Schreiberpose zeigt, und ein Portraitkopf des Königs aus rotem Quarzit. Vor allem der Königskopf ist hierbei von Interesse, zeigt er doch erwähnenswerte Merkmale, die typisch für die Königsplastiken des gesamten Pharaonenimperiums sind: Djedefre trägt das traditionelle Nemes-Kopftuch mit der Uräusschlange an der Stirn. Die Bruchstelle am Kinnbereich deutet darauf hin, daß unter seinem Kinn ein königlicher Zeremonialbart angebracht war. Die Uräusschlange an diesem Portraitkopf ist eine der frühesten plastischen Darstellungen dieser Art in der Pharaonengeschichte. Sie galt neben dem Zepter als eine Art »Abzeichen« der Könige und sollte sie symbolisch – ganz im Sinne einer wütenden Kobra, die in Lauerstellung verharrt, um einen Angriff zu starten und ihren todbringenden Biß anzubringen – vor dem Bösen der Welt schützen.

Ein anderes, im Gegensatz dazu kaum sichtbares Detail könnte sogar einen näheren Hinweis auf die Gesamtgestaltung der Königsplastik liefern, denn, so ist bei dem amerikanischen Ägyptologen Mark Lehner nachzulesen, die »Überreste der Originaloberfläche hinter der Kopfbedeckung sind nach außen geschwungen und deuten auf den Anfang eines Löwenleibes hin.«[91] Hat man es demzufolge bei diesem Portraitkopf mit dem Rest einer Sphinxfigur, womöglich sogar mit der ersten ihrer Art in der Geschichte Ägyptens zu tun? Letzteres ist nicht auszuschließen, denn ältere Exemplare konnten bislang nicht gefunden werden. Auch der berühmte »Große Sphinx von Giza«, jenes monumentale, aus dem Kalkgestein gemeißelte Mischwesen aus Löwenkörper und Königskopf am Aufweg der Chephren-Pyramide, entstand erst nach Djedefres Regentschaft, wie man noch sehen wird.

Falls Djedefres Statuenkopf demnach tatsächlich Teil einer Sphinxfigur war und man berücksichtigt, daß der Löwe in mehreren antiken Kulturen des Mittelmeerraumes im Sonnenkult Verehrung erfuhr, war es womöglich kein Zufall, daß mit der Ausdehnung des Sonnenglaubens auch diese spezielle Form der Königsdarstellung in Ägypten auftauchte. Hierbei sind aber die inneren Zusammenhänge zwischen Königssphingen und Sonnenglaube noch nicht geklärt, so daß eine abschließende Bewertung ausbleiben muß. Trotz alledem wird auch an dieser Stelle wieder deutlich, daß mit Djedefre ein neues Zeitalter im pharaonischen Reich eingeläutet wurde. Dieser König war im krassen Gegensatz zu seinem heutigen populären (Un-)Bekanntheitsgrad eine der großen Persönlichkeiten seiner Epoche, in dessen Regierungszeit neue religiöse, architektonische und künstlerische »Prinzipien« entworfen wurden, die die nächsten vier Jahrhunderte beeinflussen sollten. Vor diesem Hintergrund, vor allem aber, weil die Erforschung seiner Nekropole noch nicht abgeschlossen ist, wird die »Akte Djedefre« wohl noch einige Zeit geöffnet bleiben.

3 *Herrscher ohne Namen*

Wissenschaftliche Kontinuität und Widerspruchsfreiheit sind ein Luxus der Mathematik und treten vielleicht auch noch in einem gewissen Rahmen in einigen Bereichen der Naturwissenschaften auf. Dagegen herrscht in der Ägyptologie – mit den Augen eines Mathematikers betrachtet – ein relativ hohes »Maß an Unordnung«: Eine Vielzahl alternativer Erklärungsversuche, Arbeitshypothesen und Spekulationen zu Befunden und Überlieferungen beherrschen heutzutage weite Themenbereiche dieser Wissenschaft. Dies ist wohl der Fluch aller Altertumswissenschaften, deren Existenzberechtigung größtenteils aus den Erkenntnissen der Feldforschung resultiert und in denen Archäologen und Philologen in mühsamer Kleinarbeit versuchen, eine fragmentarisch überlieferte Vergangenheit wie ein Puzzle zu einem erkennbaren Bild zusammenzusetzen. Das daraus resultierende unzureichende Wissen über historische Ereignisse und Abläufe hüllt die exakten Chronologien der alten Hochkulturen in einen fast undurchdringlichen Nebel des Rätselhaften. Dies gilt in besonderem Maße auch für die frühe Geschichte des Alten Ägyptens. Hinzu kommt aber auch noch ein ganz anderer, ein menschlicher Aspekt. Nach wie vor beherrschen oftmals rein persönliche Sichtweisen die Ägyptologie und liefern nicht eindeutige Interpretationen der archäologischen oder inschriftlichen Befunde. Der folgende Fall, ein kleiner Exkurs in die Familiengeschichte des Cheops-Clans, ist ein gutes Beispiel dafür.

Thronstreitigkeiten?

Nimmt man die ägyptischen Königslisten zur Hand, so hat es den Anschein, als ob die beiden auf Djedefres Regentschaft folgenden Thronbesteigungen nicht ganz ordnungsgemäß, womöglich unter besonderen Umständen oder geprägt von bislang unbekannten Sachzwängen vonstatten gingen. So kann man dem aus der Ramessidenzeit stammenden Turiner Königspapyrus entnehmen, daß entgegen des damaligen traditionellen Erbrechts nach Djedefres Tod nicht sein ältester Sohn Baka, sondern Djedefres jüngerer Bruder Chephren[92] den ägyptischen Thron bestieg. Chephrens Nachfolger bleibt unbekannt, da der Papyrus unglücklicherweise an dieser

Stelle starke Zerstörungen aufweist. Der Königsname ging für immer verloren, lediglich der Titel »König von Ober- und Unterägypten«, das Determinativ hinter der Kartusche und der Anfang der Jahresangabe des Regierungsantrittes sind erhalten geblieben.[93] Ebenso ist der Name des darauffolgenden Regenten im Papyrus zerstört, doch die erhaltene Regierungszeitangabe von 28 Jahren und ein Vergleich mit anderen überlieferten Königslisten lassen in diesem Fall eindeutig auf Chephrens Sohn Mykerinos schließen. Die Lücke zwischen Chephren und Mykerinos glauben die Ägyptologen durch eine andere Quelle geschlossen zu haben.

Im spätzeitlichen, aus dem dritten vorchristlichen Jahrhundert stammenden Geschichtswerk des ägyptischen Priesters Manetho wird als Nachfolger von Chephren ein König mit Namen »Bicheris« genannt. Die Zuordnung dieses Namens zu einem bekannten, in den altägyptischen Quellen genannten König aus der damaligen Herrscherfamilie fiel den Gelehrten nicht leicht und ist auch bis heute nicht absolut gesichert.

Anfang der 30er Jahre dieses Jahrhunderts hatte der amerikanische Ägyptologe George Andrew Reisner – wohl in Anlehnung an Manethos Bezeichnung »Mencheres« für den König »Menkaure« (Mykerinos) – von »Bicheris« auf den Namen »Bakare« geschlossen. Somit brachte er ihn direkt mit Baka, dem ursprünglich erbfolgeberechtigten Sohn des Djedefre, in Verbindung.[94] Diese Zuordnung hat sich im Prinzip bis heute in der Fachliteratur gehalten, wenngleich im Gegenzug die deutschen Ägyptologen Wolfgang Helck und Dietrich Wildung schon in den Jahren 1956 und 1969 die Rekonstruktionen »Baefre« und »Nebka(-Re?)« vorschlugen.[95] Da aber beispielsweise auch Wildung glaubt, daß es sich bei »Nebka« »um einen kurzlebigen legitimen Herrscher« handelte, »der vielleicht ein Sohn des Djedefre war«,[96] wird heutzutage die Gleichsetzung »Bicheris = Nebka = Baka« von den meisten Ägyptologen mehr oder weniger als gegeben hingenommen.[97]

Setzt man voraus, daß diese Zuordnung tatsächlich zutrifft, ergibt sich aus heutiger Sicht folgendes Bild der damaligen Geschehnisse: Djedefres jüngerer Bruder Chephren bestieg aus noch unbekannten Gründen den Thron, herrschte fast drei Jahrzehnte lang über Ägypten und wurde dann von seinem Neffen Baka für eine relativ kurze Zeit abgelöst, ehe Bakas Cousin und Chephrens Sohn, Mykerinos, zu Königswürden kam. Die Länge der Regierungszeit von Baka wird dabei ganz unterschiedlich bewertet. Die Vermutungen gehen von einem Jahr bis sogar sechs oder sieben Jahren aus.[98]

Doch dieses Thronfolgeszenario erscheint merkwürdig, läßt auf den ersten Blick an ein Tauziehen zweier Teile der Cheops-Familie um die Macht im Land denken und beschäftigt die Ägyptologie schon seit langem. Das vorliegende Problem läßt sich dabei klar formulieren: Gemäß der Königsideologie sollte das Herrscheramt stets lückenlos, also ohne Generationsbrüche, vom Vater auf den Sohn vererbt werden, so daß jeder neue König eine genealogische Anbindung an die göttliche Urzeit erhielt und die Weiterführung des Königtums sichern konnte. Dieses Prinzip konnte auf natürliche Art und Weise nur durch den frühen Tod eines Kronprinzen gebrochen werden. In diesem Fall sahen die Richtlinien vor, daß nicht einer der Söhne des verstorbenen Kronprinzen, sondern ein jüngerer Bruder das Herrscheramt übernahm. Hierbei gab es bestimmte Auswahlkriterien, wonach die Söhne der Hauptgemahlin des verstorbenen Königs bevorzugt behandelt und erst danach Sprößlinge anderer Gemahlinnen berücksichtigt wurden. Wie bereits im letzten Kapitel erwähnt, trat ein derartiger Fall innerhalb der Cheops-Familie auf, als der ursprüngliche Kronprinz Kawab schon sehr früh verstarb und sein jüngerer Bruder Djedefre in der Thronfolge auf den ersten Platz rückte. Zwar gab es in der langen Pharaonengeschichte auch Ausnahmen von der Regel, konnte ein König unter seinen Söhnen einen Thronfolger unabhängig vom Alter auswählen – ein Umstand, der auch schon einmal zu einer sogenannten »Haremsverschwörung« führte –, doch sollte ein Generationsbruch stets ausgeschlossen werden.[99] Um so merkwürdiger erscheinen die Thronfolgen nach Djedefre abgelaufen zu sein. So stellt sich die Frage, was sich zwischen den Jahren 2540 und 2510 v. Chr. »politisch« innerhalb der Cheops-Familie abspielte? Die Meinungen sind in der Fachwelt geteilt und schließen innerfamiliäre Thronstreitigkeiten in jener Zeit, die zu einem Bruch des königlichen Erbfolgerechts geführt haben sollen, nicht aus.

So schreibt beispielsweise der deutsche Ägyptologe Jürgen von Beckerath im »Lexikon der Ägyptologie« über Chephren, daß er »anscheinend unter Beiseiteschiebung der Söhne seines Vorgängers Djedefre den Thron bestieg«[100], sich also auf den ersten Blick widerrechtlich zum König machte. Ähnlich sieht es der französische Pyramidenforscher Jean-Philippe Lauer. Er glaubt, daß Baka »nach dem Tode seines Onkels Chephren die Macht an sich riß, nachdem Chephren ihm zuvor den Thron strittig gemacht hatte«.[101] Im Gegensatz dazu bemerkte Rainer Stadelmann: »Warum und mit welchem Recht er [Chephren, d.V.] und nicht einer der Söhne des Djedefre gewählt oder erkoren wurde, entzieht sich ganz unserem Wissen und unseren Vermutungen. Es ist aber sicher falsch, jedesmal wenn eine Thronfolge nicht in direkter Linie stattfindet, Intrigen und Thronstreitigkeiten anzunehmen, besonders wenn bei der hohen Beamtenschaft kein Bruch feststellbar ist. Im übrigen folgte auf Chephren offenbar ein Sohn des Djedefre; die Erbfolge auf den Bruder war im Alten Reich anscheinend nicht ungewöhnlich, denn zu Beginn der 5. Dynastie folgen einander drei Brüder auf den Thron.«[102] In diesem Zusammenhang schließt Stadelmann auch eine Regierungsperiode später erneute Thronstreitigkeiten aus. Er scheint sich sicher zu sein, daß man den vermeintlich übergangenen Thronfolger Baka auch nach seiner späten Machtübernahme nicht aus dem Familienclan verstieß, obwohl er anscheinend »in den zeitgenössischen Denkmälern aufgrund der Kürze seiner Herrschaftsdauer übergangen« wurde.[103] Dies muß laut Stadelmann aber kein Zeichen von Illegitimität gewesen sein, da Baka in den späteren Königslisten wieder aufgeführt wurde. Ähnlich äußert sich auch Dietrich Wildung, der hinzufügt, daß eines von Bakas (= Nebkas) »Stiftungsgütern noch zur 5. Dynastie unterhalten wird und seinen Namen trägt«, was »gegen die allgemein vertretene Ansicht spricht, er sei ein Gegenkönig der offiziellen Linie Chephren – Mykerinos gewesen.«[104]

Auch wenn im derzeitigen Stadium der Kontroverse keine eindeutige Wertung abgegeben werden kann, wirkt doch zumindest das oben genannte Argument der »Brudererbfolge« auf den ersten Blick nicht überzeugend, da es den ideologischen Vorstellungen vom königlichen Erbrecht prinzipiell widerspricht. Außerdem war der Übergang in die 5. Dynastie allem Anschein nach in eine politisch unruhige Zeit eingebettet und wurde zudem durch Probleme in der königlichen Thronfolge begleitet, so daß die Situation der daraus resultierenden Herrscherabfolgen wohl nicht mit den offensichtlich geregelten Verhältnissen in der Mitte der 4. Dynastie zu vergleichen ist. Hierbei sollte auch nicht vergessen werden, daß sich die Geburtsstunde der 5. Dynastie mit den drei »Königsbrüdern« Userkaf, Sahure und Neferirkare sogar zu einem zeitgenössischen Mythos entwickelte, der später seine Niederschrift erfuhr und diese ungewöhnlichen Thronfolgen in jener Zeit vielleicht rückwirkend begründen sollte.[105] Außerdem wird durch das Prinzip der Brudererbfolge nicht erklärt, wieso auf Chephren dessen Neffe Baka und nicht einer seiner weiteren Brüder oder gar Söhne auf den Thron folgte. Noch etwas undurchsichtiger erscheint die Situation durch eine Felsinschrift, die im Steinbruchgebiet des Wadi Hammamats in der Ostwüste Ägyptens gefunden wurde.

Zeichen in Stein

Von der Ortschaft Kuft, nördlich von Luxor, führt eine gut ausgebaute Straßenverbindung durch das Wadi Hammamat nach Kosseir am Roten Meer. In pharaonischer Zeit war diese Route ein vielgenutzter Weg, der von der altägyptischen Stadt Koptos aus in östlicher Richtung nach etwa 90 Kilometern an einem Steinbruchgebiet im sogenannten Hammamat-Gebirge vorbeiführte. Dieses Gebiet war zu allen Zeiten Altägyptens das Ziel großangelegter Expeditionen, die die Aufgabe hatten, das dort vorrätige, sogenannte »Bekhen«-Gestein (Grauwacke) abzubauen.

Das zentrale Steinbruchareal im Haupttal des Wadi Hammamat war nach heutigen Erkenntnissen vermutlich das einzige Abbaugebiet für Grauwacke, das in altägyptischer Zeit ausgebeutet wurde.[106] Das sehr dichte, feinkörnige und meist grüngraue Gestein war ausgesprochen begehrt, da sich die polierten Oberflächen dieser Steine vor allem als »Schreibunterlage« eigneten, auf der man »sehr gut ritzen oder kratzen« konnte.[107] Kein Wunder, daß die Expeditionsleiter auch im Bereich des Steinbruchs ihre Visitenkarten hinterließen.

Bislang wurden mehr als 400 hieroglyphische und hieratische Inschriften gefunden, die eindrucksvoll belegen, welch bedeutende Rolle dieses Abbaugebiet einst für die Pharaonen gespielt hat. Insgesamt betrachtet decken die Inschriften den Zeitraum von der 4. Dynastie bis zur Regierungszeit des römischen Kaisers Maximus im dritten Jahrhundert n. Chr. ab.[108] Die früheste, heute datierbare Expedition weist in die Zeit des Djedefre und diente der Materialgewinnung für den Bau seines Totentempels. Doch vermutlich fand auch schon unter Cheops eine Expedition in die Grauwackebrüche statt, da sein Totentempel ebenfalls mit diesem Material ausgelegt war. Inschriftliche Zeugnisse dieser Aktion wurden allerdings nicht hinterlassen oder sind mit den Jahrtausenden verlorengegangen.

Bei der vorliegenden Problematik der unklaren Thronfolge nach Djedefres Ableben ist eine Inschrift, die man heute in die Zeit des Mittleren Reiches datiert, von besonderem Interesse, da sie sich auf mehrere Könige der 4. Dynastie bezieht und zugleich eine merkwürdig anmutende Herrschaftsabfolge aufzeigt. In ihr werden neben den Königen Cheops, Djedefre und Chephren noch die Namen Djedefhor und Baefre aufgelistet und in Königsringen (»Kartuschen«) geschrieben. Die Sachlage erscheint aufgrund der heute in Königslisten überlieferten Thronfolgen alles andere als eindeutig und wirft viele Fragen auf.

Wer waren die beiden letztgenannten Personen? Könnte es sich insbesondere bei dem Namen Baefre um den Cheops-Sohn Baefhor handeln?[109] Wäre es demnach möglich, daß Chephrens Nachfolger nicht Baka, sondern sein jüngerer Bruder Baefhor war, der sich bei der Thronbesteigung in Baefre umbenannte? Und was ist mit Djedefhor, einem weiteren Sohn des Cheops? Herrschte auch er über Ägypten, herrschten unmittelbar nach Cheops womöglich mehr als nur zwei Brüder nacheinander am Nil?

Die zuletzt genannten Möglichkeiten werden in Fachkreisen allgemein verneint, wenngleich viele Ägyptologen die in der Felsinschrift genannten Personen nach Chephren als die Cheops-Söhne Baefhor und Djedefhor identifizieren. Doch sie erkennen in der dort dargestellten »Herrscherabfolge« keine direkten historischen Begebenheiten, wohl nicht zuletzt auch deshalb, weil beide Cheops-Söhne auf dem Giza-Plateau eigene Grabanlagen besaßen und in den späteren Annalen und Herrscherlisten unter ihren Namen nachweisbar nicht als Könige auftauchen. Infolgedessen hält man es für denkbar, daß sich die durch die Kartuschenschreibweise augenscheinliche Gleichbehandlung der beiden Cheops-Söhne mit den wirklichen Königen lediglich durch die bereits im Mittleren Reich erkennbare und im Neuen Reich allgemein verbreitete Gewohnheit erklärt, die »Namen von Prinzen in den Königsring zu schreiben, auch wenn sie niemals den Thron bestiegen haben.«[110]

Aber ist hiermit das letzte Wort wirklich schon gesprochen?[111] Immerhin hat vor geraumer Zeit Rainer Stadelmann eine weitere überraschende Alternative ins Spiel und das Namenskarussell der Könige aus der Cheops-Familie zumindest indirekt wieder zum Rotieren gebracht.

Familienbande

Der deutsche Pyramidenexperte hat im Jahr 1984 in einem wissenschaftlichen Fachartikel plausibel machen können, daß der Cheops-Sohn Chaefchufu, dessen große Mastaba in der ersten Reihe des Familienfriedhofs östlich der Cheops-Pyramide steht, sehr wahrscheinlich mit Chephren, dem Thronfolger von Djedefre, identisch ist. Nach Stadelmanns Auffassung hatte sich Chaefchufu bei seiner Thronbesteigung in Chaefre umbenannt.[112]

In diesem Zusammenhang schloß Stadelmann die Möglichkeit nicht aus, daß auch schon Djedefre seinen Eigennamen bei der Thronbesteigung änderte und sich einen auf Re bezogenen Namen gab. Ursprünglich könnte er beispielsweise Djedefchnum geheißen haben. Die Alternative hingegen, daß Djedefre vorher vielleicht Djedefhor hieß und mit dem Besitzer einer Mastaba aus der zweiten Reihe des Familienfriedhofes identisch sein könnte, sah Stadelmann zwar als »verlockend« an, verneinte sie aber im gleichen Atemzug wieder. Er hält eine Gleichsetzung von Djedefre und Djedefhor aufgrund der eigenständigen Tradition und Verehrung Djedefhors in der ägyptischen Geschichte, in der er stets nur als »Königssohn« bezeichnet wurde, für »ausgeschlossen«.[113]

Auf der anderen Seite weist der deutsche Ägyptologe aber auch auf Djedefhors Grabbau hin, der offensichtlich nicht vollendet und in dessen Grabkammer der Sarkophag von den ersten Ausgräbern sogar noch »im Rohzustand mit verbundenem Sargdeckel« vorgefunden wurde.[114] Durch diesen merkwürdigen Befund wird zumindest aus archäologischer Sicht der Eindruck erweckt, als ob Djedefhor seine Mastaba niemals benutzt hat, womit das Tor für Mutmaßungen weit offensteht. Ließ sich Djedefhor demnach an einem anderen Ort bestatten? Vielleicht bei Abu Roasch – unter dem Namen Djedefre? Dies bleibt vorerst noch eine vage Vermutung, sollte hier nicht weiter vertieft, aber auch nicht übersehen werden. In diesem Zusammenhang wird man sich in Zukunft auch einmal nähere Gedanken über die unterschiedlichen Größenverhältnisse der beiden Mastabareihen auf dem Friedhof der Cheops-Familie machen müssen. Die Grabbauten der nördlich gelegenen Mastabareihe wurden länger als die südlichen gebaut. In der Ägyptologie wird die Möglichkeit nicht ausgeschlossen, daß sich dahinter

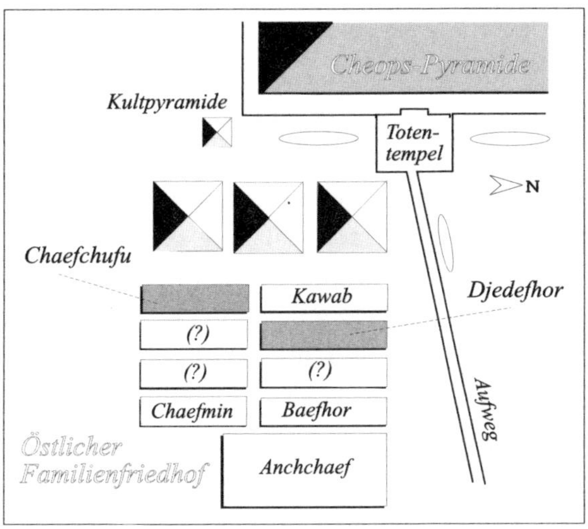

Abb. 10: Das Kerngebiet des östlichen Familienfriedhofes der Cheops-Pyramide (nach Stadelmann).

eine gewisse Hierarchie der Prinzen und möglichen Thronfolger des Cheops verbergen könnte, deren wahre Zusammenhänge aber bisher noch völlig im dunkeln liegen.

Nach der bisherigen Auflistung der Fakten und Vermutungen sollen zum Abschluß noch kurz zwei Szenarien durchgespielt werden, die zumindest andeuten, was sich nach Djedefres Regierungszeit abgespielt haben könnte. Ihnen liegen dabei folgende alternative Annahmen zugrunde: Entweder hat die derzeitige »Lehrmeinung« recht und auf Djedefre folgten nacheinander Chephren und Baka auf den ägyptischen Thron oder – und diese Variante wird hier ganz bewußt mit einbezogen – die altägyptischen Überlieferungen enthalten einen Fehler und Baka war nicht der Thronfolger von Chephren, sondern sein Vorgänger.[115]

Hinsichtlich der ersten Variante stellt sich die berechtigte Frage, warum die traditionelle Erbfolge gebeugt wurde, warum Djedefres Bruder anstelle seines ältesten Sohnes an die Macht kam. Der plausibelste Grund hierfür ist wohl in der kurzen Regierungszeit von Djedefre zu suchen, der nur etwa acht Jahre die Geschicke Ägyptens bestimmte. Es wäre möglich, daß sein Sohn Baka noch zu jung für eine Amtsübernahme war, so daß Chephren unvorhergesehen und übergangsweise mit den Staatsgeschäften betraut wurde. In diesem Fall erscheint jedoch die lange, fast drei Jahrzehnte andauernde Regentschaft Chephrens recht merkwürdig und spricht gegen eine »Übergangsherrschaft« bis zu dem Zeitpunkt, an dem Baka als Erwachsener »seinen« Thron übernehmen konnte. Somit steht die Frage im Raum: War Chephren womöglich doch ein Usurpator und machte Djedefres Sohn lange Zeit den Thron streitig?

Wie Baka letztlich an die Macht kam und warum er nur wenige Jahre regierte, ist ebenfalls unklar und läßt viele Spekulationen zu. Vermutlich hatte er bei seiner Thronbesteigung schon ein für damalige Verhältnisse gesetztes Alter erreicht und verstarb nach wenigen Jahren eines natürlichen Todes. Wieso ihm daraufhin allerdings keiner seiner Nachkommen auf den Thron folgte, sondern »nur« sein Cousin Mykerinos, also ein Sohn des Chephren, ist ein weiteres Rätsel im Verwirrspiel der Thronfolger aus dem Hause Cheops. Es wäre sicherlich denkbar, daß Baka keine männlichen Nachkommen hatte und somit der Thron an ein anderes Mitglied der Familie fiel. Möglicherweise kam es zu dieser Zeit aber auch tatsächlich zu Thronstreitigkeiten zwischen dem Familienzweig des Djedefre und dem des Chephren, bei der aber die Konstanz der Beamtenschaft gewährleistet wurde.

Innerhalb der zweiten Variante erscheinen viele offene Fragen in einem völlig neuen Licht. Dabei wiegt der Umstand, einen Fehler in den Annalen zu vermuten, wohl nicht zu schwer. Es kann bei der sehr kurzen Regierungszeit von Baka schnell zu einer Vertauschung der Herrscherabfolge innerhalb der späteren Überlieferungen gekommen sein, zumal einige Königslisten wie beispielsweise die von Abydos diesen Herrscher nicht einmal erwähnen. Die vermutliche Eintragung von Baka in den Turiner Königspapyrus geschah immerhin knapp 1000 Jahre nach dem Ende des Alten Reiches und wurde auf der Grundlage wiederholter Abschriften von älteren Vorlagen gemacht. Spätestens zu diesem Zeitpunkt hätte es sehr leicht zu einer Vertauschung von Chephren und Baka kommen können. Dieser Fehler wurde dann über die Jahrhunderte tradiert, bis Manetho ihn in sein Geschichtswerk übernahm, auf das sich die heutigen Ägyptologen bei ihren chronologischen Betrachtungen beziehen.
Unter dieser Voraussetzung könnte nach dem Tod von Djedefre sein Sohn Baka demnach regulär an die Macht gekommen sein. Da er aber schon sehr früh verstarb und vermutlich keine Erben hinterließ, kam es zum Bruch innerhalb der Thronfolgeideologie, und sein Onkel Chephren wurde unvorhergesehen zum König ernannt. Ebensogut könnte aber Baka auch von seinem Onkel gestürzt worden sein,[116] so daß eine illegitime Thronübernahme durch Chephren ebenfalls nicht auszuschließen ist. Sieht man von der Ausnahme des frühen, ungeklärten Todes von Baka ab, liegt der Vorteil in diesem Szenario trotz der gegenteiligen Überlieferungen in der weitgehenden Einhaltung des königlichen Erbrechtes. Denn aus Sicht des gerade verstorbenen Herrschers Cheops setzte sich die Familienzugehörigkeit in der traditionellen ersten Variante folgendermaßen zusammen: »Sohn (Djedefre) – Bruder (Chephren) – Neffe (Baka) – Cousin (Mykerinos)«. Dagegen erscheint die Thronfolge in der zweiten Möglichkeit weitaus »natürlicher«: »Sohn (Djedefre) – Sohn (Baka) – Onkel (Chephren) – Sohn (Mykerinos)«. Hinzu kommt hierbei noch der Umstand, daß auch die Architektur von Bakas Grabmal den Eindruck erweckt, als ob es unmittelbar auf die Pyramidenanlage des Djedefre folgte.
Ein Zwischenfazit fällt schwer. Derzeit erscheinen die Hintergründe der königlichen Thronfolgen in der Mitte der 4. Dynastie als so undurchsichtig, daß am Beispiel der Cheopsfamilie besonders deutlich wird, so Rainer Stadelmann, »wie wenig wir eigentlich ungeachtet des reichen Materials aus den Gizamastabas über die großen Persönlichkeiten dieser Zeit, ihre Herkunft und Machtgrundlagen wissen«.[117]

Dieser Problemkreis wird die Ägyptologen sicherlich noch eine Weile beschäftigen und wirft parallel dazu die Frage auf, ob womöglich die Grabanlage des Baka irgendwelche Erkenntnisse offenbaren kann, die ein wenig Licht ins Dunkel dieser Epoche bringen.

Das Rätsel von Zawyet el-Aryan

Das Pyramidenfeld von Zawyet el-Aryan beginnt etwa fünf Kilometer südlich vom Giza-Plateau und erstreckt sich über eine Länge von knapp eineinhalb Kilometern. Meine Erinnerungen an dieses Gräberfeld sind eher negativer, zwiespältiger Natur und wurden von einem Besuch beim verfallenen Grabmal eines Königs namens Chaba (3. Dynastie) geprägt.
Damals, am 26. Januar 1994, war ich zusammen mit meiner Frau und drei Freunden südlich von Kairo unterwegs. Dabei führte uns unser Weg auch zu dem kleinen Dorf Zawyet el-Aryan. Wir hatten Chabas Grabruine am westlichen Rand des Dorfes problemlos gefunden, wurden aber von unserem Taxifahrer gewarnt, nicht allzuweit abseits der Pyramide in die Wüste zu marschieren, da sich dort ein militärisches Sperrgebiet befinden würde. Was er uns allerdings nicht mitteilte, war der Umstand, daß die Militärbasis im Prinzip schon mitten durch die Nekropole verlief und der Grenzzaun sich direkt an der westlichen Flanke der Pyramide entlangzog. Als wir dies bemerkten, entschlossen wir uns, lediglich einen Blick in den aufgebrochenen Grabschacht zu riskieren und die Ruine in aller Eile »auf uns wirken zu lassen«. Doch spätestens als wir lautes Dröhnen von Motoren und dünne Rauchschwaden hinter einer der nahe gelegenen Dünen jenseits des Sperrzaunes wahrnahmen, zogen wir es vor, schnell den Rückweg anzutreten. Beim anschließenden Spaziergang im Dorf sprach uns eine schweizerische Entwicklungshelferin an, die dort seit vielen Jahren eine Töpferei leitete. Während des Gespräches erzählte sie uns, daß die Militärs in den letzten Jahren allzu Neugierige, die dem Sperrzaun an der Grabruine zu nahe kamen, festgenommen oder sogar mit Warnschüssen in die Flucht geschlagen hatten. Für die meisten von uns war damit das Thema Zawyet el-Aryan endgültig gestorben. Von weiteren Exkursionen in diese Region wurde nicht mehr gesprochen. So blieb uns damals die Hauptattraktion des dortigen Gräberfeldes verwehrt: eine große Pyramidenausschachtung, nur gut einen Kilometer weiter nördlich, aber direkt im Einflußbereich der Militärbasis gelegen und somit in unerreichbarer Ferne.

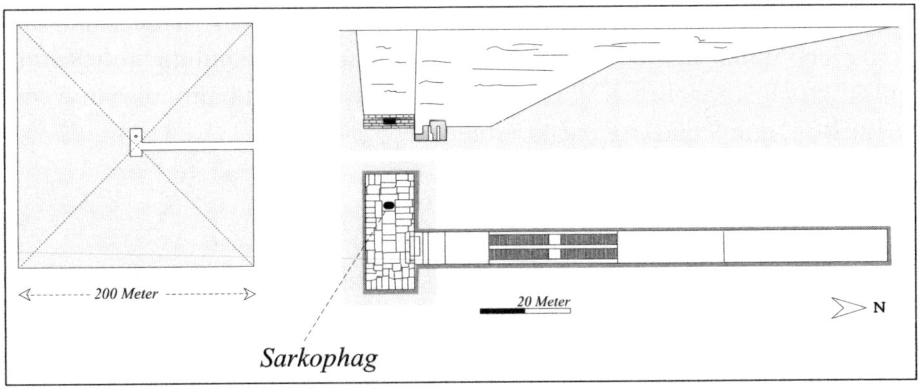

Abb. 11: Die Pyramidenausschachtung von Zawyet el-Aryan (nach Barsanti und Lauer). Links: Umriß der geplanten Pyramide mit der Lage der Ausschachtung des Kammersystems. Rechts oben: Nordsüdschnitt durch die Ausschachtung. Rechts unten: Draufsicht mit Lage des im Steinpflaster versenkten Sarkophages.

Die unvollendete Pyramide von Zawyet el-Aryan wurde im Jahr 1900 von dem italienischen Archäologen Alexandre Barsanti eher zufällig entdeckt und unter seiner Leitung zwischen den Jahren 1905 und 1912 in einer aufwendigen Ausgrabungskampagne freigelegt. Innerhalb eines 465 Meter mal 420 Meter umfassenden Grabbezirks legten die Forscher dabei eine riesige Pyramidenausschachtung im Stil der Djedefre-Pyramide frei. Am Ende eines offenen, 106 Meter langen und mit zwei Absätzen versehenen Felskorridors schließt sich eine ostwestorientierte, etwa 24 Meter mal 12 Meter große und 21 Meter tiefe Kammerausschachtung an. Der Schachtboden wurde dabei mit gewaltigen Granitblöcken ausgelegt, die ein Gewicht von bis zu neun Tonnen haben sollen.[118] Im Westteil der Kammer entdeckten die Archäologen einen ovalen, mit einem Deckel verschlossenen Granitsarkophag, der etwas über einen Meter tief in den Bodenbelag versenkt wurde. Der Sarg enthielt lediglich eine schwarze, bitumenartige Masse, deren Konsistenz man jedoch nicht näher bestimmen konnte.[119]
Die Bauarbeiten an der Pyramide kamen nach allen bisherigen Ergebnissen nicht über die Ausschachtung und die erste oder zweite Steinlage hinaus, von denen Barsanti nur noch wenige Reste großer Kalksteinblöcke lokalisieren konnte. Da die Kantenlänge der Pyramide auf etwa 200 Meter geschätzt wird,[120] hätte sie mit einem hypothetischen Steigungswinkel von 51,84 Grad (Cheops-Winkel) eine Höhe von über 127 Metern und ein Volumen von knapp 1,7 Millionen Kubikmetern erreicht. Damit wäre dieses Bauwerk die drittgrößte Pyramide Ägyptens geworden. Die Größe des

geplanten Grabmals, die Struktur der monumentalen Ausschachtung seines Kammersystems sowie letztlich auch die massive Verwendung von Rosengranit und sehr großen Kalksteinblöcken, ließen die Ägyptologen fast einheitlich zu der Überzeugung kommen, daß man es bei der Pyramide von Zawyet el-Aryan mit einem Königsgrab der 4. Dynastie zu tun hat, welches nach Djedefre errichtet wurde.[121]

Wem dieses gigantische Pyramidenprojekt jedoch zugeordnet werden kann, ist archäologisch zwar nicht exakt nachweisbar, aber aufgrund der Grabstruktur und der bekannten Königsfolge deutet heute vieles auf Baka als Eigentümer hin. Indirekt untermauert wird diese Annahme durch inschriftliche Befunde auf Kalksteinblöcken, die Barsanti bei seinen Ausgrabungen des Grabschachtes fand. Hierbei handelt es sich um hieratische Inschriften, in denen in Zusammenhang mit den Namen der Nekropole oder einiger Bauarbeitertrupps auch mehrere Königskartuschen auftauchten, die jedoch bisher nicht eindeutig identifiziert werden konnten.[122] Als mögliche Lesungen wurden bislang »Neb-ka« und »Bik-ka« vorgeschlagen, woraus einige Ägyptologen mit der schon eingangs erwähnten Argumentation auf Djedefres Sohn Baka geschlossen haben.[123]

Da seit dem Ersten Weltkrieg keine weiteren Untersuchungen mehr an diesem bislang nicht vollständig erforschten Grabkomplex durchgeführt wurden, wird sich die Zuordnungsfrage nur durch neue gezielte Grabungen im Umfeld der Ausschachtung lösen lassen. Vielleicht findet man durch die Aufdeckung der Infrastruktur – der Steinbrüche, Arbeitercamps und Werkstätten – weitere Hinweise auf den Bauherren in Form von Bauarbeitergraffiti, Namen von Schleppmannschaften oder anderen signifikanten Steinbruchzeichen. Falls die unfertige Pyramide provisorisch als Grabmal für Baka in Betrieb genommen wurde, könnten gezielte Ausgrabungen auch die vermutlich behelfsmäßig errichteten Kultanlagen zutage fördern, die ihrerseits wieder Inschriften oder architektonische Vergleichsmerkmale für eine eindeutige Zuordnung der Grabstätte aufweisen.

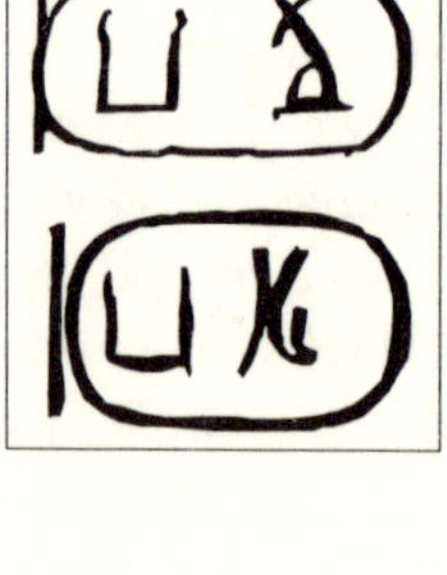

Abb. 12: Zwei Beispiele der Bauarbeiter-Graffiti mit Königskartuschen aus dem Grabschacht der Baka-Pyramide bei Zawyet el-Aryan (nach Barsanti).

Aber noch ein viel größeres Geheimnis umgibt diese Pyramidenruine und kursiert in der ägyptischen Fachliteratur. Aus den alten Grabungsberichten von Barsanti geht hervor, daß er davon überzeugt war, daß sich unterhalb des Granitfußbodens noch eine weitere Grabkammer und damit das eigentliche Grab des Königs befindet. Zwei Hinweise veranlaßten ihn zu dieser Vermutung. Einerseits stellte er fest, daß der Kammerboden bis zu einer Tiefe von 4,50 Metern mit Granit- und Kalksteinblöcken aufgemauert ist, anderseits soll er bei einem Wolkenbruch im Jahr 1905 beobachtet haben, wie die Kammer in kurzer Zeit voller Wasser stand, dann aber der Wasserspiegel schlagartig absackte. Von diesem Tag an glaubte Barsanti, daß das Wasser in einen unterirdischen Schacht abgeflossen und der Zugang zu einer noch unbekannten Grabkammer irgendwo im Kammerboden durch einen Steinblock kaschiert worden war.[124] »Um seine Hypothese zu stützen«, so ist bei Jean-Philippe Lauer nachzulesen, »unternahm er die kolossale Arbeit, diese Blöcke auseinanderzunehmen, wobei er ihre Lage notierte, um sie später wieder zurückzulegen. Die Ereignisse zwangen ihn jedoch, diesen Versuch aufzugeben, und es sollte ihm auch vor seinem plötzlichen Tod im Jahr 1917 nicht mehr vergönnt sein, alles wieder an seinen ursprünglichen Platz zu bringen.«[125]

Was verbirgt sich hinter dieser Geschichte? Archäologisch fundierter Spürsinn oder eine phantasiereiche Schatzsucherei? Auch wenn sich diese Geschichte wie eine Drehbuchvorlage für einen »Indiana-Jones-Film« liest und es durchaus natürliche Erklärungen für das Verschwinden des Wassers im Kammerboden – falls es sich denn wirklich so wie beschrieben abgespielt hat – geben kann, sollte man die Möglichkeit einer derartigen Grabkammerkonzeption nicht von vornherein ohne weitere Nachforschungen ausschließen. Man sollte Barsantis Arbeit fortsetzen, den Pyramidenkomplex endlich vollständig erforschen. Solange man diese wichtigen Nachgrabungen jedoch nicht in die Tat umsetzt, wird insbesondere das Gerücht vom Vorhandensein einer versteckten Grabkammer weiter durch die ägyptologische Literatur geistern und die große Pyramidenausschachtung von Zawyet el-Aryan eines der größten archäologischen Geheimnisse der ägyptischen Wüste bleiben.

Teil II
Brennpunkt Giza

»Die Konzentration des ganzen Staates auf die Idee des universellen göttlichen Königtums, auf die Person des gottgleichen Königs (...) prägt auch die bildlichen Darstellungen der Welt, grenzt sie ein und verdichtet sie gleichsam auf die Person des Herrschers und seine nächste Umgebung, die Prinzen, Königinnen und Königstöchter und die engste Königsverwandtschaft als die Ausführenden der Staatsmacht, die Bauleiter und Hofarchitekten des königlichen Pyramidenbaus.«[1]

Rainer Stadelmann

Wer heute als Individualtourist dem Giza-Plateau einen Besuch abstattet, fragt sich oftmals, welchen Weg er über diese große, unübersichtliche und mit unzählig vielen Grabanlagen übersäte Nekropole nehmen soll, um einen möglichst umfassenden Eindruck zu gewinnen. Meist orientiert man sich bei seinen ersten Exkursionen an den markanten Bauwerken, besucht nacheinander die drei Königsgräber und den Sphinx.

Doch in der Regel ist der daraus gewonnene Eindruck eher oberflächlich, vernachlässigt wichtige Plätze und Bauwerke auf dem Plateau, die oftmals nur im Schatten der großen Pyramiden stehen und den meisten Besuchern somit entgehen. Deshalb möchte ich hier für all diejenigen, die in Zukunft fernab der Hektik einer Rundreise mehr Zeit für eine ausgedehnte Exkursion mitbringen, einen Weg über das Giza-Plateau nachzeichnen, der ein etwas anderes Bild dieser Nekropole offenbart. Hierbei setze ich natürlich voraus und betone dies an dieser Stelle ausdrücklich, daß das Reisen in

Ägypten kein Sicherheitsrisiko mehr für die ausländischen Besucher darstellen darf und daß die derzeitigen innenpolitischen Probleme des Landes auch wirklich nachhaltig gelöst werden können. Falls dies tatsächlich in absehbarer Zeit eintreten sollte, folgen Sie vielleicht meinen Spuren. ...
Es existieren heutzutage zwei offizielle Touristeneingänge auf dem Giza-Plateau: einer am Großen Sphinx im Osten und einer an der Cheops-Pyramide im Norden. In der Regel rate ich dazu, den Rundgang am Morgen an der Cheops-Pyramide zu beginnen und sich zuerst nach Osten zu orientieren. Am Beginn der Exkursion sollte man ruhig einen kurzen Blick auf die Nordostecke der Pyramide werfen, an der man gut den Felshügel erkennen kann, um den herum das größte Grabmal der Erde errichtet wurde (1).
An der Ostseite der Cheops-Pyramide finden sich vom Totentempel nur noch Teile seines Basaltfußbodens (2), die meist von den Besuchern ebenso achtlos übersehen werden wie die mächtigen offenen und leeren Bootsgruben, die ihn flankieren. Nichts erinnert mehr an die Schiffe des Königs, die hier mit ihm vor über 4500 Jahren »begraben« wurden. Nur ihre Dimensionen lassen sich noch erahnen.
Östlich des Totentempels folgt man den Fundamenten des einst eindrucksvollen, mit Reliefs dekorierten Aufweges (3) in Richtung Osten, vorbei an den Ruinen der Mastabas der königlichen Familie. Hier sollte man sich ruhig von den Pyramidenwächtern, von denen man dort in der Regel angesprochen wird, die Gräber von Kar oder Idu zeigen lassen. Es lohnt sich. Vielleicht trifft man sogar auf einen Oberaufseher, der einen »Masterkey« besitzt und einen in die Kulträume einer der großen Mastabas führt. Deren Dekorationen geben einen guten Eindruck von der damaligen Grabkunst. Hier zeigt sich dann auch, daß es bei den Besichtigungen der ägyptischen Altertümer immer wichtig ist, genügend Bakschisch bei sich zu haben. Für die Mastabas wird man es auf jeden Fall gut gebrauchen können.
Den Spuren des Aufweges folgend, gelangt man zur hohen, östlichen Kante des Plateaus, an der er abrupt abbricht. Von dort aus hat man eine eindrucksvolle Aussicht auf das sogenannte »Dorf an den Pyramiden« (4) und mit ein wenig Phantasie kann man sich den ehemaligen Weg des aquäduktähnlichen Aufweges in das heutige Häusermeer des Kairoer Außenbezirks vorstellen, wo sich der Taltempel der Cheops-Pyramide befand.
Von diesem Punkt aus geht man an der Plateaukante entlang in Richtung Sphinx. Überall stößt man dort auf Felsengräber und mit Sand zugewehte Grabschächte (5). Hier in unmittelbarer Nähe der Königsnekropole durften Beamte und hochdekorierte Facharbeiter aus der 4. und 5. Dynastie nebst

ihren Familien ihre letzte Ruhestätte auswählen. Einige Grabkomplexe sind heute sogar noch betretbar. Aber Vorsicht. Die manchmal sehr niedrigen, in mehreren Stockwerken in den Boden gemeißelten und beengt wirkenden Gräber sind nicht jedermanns Sache und haben schon so manche Blessur am Kopf hinterlassen.

Hat man dieses Areal passiert, wendet man sich südlich der königlichen Mastabas nach Westen und begibt sich zu einer großen, brunnenartigen Ausschachtung, dem sogenannten »Campbell-Grab« (6). Sie liegt knapp 300 Meter südöstlich der Cheops-Pyramide, dicht am Aufweg der Chephren-Pyramide. Man hat es hierbei mit einem Schachtgrab aus der 26. Dynastie zu tun, das zur Bauzeit der Cheops-Pyramide vermutlich der zentrale Wasserbrunnen auf dem Plateau war, den man in der Spätzeit umfunktionierte. Auch wenn der Schacht heute versandet ist, sollte sich kein Besucher diese Struktur entgehen lassen.

Die nächste Station auf dem Weg über das Pyramidenfeld ist vom »Campbell-Grab« aus kaum zu übersehen. Am südöstlichen Rand des Plateaus erhebt sich der »Hitan el-Gurab« (7), die größte Anhöhe in diesem Abschnitt. Von ihrem höchsten Punkt hat man einen hervorragenden Blick über den zentralen Bereich des Giza-Plateaus, vor allem über den Pyramidenkomplex des Chephren. Auch wenn die Lichtverhältnisse besonders am späten Nachmittag für stimmungsvolle und farbenprächtige Fotos sorgen, ist die Anhöhe zu jeder Zeit einen Aufstieg wert.

Den weiteren Weg kann man vom »Hitan el-Gurab« schon in Augenschein nehmen. Er führt durch das Steinbruchgebiet der beiden großen Pyramiden, in dem sich auch der große Felsstumpf befindet, um den herum die Mastaba der letzten Regentin der 4. Dynastie, Chentkaus I., errichtet wurde (8). Beachtenswert sind die stufenförmigen Ausarbeitungen an seiner Ostseite, die andeuten, wie der Verkleidungsmantel an den Felskern angelegt wurde.

Im Umfeld der Mastaba befinden sich zahlreiche Felsengräber, die hier über viele Generationen hinweg errichtet wurden. Überall stößt man auf aufschlußreiche Spuren der Steinbrecher. In Richtung des Aufweges der Chephren-Pyramide befinden sich eine Reihe weiterer Grabanlagen, die einen Blick lohnen. So sollte man sich ruhig etwas Zeit nehmen, um in Ruhe durch dieses Gebiet zu stöbern. Man wird erstaunliche Details finden.

Von dort aus führt der Weg zur Südseite der Chephren-Pyramide (9). Einige Verkleidungssteine der unteren beiden Steinlagen sind noch in ihren originalen Positionen mit dem Kernmauerwerk verzahnt, die meisten liegen

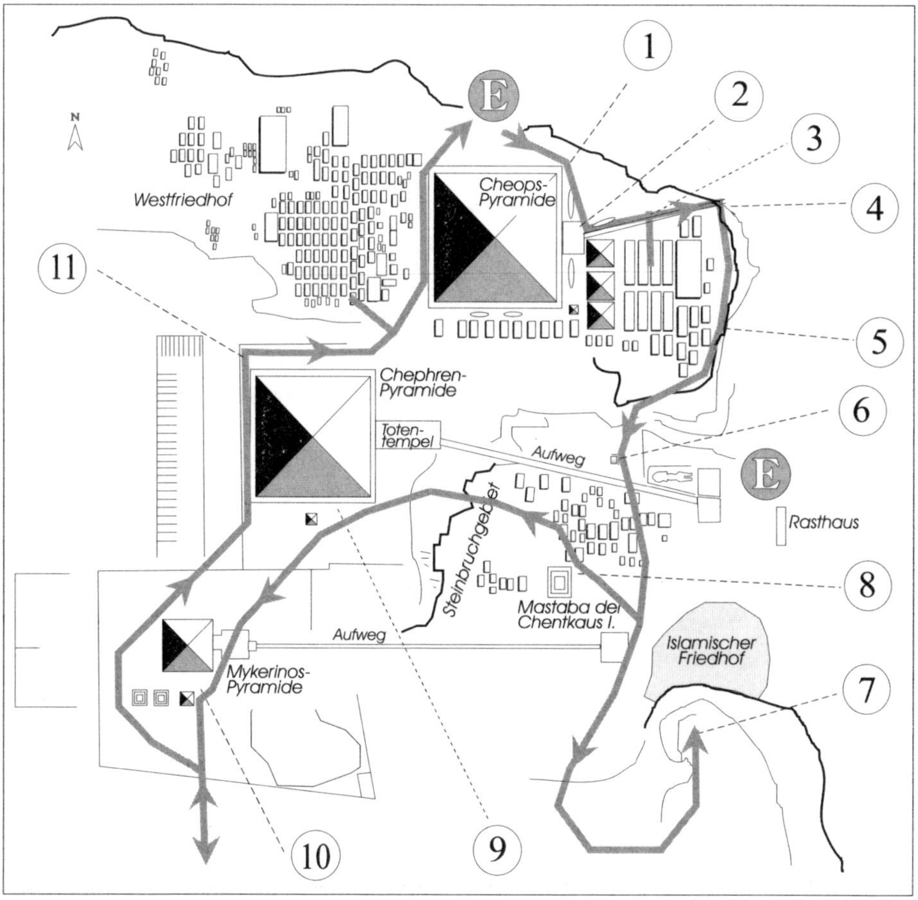

Abb. 13: Rundgang über das Giza-Plateau.

jedoch weiträumig im näheren Umfeld versprengt. Hier erhält man wiederum einen kleinen Eindruck von der Verlegetechnik der Bauarbeiter. Außerdem sollte man an der Südostecke der Pyramide einen Blick auf die riesigen Kalksteinquader werfen, die dort im Kernmauerwerk verbaut wurden. Einige Exemplare haben eine enorme Größe und ähneln denen, die auch im Bereich des Totentempels zu finden sind.

Mit einem zusätzlichen Seitenblick auf eine fast abgetragene Satellitenpyramide an der Südseite von Chephrens Grabbau führt die Exkursion weiter in Richtung der Mykerinos-Pyramide. Nach einer kurzen Stippvisite im Totentempel ist es empfehlenswert, sich das Umfeld der drei Satellitenpyramiden (10) einmal näher anzuschauen. Möglicherweise befindet sich an der Südseite der östlichen Pyramide noch immer die Unterlage eines

Pyramidions. Man erkennt die vier Vertiefungen, in denen der Abschlußstein einrasten konnte.

Allen, die ein gutes Foto von den drei Giza-Pyramiden mit nach Hause nehmen wollen, rate ich zu einem kleinen Spaziergang geradewegs in Richtung Süden auf einen der nahe gelegenen Sandhügel. Von dort aus hat man alle drei großen Königspyramiden neben- und hintereinander im Visier.

Der Weg zurück zum Ausgangspunkt der Exkursion führt an der Westseite der Mykerinos-Pyramide vorbei in Richtung Norden. Falls die Pyramide geöffnet ist, sollte man einen Blick in ihr Kammersystem werfen. Es weist eine interessante Architektur auf und ist problemlos begehbar. Auf dem weiteren Rückweg ist es ratsam, an der Westseite der Chephren-Pyramide zwischen der Pyramidenflanke und der Felswand entlangzugehen. Ein Wirrwarr abgesprengter Verkleidungssteine zur Rechten und die Eingänge zu einigen Felsengräbern zur Linken lassen keine Langeweile aufkommen.

Gegenüber der Nordwestecke der Pyramide befinden sich an den Felswänden zwei große Inschriften aus ramessidischer Zeit und am Boden die Reste eines kleinen Steinbruches (11). Die Pyramidenecke selbst dokumentiert noch einmal sehr deutlich, unter welchen materialsparenden und konstruktionstechnischen Voraussetzungen die großen Pyramiden von Giza gebaut wurden. Über mehrere Lagen hinweg kann man das stehengelassene Felsgestein der Terrasse erkennen, auf der die Chephren-Pyramide errichtet wurde.

Von diesem Punkt aus könnte der Weg zum nördlichen Eingang des Plateaus über die Kammersysteme der beiden großen Pyramiden führen, sofern sie geöffnet sind. Mit der Besichtigung läßt man sich am besten etwas Zeit, um so viele Impressionen wie möglich mit nach Hause nehmen zu können. Alternativ zu einem Besuch in den Pyramiden kann man vielleicht auch einen Blick auf den Westfriedhof der Cheops-Pyramide werfen. In der Regel ist dieses Areal zwar für Touristen gesperrt, aber wer weiß, ob man nicht einen freundlichen Offiziellen oder Pyramidenwächter von seinem Interesse überzeugen kann und einige der Beamtenmastabas besichtigen darf. Ein Versuch lohnt sich immer.

Abschließend sei noch bemerkt, daß man hier einen kilometerlangen Fußmarsch durch teilweise weichen Wüstensand vor sich hat, der gutes Schuhwerk, ausreichend Wasser und eine gute Kondition verlangt. Man sollte sich auf eine Ganztagestour einrichten und nichts überstürzen. Die Pyramiden von Giza werden wie schon seit Jahrtausenden auch noch am nächsten Tag fest und unverwüstlich vor den Toren von Kairo stehen.

4 *Im Schatten des Cheops*

Wann immer ich in Kairo bin, zieht es mich in das berühmte Ägyptische Museum am Tahrir-Platz. Jedes Jahr ärgere ich mich aufs neue über die eher provinziell wirkende Präsentation der unzähligen Exponate, die dort aus allen Pharaonenepochen unter einem Dach vereint wurden. Ich vermisse eine übersichtliche Strukturierung sowie eine inhaltsvolle Beschriftung der Kunstgegenstände. Und doch obsiegt die Faszination, die von diesen einmaligen Relikten der frühen Menschheitsgeschichte ausgeht. Sie verführt mich stets dazu, viele Stunden in dem alten Kolonialbau zu verweilen. Zu den auserwählten Zielen meiner Besichtigungen gehören stets die Artefakte aus dem Alten Reich, die monumentalen Sarkophage, aber auch die Abbilder der damaligen Menschen. Oft bleibe ich minutenlang vor den Statuen der Könige oder hohen Beamten und Priester stehen und schaue ihnen – von Angesicht zu Angesicht und doch teilweise über 4000 Jahre voneinander getrennt – tief in ihr Antlitz, mustere dabei jedes Detail ihrer Gesichtszüge. Zu den beeindruckendsten Kunstwerken des Alten Reiches gehört aus meiner Sicht eine Rundplastik des Königs Chephren.[2] Sie befindet sich im Saal 42 des Erdgeschosses und wird durch ihre exponierte Lage inmitten des Raumes gut in Szene gesetzt.

Die Statue wurde im Jahr 1860 bei Ausgrabungen im Taltempel von Chephrens Pyramidenanlage auf dem Giza-Plateau entdeckt. Sie besteht aus dem schwer zu bearbeitenden Hartgestein Diorit, ist fast 1,70 Meter hoch und zeigt Chephren mit allen wichtigen Herrscherinsignien ausgestattet auf einem Löwenthron mit hoher Rückenlehne sitzend. Leicht erhöht hinter dem Kopf des Königs sitzt ein Horusfalke auf der Thronkante und schützt ihn symbolisch mit ausgebreiteten Schwingen. Mit dieser besonderen Komposition wollte der Bildhauer vermutlich die eindrucksvolle Beziehung zwischen dem Himmelsgott und dem König zum Ausdruck bringen. Wenn man direkt vor der Statue steht, ist der Falkengott kaum zu sehen, befindet sich fast unsichtbar hinter seinem irdischen Abbild, dem er als »lebender Horus« innewohnte.[3]

Ein Teil von Chephrens göttlicher Titulatur wurde zu seinen Füßen in den Sockel der Statue gemeißelt. Hier stehen für den Laien in unlesbaren Schriftsymbolen Prädikate, die den übermenschlichen Status des Königs für alle Ewigkeit dokumentieren sollten und Chephren aus heutiger Sicht ein wenig aus der Tiefe der Vergangenheit zerren. Es zeigt sich bei näherer Betrachtung, daß Chephrens Erbe gleichermaßen faszinierend, aber auch in vielen Punkten ebenso rätselhaft wie das seines Vaters Cheops ist.

Rückkehr nach Giza

Es war sicherlich keine leichte Aufgabe, ein König mit gottgleichem Anspruch zu sein. Ein Leben lang eine Kultfigur zu spielen und für die Ordnung der Welt zu sorgen, bedurfte einer umfassenden geistigen und körperlichen Ausbildung.[4] Da im Grunde genommen keiner der Prinzen beim Regierungsantritt ihres Vaters genau wissen konnte, wer nach dessen womöglich langer Regentschaft wirklich das königliche Erbe antreten würde, mußten alle in ihrer Jugend nach einheitlichen Maßstäben in der Palastschule erzogen werden. Somit kam nicht nur der durch das Erstgeburtsrecht auserkorene Kronprinz in den Genuß einer fundierten Ausbildung, sondern die gesamte Prinzengilde.

Im Fall des Chephren, der – unabhängig davon, wie, warum oder wodurch – unvorhergesehen den Thron und das Erbe seines Bruders Djedefre übernahm, wird es genauso gewesen sein. Er wird ebenso wie seine anderen Brüder eine gründliche wissenschaftliche, militärische und sportliche Ausbildung erhalten haben. So konnte er irgendwann um das Jahr 2540 v. Chr. problemlos die Regierungsgeschäfte übernehmen. Als er schließlich bei den Inthronisierungsfeierlichkeiten in Memphis seine göttliche Titulatur annahm – belegt sind Titelbezeichnungen wie »Mit starkem Willen« und »Mächtiger Falke« –,[5] war dies der Beginn einer bauintensiven, vermutlich 26 Jahre langen Regentschaft.

Nach einer langen Periode der ständigen Nekropolenwechsel, die mit König Chaba (3. Dynastie) etwa 100 Jahre zuvor begonnen hatte, kehrte Chephren wieder nach Giza zurück, wo schon sein Vater Cheops seine letzte Ruhestätte fand. Mehrere Gründe werden hierfür vermutlich ausschlaggebend gewesen sein. Vor seiner unerwarteten Regierungsübernahme besaß Chephren zusammen mit seiner Hauptgemahlin auf dem östlichen Friedhofsgelände seines Vaters bereits ein eigenes, für ihn als Prinzen konzipiertes Mastabagrab. Auch sein eigener Familienzweig wird sich auf dem Giza-Plateau schon frühzeitig exponierte Grabplätze gesichert haben, so daß vermutlich niemand mehr dieses »Tor ins Jenseits« aufgeben wollte. Auf der anderen Seite planten Chephren und seine Berater wieder ein gigantisches, ungemein umfangreiches Bauprojekt, so daß sie wohl zu dem Schluß kamen, daß das Giza-Plateau die günstigsten Voraussetzungen für ihre Pläne bot. Hierbei spielte sicherlich auch die unter Cheops entstandene und für den Totenkult des verstorbenen Herrschers aufrechterhaltene Infrastruktur am Rande des Plateaus eine wichtige Rolle, deren Komponenten durch geringfügige Modifikationen und Umbauten für das neue Bauprojekt angepaßt werden konnten. So gab der neue Herrscher schon bald den Auftrag, in unmittelbarer Nähe der Pyramide seines Vaters mit dem Bau seiner eigenen Nekropole zu beginnen.

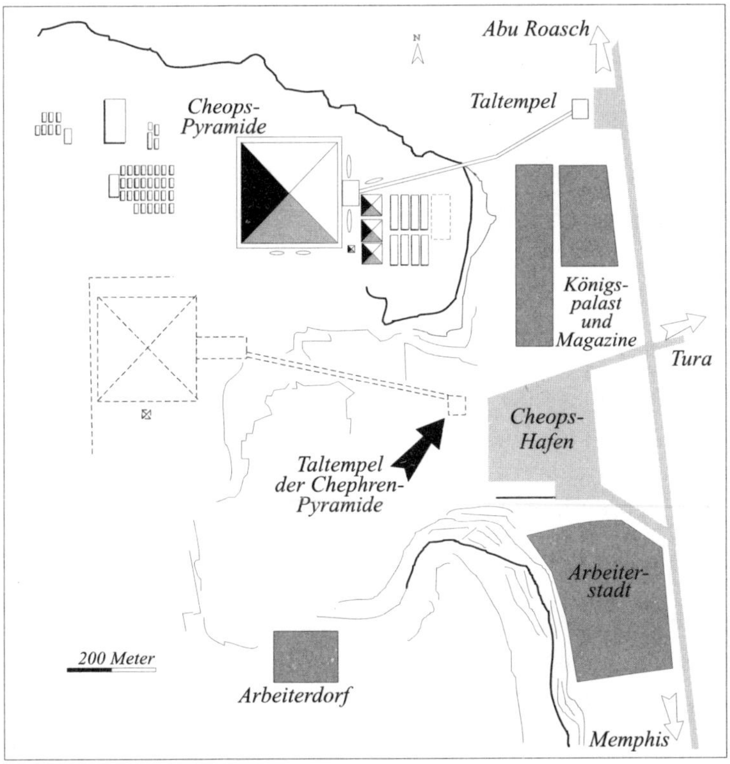

Abb. 14: Infrastruktur und Gebäudekomplexe am Rand des Giza-Plateaus zu Baubeginn der Chephren-Pyramide (nach Lehner).

Beim Aufbau einer funktionstüchtigen Logistik standen Chephrens Bauleiter vor dem Problem, den neuen Grabkomplex an ein schon bestehendes Gräberfeld anzupassen und in eine in Betrieb befindliche Infrastruktur zu integrieren. So ergaben sich die Standorte der einzelnen Gebäude der neuen Pyramidenanlage zwangsläufig aus den topographischen Gegebenheiten des Geländes sowie durch die örtlichen Vorgaben des schon vorhandenen Verkehrsnetzes am Fuß des Plateaus. Hiermit wird deutlich, daß Untersuchungen und Analysen über die Gesamtkomposition der Chephren-Nekropole auch immer im Zusammenhang mit der Lage und Ausrichtung des Friedhofsgeländes von Cheops zu bewerten sind. Viele der heute ungelösten Fragen und Ungereimtheiten bezüglich des zweiten großen Grabkomplexes auf dem Giza-Plateau finden gerade durch die räumliche Beschränktheit bei ihrer Errichtung und gleichzeitige Integration in eine bereits bestehende Infrastruktur eine schlüssige Erklärung.

Infolgedessen stehe ich den oftmals in der Literatur erwähnten Annahmen, daß die Giza-Pyramiden aufgrund geologischer oder religiös motivierter Gesichtspunkte nach bestimmten Fluchtlinien und Kardinalpunkten orientiert wurden, eher skeptisch gegenüber. So halten es Ägyptologen beispielsweise für möglich, daß die fast auf einer Diagonalen liegenden Südostecken der drei Giza-Pyramiden einerseits nordöstlich nach Heliopolis und andererseits »südwestlich in Richtung des Unterwelteingangs des ersten Königsfriedhofs von Abydos« ausgerichtet wurden. Auf der anderen Seite wird aber auch die Möglichkeit nicht ausgeschlossen, daß mit der diagonalen Ausrichtung der drei Pyramiden auf dem schräg nach Nordwesten ansteigenden Plateau sichergestellt werden sollte, daß sich die Basen auf einem relativ einheitlichen Niveau befanden.[6]

Während die letzte Variante aus bautechnischer Sicht sicherlich nicht abwegig erscheint, wirkt die religiöse Motivation für die Anordnung der Giza-Pyramiden bei genauerer Betrachtung derzeit wenig überzeugend, da sie bislang weder durch archäologische Befunde noch durch inschriftliche Belege untermauert werden konnte.[7] Wenn religiöse Beweggründe tatsächlich eine Rolle gespielt haben sollten, dann werden sie eher einen untergeordneten Charakter besessen haben. Dagegen ist es viel wahrscheinlicher, daß das Vorhandensein bestimmter Fluchtlinien bei den Pyramidenkomplexen von Giza in erster Linie meßtechnisch begründet war. Sie entstanden durch die konstruktionsbedingte Aneinanderlegung der großen Grabbezirke, deren interne Infrastrukturen miteinander harmonisieren mußten.

Die Wahl des Baugrundes

Zwei Komponenten bestimmten die Lage und Ausrichtung von Chephrens Pyramidenbezirk und bildeten die Dreh- und Angelpunkte beim Bau der Pyramide: die Steinbrüche und der Hafen.

Ein großes Hafenbecken war schon seit dem Bau der Cheops-Pyramide am östlichen Rand des Plateaus vorhanden und mußte nur in die neue Baulogistik integriert werden. Damit bestand zu Chephrens Zeiten auch schon eine Verbindung mit dem Haupttransportweg, dem Nil. Alle Transporte konnten über den Bahr el-Lebeini und weitere unter Cheops gebaute Stich- und Parallelkanäle bis zum großen Hafen am Plateau geschifft oder getreidelt werden.[8]

Wie die Rekonstruktionen der unter Cheops' Regentschaft entstandenen Gebäudekomplexe belegen,[9] bot der östliche Plateaurand mit seinem schmalen Zugang zur Hochebene keinen Platz mehr für die Errichtung eines zweiten, eigenen Hafenbeckens, da sich südlich und nördlich vom bestehenden Hafen schon die Pyramidenstadt des Cheops um die ehemaligen Arbeiterquartiere und den alten Königspalast ausbreitete.[10] So mußte der alte Cheops-Hafen unter Chephren nur geringfügig in westlicher Richtung ausgebaut werden. Auch die Kaianlagen wurden umgerüstet, da die bevorstehenden Schiffstransporte der Steinmaterialien im Gegensatz zum Bau der Cheops-Pyramide erheblich größere Ausmaße hatten. Im Umfeld des Hafens wurde vermutlich der ehemalige Königspalast mit den angeschlossenen Versorgungseinrichtungen, Magazinräumen und Reparaturwerkstätten durch minimale Umbauten modernisiert und schnell wieder in Betrieb genommen. Ebenso ließen sich die alten Wohnsiedlungen in kurzer Zeit für das neue Arbeiterheer herrichten und gegebenenfalls erweitern.

So wie einst ein massiver Felsstumpf den Bauplatz der Cheops-Pyramide festlegte, bestimmte nun die vorhandene Hafenanlage den Standort des Taltempels der Chephren-Pyramide, den man westlich vom Hafen errichtete. Da für die Ägypter aufgrund der topographischen Situation auf dem Plateau die günstigste Stelle für den Bau des Grabmals gut 600 Meter nordwestlich des Taltempels lag, war durch seine positionelle Vorgabe schon vor Baubeginn klar, daß die Gesamtausrichtung der Pyramidenanlage nicht auf einer Achse liegen würde. Statt dessen mußte der Aufweg vom Taltempel aus in nordwestlicher Richtung schräg hinauf zum Totentempel geführt werden und dabei einen Höhenunterschied von etwa 45 Meter überwinden.[11] Hierbei waren die Ägypter allerdings nicht gezwungen, einen so enorm aufwendigen Aufweg wie bei der Cheops-Pyramide zu errichten, da das Gelände vom Hafen bis zum Baugrund der Chephren-Pyramide zwar stetig ansteigt, aber keine sprunghafte, größere Höhendifferenz überwunden werden mußte. Durch die Wahl des Bauplatzes am nordöstlichen Rand des Plateaus mußte im Fall der Cheops-Pyramide mit dem Aufweg ein abrupter Höhenunterschied von fast 40 Metern überbrückt werden, um den Taltempel in der Nilebene zu erreichen.

Das vor Ort befindliche Steinbruchareal war ein weiterer Grund, warum sich dieses Plateau als Schauplatz eines erneuten königlichen Bauprojektes anbot und letztlich auch mit über die genaue Position der Pyramide von Chephren entschied. Das sehr große und ergiebige Steinbruchgebiet befand sich südlich des Aufwegs. Schon Cheops' Bauarbeiter hatten aus diesem Gebiet geschöpft und mit seinen Steinen den Hauptteil des Kernmauerwerks der Pyramide aufgebaut. So wurden die Steinbrüche unter Chephrens Regentschaft hauptsächlich nach Westen erweitert.

Fast so, als ob Chephren Angst davor zu haben schien, daß sein Grabmal nicht schnell genug beendet werden könnte, wählte sein Bauleiter Anchchaef schließlich als Baugrund eine Stelle aus, die in nur etwa 200 Metern Entfernung von der Nordwestkante des Steinbruchgebietes lag.[12] Somit konnten sehr kurze Transportwege und -zeiten für die Schleppmannschaften, die die schweren Steinblöcke mit massiven Holzschlitten zur Baustelle transportierten, garantiert werden.

Durch die unmittelbare Anbindung des Hafens an das Steinbruchareal verliefen die Transportwege von der Entladezone am Taltempel bis zur Baustelle in direkter Ostwestrichtung. Wie schon beim Bau der Cheops-Pyramide konnte auch diesmal wieder auf relativ engem Raum eine sinnvolle logistische Koordinierung der ankommenden Rohstoffe mit den bereitgestellten Steinen aus den Steinbrüchen erfolgen.

So stand letztlich mit der Übernahme des Hafens und der Gebäudekomplexe aus der Cheops-Ära, der Reaktivierung und Erweiterung der Steinbrüche und der Wahl des Baugrundes die grobe Struktur des neuen Pyramidenkomplexes fest. Innerhalb dieses Koordinatensystems konnten die Ägypter nun darangehen, die einzelnen Komponenten – Pyramide, Totentempel, Aufweg und Taltempel sowie den Familien- und Beamtenfriedhof – zu errichten. Besonderes Augenmerk mußten sie dabei allerdings auf die Baustelle der Pyramide legen, denn aus heutiger Sicht erweist sich der gewählte Baugrund als äußerst unvorteilhaft.

Der Felsgrund, auf dem das Grabmal errichtet wurde, befindet sich gut zehn Meter über dem Bodenniveau der Cheops-Pyramide. Er weist aber eine natürliche, nach Nordwesten verlaufende und bis zu sechs Grad steile Neigung auf, die bei Baubeginn ausgeglichen werden mußte. Um eine ebene Vermessungsgrundlage an den Kanten der Pyramide zu erhalten, schlugen die erprobten Bauarbeiter und Steinbrecher im Norden und Westen des abgesteckten Baugrundes eine bis zu zehn Meter tiefe und zwischen 20 und 50 Meter breite, rechtwinklige Terrasse in den Felsboden. Parallel dazu bauten sie vor allem den südöstlichen Bereich mit massivem Mauerwerk auf, um im Umfeld der Pyramidenkanten auf ein gleichmäßiges Niveau zu kommen. In der Mitte des Baugrundes ließen die Ägypter das Felsgestein teilweise großflächig stehen, das aufgrund der Schräge des Plateaus in nordwestlicher Richtung anstieg. Damit entstanden eine Art sorgsam nivellierter Fundamentring um einen Felshügel und eine Arbeitsplattform im Umfeld der Pyramide, von denen aus man die ersten Messungen und Bauarbeiten durchführen konnte. Wie schon beim ersten Bauprojekt auf dem Giza-Plateau wurde der stehengelassene Felshügel, um den herum die Chephren-Pyramide in die Höhe wachsen sollte,[13] nur leicht in Terrassen vorgeformt. Er sollte als stabiler Unterbau der zukünftigen Pyramide mehr Standfestigkeit geben, vor allem aber die Arbeitsleistung und Bauzeit im unteren Bereich reduzieren.

Über die eigentliche Größe dieses »Felskerns« innerhalb des Kernmauerwerks der Pyramide kann man heute nur spekulieren, wenngleich er mit dem Abriß der Verkleidungsschicht sehr markant zum Vorschein kam. Deutlich erkennt man an der Nordwestecke, daß der terrassierte Felsen bis zu fünf Steinlagen an der Basis ansteht. Vermutlich liegt sein Volumen mit ungefähr 220 000 Kubikmetern etwa in der gleichen Größenordnung wie der Felskern der Cheops-Pyramide und beträgt demnach gut neun Prozent des Gesamtvolumens der Chephren-Pyramide.

Damit waren die Vorarbeiten zur eigentlichen Errichtung der Pyramide abgeschlossen und die entscheidende Phase konnte beginnen.

Größer als Cheops?

»Vielleicht ist es eine sich unwillkürlich aufdrängende Erkenntnis, daß mit der Pyramide des Cheops der Höhepunkt der Riesenbauten erreicht war, die weder an Größe und Perfektion noch in ihrem geistigen Vorhaben überschritten werden konnte«, schrieb Rainer Stadelmann in seinem Pyramidenwerk und spielte hiermit wohl auch indirekt auf die außergewöhnliche Rolle dieses Bauwerks im Bewußtsein der Öffentlichkeit an.[14]

Seit Beginn der wissenschaftlichen Erforschung der Pyramiden von Giza in der ersten Hälfte des 19. Jahrhunderts konzentrierte sich das akademische wie auch öffentliche Interesse in erster Linie auf die Cheops-Pyramide. Obwohl auch die Chephren-Pyramide seit dem ersten vorchristlichen Jahrhundert zu den sogenannten »Sieben Weltwundern« der Spätantike zählte, stand sie doch stets im Schatten von Cheops' Grabmal, das fast ausschließlich den Stoff für die meisten Hintergrundgeschichten und Spekulationen rund um die Pyramidenerbauer lieferte. Dabei birgt Chephrens Grabbau ähnlich viele Geheimnisse wie die Cheops-Pyramide und steht ihrer Monumentalität in nichts nach.

Chephren hatte sicherlich ebenfalls den Wunsch verspürt, die Grabmäler seiner Vorgänger noch an Größe zu übertreffen. Dies entsprach, wie ich schon bei Djedefre erwähnte, wohl in erster Linie dem ideologisch motivierten Streben der Könige nach dem Außergewöhnlichen, vielleicht auch nach einer gottesähnlichen Abstraktion der eigenen Macht. Die topographischen Rahmenbedingungen, um das Grabmal des Vaters an Höhe zu überflügeln, waren dabei zumindest durch die Wahl des gut zehn Meter höherliegenden Baugrundes gegeben. Ebenso sollte die Größe der geplanten Pyramide auch im Vergleich mit dem sehr hochgelegenen brüderlichen Grabbau bei Abu Roasch problemlos mithalten – was sie letztlich auch tat. Die Dimensionen der Chephren-Pyramide unterscheiden sich nur wenig von denen der Cheops-Pyramide: 410 Ellen (215,25 Meter) Seitenlänge, Steigungswinkel von 53,17 Grad (Seked von $5^1/_4$ Handbreiten) und knapp 274 Ellen (143,50 Meter) Höhe.[15] Und obwohl Chephrens Grabmal nach seiner Fertigstellung im direkten Vergleich nicht ganz die Höhe der Cheops-Pyramide erreichte – es fehlten gut drei Meter –, lag seine Pyramidenspitze durch die erhöhte Plateaulage des Baugrundes etwa sieben Meter über der des väterlichen Grabmals. Somit vermittelte Chephrens Pyramide dem Betrachter auch durch die Wahl des steileren Böschungswinkels den Eindruck, sie sei in Wahrheit das monumentalste Bauwerk auf dem Giza-Plateau. Bezeichnenderweise erhielt die Pyramide auch den Namen »Groß (oder: der Größte) ist Chephren«,[16] der wohl die Absichten des Königs und seiner Architekten klar zum Ausdruck bringt.

Über den genauen Verlauf der Errichtung der Pyramide gibt es in der Ägyptologie sehr unterschiedliche Auffassungen, jedoch keine wirklich stichhaltigen Erklärungen. Denn ähnlich wie bei der Cheops-Pyramide, bei der es aufgrund der gescheiterten Ausschachtungsarbeiten im unterirdischen Kammerbereich vermutlich zu einer Planänderung kam und die Errichtung eines zweiten, oberirdischen Kammersystems notwendig wurde,[17] ist es auch im Fall der Chephren-Pyramide wieder das Kammersystem, das Anlaß zu Spekulationen über verschiedene Bauphasen gibt. Die Chephren-Pyramide

besitzt nämlich zwei übereinanderliegende, unterschiedlich große und mit separaten Eingängen ausgestattete Kammerbereiche, die ganz offensichtlich zu verschiedenen Bauplanungen gehörten und miteinander verbunden wurden. Dabei liegt der Eingang in den unteren, im Vergleich zum oberen nicht einmal halb so großen, Kammerbereich der ersten Bauphase ebenerdig, etwa zehn Meter von der Nordkante des Grabmals entfernt. Dies ist eine recht merkwürdige Position für einen Pyramidenzugang, da in der 4. Dynastie die Eingänge sonst stets in einer gewissen Höhe über dem Pyramidenniveau in die Nordflanken installiert wurden. Hinzu kommt, daß die aus dem Fels gearbeitete Terrasse, auf der die Pyramide errichtet wurde, an ihrer nördlichen Seite eine viel größere Breite aufweist als an ihrer Westseite. Wie sind diese Befunde zu bewerten? Drei verschiedene Bauszenarien sind in der Fachliteratur immer wieder nachzulesen.
Eine der Vermutung geht auf den deutschen Ägyptologen Uvo Hölscher zurück, der Chephrens Grabmal zwischen 1909 und 1910 eingehend untersuchte. Hölscher vertrat die Auffassung, daß die Ägypter ursprünglich eine sehr viel kleinere und etwas weiter nördlich beginnende Pyramide mit dem unteren Kammersystem im Zentrum ihrer Basisfläche planten.[18] Doch nachdem die Ausschachtungsarbeiten beendet waren, entschloß man sich vermutlich aufgrund der örtlichen Verhältnisse, den Grabbau nach Süden zu verlegen und zu erweitern, infolgedessen die Chephren-Pyramide in ihren heutigen Ausmaßen errichtet wurde.
Im Gegensatz dazu zog der englische Pyramidenexperte Iorwerth E. S. Edwards die Möglichkeit in Betracht, daß es keine Erweiterungsphase gab, sondern das Grabmal in seinen gegenwärtigen Ausmaßen von Anfang an so weit nördlich der heutigen Position errichtet werden sollte, daß die Kammer im unteren Gangsystems etwa unter der Spitze der Pyramide und der Eingang in einer gewissen Höhe an der Nordflanke lagen.[19] Man verwarf diesen Plan und verschob die Pyramide weiter nach Süden, weil man dort, so spekulierte Edwards, einen günstigeren Untergrund für den Aufweg fand. Dies zog letztlich auch die Modifikation des Kammersystems nach sich.
Auf der anderen Seite schließt Rainer Stadelmann sogar die Möglichkeit nicht aus, daß die Pyramide ursprünglich mit einer 30 Meter größeren Basislänge auch 30 Meter nördlicher beginnen sollte.[20] Er untermauert seine Vermutung durch die starke Verschiebung der Eingänge aus der Ostwestachse der Pyramide nach Osten und durch das Vorhandensein massiver Fundamentierungen nordöstlich der Pyramide. In dieser Variante war der untere Kammerbereich demzufolge nur ein Teil eines einst umfangreicher

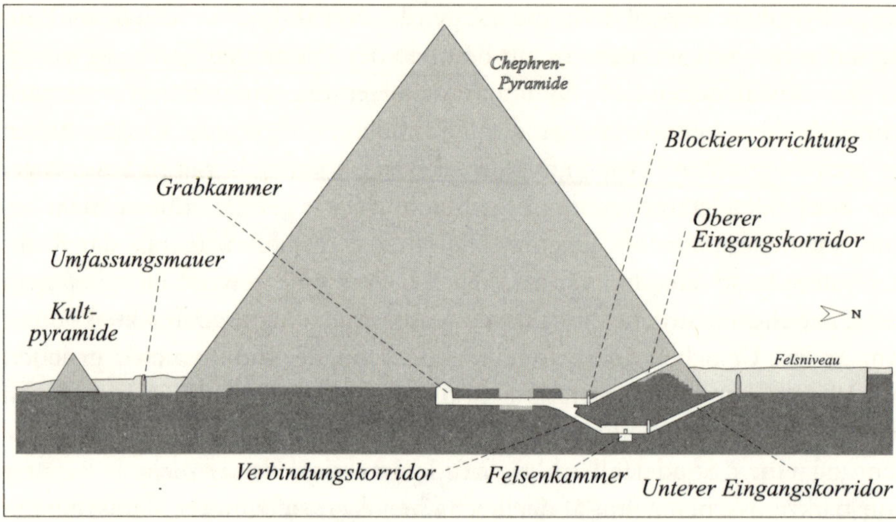

Abb. 15: Nordsüdschnitt der Chephren-Pyramide mit Umgebung (nach Maragliolio/Rinaldi).

geplanten Kammersystems, bei dem die eigentliche Grabkammer nicht mehr errichtet wurde und vermutlich weiter im Zentrum der Grundbasis liegen sollte. Faßt man Stadelmanns Vermutung in Zahlenwerte, so hätte die erste, aufgegebene Bauphase der Chephren-Pyramide theoretisch eine Basislänge von über 245 Metern erreicht. Mit dem heutigen Steigungswinkel wäre sie knapp 164 Meter hoch gewesen und hätte ein theoretisches Bauvolumen von fast 3,3 Millionen Kubikmetern besessen.[21] Dies wäre ein absoluter Rekord im Pyramidenzeitalter gewesen, die Chephren-Pyramide um gut 15 Meter breiter und über 17 Meter höher ausgefallen als die Cheops-Pyramide. Doch statt dessen wurde diese Planung, so Stadelmann, aus noch unbekannten Gründen schon im Anfangsstadium aufgegeben, die Pyramide nach Süden versetzt und ein neuer Eingangskorridor oberhalb des ersten angelegt.[22]

Alle drei Vermutungen erscheinen auf den ersten Blick denkbar, lassen sich aber nur schwerlich beweisen und offenbaren bei näherer Betrachtung auch den einen oder anderen kontroversen Diskussionspunkt, so daß hier einige grundsätzliche Bemerkungen angebracht sind.

Hölschers Variante tangiert vom Prinzip her die sogenannte Zuwachstheorie, die in der Ägyptologie auch heute noch bei der Erklärung gewisser Befunde im Pyramidenbau bemüht wird. Sie entstammt dem Gedankengut der ersten Generation von Ausgräbern und wurde oftmals aufgrund ungenauer Kenntnisse der komplizierten Baugeschichte an Grabbauten wie beispielsweise der Stufen-Pyramide von Djoser oder der Medum- und der

Knick-Pyramide festgemacht, die nachweislich während verschiedener Bauphasen vergrößert wurden. Es gilt heute in der Pyramidenforschung jedoch als eher unwahrscheinlich, dahinter eine allgemein geplante und systematische Vorgehensweise beim Bau der Pyramiden zu vermuten. Zudem haben die archäologischen Befunde und die bisherigen bautechnischen Studien gerade der beiden letztgenannten Pyramidenprojekte gezeigt, daß sie nicht bewußt kleiner geplant und begonnen und dann anschließend, als das Kammersystem fast vollendet war und der Kernbau eine gewisse Höhe erreicht hatte, erweitert wurden. Ihre phasenweisen Entstehungsgeschichten hatten ganz andere Ursachen und waren rein bautechnisch und statisch begründet. Im Fall der Chephren-Pyramide sieht die Sachlage jedoch etwas anders aus, denn schon aufgrund ihrer offensichtlichen Verschiebung stellt ihre Errichtung einen Sonderfall im Pyramidenbau dar, der in kein bekanntes Konstruktionsschema paßt. Vielleicht verbirgt sich hinter dem unteren Kammerbereich tatsächlich ein Teil eines einstmals eigenständigen Kammersystems einer ursprünglich sehr viel kleiner konzipierten Pyramide. Dann muß man sich allerdings die Frage stellen, welche Rolle der massive Felskern dabei gespielt hatte, um den die Pyramide errichtet wurde und der sich vor allem im nordwestlichen Bereich quer über den Baugrund erstreckt. Derzeit hat es wohl mehr den Anschein, als ob sich aufgrund seiner erkennbaren Lage und Größe gerade seine Existenz gegen eine nachträgliche Vergrößerung der Pyramidenbasis stellt.

Im Gegensatz dazu wirkt Stadelmanns Vermutung auf den ersten Blick zwar äußerst interessant, doch können die dafür vorgebrachten Befunde auch eine ganz andere Erklärung haben und müssen nicht unbedingt Folge einer ursprünglich vergrößerten Bauplanung der Chephren-Pyramide gewesen sein. Ein paar Bemerkungen sollen dies verdeutlichen und hier zur Diskussion gestellt werden.

Die Verschiebung der Eingänge um exakt 27 Ellen aus der Mitte der Pyramide nach Osten ist im Vergleich mit denen bei anderen Pyramiden zwar durchaus markant, sollte aber auch nicht überbewertet werden. Sie muß nicht unmittelbar mit der östlichen Verbreiterung der Pyramidenbasis in Zusammenhang stehen, sondern kann aus Sicherheitsgründen entstanden sein oder womöglich etwas mit der Errichtung des Kammersystems und dem Felshügel an der Basis der Pyramide zu tun gehabt haben. Auch die massiven Fundamentierungen östlich der Pyramide sind kein zwingendes Argument für eine geplante größere Bauphase, da sie wahrscheinlich in erster Linie als stabilisierendes Element gedacht waren. Denn bei genauer

Betrachtung dieser Region fällt auf, daß man nicht die gesamte Ostseite der Pyramide, sondern nur das nähere Umfeld ihrer Ecken mit einem gleichmäßig starken Fundament versah. Die teilweise meterhohen, aus großen Kalksteinblöcken aufgebauten Fundamente, die dort bis in eine Entfernung von 45 Metern von der Pyramidenkante reichen, liegen dabei auffallend symmetrisch zueinander und in einem fast gleich großen Abstand zum Totentempel.

Dies ist sicherlich kein Zufall und spricht wohl eindeutig gegen eine ursprünglich geplante Verbreiterung der Pyramide in Richtung Osten. Dagegen ist eher zu vermuten, daß die Ägypter hier – ähnlich wie man auch die Eckbereiche der Pyramiden stets massiver und tiefer als die Längskanten fundamentierte – den östlichen Bereich jenseits der Pyramidenbasis zusätzlich verstärken wollten, weil man glaubte, daß dieser Bereich extremen Spannungen und einem enormen Druck ausgesetzt war. Dies wäre eine durchaus vernünftige Denk- und Konstruktionsweise gewesen. Denn aufgrund der ungünstigen Hanglage, in die die Pyramide gebaut wurde, mußte man die abschüssigen Passagen besonders sichern und wird versucht haben, dem entlang der Basisdiagonalen verlaufenden großen Druck der riesigen Massen durch weiträumige massive Fundamente entgegenzuwirken. Die symmetrischen Fundamentierungen hatten demnach eher eine rein statische und bautechnische Funktion.

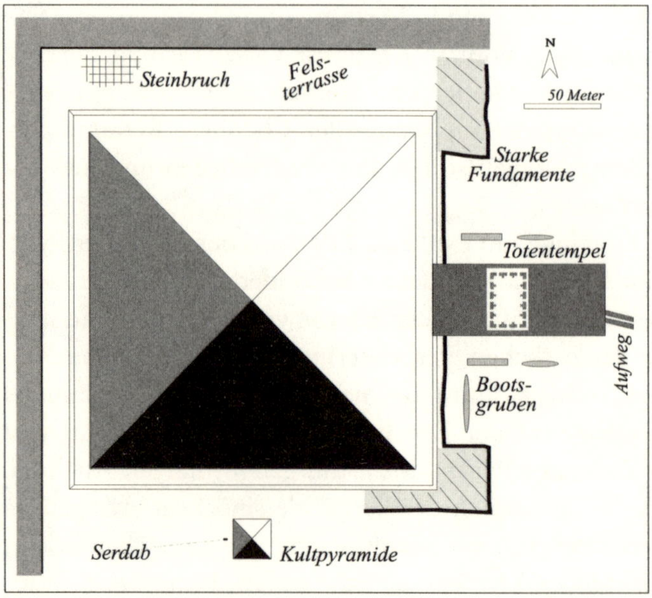

Abb. 16: Der zentrale Grabkomplex der Chephren-Nekropole mit der näheren Umgebung (nach Maragliolio/Rinaldi).

20

In der Grabkammer der Chephren-Pyramide.

19 Der östliche Bereich mit dem Zugangskorridor und der Steinstufe, an der einst ein Granit- und Kalksteinpflaster angelegt wurde.

20 Die Südwand mit der Inschrift von Belzoni, der die Grabkammer im letzten Jahrhundert öffnete.

21 Der Granitsarkophag wurde an der Westseite der Grabkammer im Bodenbelag eingelassen, von dem nur noch an der Sargwanne Reste erhalten sind.

22

22 *Für den Bau der Chephren-Pyramide mußte das ansteigende Gelände des Felsplateaus begradigt werden. Blick auf den Bereich nördlich der Pyramide, der in Form einer Terrasse aus den Fels gemeißelt wurde. Links ist die Steinbruchkante zu erkennen. Im Hintergrund die Cheops-Pyramide.*

23

23 *An der Nordostecke der Felsterrasse befindet sich ein kleiner Steinbruch, der vermutlich aus ramessidischer Zeit stammt.*

24 *Die Chephren-Pyramide war zwei Lagen hoch mit Granit verkleidet, der eng mit dem Kernmauerwerk der Pyramide verzahnt war. Blick auf die Südseite: Teilweise befinden sich die Verkleidungssteine noch in Originalpositionen.*

26

25 Von der Kultpyramide an der Südseite der Chephren-Pyramide sind nur wenige Steinfragmente erhalten geblieben.

26 Fundamentierungen der Felsterrasse im Bereich der Nordostecke der Chephren-Pyramide.

27 Der Taltempel der Chephren-Pyramide von Osten aus gesehen. Dahinter sind gut der Aufweg und der Zentralfriedhof zu erkennen. Rechts der Sphinx.

27

28

28 *Der Taltempel der Chephren-Pyramide. Blick auf die Südostecke. Die Ägypter verbauten hier riesige Kalksteinblöcke, die teilweise über 200 Tonnen wiegen sollen. Der Tempel war vollständig mit Granit verkleidet.*

29

29 *Der Beginn des Aufweges im Taltempel der Chephren-Pyramide.*

30 *In der großen Pfeilerhalle des Taltempels standen einst Statuen des Königs.*

31

31 Die Pyramide des Snofru bei Medum ist das südlichste Königsgrabmal seiner Art, das im Alten Reich errichtet wurde.

32

2 Blick auf die Nordostecke der Medum-Pyramide, an der der Schuttberg, der die Basis der Pyramide umhüllt, bgetragen wurde. Darunter kam teilweise noch die Originalverkleidung zum Vorschein.

33

34

33 Aufgrund seiner Lage und seiner Baugeschichte gehört der Sphinx von Giza mit sehr großer Wahrscheinlichkeit zum Grabkomplex des Chephren. Blick von Südosten. Vor dem Sphinx liegt der »Sphinx-Tempel«, der vielleicht im Alten Reich das »Haus des Chephren« genannt wurde.

34 Der hintere Bereich des Sphinx, an dem noch bis vor wenigen Jahren umfangreiche Restaurationen durchgeführt wurden.

35 An der Basis des hinteren Teils des Sphinx befinde[t] sich der Einstiegsschacht zu einem Hohlraum unterhalb der Kolossalfigur.

36

37

5 und 37 Der Kopf des Sphinx zeigt alle Merkmale eines Königsabbildes. Die Modellierung des Nemes-Kopf-
ches sowie die Ausarbeitung der Augenpartien verlangten den ägyptischen Steinmetzen und Bildhauern sicher-
h Höchstleistungen ab. Einst war der Kopf bemalt. Bei bestimmten Lichtverhältnissen kann man noch röt-
he Farbspuren erkennen.

38

38 *Blick in den »Sphinx-Tempel« von Südwesten.*

39

39 *Die topographische Lage des Sphinx am östlichen Rand des Giza-Plateaus. Im Hintergrund der Kernbereic der Cheops-Nekropole. Deutlich ist vor dem Sphinx der Aufweg der Chephren-Pyramide zu erkennen, vor der viele Mastabas des Zentralfriedhofes liegen.*

Noch eine andere Beobachtung läßt die zur Diskussion gestellte Vergrößerung der Pyramidenbasis um die angegebenen 30 Meter nach Norden eher zweifelhaft erscheinen. Geht man nämlich davon aus, daß die erste Bauphase um diesen Längenbetrag größer ausfallen und die so geplante Pyramide ebenfalls über einen mehr als zehn Meter breiten Hof verfügen sollte, wie ihn die Archäologen an der heutigen Chephren-Pyramide nachweisen konnten, hätte der gesamte Pyramidenbezirk über 40 Meter weiter nördlich beginnen müssen. Damit hätte sich aber die Nordwestecke der Umfassungsmauer inmitten eines noch heute erkennbaren Tagesteinbruches befunden. Doch der, so vermuten die meisten Ägyptologen aufgrund zweier ramessidischer Inschriften an seinen Felswänden, stammt sehr wahrscheinlich erst aus der 19. Dynastie, »als der Prinz Chaemwaset Steine zur Restaurierung der Pyramiden und der Tempelanlagen benötigte«.[23] Daraus würde aber folgen, daß zur Bauzeit der Chephren-Pyramide an dieser Stelle noch der massive Fels stand.[24] Die Pyramide kann in diesem Fall nicht in den oben vermuteten Ausmaßen geplant gewesen sein, denn dann müßte man wohl davon ausgehen, daß während der Ausarbeitung des unteren Kammersystems auch schon das kleine Steinbruchgebiet nivelliert und für die Messungen vorbereitet worden wäre.

Nach allen bisher vorgebrachten Fakten und Argumenten wird deutlich, daß die wahre Baugeschichte der Chephren-Pyramide die Ägyptologen noch lange Zeit zu Spekulationen verleiten und vielleicht niemals aufgedeckt werden wird. Denn auch die Struktur und die bautechnische Bewertung des unteren Kammersystems konnten die Frage nach einer ersten aufgegebenen Bauphase nicht lösen.

Rätselhaftes Kammersystem

Das Kammersystem der zweitgrößten Pyramide Ägyptens weist eine Reihe bemerkenswerter Eigenarten auf, die seine ausführliche Darstellung notwendig machen. Hierbei wird sich zeigen, daß auch die Pyramide des Chephren zu den geheimnisvollen Bauwerken innerhalb der Pyramidenforschung zu zählen ist. Begeben wir uns also in ihr Inneres.

Der obere Eingang liegt in einer Höhe von gut elf Metern über dem Bodenniveau, ist aber für die Touristen gesperrt.[25] Er wurde im Jahr 1818 durch den Italiener Giovanni Battista Belzoni freigelegt, während man einen riesigen Schuttberg an der Nordflanke der Pyramide in mühsamer Arbeit Stück für Stück abtrug. Den unteren, zu ebener Erde liegenden Zugang entdeckten die Briten John Perring und Howard Vyse sogar erst im Jahr 1838, als man begann, auch den Hof an der Nordseite der Pyramide freizulegen. Über ihn betritt man heute das Kammersystem.

Wie so oft in den ägyptischen Pyramiden muß der Besucher auch hier seine ungewollte Ehrerbietung gegenüber dem verstorbenen Pharao durch eine gebeugte oder in die Knie gehende Haltung bekunden, um ins Allerheiligste zu gelangen. Besonders eng waren in den Pyramiden stets die schrägen Korridorbereiche gestaltet, teilweise deshalb, um sie problemlos und ohne große Aufwendungen an Material mit massiven Kalksteinblöcken blockieren zu können. So führt auch vom unteren Eingang der Chephren-Pyramide ein über 34 Meter langer und um 31 Grad geneigter Korridor tief ins Felsmassiv. Er besitzt nur eine Breite von 1,05 Metern (2 Ellen) und eine Höhe von 1,19 Metern (2 Ellen und 2 Handbreit).

Am unteren Ende des absteigenden Korridors befindet sich eine einfache Granitfallsteinvorrichtung, hinter der sich eine horizontale, fast 16 Meter lange »Galerie« anschließt. Sie besitzt die gleiche Breite wie der Korridor, weist aber eine Höhe von 1,84 Metern auf, so daß man hier relativ bequem stehen und gehen kann. Exakt in der Mitte dieser Galerie befindet sich in der Ostwand eine rechteckige Ausschachtung, die vermutlich zum Rangieren an dieser Stelle diente. Gegenüber in der Westwand führt nämlich ein fast sieben Meter langer und über 20 Grad geneigter Korridor in eine, mit einem Giebeldach ausgestattete Felsenkammer. Der Zugang zum tiefsten Punkt des Kammersystems ist für Besucher gesperrt. Gelegentlich erhellt eine Lampe das Geschehen und läßt im Halbdunkel ansatzweise Bereiche der Kammer erkennen.

Die nur roh verputzte Felsenkammer ist etwa 10,40 Meter lang, 3,10 Meter breit und weist bis auf ihre markante Deckenkonstruktion keinerlei besondere architektonische Merkmale auf. Infolgedessen ist auch ihre ursprüngliche Funktion unbekannt. Uvo Hölscher und I.E.S. Edwards waren der Auffassung, daß sie die eigentliche Grabkammer der ersten, aufgegebenen Bauplanung gewesen war.[26] Rainer Stadelmann vergleicht sie dagegen mit der unterirdischen Felsenkammer in der Cheops-Pyramide und glaubt, sie sei aufgrund ihrer Lage in einem ersten Bauplan nur als Vorkammer konzipiert gewesen.[27] Mark Lehner hingegen vermutet hinter diesem Raum eine »Serdab-Kammer« und vergleicht ihn mit der sogenannten »Königinnenkammer« der Cheops-Pyramide. Demzufolge könnte dort eine lebensgroße Statue des Königs, eine sogenannte »Ka-Statue«,[28] gestanden haben,

die durch dessen »Lebenskraft« beseelt war. Lehner schließt aber auch nicht aus, daß die untere Kammer der Chephren-Pyramide nur als »Opfergabenmagazin« gedient haben könnte.[29]
Hierbei ist hinsichtlich der Annahmen, daß die Felsenkammer die eigentliche Sargkammer der ersten Bauplanung war und in ihr außerdem, wie schon Hölscher vermutete, einst der Sarkophag stand, den man heute in der oberen Grabkammer vorfindet,[30] jedoch einiges zu bedenken. Hätte man in diesem Fall in der Felsenkammer nicht irgendwelche Hinweise auf die Position des Sarkophages finden müssen? Immerhin wurde der Sarkophag in der oberen Grabkammer in einem mit Granitsteinen ausgelegten Fußboden versenkt. Da dies außerdem in Zawyet el-Aryan und vermutlich auch in Abu Roasch der Fall war, scheint dies ein markantes Merkmal bei der königlichen Grablegung dieser Periode gewesen zu sein. Doch auf eine derartige Vorgehensweise deutet in der Felsenkammer nichts hin. Nach allen bisherigen Erkenntnissen war dort kein, aus einzelnen Steinblöcken zusammengesetzter Bodenbelag vorgesehen, in den man einen Sarkophag hätte einlassen können. So scheint bei genauerer Betrachtung aller Deutungsversuche wohl noch am plausibelsten, daß, wie auch schon Stadelmann vermutete,[31] die Felsenkammer in der ersten Bauplanung als eine Art Vorkammer unbestimmter Funktion konzipiert und die eigentliche Grabkammer weiter im Pyramidenzentrum vorgesehen, aber nicht ausgeführt wurde. Vermutlich sollte die Grabkammer in einem derartigen Konstruktionsplan über eine Anbindung der horizontalen Galerie erreichbar sein. Doch dieser Plan wurde aus völlig unbekannten Gründen inmitten der Bauarbeiten geändert. Aber verfolgen wir den Weg weiter, den ein Besucher im Kammersystem nehmen muß, um in die tatsächliche Grabkammer zu gelangen.
Am Ende der Galerie beginnt ein gut 24 Grad steiler Verbindungskorridor, der nach über 24 Metern auf das horizontale Teilstück des oberen Kammersystems trifft. Die Ägyptologen sind sich heute darüber einig, daß der Verbindungskorridor erst aus dem Fels gemeißelt wurde, als sich das obere Korridorsystem im Bau befand oder sogar schon fertiggestellt war. Und dies wohl mit sichtbaren Problemen, wie ein Durchbruch an der Decke des Korridors andeutet. Es hat den Anschein, als ob entweder den Bauleitern in ihren Plänen oder einem der Vorarbeiter bei der Leitung der Ausschachtungen ein Fehler unterlaufen wäre. Wahrscheinlich hatten die Arbeiter von beiden Kammerbereichen gleichzeitig aufeinander zu-, dabei aber aneinander vorbeigearbeitet.[32] Denn der Verbindungskorridor vom oberen Kammerbereich begann ursprünglich zu weit nördlich und war von den Ägyptern

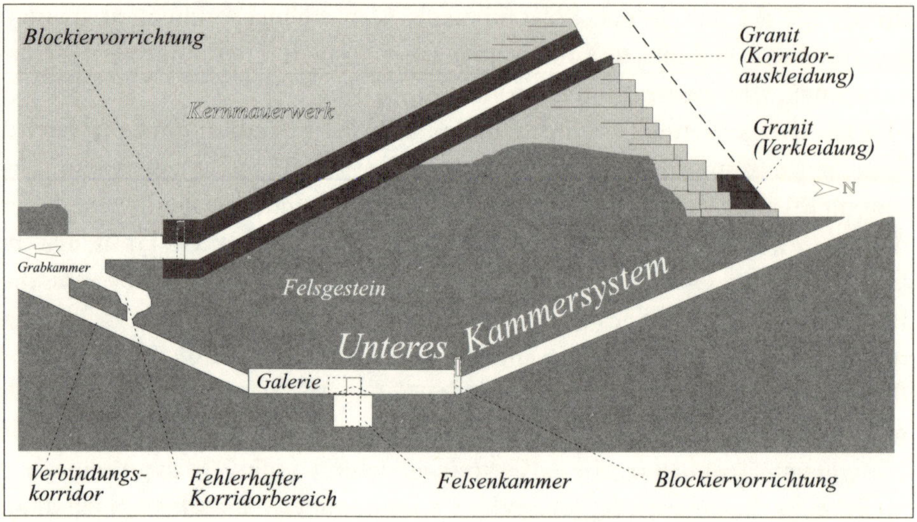

Abb. 17: Der nördliche Teil des Kammersystems der Chephren-Pyramide (nach Maragliolio/Rinaldi).

schon fast fünf Meter weit vorangetrieben worden, ehe sie den Fehler bemerkten, das fehlerhafte Stück ausmauerten und die Kupfermeißel an der richtigen Position ansetzten.[33]

Der tiefere Sinn und Zweck des Verbindungskorridors ist bislang noch nicht eindeutig geklärt, ebensowenig der genaue Zeitpunkt seiner Entstehung. Er muß aber eine wichtige Funktion gehabt haben, die die Ägypter motivierte, sich mühsam über 24 Meter weit durch den Felsboden zu kratzen. Für die Ägyptologen, die nach wie vor die Auffassung vertreten, daß in der Felsenkammer einst ein Sarkophag stand, diente der Verbindungskorridor als Transportweg des Sarkophages in das obere Kammersystem, nachdem dieses fertiggestellt war.[34] Andere Forscher halten die Errichtung dieses Korridors als Transportweg zu einem Zeitpunkt, in der das obere Kammersystem noch nicht überbaut war, für arbeitstechnisch zu aufwendig. In diesem Fall hätte man den Sarkophag auch wieder über das untere Kammersystem hinaus und direkt in die obere Grabkammer transportieren können, die zum Zeitpunkt ihrer Errichtung unter freiem Himmel lag.[35]

Es ist auf der anderen Seite aber auch nicht auszuschließen, daß die untere Felsenkammer eine ganz bestimmte Funktion in der Chephren-Pyramide besaß, die ihre Integration in das Gesamtkammersystem notwendig machte. Dies kann im Prinzip nur mit der Bestattung des Königs in Zusammenhang gestanden haben. Wie dem auch sei, welche Funktion dieser Korridor auch immer gehabt haben mag: Wie die archäologischen Forschungen zeigten, wurde er wie auch der untere absteigende Gang nach Erfüllung seiner Aufgabe mit Kalksteinblöcken versiegelt.

Hat der Besucher erst einmal den Übergang zum oberen Kammersystem passiert, ist die Grabkammer relativ schnell erreicht. Blickt man von dort über den Verbindungsschacht hinweg zurück in Richtung Norden, so kann man im Halbdunkel noch die Umrisse des oberen Eingangskorridors erkennen, der aber nicht erreichbar ist. Die horizontale Korridorpassage besitzt insgesamt eine Länge von 56 Metern, eine zum Gehen relativ angenehme Höhe von 1,78 Metern und führt direkt in die Grabkammer.

Das Allerheiligste der Chephren-Pyramide weist den damals üblichen rechtwinkligen und ostwestorientierten Grundriß auf. Die Kammer wurde bis zum Deckenansatz im Felsgestein errichtet, lediglich das vermutlich mehrlagige Giebeldach ist aus großen Kalksteinsparren aufgebaut worden. Ihre Maße (Länge: 14,15 Meter, Breite: 4,99 Meter, maximale Höhe: 6,84 Meter) entsprechen keinen genauen Ellenwerten, woraus man geschlossen hat, daß die Kammer vermutlich noch vollständig mit Granitsteinen ausgekleidet werden sollte.[36] Wieso dies allerdings nicht geschah, bleibt rätselhaft und widerspricht den sonst üblichen Befunden in den Pyramiden dieser Epoche. Hierbei muß man außerdem die Frage stellen, wieso der obere absteigende Korridor mit dem kostbaren Assuangestein verkleidet wurde, die Grabkammer – das Herzstück des Kammersystems – jedoch nicht. Da sie während ihrer Errichtung unter freiem Himmel lag, hätte die Verlegung der Granitsteine dort eigentlich relativ problemlos vonstatten gehen können. Statt dessen begnügten sich Chephrens Bauarbeiter damit, nur den Fußboden um den Sarkophag mit Granit auszulegen, während sie seinen östlichen Teil als eine Art Stufe aus dem Fels arbeiteten und den Bereich dazwischen mit Tura-Kalksteinen versahen. Eine spätere Einpassung der schweren Granitsteine, also nachdem das Kammersystem bereits überbaut war, erscheint dagegen unwahrscheinlich, da ihr Transport durch das enge Korridorsystem arbeits- und transporttechnisch wohl kaum durchführbar gewesen wäre. So wurde auch der aus dunklem Granit gefertigte Sarkophag, der heute an der Westwand der Grabkammer steht, schon bei ihrer Errichtung »installiert«, also von oben in die in den Felsen geschlagene Kammer eingeführt. Dies untermauern auch seine Maße, die nur knapp unterhalb der Durchmesserwerte der Korridore liegen und einen Transport durch das Kammersystem so gut wie unmöglich machten. Der für die damalige Zeit typisch schlichte Königssarkophag besitzt eine Länge von 2,63 Metern, ist

1,07 Meter breit und bis zum oberen Rand exakt 0,97 Meter hoch. Mit dem einst zerbrochenen Deckel, der heute restauriert hinter der Sargwanne steht, hat der Granitsarkophag eine Gesamthöhe von 1,18 Metern.[37]
Der Anblick des im Granitpflaster versenkten Sarkophages entlockt heute so manchen Besuchern fast genausooft ein Stirnrunzeln wie die überdimensionalen Lettern, mit denen Giovanni Belzoni seine Entdeckung der Grabkammer im Jahr 1818 unübersehbar an der Südwand verewigte. Doch während man sich über die Eitelkeit des italienischen Forschers sicherlich streiten kann, stellt die Position des Sarkophages, wie schon erwähnt, nichts ungewöhnliches im Pyramidenbau dar. Als Belzoni den Sarkophag fand, war er nicht leer, sondern enthielt Stierknochen, die vermutlich von einer Opferzeremonie stammen, die in der Spätzeit des Pharaonentums vor dem Sarg abgehalten wurde.[38]

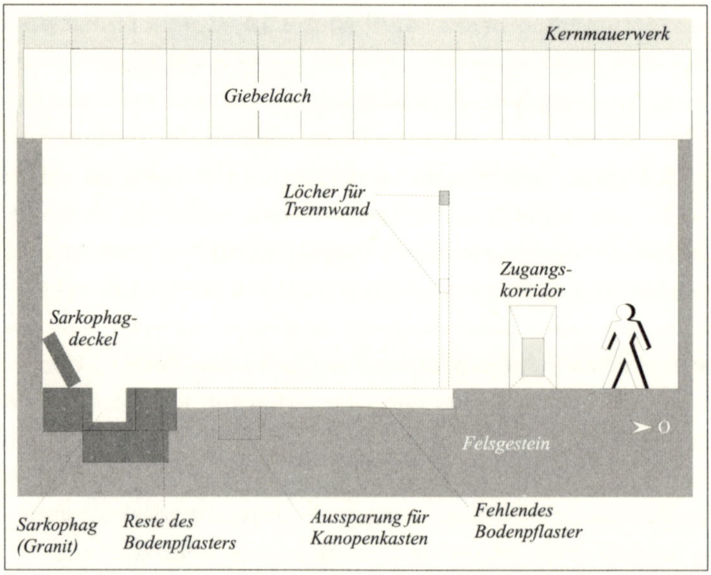

Abb. 18: Ostwestschnitt durch die Grabkammer der Chephren-Pyramide (nach Maragliolio/Rinaldi).

Chephrens Sarkophag ähnelt in seiner Struktur und Funktionalität auffallend dem in der Cheops-Pyramide und zeigt bei näherer Betrachtung erstaunliche Details, die den damaligen hohen technischen Stand der Steinbearbeitung erkennbar werden lassen. So zum Beispiel die beiden etwa zwei bis drei Zentimeter großen Bohrlöcher an der westlichen Oberkante. Sie dienten allem Anschein nach als Vertiefungen für zylinderförmige Stifte, mit denen der Sargdeckel befestigt werden konnte, der ebenfalls derartige Bohrungen an den entsprechenden Positionen auf seiner Rückseite aufweist. Der Verschlußmechanismus war demnach einfach, aber ungemein effektiv: Sargwanne und -deckel wurden an ihren Stoßkanten am Sarginnenraum derart mit schrägen, nutartigen Vertiefungen und Aussparungen ausgearbeitet, daß beide Teile wie bei einem Baukastensystem ineinander geschoben und durch die beiden Stifte verriegelt werden konnten. Solche Präzisionsarbeiten erstaunen den aufmerksamen Betrachter immer wieder und ließen die Fachleute in jüngster Vergangenheit zusehends nachdenklicher werden. Denn noch immer wissen sie nicht alles über die altägyptischen Kenntnisse auf dem Gebiet der Ver- und Bearbeitung von Hartgesteinen wie Granit und Diorit, noch immer gibt es eine Reihe von Rätseln in diesem Bereich zu lösen.[39]

In den Jahren 1837 und 1838 unternahmen die britischen Pyramidenforscher Howard Vyse und John Perring den Versuch, unter dem damals noch fast vollständig vorhandenen Bodenpflaster der Grabkammer nach Zugängen zu von ihnen vermuteten, verborgenen Kammern zu suchen.[40] Dabei entfernten sie die Granit- und Kalksteine des Fußbodens nicht nur aus ihren ursprünglichen Positionen, sondern räumten sie auch größtenteils aus der Kammer, so daß heute nur noch wenige Reste des Granitpflasters am Sarkophag liegen. Doch wie auch bei der Grabkammer des Baka, die Alexandre Barsanti gut 80 Jahre später auf ähnliche Weise »untersuchte«, war diese Aktion nicht von Erfolg gekrönt. Nicht der geringste Hinweis auf weitere Hohlräume unterhalb der Bodenverkleidung konnte von den Briten entdeckt werden.

Durch den Verlust des Bodenbelags fällt den heutigen Besuchern sofort der stehengelassene Felssockel im östlichen Bereich der Kammer auf, an dem sich der Kalksteinbelag einst anschloß. Unmittelbar an der Stufe glauben Ägyptologen zwei »Pfostenspuren« erkannt zu haben, die womöglich auf eine ursprüngliche räumliche Teilung der Kammer hindeuten. Diese Interpretation deckt sich auch mit kleinen rechteckigen, aber teilweise über 40 Zentimeter tiefen Löchern, die sich innerhalb von senkrecht gezeichneten Konstruktionslinien an der Nord- und Südwand in Höhe der Kalksteinstufe gegenüberliegen. Man schließt nicht aus, daß sie zur Befestigung einer Holzgerüstwand dienten, mit der die Grabkammer in zwei Bereiche unterteilt werden konnte.[41] Danach könnte der fast quadratische, knapp fünf Meter breite östliche Bereich der Grabkammer die Funktion einer »Vorkammer« übernommen haben, in der vermutlich Grabbeigaben deponiert wurden. Der westliche Teil mit seinem kostbaren Fußbodenbelag und der eingelassenen Sargwanne hingegen diente hierbei als eigentlicher Sarkophagraum.

Vernachlässigt man den unteren, aufgegebenen Kammerbereich in der Chephren-Pyramide, so paßt sich der hier beschriebene obere Bereich in das konzeptionelle Schema der Kammersysteme der Pyramiden von Abu Roasch und Zawyet el-Aryan ein. Diese klar gegliederten und linear aufgebauten Kammersysteme sollten in der 5. und 6. Dynastie die grundlegende räumliche Anordnung der Grabräume beeinflussen und zu ihrer Standardisierung führen.

Unbekannte Kammern?

Die Suche nach verborgenen Kammern und Hohlräumen in den großen Pyramiden Ägyptens hat eine lange Tradition und gehörte in der Anfangsphase der Ägyptologie zur Tagesordnung, wie die bereits geschilderten Fälle von Barsanti, Vyse und Perring belegen. Selbst noch heute erfahren diesbezügliche Projekte große akademische Unterstützung und werden teilweise von höchsten ägyptologischen Kreisen gefördert. Dabei hat es sogar manchmal den Anschein, als ob vor allem in Bezug auf die Pyramiden von Giza dann und wann in der modernen Ägyptologie wieder eine gewisse Schatzsuchermentalität nach dem Vorbild der ersten Ausgräbergenerationen die Oberhand gewinnt und den Nährboden für so manche spekulativ anmutende Untersuchung bietet. Hierbei ist für den Außenstehenden oftmals nicht klar erkennbar, wer bei derartigen Projektvergaben die eigentlichen Drahtzieher und treibenden Kräfte im Hintergrund sind und unter welchen Sachzwängen oder Motivationsgründen die Ägypter eigene oder ausländischen Missionen beauftragen, beispielsweise die Umgebung der Kammersysteme der Cheops- und Chephren-Pyramide oder das Umfeld des Sphinx zu erforschen.
Eine der wohl aufwendigsten Forschungsmissionen dieser Art fand im Jahr 1968 in der Chephren-Pyramide statt. Die Ägyptische Antikenverwaltung gestattete dem US-amerikanischen Physiker und späteren Nobelpreisträger Luis Alvarez in der Grabkammer mittels einer umfangreichen Meßapparatur wissenschaftliche Untersuchungen hinsichtlich der inneren Struktur des Grabmals durchzuführen. Auf der Grundlage von Messungen der »Kosmischen Strahlung« (auch »Höhenstrahlung« genannt) hatten sie das Ziel, unbekannte Hohlräume in einem gewissen Radius oberhalb der Meßstation zu lokalisieren.[42] Wie Rainer Stadelmann heute die damaligen Auffassungen über das Innenleben der Chephren-Pyramide und die prinzipielle

Motivation der Untersuchungen schildert, wurde ihr Gang- und Kammersystem bis zum Ende der sechziger Jahre »als offenes Rätsel angesehen«. Man hielt es als »zu ungenügend im Vergleich zu den komplizierten Grabkammersystemen des Cheops und Mykerinos« und glaubte damals, so Stadelmann, daß die »fast berechtigte Hoffnung bestand, eine bisher unbekannte, dritte Kammer zu finden.«[43] Doch trotz monatelanger Messungen und Auswertungen war das Ergebnis für die Fachwelt und interessierte Öffentlichkeit gleichermaßen ernüchternd und ließ die insgeheim gehegte Hoffnung auf die Entdeckung einer weiteren Kammer in der Chephren-Pyramide wie eine Seifenblase zerplatzen. Es wurden »nicht die geringsten Hinweise auf weitere Kammern« in der Pyramide entdeckt.[44]
Dieses naturwissenschaftlich gewonnene Ergebnis deckt sich ebenfalls mit den architektonischen Befunden in der Pyramide. Es gibt weder im Kammersystem noch am Steingefüge des Kernmauerwerks bautechnische Anhaltspunkte, die auf einen noch unbekannten Zugang zu einer für Menschen erreichbaren geheimen Grabkammer hindeuten. So werden es Spekulationen von verborgenen Kammern, die womöglich wieder im Zusammenhang mit der Chephren-Pyramide auftauchen, in Zukunft schwer haben. Denn trotz der schon geschilderten, teilweise rätselhaften architektonischen Eigenarten weist ihr Kammersystem alle Komponenten auf, die einen Grabbau in der Mitte der 4. Dynastie auszeichneten.
So ist es wohl letztlich die Existenz des Kammersystems selbst, die offensichtlich gegen das Vorhandensein einer weiteren, unbekannten Kammer oder eines ganzen Kammerbereichs in der Pyramide spricht. Denn die aufwendig konstruierten, mühsam aus dem Felsstein gemeißelten und mit Sicherungsmechanismen versehenen Kammern und Korridore wie auch der kostbare Sarkophag sprechen eine eindeutige Sprache. Sie sind unmißverständliche Belege für die Vollständigkeit und Einmaligkeit dieses Systems. Auf der anderen Seite gibt es auch keine Hinweise aus dem klassischen Pyramidenzeitalter, daß die Ägypter jemals ein aufwendiges »Scheinkammersystem« in einer königlichen Pyramide installierten, um von einem zweiten, geheimen Kammerbereich abzulenken. Mit anderen Worten: In keiner Pyramide des Alten Reiches wurden bislang begehbare Korridore oder Kammern entdeckt, die neben ihren heute bekannten Kammersystemen als Geheimräume konzipiert wurden.[45] Dies sollte allen zukünftigen Spekulanten zu denken geben.

Sicherheitssysteme

Aufgrund der Ergebnisse der Alvarez-Mission versuchen die Ägyptologen seit Beginn der siebziger Jahre andere Erklärungen für die aus ihrer Sicht »geradezu langweilige Vereinfachung« der Komposition des Kammersystems der Chephren-Pyramide insbesondere im Vergleich zu dem der Cheops-Pyramide zu finden. So vermutete man, daß vielleicht das fortgeschrittene Alter des Chephren, der etwa 40 Jahre alt gewesen sein soll, als er an die Macht kam, und die »bösen Erfahrungen und Verzögerungen beim Ausschachten der Pyramiden des Cheops und des Djedefre«[46] zum Entschluß geführt hatten, nur ein sehr einfach strukturiertes Kammersystem ohne tiefe und aufwendige Felsausschachtungen anlegen zu lassen. Absolut überzeugend wirken diese Argumente allerdings nicht, denn Chephrens Kammersystem war wohl weder als bewußte Vereinfachung gegenüber denen der älteren Pyramiden konzipiert worden noch das Resultat des vermeintlich hohen Alters des Königs.
Das Alter von Chephren kann aus meiner Sicht keine entscheidende Rolle gespielt haben. Denn wieso sollte sich ein alternder König einerseits bei der Errichtung seiner Grabräume Sorgen gemacht und ein vereinfachtes Kammersystem bevorzugt haben, aber anderseits darüber ein aufwendiges, über 143 Meter hohes und über fünf Millionen Tonnen schweres Grabmal errichten lassen? Dies paßt irgendwie nicht zusammen. Ähnlich sieht die Situation in der Frage nach der Struktur des Kammersystems aus. Von einer Vereinfachung kann man auch hier nicht so ohne weiteres sprechen. Obwohl die wahren Gründe für die Planänderung des Kammersystems noch im dunkeln liegen, reihen sich die grundsätzlichen Konstruktionsweisen beider Kammerbereiche relativ gut in die Grabarchitektur der 4. Dynastie ein: Einerseits hatten die Probleme und Mühen bei den Vorgängerpyramiden Chephrens Baustrategen nicht davon abhalten können, ebenfalls wieder in die Tiefe des Giza-Plateaus vorzudringen, wie das aufgegebene untere Kammersystem eindeutig belegt. Anderseits entspricht der strukturelle Aufbau des oberen Kammersystems der Chephren-Pyramide denen der Pyramiden von Djedefre und Baka.
So ist das, was den Blick auf die Konzeption des Kammersystems der Chephren-Pyramide letztlich trübt, wohl insbesondere der direkte Vergleich mit dem Innenleben der Cheops-Pyramide, der stets zu ungunsten der zweitgrößten Pyramide Ägyptens ausfällt. Hierbei klammert man jedoch in der Regel die Möglichkeit aus, daß das Kammersystem der Cheops-Pyramide

vielleicht nur deshalb so komplex im Vergleich zu dem der Chephren-Pyramide erscheint, weil es das Resultat einer umfangreichen Planänderung war.[47] Ursprünglich wollten die Ägypter vermutlich nur einen unterirdischen Kammerbereich konstruieren, dessen Aufgabe aber ähnlich wie bei der Pyramide des Chephren die Planung und Errichtung der oberen Grabräume und Korridore notwendig machte. Separiert man hingegen das Kammersystem der Cheops-Pyramide in seine einzelnen Bauphasen, fällt auch hier die strukturelle Übereinstimmung des unteren Kammerbereiches mit den Kammersystemen der Pyramiden von Djedefre, Baka und Chephren auf.

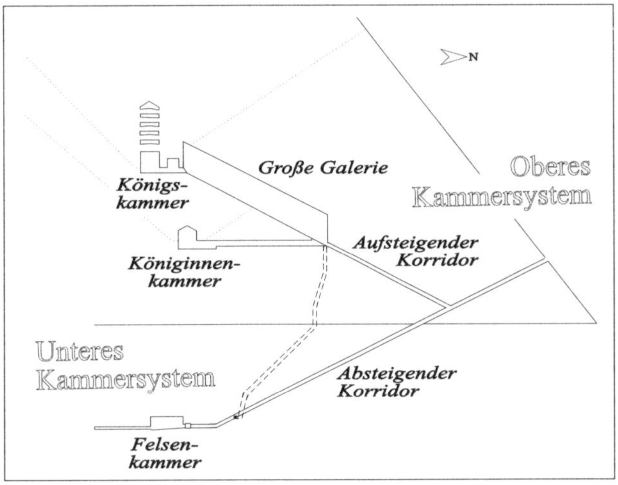

Abb. 19:
Das Kammersystem der Cheops-Pyramide.

Aus diesem Blickwinkel betrachtet, kann man an dieser Stelle den Bogen aber auch noch etwas weiter spannen. Betrachtet man die Pyramiden der 4. Dynastie ausschließlich unter dem Gesichtspunkt ihrer Kammersysteme, so erkennt man eine auffallende Übereinstimmung in der Art und Weise ihrer prinzipiellen Bauausführung, die sich fast wie ein Markenzeichen durch alle Grabprojekte zieht. Bei sechs von sieben Pyramidenprojekten in der 4. Dynastie (Snofru [Knick-Pyramide], Cheops, Djedefre, Baka, Chephren und Mykerinos) wurden die Kammersysteme während der ersten Bauphase tief in die Felsplateaus gemeißelt, so daß der Eindruck entsteht, als ob die Bauleiter stets versuchten, die Grabräume der Königspyramiden unterirdisch anzulegen. Und nur in den Fällen, in denen die Untertagearbeiten mißlangen und aufgegeben wurden, ging man dazu über, die Kammersysteme in den oberirdischen Bereich umzulenken. In diesem Sinne ist wohl auch das einzige, vollständig über der Erde gebaute Kammersystem jener Epoche (Rote Pyramide von Snofru) nur als eine Art Sicherheitskonstruktion zu verstehen, nachdem sich die ordnungsgemäße Errichtung von Snofrus eigentlichem Grabmal, der Knick-Pyramide, aufgrund eines falsch gewählten Untergrundes als undurchführbar erwies und das ruinöse Bauwerk als Begräbnisstätte aufgegeben werden mußte. Hierbei wollte und konnte man sich aus Zeitgründen keine aufwendigen Ausschachtungsarbeiten mehr leisten, sondern verlegte die Innenräume gleich auf das Plateauniveau, inmitten des Kernmauerwerks. So ist es auch im vorliegenden Fall der Chephren-Pyramide nicht auszuschließen, daß vielleicht ein bautechnisch begründeter Aspekt vorlag, der Chephrens Bauarbeiter nach der bislang ungeklärten Aufgabe des unterirdischen Kammerbereichs nötigte, das neue Kammersystem fast auf die Höhe des Bodenniveaus zu verlegen.

Das Problem der Probleme

Es liegen bis heute keine zeitgenössischen, altägyptischen Aufzeichnungen vor, die über die Methoden des Pyramidenbaus konkret Auskunft geben. Zwar gibt es eine Reihe von sekundären inschriftlichen Überlieferungen und archäologischen Befunden aus allen Epochen des Pharaonentums, die indirekte Hinweise aus dem Umfeld des königlichen Grabbaus liefern, aber das große Geheimnis des Pyramidenbaus nicht konkretisieren können.
Beispielsweise haben Steinbruchexpeditionen Zweck und Bestimmung ihrer Tätigkeiten auf Stein festgehalten oder auf einigen mathematischen Papyri wurden Berechnungsbeispiele von Pyramiden und sogar von einer Rampe aufgezeichnet. Hinzu kommen Funde von diversen Werkzeugen und Hilfsmitteln, die im Pyramidenbau zum Einsatz kamen und den Forschern Aufschlüsse über einzelne Bearbeitungspraktiken und bautechnische Vorgehensweisen geben. Auch die vielen Graffiti der Bauarbeiter auf den verbauten Steinblöcken liefern ebenso wie die an kleineren ägyptischen Bauwerken vorgefundenen Rampenreste gewisse Hinweise zum Bau der Pyramiden, tangieren aber das eigentliche Problem nur am Rande. Letztlich sind auch die Überlieferungen der antiken Historiker wie beispielsweise des Griechen Herodot, dessen Ausführungen zum Pyramidenbau ebenso viele Anhänger wie auch Gegner gefunden haben, aufgrund ihrer zeitlichen Distanz zur Pyramidenzeit wohl nicht als repräsentativ anzusehen.
So können die heutigen Ägyptologen trotz dieser Fülle an indirekten Hinweisen und Zeugnissen aus der Zeit des Pyramidenbaus und vor dem Hin-

tergrund einer Vielzahl theoretischer Studien, die in den letzten Jahrzehnten erarbeitet wurden, noch immer nicht mit Bestimmtheit sagen, wie die Königsgräber im Alten Reich errichtet wurden. Zwar gibt es für den unteren und mittleren Pyramidenbereich durchaus signifikante Lösungsansätze, die die Errichtung eines Pyramidenstumpfes zumindest bis in eine Höhe von etwa 70 Metern erklären, doch insbesondere die Methode des Materialtransports bis in den oberen, über 100 Meter hohen Bereich der großen Pyramiden bereitet den Ägyptologen Kopfschmerzen und verhindert derzeit noch eine Gesamtlösung des Problems. Viele Aspekte der heute diesbezüglich vorliegenden Arbeitshypothesen basieren demzufolge vorrangig auf Vermutungen, Interpretationen und Spekulationen.
Zusätzlich erschwert wird die Situation durch das weitgehende Ausbleiben umfangreicher und interdisziplinär orientierter Sondierungen an den Pyramidenkörpern selbst oder in deren unmittelbarem Umfeld. Mit Unterstützung modernster technischer Hilfsmittel könnte man in einer, sich über viele Pyramidenkomplexe erstreckenden Untersuchung möglicherweise neue Spuren der Transportwege oder der Bauarbeiten an den Grabmälern ausfindig machen und durch eine systematische Auf- und Ausarbeitung der Befunde eine Grundlage für zukünftige Forschungen schaffen. Hinzu kommt außerdem, daß die Ausgrabungen an den zu den Pyramidenanlagen gehörenden Gebäudekomplexen wie Tempelanlagen, Werkstätten, Pyramidenstädten und Arbeitersiedlungen noch lange nicht abgeschlossen sind oder in einigen Fällen sogar noch nicht einmal begonnen wurden. Auch von diesen Forschungen kann man sich wichtige Details und Hinweise erhoffen, die möglicherweise das eine oder andere Stück des Pyramidenbau-Puzzles liefern werden. Man muß sie intensivieren oder vielerorts erst in Gang bringen. Denn es hat sich bisher nachdrücklich gezeigt, daß das größte Rätsel innerhalb der Pyramidenforschung nicht allein durch rein theoretische Studien am Schreibtisch gelöst werden kann, sondern einer maßgeblichen Unterstützung aus der Feldforschung bedarf, die vielleicht irgendwann einmal – wie schon so oft in der Archäologie – durch einen Zufallsfund den entscheidenden Hinweis zutage fördert. Doch bis dahin ist es wohl noch ein langer Weg und die obige Motivation für weitere Forschungsprojekte nur »graue Theorie« – gepaart mit einer Portion Zweckoptimismus.
Auf der anderen Seite steht nicht einmal fest, ob sich alle Aspekte des Pyramidenbaus jemals vollständig lösen lassen werden, denn wie schon der Bau der Djedefre-Pyramide andeutet, gab es womöglich aufgrund der unterschiedlichen Anforderungen, die die einzelnen Pyramidenprojekte mit

sich brachten, keine projektübergreifende Patentlösung. Man kann demnach auch nicht ausschließen, daß die Ägypter mehrere alternative Transportwegmodelle wie beispielsweise eine konventionelle lineare Rampe oder eine spiralförmige Rampenstruktur, die sich um den Baukörper windet, zum Bau ihrer Pyramiden benutzten. Diese waren in ihrer Größe und Gestalt von den auf der Baustelle vorherrschenden Gegebenheiten der Logistik und Topographie abhängig und wurden dementsprechend eingesetzt. Und selbst falls es ein von den Ägyptern bevorzugtes und immer wieder eingesetztes Rampenmodell gab, konnte auch dies keine starre Musterlösung sein, sondern mußte für jedes Pyramidenprojekt neu durchdacht und berechnet sowie mit der Lage der Steinbrüche und des Hafens korreliert werden. Auf dieser Diskussionsgrundlage wird man in Zukunft das Problem des Pyramidenbaus wohl untersuchen und weiter spezifizieren müssen.

Aus diesem Blickwinkel betrachtet besitzt die zweitgrößte Pyramide Ägyptens einen ganz besonderen Stellenwert in der ungelösten Transportwegproblematik. Das Studium der Errichtung der Chephren-Pyramide bietet sich vielleicht sogar als eine Art Gradmesser für das Favorisieren bzw. Ausschließen bestimmter Rampenmodelle an. Hierbei ist es vor allem die Lage der Steinbrüche, die einen neuen Ansatzpunkt bietet, den Bau dieses Grabmals und damit theoretisch aller großen Pyramiden zu erklären. Sie beginnen heute ungefähr 140 Meter südöstlich der Pyramide und erstrecken sich nach Osten in Richtung des Taltempels.[48] Da aufgrund der extremen Nähe zwischen dem Steinbruchgebiet und der Baustelle sowie infolge der enormen Größe des Grabmals keine direkt auf die Pyramidenspitze zuführende, lineare Rampe in Frage kam, müssen hier andere Konstruktionen im Einsatz gewesen sein.

Das grundsätzliche Problem beim Bau der Chephren-Pyramide läßt sich dabei klar umreißen: Die Bauarbeiter benötigten für ihre Arbeit an der Spitze der Pyramide eine stabile Arbeitsplattform, die nach allen bislang bekannten Erkenntnissen nur der Endpunkt eines Transportweges im Sinne einer Rampenstruktur gewesen sein konnte. Mit anderen Worten: Nur ein von außen bis an die Pyramidenspitze führender Transportweg bot einen ausreichenden Arbeitsplatz und die notwendige Stabilität. Somit wurden die Bauarbeiter letztlich auch in die Lage versetzt, den tonnenschweren Abschlußstein auf einem stabilen Holzschlitten bis zur Spitze zu transportieren und in seine endgültige Position zu bringen sowie sich selbst daraufhin wieder gefahrlos von der Spitze in Richtung Plateau zurückzuziehen.

Aufgrund dieser Anforderungen kann man derzeit zwei Transportwegmodelle formulieren, die für die Errichtung der Chephren-Pyramide in Frage kommen. Sie folgen dem Prinzip einer Art Spiralrampe bzw. einer »Rundumanschüttung«. Diese beiden Möglichkeiten sollen hier vorgestellt und auf ihre grundsätzliche Plausibilität untersucht werden.[49]

Beide Modelle sind von ihrer allgemeinen Struktur her sehr ähnlich. Sie unterscheiden sich vom Gesichtspunkt der Arbeitstechnik hauptsächlich nur dadurch, daß bei einer spiralförmig um den Baukörper anwachsenden Rampe die Arbeitsplattform am Ende des Transportweges nur stets an einer Seite des Pyramidenstumpfes anliegt, während beim Modell einer Anschüttung die oberste Steinlage des Stumpfes von allen Seiten zugänglich ist, da sie gleichmäßig in Höhe und Umfang mit dem Pyramidenstumpf wächst. Die Anfangsparameter der Modelle sind dagegen fast identisch. Nördlich des Steinbruchgebietes hatte vermutlich der Beginn der Rampenkonstruktion gelegen, die von dort aus an die Südostecke der Pyramide herangeführt wurde. Dann wurde entweder eine spiralförmige, befestigte und im Uhrzeigersinn in die Höhe führende Rampe um das Grabmal gelegt oder mit einer lockeren Anschüttung an der Süd- und der Ostseite beginnend ein Berg um den wachsenden Pyramidenstumpf aufgetürmt.

Das Spiralrampenmodell

Das allgemeine Modell einer spiralförmig konstruierten Rampe ist nicht neu. Es wurde schon in vereinfachter Form in den fünfziger Jahren dieses Jahrhunderts vorgeschlagen und ist in die Fachliteratur als das sogenannte »Bostoner Modell« eingegangen.[50] Nachdem sich der französische Archäologe Georges Goyon in den siebziger Jahren lange Zeit mit ihm beschäftigte, nahm der Pyramidenexperte Mark Lehner, der selbst viele Jahre auf dem Giza-Plateau tätig war, dieses Modell im Jahr 1985 wieder auf und versuchte es modifiziert auf den Bau der Cheops-Pyramide anzuwenden.[51] Er ging dabei von einer befestigten, sich etwa um 360 Grad um den Pyramidenstumpf nach oben windenden Spiralrampe mit einem darauf befindlichen Bauweg aus, die »nicht auf der Pyramide ruht, sondern aus Einlagen besteht, die an jede Pyramidenseite lehnen.« Dabei wird sie »im Gleichschritt mit der Pyramide hochgezogen, hüllt sie fast vollständig ein«.[52]

Lehners Konzepte und Ergebnisse lassen sich mit gewissen Modifikationen prinzipiell auch auf die Chephren-Pyramide übertragen und bilden die Grundlage für die folgende Modellabschätzung.

Setzt man den Startpunkt der spiralförmigen Rampe beispielsweise in einer Entfernung von etwa 200 Metern östlich der Südostecke der Pyramide an, so kann man abschätzen, daß die gesamte Transportwegstrecke in Lehners Modell in der Größenordnung von knapp 800 Metern liegen würde. Die spezielle Lage der Steinbrüche läßt dabei sogar die Vermutung zu, daß der Beginn der Spiralrampe mit dem Aufweg der Pyramide in Zusammenhang stand. Auf dessen Fundamenten hatte man vielleicht während der ersten Bauphase die kostbaren, mit dem Schiff herangebrachten Steinsorten bis zur Baurampe transportiert. Dies würde sich auch relativ gut mit der Vermutung von Lehner decken, daß sich nördlich des Aufweges ebenfalls ein großes Steinbruchgebiet befand, das Chephrens Bauarbeiter ausbeuteten.[53] Auf der anderen Seite spricht aber auch nichts dagegen, den Transportweg der Rampe am Südrand der Steinbrüche beginnen zu lassen, womit ein Transport großer Steinmengen über den Aufweg hätte vermieden werden können.

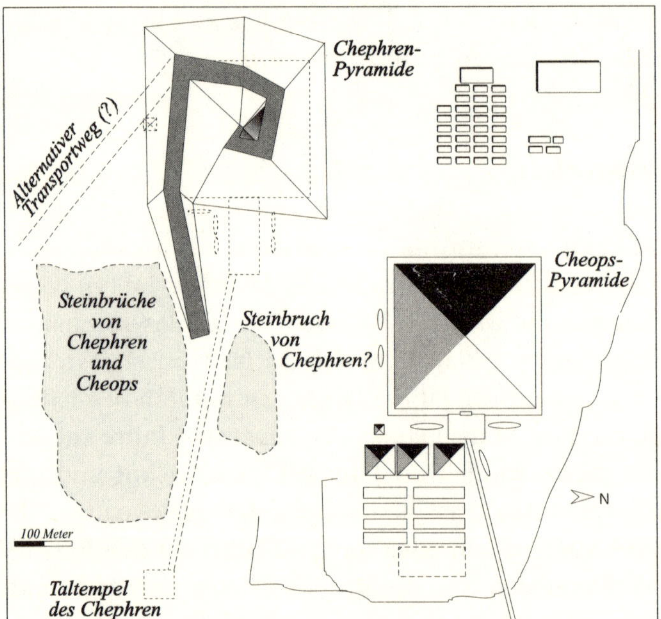

Abb. 20: Szenario eines spiralförmigen Rampenmodells nach Lehner bezogen auf die Chephren-Pyramide (Lage der Steinbruchgebiete nach Klemm/Klemm und Lehner).

Um mit dieser Vorgabe und unter Berücksichtigung einer ostwestlich orientierten Steigung des Plateaus zwischen Baugrund und Steinbruch die Pyramidenspitze in der Höhe von 143 Metern zu erreichen, hätte der Transportweg auf der Rampe theoretisch eine durchschnittliche Steigung von gut zehn

Grad besitzen müssen. Dieser Wert liegt noch im Rahmen der in der Fachliteratur üblicherweise verwendeten Steigungswinkel, die sich in der Regel zwischen drei und zehn Grad bewegen. Wie aber der Befund an der kleinen, vermutlich aus dem Ende der 3. Dynastie stammenden Stufen-Pyramide von Abydos andeutet,[54] wird heute nicht ausgeschlossen, daß im Pyramidenbau sogar Rampensteigungen von bis zu 16 Grad möglich waren.

Mark Lehner selbst hatte bei seiner Modellberechnung für die Cheops-Pyramide die verschieden langen Teilabschnitte der Spiralrampe mit unterschiedlichen Steigungen versehen. Deren Werte bewegten sich zwischen ungefähr 6,5 Grad an der Basis und 18,5 Grad an der Pyramidenspitze, wobei er allerdings den letztgenannten Wert als »sehr, wahrscheinlich sogar zu steil« empfand.[55] Hier wird deutlich, daß die einzelnen Teilabschnitte einer Spiralrampe in Steigung und Anschüttungsmenge variabel gehalten werden konnten. D. h., durch die Wahl kleinerer Steigungswinkel der Rampe an der Süd- und Westseite der Pyramide reduzierte sich auch ihr Böschungswinkel, wodurch weniger Rampenmaterial benötigt wurde. Somit besteht eine gewisse Variationsbandbreite der Steigungen des Transportweges bis zur Pyramidenspitze, die die exakte Form dieser Rampenkonstruktion letztendlich definierten.

Mit Fertigstellung des Grabmals hätte die Spiralrampenstruktur zusammen mit der Pyramide an deren Basis eine Fläche mit einem mittleren Durchmesser in der Größenordnung von 300 bis 350 Metern bedeckt.

Bei einer derartigen spiralförmigen Rampenkonstruktion endet der Transportweg jeweils auf einem anderen Höhenniveau an einer der vier Flanken, von denen aus man die gesamte Steinlage verlegen kann.[56] Indirekt könnte man diese Vorgehensweise auch aus Lehners Beobachtung folgern, daß die verbliebenen Verkleidungsblöcke an der Spitze der Chephren-Pyramide nach außen hin nicht bündig aneinanderschließen: »Ihre Außenseiten sind oft um wenige Millimeter versetzt, statt genau zu fluchten. Daraus könnte man schließen, daß auf dieser Höhe wegen des geringeren Arbeitsraumes die Außenneigung in die Blöcke geschnitten wurde, bevor man sie verlegte.«[57] Lehner räumte allerdings auch die Möglichkeit ein, daß diese Unregelmäßigkeiten durch den Steinraub im Mittelalter entstanden sein könnten. Hier sind also sicherlich noch weitere Untersuchungen vonnöten, um diesen kleinen, aber immens wichtigen Befund weiter zu analysieren.

Insgesamt betrachtet erweist sich Lehners Modell als zukunftsweisende, diskussionswürdige Alternative zu den bisherigen Rampen-Varianten, die stets im oberen Bereich der Pyramiden zu Problemen führten. Und dies wohl auch nicht zuletzt deshalb, weil sie fast vollständig auf den Luxus bislang nicht greifbarer Hebevorrichtungen verzichten kann. Sicherlich sind nach den bisherigen Darstellungen noch viele Antworten hinsichtlich der Stabilität der Flanken, der Sicherung der Böschungswinkel sowie der Durchmischung des Rampenmaterials notwendig, um hier von einer praktikablen Lösung zu sprechen. Außerdem soll nicht unerwähnt bleiben, daß auch diese Rampenkonstruktion wie die Pyramide selbst ein fest definiertes, auf dem Reißbrett konzipiertes »Bauwerk« gewesen wäre. Die Baumeister mußten also bei einer solchen Konstruktion mehrere Winkel – Flanken-, Steigungs- und Auflagewinkel – beherrschen. Jede Änderung eines dieser Winkel während des Baus zog automatisch die Anpassung der anderen nach sich, so daß der Bau der Spiralrampe womöglich mindestens genauso kompliziert war wie der der Pyramide.

Das »Anschüttungsmodell«

Ein zweites, spezielles Transportwegmodell, das beim Bau der Chephren-Pyramide zum Einsatz gekommen sein könnte, wurde im Jahr 1996 vom deutschen Ingenieur Rudolf Gantenbrink vorgeschlagen.[58] Es fußt von der Struktur her auf der Idee einer Spiralrampe und funktioniert nach dem Prinzip einer Anschüttung von losem Material, die den Pyramidenstumpf wie ein Mantel umhüllt und mit ihm Stufe für Stufe, Meter für Meter in die Höhe wächst. In einem solchen Modell wäre jede zu bearbeitende Steinlage der Pyramide bei ihrer Errichtung von allen Seiten frei zugänglich, was genügend Arbeitsraum an den Kanten und die notwendige Sicherheit gewährleistet. Der Schüttungswinkel würde sich dabei innerhalb eines engen Variationsbereiches fast automatisch durch den Neigungswinkel der Pyramide einstellen. Auf der Anschüttung hätte man Transportwege einrichten können, auf denen das Baumaterial mittels Schlitten nach oben bis an die Pyramidenspitze gezogen worden wäre. Letztendlich – mit dem Verlegen des Abschlußsteines – wäre somit eine Art Berg entstanden, der die Pyramide vollständig eingeschlossen hätte.

Ein interessantes Modell, dessen Bewertung derzeit jedoch schwerfällt. Bislang wurde über die Anschüttungstheorie in Fachkreisen noch keine explizite Studie mit aussagefähigen und überprüfbaren Zahlenwerten veröffentlicht, so daß viele ihrer Parameter momentan nur abgeschätzt werden können. Lediglich in einigen kleinen, populärwissenschaftlichen Artikeln wurden grundlegende Daten eines Berechnungsmodells vorgestellt, die sich wiederum ausschließlich auf den Bau der Cheops-Pyramide bezogen.[59] Doch im Prinzip sind die strukturellen Grundparameter einer Anschüttung näherungsweise auf die Chephren-Pyramide übertragbar, da beide Pyramiden ähnliche Dimensionen aufweisen. Demzufolge müssen lediglich noch die topographischen Gegebenheiten im Umfeld der Chephren-Pyramide überprüft werden, die für eine breite Basisanschüttung notwendig sind. Die folgenden Zahlenwerte sind als grobe Richtwerte zu verstehen, solange keine umfassende Analyse der Anschüttungstheorie durchgeführt und zur Diskussion gestellt wurde.

Eine Anschüttung um die Chephren-Pyramide, die vermutlich aus dem Schuttmaterial der Steinbrüche oder einem Sand- und Steingemisch bestand, hätte in einer Entfernung von etwa 70 Metern von den Pyramidenkanten begonnen. Damit läge ihre Basisausdehnung inklusive der Pyramidengrundfläche in der Größenordnung von 350 Metern. Der Anschüttungswinkel könnte bei schätzungsweise 40 Grad gelegen haben.

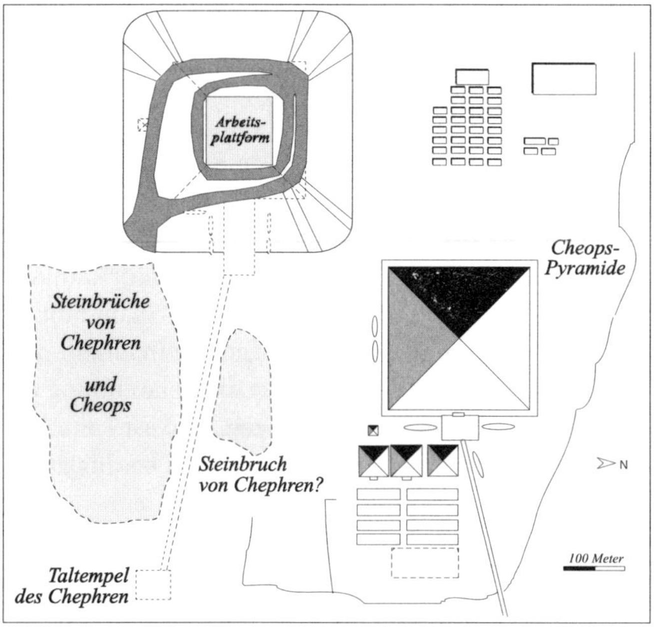

Abb. 21: Mögliche Konstruktion einer Anschüttung nach einem Modell von Gantenbrink zum Bau der Chephren-Pyramide. (Lage der Steinbruchgebiete nach Klemm/Klemm und Lehner).

Mit diesen grundlegenden Werten hätte der angeschüttete Mantel um die Pyramide in der letzten Bauphase näherungsweise das 1,6fache ihres Volumens beinhaltet. Das wären etwa 3,6 Millionen Kubikmeter Schüttmaterial, was einem Gewicht von ca. sechs Millionen Tonnen entspricht. Zusammen mit den Steinen der Pyramide hätten die Ägypter damit gut 5,7 Millionen Kubikmeter, umgerechnet 11,5 Millionen Tonnen Baumaterial zur Errichtung des Grabmals transportieren müssen. Mit dem Abtragen der Anschüttung würde sich der Transportumfang auf über 17,5 Millionen Tonnen Baumaterial erhöhen. Diese rein theoretischen Werte würden sich unter Berücksichtigung der speziellen topographischen Situation an der Chephren-Pyramide in der praktischen Durchführung verringern. Denn der bis zu zehn Meter hoch anstehende Fels nördlich und westlich der Terrasse, auf der die Pyramide steht, hätte in die Anschüttung einbezogen werden können.

Leider sind bislang keine Zahlenwerte für die Steigungswinkel der Transportwege auf einer solchen Anschüttung bekannt, so daß man hier nur vermuten kann, daß es in diesem Modell, ähnlich wie schon bei Lehners spiralförmiger Rampenkonstruktion, variable Steigungswerte zwischen neun und 14 Grad gibt.[60] Auch über die maximale Länge der Bauwege auf der Anschüttung kann man nur spekulieren. Sie werden sich aber vermutlich ähnlich wie bei der Spiralrampe auf ungefähr 700 bis 800 Meter abschätzen lassen. Das Abtragen der Anschüttung veranschlagte Gantenbrink unter Verwendung maximaler Arbeitsleistungen bei seinem Rechenmodell für die Cheops-Pyramide mit etwa einem Jahr.[61] Mit einer ähnlichen Zeitspanne wird man auch im Fall der Chephren-Pyramide rechnen müssen.

Abschließend stellt sich derzeit nur noch die Frage, ob es womöglich unabhängig von den grundlegenden theoretischen Betrachtungen auch irgendwelche archäologischen Befunde für die beiden hier dargestellten Rampenkonstruktionen gibt. Und tatsächlich, Mark Lehner und Rudolf Gantenbrink glauben an der in der Nähe der Ortschaft Medum liegenden Pyramide von Snofru markante Hinweise gefunden zu haben, die auf die Verwendung des einen oder anderen Rampenmodells hindeuten könnten.[62] So ist es an der Zeit, sich an dieser Stelle eingehender mit diesem Bauwerk zu beschäftigen.

Das Rätsel von Medum

Der kleine Provinzort Medum liegt ungefähr 70 Kilometer südlich von Kairo entfernt. Kein Tourist würde sich normalerweise in diesen Teil Ägyptens verirren, wenn dort nicht auch eines der bemerkenswerten Bauwerke des Alten Reiches stehen würde: der erste Grabbau von König Snofru.

Die »Pyramide von Medum« liegt am Rande der Faijum-Oase, die wohl schon früh im pharaonischen Ägypten eine wichtige wirtschaftliche und strategische Rolle gespielt hat. Der Pyramidenkomplex ist das südlichste königliche Gräberfeld des Alten Reiches. Heute ist von der Herrlichkeit der einstigen Nekropole und der Pyramidenstadt, die den prägnanten Namen »Snofru dauert« trugen,[63] nicht mehr viel erhalten. Neben der über 60 Meter hohen Ruine der Pyramide, die imposant und weit sichtbar am Rand der Wüste thront und durch ihre charakteristische, turmartige Gestalt die gesamte Gegend dominiert, liegen nur noch einige große Mastabas der Königsfamilie.

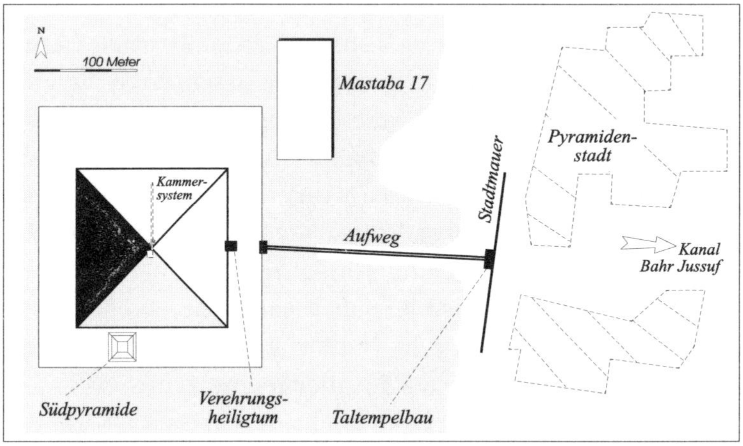

Abb. 22: Die Lage der Medum-Pyramide am Rand der Nilebene (nach Stadelmann).

Die ursprünglichen Dimensionen der Pyramide lassen sich auf den ersten Blick nicht unmittelbar erkennen. Dies ist vor allem auf den großen Schutthügel, der die Basis des Grabmals meterhoch umhüllt, und auf den fast vollständig abgetragenen oberen Bereich der Pyramide zurückzuführen. Ihre Baugeschichte hingegen konnten die Ägyptologen relativ gut rekonstruieren: Die Pyramide wurde ausgehend von einem nicht näher bestimmbaren Kernbau in drei Phasen errichtet. Zuerst baute man eine sieben-, dann eine achtstufige Pyramide im Stile des Djoser-Grabmals. Viele Jahre später folgte die unerwartete Erweiterung der Pyramide.

Snofru war mittlerweile mit seiner Nekropole nach Dahschur umgezogen und man hatte die schwierigen Arbeiten an seiner zweiten, einsturzgefährdeten Pyramide (Knick-Pyramide) vermutlich gerade beendet, den Neubau einer dritten Pyramide (Rote Pyramide) schon eingeleitet. Parallel dazu begann man die Stufen-Pyramide von Medum mit einer glatten Außenverkleidung zu ummanteln und sie somit zu einer echten Pyramide umzufunktionieren.[64] Die wahren Gründe für diese Modernisierung liegen im dunkeln. Vielleicht entwickelte sich die Pyramide von Medum zu einem Experimentierfeld zur Erprobung der Installation einer glatten Außenverkleidung an einem schon vorhandenen stufenförmigen Baukörper, die durch den Rettungsversuch der Knick-Pyramide motiviert wurde.

Die Ägyptologen waren sich lange Zeit einig darüber, daß die Pyramide ordnungsgemäß fertiggestellt wurde und ihr heutiges, ungewöhnliches Aussehen durch einen schon in griechisch-römischer Zeit einsetzenden und lang anhaltenden Steinraub zustande kam.[65] Hierbei sollen die Verkleidung und das schalenförmig aufgebaute Kernmauerwerk von oben nach unten und nicht wie im Mittelalter sonst üblich, von unten nach oben abgerissen worden sein. Der heute die Pyramide umgebende, etwa 20 Meter hohe Schutthügel, unter dem sich noch immer große Teile des unteren Verkleidungsmantels befinden, wurde im Sinne dieser Interpretation als Überbleibsel der Steinraubaktivitäten gedeutet. Doch in den letzten Jahren sind in der Fachwelt erste, leichte Zweifel an dieser Version aufgekommen.

Mark Lehner wies darauf hin, daß beispielsweise die beiden Grabstelen der kleinen Kultstätte auf der Ostseite der Pyramide unbeschriftet geblieben waren. Für ihn erscheint dies »fast unverständlich angesichts des Glaubens der Ägypter«, denn »ohne Namen habe ein Denkmal (wie eine Person) keine Identität.«[66] Lehner schließt deshalb die Möglichkeit nicht aus, daß es zu einem »abrupten Arbeitsabbruch« am Grabmal kam und deshalb die Arbeiten insbesondere bei der Dekoration der Kultkapelle noch ausstanden. Hinsichtlich der heute noch erhaltenen Verkleidung im unteren Pyramidenbereich stellt er sich die Frage, warum die Steinplünderer den »unteren Teil der Verschalung und die Stelen« verschonten und bietet eine interessante Erklärung an: Aufgrund des Abbruchs der Bauarbeiten hält er es für denkbar, daß die späteren Steinräuber den Oberteil der Pyramide »über stehengebliebene Rampen« erreichten, »da die Erbauer ja die alten Pyramidenstufen nie vollständig aufgefüllt hatten«. Daraus folgerte Lehner, daß noch immer »Bauschutt und Rampen das untere Mauerwerk« verdecken, »das sich die Plünderer gewöhnlich als erstes vornahmen. Damit böte sich die Medum-Pyramide heute als teils im Bau befindlich, teils schon wieder halb abgerissen dar.« Abschließend stellt er die Frage zur Diskussion: »Könnten im unteren Geröll Überreste der ursprünglichen Baurampen enthalten sein?«[67]

Rudolf Gantenbrink kommt zu einem ähnlichen Resultat und glaubt eben-

falls, daß die Medum-Pyramide niemals fertiggestellt wurde.[68] Doch während Lehner vermutlich Teile des Schuttberges als Überbleibsel einer spiralförmigen Rampenkonstruktion interpretiert, ist Gantenbrink davon überzeugt, daß man es hier mit dem Rest einer Anschüttung zu tun hat.[69]
Insgesamt betrachtet lassen sich im Moment die Fragen, ob die Medum-Pyramide jemals fertiggestellt und mit welchem speziellen Rampenmodell gearbeitet wurde, nicht gesichert beantworten. Geologen und Ägyptologen müssen sich den Schutthaufen am Fuße der Medum-Pyramide vielleicht noch einmal gemeinsam genauer anschauen und auf seine Konsistenz hin untersuchen. Wie schon Lehner betonte, könnten die »zwei klar verschiedenen Arten von Schutt« dabei einen wichtigen, aber bislang von der Ägyptologie »übersehenen Hinweis« zur Lösung dieser Fragen liefern: »Der untere Typus bedeckte eine gut erhaltene Verkleidung, der obere entspricht einem stark verwitterten Außenmantel. Daraus läßt sich ableiten, daß die untere Schicht bald nach dem Aufbringen der Verkleidung entstand, die obere hingegen, als Verschalungsbrocken von weiter oben herabstürzten.«[70]
So ist es nicht auszuschließen, daß bei zukünftigen Freilegungsarbeiten noch allerlei neue Hinweise, vielleicht sogar Baugraffiti an den Verkleidungssteinen zutage gefördert werden, die womöglich mehr Licht in die unklare letzte Bauphase dieses Grabmals bringen.

Ein Prinzip unter der Lupe

Studiert man die seit den 60er Jahren stattfindenden Rampendiskussionen genauer, so haben sich neben Mark Lehner insbesondere zwei Gelehrte mit dem Problem der spiralförmigen Rampen beschäftigt: der französische Pyramidenforscher Georges Goyon als ein Verfechter der klassischen Spiralrampentheorie und der deutsche Ägyptologe Dieter Arnold, der Kritik an diesem Modell geäußert hat.[71] Da die beiden hier dargestellten Modelle große strukturelle Ähnlichkeiten aufweisen, lassen sich viele der bisherigen, hinsichtlich einer Spiralrampe geäußerten Analysen auch auf das Modell der Anschüttung übertragen. Schauen wir uns zum Abschluß der Rampendiskussion kurz die Argumente der Pyramidenforscher an.
Goyon sieht bei einer den Pyramidenkörper »umhüllenden Rampe« viele Vorteile gegenüber anderen Modellen. Sie bietet »eine hinreichende Breite, um Manöver und Entfaltung der Treiberkolonnen zu gestatten« und »erlaubt den gleichzeitigen Bau des Mantels, des inneren Füllwerks, der inne-

ren Kammern und Gänge«. Es ist außerdem das »einzige System, das die von der Spitze der Pyramide aus beginnende Glättung« ermöglicht und den Arbeitern eine gewisse Sicherheit beim Transport und Verlegen der Steine im Vergleich zu anderen Rampensystemen bietet.[72]

Arnold sieht dagegen das grundsätzliche Problem bei einer derartigen Rampenkonstruktion in der Tatsache begründet, daß die »Pyramidenoberfläche völlig unter dem spiraligen Rampensystem begraben« liegen würde.[73] So hätte man die Pyramide während der Errichtung bis »auf die Oberfläche der gerade in Konstruktion befindlichen Steinlage« überhaupt nicht sehen können. Erst beim Abtragen der Spiralrampe wäre die Pyramide aus der kegelförmigen Mantelform herausgeschält worden. Seiner Meinung nach könnte es den Ägyptern auf diese Weise nicht möglich gewesen sein, »den Pyramidenseiten und -kanten eine gleichbleibende Richtung und Orientierung zu geben«. Außerdem gibt er zu bedenken, »daß auch schon während der Bauzeit der Pyramide der Pyramideneingang im Norden von Rampen und anderen Konstruktionen frei bleiben« mußte, um das Kammersystem »für den Fall eines plötzlichen Todes des Königs zugänglich« zu halten. So resümiert Arnold fast unmißverständlich, daß eine »spiralige Rampenführung derart schwierige Probleme nach sich gezogen hätte, daß sie für den Pyramidenbau unbrauchbar« gewesen wäre.[74]

Nun, so kategorisch und schnell lassen sich das Modell der Spiralrampe und damit auch die Anschüttungsvariante wohl nicht zu den Akten legen. Die beiden folgenden Bemerkungen sollen dies verdeutlichen.

Die genaue Ausrichtung der Pyramidenseiten und -kanten wäre in beiden Modellen durchaus möglich gewesen, obwohl der Baukörper unsichtbar unterhalb der angeschütteten Mantelfläche lag und nur jeweils eine horizontale Arbeitsplattform für Vermessungen zur Verfügung stand. Denn theoretisch ließe sich das Verfahren der Kantenausrichtung und Neigungskontrolle auf jeder Steinlage nach den gleichen Vorgehensweisen wie an der ersten Lage am Fundamentsockel durchführen. Zudem konnten die höheren Steinlagen schon von den eingemessenen und verlegten Steinen der darunterliegenden Lagen profitieren.

Die Sache mit der Freihaltung des Kammersystems wäre sicherlich ebenfalls zu lösen gewesen. In beiden Modellen hätten sich – falls überhaupt notwendig – bautechnische und statisch abgesicherte Konstruktionen finden lassen, um einen stabil gebauten Tunnel vom Transportweg bis zum Eingang des Grabmals zu legen. Genausogut wäre es vorstellbar, daß eine kleine, massiv gebaute Rampe, die teilweise wie ein gedeckter Aufweg konstruiert

war, von Norden kommend die Anschüttung oder Spiralrampe senkrecht zur Rampenebene bis zum Eingang der Pyramide untertunnelte.
Noch eine abschließende Bemerkung zur Methode der Glättungsarbeiten. Dieter Arnold gibt wohl mit Recht zu bedenken, daß ein Rampensystem an den geglätteten Außenseiten eines schon fertiggestellten Pyramidenstumpfes vermutlich keinen ausreichenden Halt gefunden hätte und ist demzufolge davon überzeugt, daß die Glättungsarbeiten prinzipiell mit dem Abbau der Rampenkonstruktion von oben nach unten erfolgten.[75] Eine solche Vorgehensweise, dies sei hier nur am Rande bemerkt, wäre in beiden zur Diskussion gestellten Rampenmodellen möglich. Sie wird unterstützt durch Beobachtungen an einigen erhalten gebliebenen und nur teilweise geglätteten, unteren Verkleidungsblöcken kleinerer Pyramiden wie beispielsweise der südlichen Satellitenpyramide des Cheops. Auch die Pyramide des Mykerinos blieb an ihrer Basis größtenteils ungeglättet. Daraus würde folgen, daß man die Außenseiten der Verkleidungssteine bei ihrer Verlegung nur vorbearbeitete, womöglich anglättete und mit Markierungen für die abschließende Formfindung und Polierung versah. Damit boten ihre rauhen Außenflächen genügend Halt für die angelehnte Rampe oder Anschüttung.
Die prinzipielle Möglichkeit der Glättung von oben nach unten könnte dabei auf den ersten Blick noch ein weiteres Problem des Pyramidenbaus lösen. Nämlich die Frage, wie eine exakte Kantenführung der Pyramide gewährleistet wurde, damit sich die vier Seitenflächen auch wirklich innerhalb einer gewissen Fehlertoleranzgrenze in der Pyramidenspitze trafen. Denn geht man davon aus, daß eine Pyramide erst mit dem Abbau des Rampenmantels Stück für Stück geglättet wurde, hätte man das an der Spitze installierte Pyramidion als Muster und als vertikalen Orientierungspunkt für alle Glättungsarbeiten nutzen können. Doch wie das Schicksal es will, ist dies genau der Knackpunkt, an dem die Verallgemeinerung dieser Arbeitshypothese zu scheitern droht. Denn einige der bislang aufgefundenen Pyramidia wie etwa das der Roten Pyramide von Dahschur deuten an, daß sie nicht der Anfangs-, sondern der Endpunkt der Glättungsaktionen waren. Sie weisen teilweise unterschiedliche Seitenneigungen auf und eigneten sich deshalb kaum als »Richtsteine«. So legen diese Befunde nahe, daß die dazugehörigen Pyramiden von unten nach oben geglättet und, wie Rainer Stadelmann die Ergebnisse kommentierte, »kleine Fehler, die sich aufgrund der altägyptischen Methode der Winkelmessung ergeben mußten, im letzten oberen Drittel ausgeglichen« wurden.[76] Inwieweit diese Interpretation auch auf die schon erwähnten Unregelmäßigkeiten an den oberen

Verkleidungssteinen der Chephren-Pyramide zutrifft, ist unklar und bedarf einer gesonderten Untersuchung.
Auf der anderen Seite zeigt aber die Umbauaktion an der Medum-Pyramide sehr nachdrücklich, daß die Ägypter auch keine Probleme damit gehabt haben können, an einer schon geglätteten Außenverkleidung ein Rampensystem anzulegen, so daß sich wieder eine Patt-Situation in der Glättungsproblematik ergibt.
Hier wird deutlich, wie eng die Frage der Glättungsrichtung mit dem ungelösten Rampenproblem verwoben ist. Es ist derzeit zu vermuten, daß sich das eine Rätsel nicht ohne das andere lösen lassen wird. Vielleicht ist hier ein weiterer Hinweis erkennbar, daß man sich in Zukunft langsam von der Vorstellung trennen muß, im Pyramidenbau nur von einem einheitlichen Rampenmodell und seinen dazugehörigen Arbeitsmethodiken auszugehen. Wenn man die Möglichkeit in Betracht zieht, daß verschieden große, topographisch und logistisch unterschiedlich konstituierte Bauvorhaben auch eine gewisse Variationsbreite innerhalb der Baukonstruktionen erforderten, dann ist es auch nicht ausgeschlossen, daß die Feinbearbeitung der Pyramiden nicht einheitlich verlief.

Monumentale Architektur

Ich möchte meine Betrachtungen zur Chephren-Pyramide nicht beenden, ohne noch einmal konkret auf einige Befunde in diesem Grabkomplex einzugehen. Vielleicht werden viele nach der Lektüre dieses Abschnittes die Nekropole des Chephren nicht mehr nur aus dem Augenwinkel und im Schatten der Cheops-Pyramide stehend betrachten.
Der Taltempel der Chephren-Pyramide gilt heutzutage als der am besten erhaltene seiner Art aus dem Alten Reich. Seine massive, monumentale Bauweise hat ihn die Jahrtausende überdauern lassen. Er ist etwa 13 Meter hoch und war einst vollständig mit Granit verkleidet, was man vor allem noch in seinen Innenräumen erkennen kann. Wann immer ich vor dem Taltempel stehe oder durch seine Hallen gehe, bin ich von der Größe der Steinquader beeindruckt, die dort verbaut wurden. Einige der Kalksteinkolosse sollen sogar ein Gewicht von weit über 200 Tonnen besitzen. Diese Steine können demzufolge nur aus den Steinbrüchen in unmittelbarer Umgebung des Tempels stammen. Denn nur so war es möglich, derartig große und schwere Quader ohne große Transportwege sofort zu verbauen. Die gigan-

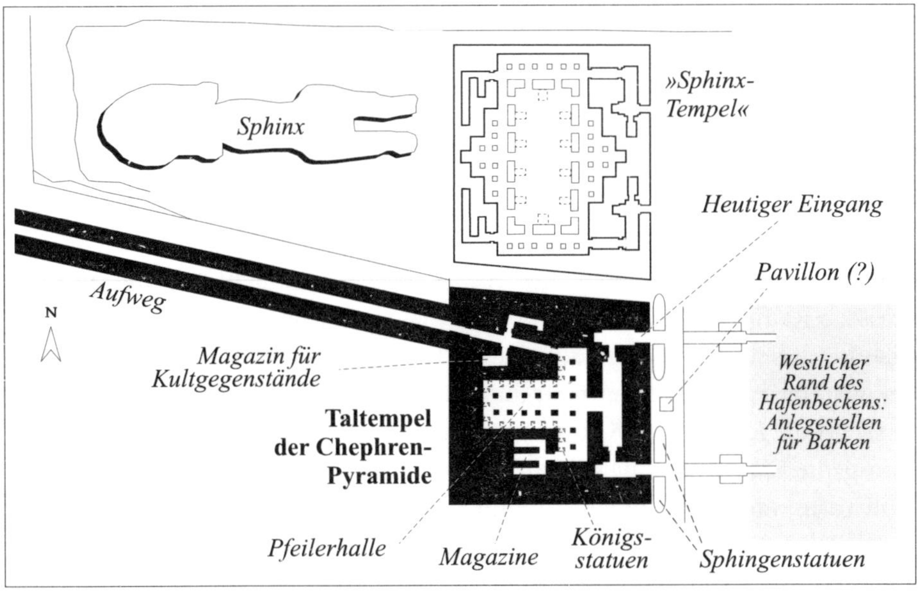

Abb. 23: Der Taltempel der Chephren-Pyramide (nach Porter/Moss und Lehner).

tische technische und organisatorische Leistung beim Bau dieses Tempels steht sicherlich in nichts den Leistungen bei der Errichtung der Pyramiden nach. Und dies auch aus ökonomischer Sicht. Wie schon beim Bau der großen Giza-Pyramiden integrierte man in das Mauerwerk des Tempels Teile des dort stehengelassenen Felsgesteins, wie man am besten im Strukturbereich des beginnenden Aufweges sehen kann.

Ins Innere des Taltempels gelangt man heute von der Ostseite her, durch das nördliche der beiden etwa sechs Meter hohen Tore. Es war wie sein südliches Pendant einst von Inschriften umrahmt, die jedoch bei den Ausgrabungen im Jahr 1910 nur noch fragmentarisch lesbar waren: am Nordtor Reste der Inschrift »... von Bastet geliebt, ewig lebend« und am Südtor »... von Hathor geliebt (ewig lebend)«.[77] Rekonstruktionsversuche aus dieser Zeit zeigen, daß vermutlich jeweils ein acht Meter langes Sphingenpaar vor den Eingängen stand, dessen »Köpfe dem Tordurchgang zugewendet« waren.[78] Vor dem Tempel befanden sich Unterführungen oder Kanäle sowie zwei Rampen, die als Anlegestellen für die königlichen Barken dienten.

Die Grundmauern des Tempels wurden nicht exakt rechtwinklig angelegt, da sich seine Nordwand an dem schräg nach Nordwesten laufenden Aufweg orientierte, der im Totentempel endet. Der Aufweg hat eine Gesamtlänge von fast 495 Metern und war einst überdacht, wie man noch an

seinem östlichen Ende erkennen kann. Er verläuft topographisch bedingt entlang der nördlichen Grenze des zentralen Steinbruchgebietes. In diesem Areal wurde der sogenannte »Zentralfriedhof« errichtet. Diese Nekropole bietet, wie ihr bereits erwähntes Pendant an der Westseite der Cheops-Pyramide, einen hervorragenden Einblick in die Gesellschaftsstruktur der Pyramidenzeit. Dort ließen sich neben Angehörigen der Königsfamilie vor allem hohe, verdiente Staatsbeamte und Totenpriester bestatten.
Wer heute durch die Ruinen dieses Gräberfeldes wandert, denkt meist nicht daran, daß die hier Bestatteten Vergünstigungen erlangten, die nur wenigen nichtköniglichen Ägyptern zuteil werden konnten. Denn in der Regel stieß der Wunsch nach einem aufwendigen Grabbau im zentralistisch ausgerichteten Alten Reich auf Hindernisse, die durch die einmalige Stellung des Königs bedingt waren. Das gesamte Land sowie alle darin vorkommenden Rohstoffe waren sein Eigentum und das Handwerksgewerbe staatlich monopolisiert. Demzufolge waren der Erwerb und die kostbare Ausstattung einer aus Stein gefertigten Grabanlage sowie der Wunsch nach einer umfangreichen und langanhaltenen Jenseitsversorgung in der Regel von der Gunst des Königs abhängig. Oftmals wurde das Sicherstellen eines Totenopferkultes deshalb nur über die Ausübung eines staatlichen Amtes oder aufgrund einer Schenkung des Königs bei besonderen Verdiensten möglich. Denn ähnlich wie heute den loyalen und verdienten Staatsdienern mannigfaltige Vergünstigungen zuteil werden, sicherte auch damals schon die pflichtbewußte Arbeit im Dienste des Pharaonenstaates das Wohlwollen des Königs und stellte den privilegierten Beamten, Priestern und Facharbeitern den Zugriff auf die notwendigen Ressourcen der Grabbauindustrie in Aussicht. Außerdem räumte der König speziellen Untertanen das Recht ein, ihre Gräber zu Füßen seines Grabmals errichten zu lassen und am königlichen Totenopfer, das ursprünglich ein ausschließliches Vorrecht des verstorbenen Herrschers war, teilzuhaben. So geriet der private Totenkult im Alten Reich in den Sog einer königlichen Abhängigkeit, und es entstand eine zielgerichtete und von oberster Stelle gesteuerte »Totenkultideologie«, die aber für beide Seiten Vorteile mit sich brachte. Auch schon damals galt vermutlich das heute typisch arabische Lebensmotto vom »Geben und Nehmen«. Denn einerseits, so faßt Rainer Stadelmann die damalige Situation zusammen, wurden die hohen Staatsdiener »in die Vorstellungswelt des königlichen Jenseits einbezogen«, um dem verklärten König »auf ewig verfügbar und dienstbar zu sein«, anderseits waren sie »im Gegenzug dafür aber auch ewig abgesichert als Empfänger königlicher Gunst und Opferga-

ben aus dem zentralen königlichen Totentempel.«[79] Letztgenannter Grund machte die Gräber der Staatsbediensteten zu einer Art Statussymbol, das von der Elite des Landes gezielt angestrebt wurde.[80] So verbergen sich hinter den Pyramidennekropolen auch soziale Spiegelbilder der weltlich ideologischen Situation zwischen dem König und einer Gruppe auserlesener Untertanen.

Doch zurück zur Nekropole des Chephren. Der Aufweg endet nicht in der Mitte der östlichen Fassade des Totentempels, sondern wurde seitlich nach Süden versetzt. Der Totentempel weist eine einfache Basisgeometrie auf und wurde auf einer 100 Ellen mal 200 Ellen großen Grundfläche errichtet. Seine noch erkennbare Struktur zeigt eine ostwestorientierte Dreiteilung der Räumlichkeiten – Vortempel, offener Verehrungshof und Totenopfertempel –, die in Größe, Umfang und Raumkomposition eine architektonische Weiterentwicklung gegenüber den älteren Tempelbauten der 4. Dynastie darstellen. In seinen Wänden wurden riesige Kalksteinblöcke mit einem Gewicht von bis zu 400 Tonnen verbaut.[81] Sie gehören zusammen mit denen des Taltempels vermutlich zu den größten Monolithen, die je im Alten Ägypten bewegt wurden. Dies zeigt nachdrücklich, zu welchen Kraftakten die Ägypter selbst nach dem Bau der Cheops-Pyramide noch fähig waren. Hier wird deutlich, daß mit dem Bau der Pyramiden von Snofru und Cheops der Zenit ägyptischer Bau- und Arbeitstechnik noch nicht erreicht war.

Ähnlich aufwendig wie der Taltempel wurde auch der Totentempel mit hochwertigen Gesteinen verkleidet: die Außenfassade mit den kostbaren Tura-Kalksteinen, der Sockel teilweise und die Innenräume komplett mit Granitblöcken.[82] Zusammen mit der Verkleidung der untersten beiden Steinlagen der Pyramide fand unter Chephrens Regentschaft die umfangreichste Granitverwendung seit der Einführung dieses kostbaren Baumaterials als Dekorationsstein im Pyramidenbau statt. Nur noch Chephrens Sohn Mykerinos sollte dies übertreffen. Doch wie schon der Taltempel, war auch der Totentempel ein begehrtes Ziel der Steinräuber und teilte dieses Schicksal mit so vielen ägyptischen Bauwerken. Seit der Antike diente er als Steinbruch, wurden seine kostbaren Steine brachial abgerissen, umgearbeitet und neu verbaut. Nur die übergroßen Steinblöcke seines Kernmauerwerks trotzten den Steinräubern, weil es ihnen nicht so ohne weiteres gelang, sie aufgrund ihres enormen Gewichts von der Stelle zu bewegen.

Nördlich und südlich um den Totentempel gruppieren sich fünf Barkengruben. Als man sie fand, waren sie bereits geplündert und leer, obwohl die beiden westlichen sogar noch teilweise mit Steinblöcken abgedeckt waren.

Interessanterweise befindet sich in Chephrens Grabkomplex keine Königinnenpyramide. Aus der Fachliteratur und den Ausgrabungsberichten geht hervor, daß die engsten Familienangehörigen des Chephren in den Mastabas auf dem Zentralfriedhof oder auf dem Cheops-Friedhof bestattet wurden.[83] Nur eine kleine Nebenpyramide stand in der Verlängerung der Nordsüd-Achse südlich des Königsgrabes. Einst besaß sie eine Seitenlänge von 21 Metern und war knapp 14 Meter hoch. Heute sind von ihr nur noch äußerst spärliche Reste vorhanden. Das Kammersystem der Pyramide besteht aus einem von der Nordkante absteigenden Korridor, der in einer T-förmigen, ostwestorientierten Kammer endet. Eine Kammersicherung in Form einer Fallsteinvorrichtung fehlt, doch dafür, und dies paßt gut in die Tradition jener Zeit, wurde der Korridor einst mit Kalksteinquadern versiegelt. In der Kammer fanden sich keinerlei Spuren eines Steinsarkophages, lediglich Reste von Tonsiegeln von Krugverschlüssen, »zwei längliche Karneolperlen« und einige Holzfragmente konnten entdeckt werden.[84] Heute geht man davon aus, daß diese kleine Pyramide eine Art Kultpyramide war und zur rituellen Bestattung einer oder mehrerer Königsstatuen diente.[85]

In diesem Zusammenhang machten die Ägyptologen im Jahr 1960 nur wenige Meter westlich von der Pyramidenruine eine interessante Entdeckung. Aus einem tiefen, mit einer massiven Blockierung verschlossenen Schacht barg man ein zerlegtes Holzgerüst, mit dem man vermutlich eine Grabstatue transportierte, die in der Kultpyramide untergebracht wurde.[86] Zusammen mit den zerlegten Booten an der Cheops-Pyramide lassen derartige Befunde die Ägyptologen zu der Überzeugung kommen, daß die mit dem Tod und der Begräbniszeremonie des Königs in Berührung gekommenen Gegenstände als absolut heilig und den Göttern geweiht galten. Demzufolge waren laut Rainer Stadelmann Schiffe, Holzschlitten, Betten und Inventar der Balsamierungsstätte »machtbeladen« und für die »Umgebung gleichsam so gefährlich und strahlend geworden«,[87] daß man sich gezwungen sah, sie in zerlegtem Zustand mit dem König zu bestatten. Eine merkwürdige und zugleich interessante Sitte, deren tiefere Bedeutung die Ägyptologen noch nicht ganz enträtseln konnten.

5 *Das Rätsel des Sphinx*

Es gibt Zeichen der Zeit, die Ereignisse provozieren, die dann Geschichte machen und die Welt ein Stück verändern. Und es gibt Symbole der Geschichte, die in einer weit entfernten Vergangenheit einst ein Ausdruck kultureller Veränderungen waren und uns heute als mythosbeladene, fast zeitlos wirkende Relikte jener Epoche noch beschäftigen.
Der sogenannte »Große Sphinx von Giza« – ein überdimensionales steinernes Mischwesen aus Löwenkörper und Königskopf – ist solch ein Symbol.[88] Eine Ikone des frühen Pharaonentums. Eine Art Machtsymbol im Blickfeld der übermächtigen Pyramiden, das zusammen mit der komplex wirkenden Königsnekropole den absoluten Herrschaftsanspruch der damaligen Pharaonen ausdrucksstark dokumentiert und ein richtungsweisendes Zeichen seiner Zeit war. So kann man diese Kombination aus Löwe und Mensch symbolisch auch wie einen »Symbionten« betrachten, »in dem sich die Kraft des mächtigsten Raubtieres mit der Intelligenz des menschlichen Herrschers zu einem göttlichen Wesen verbindet«.[89]
Viele Jahrtausende gingen über den Sphinx hinweg, ließen sein Antlitz verwittern, haben seinen massiven Körper beschädigt und oftmals für lange Zeit unkenntlich unter einer dicken Schicht von Sand verschwinden lassen. Einst als eine Art mehrdeutiges Abbild eines Königs entworfen, sahen ihn spätere Generationen im Banne ihrer Glaubensvorstellungen in einem anderen Licht, erkannten in seiner Monumentalität neue göttliche Züge und machten ihn zum Ziel tiefreligiöser Pilgerfahrten. Die Faszination gegenüber dieser aus dem Fels geschlagenen Monumentalskulptur hält bis heute an. Für die modernen Ägypter ist der Sphinx von Giza neben der Cheops-Pyramide schlechthin »zum Wahrzeichen ihrer Kultur« geworden.[90] Dies ist nicht zuletzt auf einen boomenden Massentourismus zurückzuführen, der Jahr für Jahr auf das majestätisch am Fuße des Giza-Plateaus liegende Monument trifft, das den östlichen Zugang zur Nekropole der Cheops-Familie auch heute noch zu bewachen scheint.
Von je her war der Sphinx von Giza von Legenden und Mythen umnebelt, die seine ursprüngliche Bedeutung entstellten. Viele Menschen glaubten, sein ausdrucksloses, starres Gesicht habe viele Geheimnisse des Pharaonentums oder gar anderer Zivilisationen gesehen. Selbst noch heute bemühen sich vereinzelte, ihn im Bannstrahl des ewig währenden Mythos der Cheops-

Pyramide mit künstlich konstruierten Geheimnissen und Rätseln zu überladen, um ihn letztlich als Objekt ihrer eigenen Phantasien und Weltanschauungen medienwirksam und öffentlichkeitsnah zu mißbrauchen. Doch der Sphinx schweigt schon lange nicht mehr. Er gibt den modernen Ägyptologen aufgrund seiner Lage, Gestalt und Ikonographie zusammen mit der Geologie des Giza-Plateaus und der Baugeschichte der großen Pyramiden alle notwendigen Informationen in die Hand, um seine eigene Entstehungsgeschichte rekonstruieren zu können. So hat man ihm aus seinem vermeintlichen Dämmerschlaf heraus einen festen Platz in der Welt der 4. Dynastie zugeordnet.
Bei näherer Betrachtung und bei Auswertung aller interdisziplinären Studien über die größte, aus Felsstein modellierte Kolossalfigur des Alten Reiches gelingt es letztendlich, ein umfassendes Bild dieser einmaligen Skulptur zu zeichnen. Dadurch wird einerseits ein detaillierter Eindruck von der Geometrie des Sphinx und seiner unmittelbaren Umgebung vermittelt, andererseits aber auch die Grundlage geschaffen, eine eindeutige Bewertung zu Spekulationen und Mutmaßungen abzugeben, die über ihn kursieren. Zusätzlich wird somit ermöglicht, der bislang nicht eindeutig geklärten Entstehungsgeschichte des Sphinx ein Stück näherzukommen. Es stellt sich dabei die Frage, wer ihn letztlich aus dem Stein meißeln ließ: Cheops oder Chephren.

Mischwesen der Superlative

Die topographische Lage des Sphinx am Giza-Plateau ist sehr auffällig, denn er liegt unmittelbar nordwestlich des Taltempels, am Beginn des Aufweges der Chephren-Pyramide. Ursprünglich stand dort eine meterhohe Felskuppe, aus der man Kopf, Oberkörper und einen Teil der Rückenpartie des Sphinx meißelte. Den großen Unterkörper arbeitete man einige Meter tief aus dem Felsgrund, indem man um ihn herum einen breiten, U-förmigen Graben aushob, der nach Osten hin geöffnet ist. Die Südseite dieses Grabens bildet dabei den Nordrand des Aufweges, der in Richtung Westen hinauf zum Totentempel der Chephren-Pyramide führt. Vor dem Sphinx befindet sich ein großer Tempelbau, der aufgrund seiner direkten Nähe heute oftmals einfach als »Sphinx-Tempel« bezeichnet wird. Mit seinem Aufbau und seinen möglichen Funktionen werde ich mich später noch beschäftigen, da er für die folgenden Betrachtungen eher zweitrangig ist.

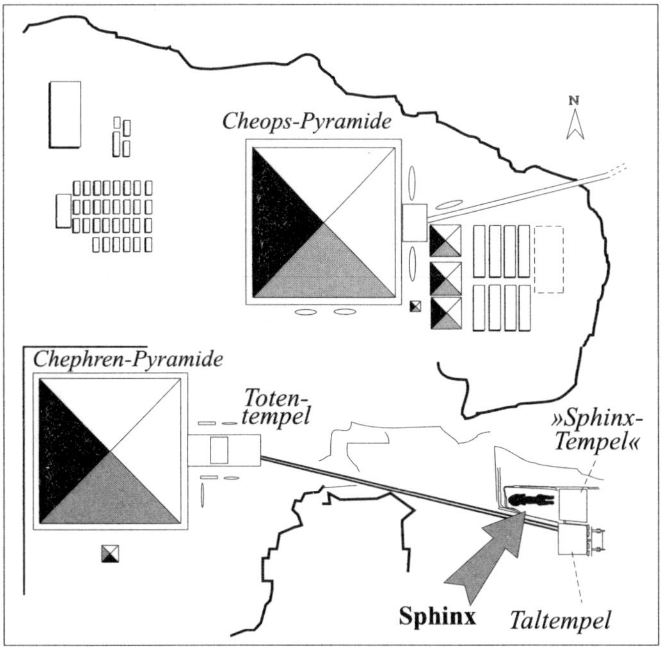

Abb. 24: Die Lage des Sphinx bezogen auf die Cheops- und Chephren-Pyramide.

Durch seine Nähe zum Taltempel der Chephren-Pyramide befand sich der Sphinx auch im direkten Umfeld des großen Hafens, über den nicht nur die externen Baustoffe für alle Pyramidenbauprojekte auf dem Giza-Plateau antransportiert wurden, sondern der auch für den späteren Kultbetrieb eine wichtige Rolle spielte. So war der Sphinx nach seiner Errichtung sicherlich ein markanter Blickfang für alle Schiffsleute, die im Hafen von Giza anlegten. Gleich einem Leuchtturm, der majestätisch, mit starrem Blick an ihnen vorbei in Richtung Osten blickte, empfing er die großen Transportschiffe und Prozessionsbarken, die vor dem Giza-Plateau haltmachten.

Die Abmaße der Sphinx-Figur sind beachtlich und übertreffen alles, was die Bildhauer und Steinmetze im Alten Reich an Monumentalplastiken anfertigten. Er ist über 73 Meter lang und 20 Meter hoch. Seine Breite beträgt von den Außenkanten der Tatzen aus gerechnet nahezu 15 Meter. Seine größte Breite erreicht der Sphinx im hinteren Bereich mit fast 20 Metern. Der Kopf des Sphinx allein ist 5,20 Meter hoch und 4,20 Meter breit.

Moderne Studien haben ergeben, daß Löwenkörper und Königskopf in den Maßstäben 22:1 und 30:1 nachgebildet wurden und somit in einem offensichtlichen Mißverhältnis zueinander stehen.[91] Diese auffällige Asymmetrie erklärte Mark Lehner durch einen »geologischen Defekt« im Gestein, aus dem der Löwenkörper gemeißelt wurde. Hervorgerufen wurde dieser Defekt durch die unterschiedlichen geologischen Schichten, die das Giza-Plateau von Norden nach Süden schräg durchziehen und sich in den verschiedenen harten Gesteinsschichten im Sphinx-Körper widerspiegeln. Insbesondere stellten Geologen fest, daß durch die unteren beiden der »drei geologischen Schichten, in die der Sphinx gehauen wurde«, riesige Risse laufen, wobei der größte von ihnen »mitten durch den dünnsten Teil des Rumpfs« führt. Mark Lehner glaubt, daß die Ägypter ursprünglich die Absicht hatten, ein optimales und wohlgestaltetes Königsabbild in Form eines Löwensphingen aus dem Felsen zu modellieren. Doch als sie auf den Defekt im Gestein stießen, erkannten die steinkundigen Fachleute sofort, »daß sie dort die Kurvung von Rumpf, Hüften, Hinterpfoten und Schwanz nicht ausführen konnten«. Vermutlich verlängerten sie kurzerhand einfach den Leib der Steinfigur, um, so Lehner, »dieses Problem zu umgehen« und ihr Werk vollenden zu können.[92] Es entstand für die Nachwelt der Eindruck, als ob der Kopf des Sphinx falsch proportioniert sei, wobei in Wahrheit nur der Rumpf zu lang geraten war. Außerdem, so Lehner weiter, ist diese härteabhängige, dreigeteilte Schichtung des Giza-Plateau auch als hauptsächlicher Grund dafür zu sehen, daß sich die verschiedenen Körperpartien des Sphinx bis heute so unterschiedlich erhalten haben. Demzufolge gehört der Kopf zu einer Kalksteinschicht, die viel härter ist als die, aus der der darunterliegende Körper geschlagen wurde. Die unteren Steinpartien weisen viel stärkere Verwitterungsspuren auf und die Ägyptologen sind seit Jahrzehnten bemüht, diesem Prozeß durch eine gezielte Restaurierung entgegenzuwirken.

Zur Ikonographie des Sphinx-Kopfes selbst läßt sich nur soviel sagen, daß man es auf jeden Fall mit dem Antlitz eines Königs zu tun hat. Dies beweisen das Nemes-Kopftuch und die reliefierten Ansätze einer Uräusschlange an dessen Stirn eindeutig. Bei Ausgrabungen im Jahr 1816 wurden am Fuße des Sphinx Fragmente eines Götterbartes gefunden, die sich heute im Britischen Museum in London befinden und als Werk des Neuen Reiches angesehen werden.[93] Ob der Sphinx dagegen schon zur Zeit des Alten Reiches einen Bart besaß, ist umstritten. Falls ja, wird man den Königsbart entweder unterhalb des Kinns aus dem Felsgestein gemeißelt oder separat mit Kalksteinen aufgemauert haben. Von einem Bartansatz sind heute unter seinem Kinn kaum Spuren zu erkennen.

Geteilt sind auch die Ansichten über die Frage, ob im Alten Reich vor der Brust des Sphinx eine Königsstatue aufgestellt oder teilweise aus dem Fels gearbeitet wurde. Wie eine Zeichnung aus der 19. Dynastie andeutet, existierte eine derartige Statue zwischen den Vorderläufen zumindest im Neuen Reich. Vielleicht weisen die senkrechten Bosse in der Mitte der Brustpartie des Sphinx und ein Sockel am hinteren Ende der Vorderläufe darauf hin, daß dort einst eine mehrere Meter hohe Figur gestanden haben könnte. Vielfach ist in der Ägyptologie die Vermutung geäußert worden, daß man den Kopf des Sphinx im Mittleren und Neuen Reich verändert und die Gesichtszüge denen zeitgenössischer Herrscher angepaßt hat, so daß das Antlitz des ursprünglichen Königsabbildes verfälscht oder sogar vollkommen entfremdet wurde. Dies ist besonders für die Zeit des Neuen Reiches, in der die Bedeutung des Sphinx einen Wandel erfuhr und er als Gott verehrt wurde, durchaus vorstellbar. Deshalb ist man heute gut beraten, Vergleiche der Gesichtszüge des Sphinx mit denen der Giza-Könige zu vermeiden, um auf eine mögliche Zuordnung seines Bauherren schließen zu können. Die Frage, wen der Sphinx-Kopf ursprünglich einmal darstellte, muß auf andere Art und Weise gelöst werden. Sie erklärt sich aus meiner Sicht wohl letztlich nur durch die Lage der Kolossalfigur innerhalb der Giza-Nekropole. Doch bevor ich mich dieser Fragestellung widme, sei an dieser Stelle ein kurzer Blick zurück in die Zeit des Neuen Reiches erlaubt, nicht zuletzt auch deshalb, weil ich es für wichtig halte, dieses einmalige Monument altägyptischer Architektur auch in ein geschichtliches Umfeld einzubetten, aus dem heraus seine Bedeutung und sein heutiges Erscheinungsbild besser zu verstehen sind.

Die Renaissance des Sphinx

Beim Rückblick in die Vergangenheit des Sphinx stellt man erstaunlicherweise fest, daß er trotz seiner Größe und seiner einstigen Bedeutung während des gesamten Alten Reiches nicht ein einziges Mal inschriftlich erwähnt wird. Auf keiner Grabwand und auf keinem Papyri findet sich ein Hinweis auf seine Existenz. Kein Priester trägt einen Titel, der sich auf ihn bezieht. Kein Beamter rühmt sich, in seinem Schatten seinen Dienst verrichtet zu haben. So wie die Aufzeichnungen über den Pyramidenbau mit den Jahrtausenden fast vollständig abhanden gekommen sind, ist auch die Kenntnis über diese kolossale Steinfigur spätestens mit dem Untergang des Alten Reiches und der Aufgabe der Pflege der königlichen Nekropolen verloren gegangen – langsam, aber stetig zugeweht durch den Sand der

Geschichte. Erst im Neuen Reich, also immerhin über 900 Jahre nach der 4. Dynastie, taucht der Sphinx von Giza im Sog einer nostalgischen Welle, die durch das Land schwappte, wie Phönix aus der Asche wieder auf.
Mit Beginn der 18. Dynastie (um 1570 v. Chr.) entwickelte sich das Giza-Plateau zum Ziel königlicher Ausflüge.[94] So war es wohl nur eine Frage der Zeit, bis auch der markante, aus dem Wüstensand ragende Kopf des Sphinx die Aufmerksamkeit der Ägypter stärker auf sich zog und zum verehrungswürdigen Objekt von Königen und bestimmten Priesterschaften wurde. Als sein Körper in dieser Epoche schließlich wieder vollständig vom Sand befreit wurde, prägte sich seine neu gewonnene Größe und Einmaligkeit schnell ins Gedächtnis einer ganzen Dynastie ein. Die Geschichte seiner »Befreiung, inspiriert durch eine überirdische Eingebung« hallt sogar bis in unsere heutige Zeit nach. Noch immer steht die für den gewöhnlichen Touristen unerreichbare, etwa 15 Tonnen schwere und 3,60 Meter hohe Granitstele – ursprünglich ein Türpfosten aus dem Taltempel der Chephren-Pyramide, der abgetragen und umfunktioniert wurde – vor der Brust des Sphinx und verkündet die Geschichte eines jungen Kronprinzen, dem Wundersames widerfahren war. Im Schatten der Kolossalfigur schlafend, sei ihm im Traum der »Sphinx als Verkörperung der Sonne in all ihren Aspekten«[95] erschienen und habe dem Prinzen den Thron Ägyptens versprochen, wenn er ihn vom Sand befreie. So machte sich der junge Prinz motiviert ans Werk, ließ den Sphinx freilegen und ging als Thutmosis IV. und achter König der 18. Dynastie in die pharaonische Geschichte Ägyptens ein.
Nun, diese Erzählung, die auf der sogenannten »Traumstele« wiedergegeben wird, klingt mythisch verbrämt, äußerst propagandistisch und erinnert an eine Art rückwirkende, legitimierende Bestätigung der Königswürde. Einige Ägyptologen gehen sicherlich nicht ganz zu Unrecht deshalb heute davon aus, daß diese Inschrift als Indiz dafür zu werten ist, daß es »einige Zweifel an der Legitimität der Thronfolge von Thutmosis IV. gegeben«[96] haben könnte. Nicht unwahrscheinlich, daß die gesamte Traumgeschichte völlig frei erfunden wurde, was ihren erzählerischen Wert aber nicht schmälern soll.
Aus den Überlieferungen und archäologischen Befunden geht hervor, daß sich auf dem Giza-Plateau ab der 18. Dynastie ein zielgerichteter »Sphinx-Kult« entwickelte, der bis in die Spätzeit hinein anhielt. Die Ägypter des Neuen Reiches sahen im Sphinx ein Abbild des Sonnengottes Re-Harachte und nannten ihn »Hor-em-achet«, den »Horus im Horizont«.[97] Doch der einzigartige Kult am Sphinx begann nicht erst – wie man auf den ersten

Blick erwarten könnte – mit seiner Freilegung und Restaurierung durch Thutmosis IV., sondern wurde schon unter seinem Vorgänger Amenophis II. etabliert.[98] Auch dieser König, der die Bezeichnung »Herrscher von Heliopolis« und den Thronnamen »Groß sind die Erscheinungen des Re«[99] in seiner Titulatur führte, bekundete seine tiefe Verehrung gegenüber dem im Sphinx verkörperten Sonnengott. So ließ er auf einer erhöhten Felsterrasse, nordöstlich der Kolossalfigur, einen Tempel zu Ehren des Sonnengottes errichten, dessen Hauptachse direkt auf den Sphinx-Kopf ausgerichtet ist. Er wird heutzutage von den Besuchern kaum wahrgenommen, da er aufgrund von anhaltenden Restaurationsarbeiten nicht betreten werden darf. Der Tempel entwickelte sich mit der Zeit zu einem »bedeutenden Wallfahrtszentrum, das von Gläubigen aus dem ganzen memphitischen Gebiet besucht wurde«.[100] Letztlich gab damit Amenophis II. den Startschuß für die lang anhaltende gottgleiche Verehrung des Sphinx. So gesehen kann man ihn auch indirekt mit Djedefre vergleichen, der zu seiner Zeit auch maßgeblich zur Ausbreitung des Sonnenglaubens beitrug.

In der Folgezeit der 18. Dynastie wurde der Sonnenkult am Sphinx weiter ausgebaut, bekam der östliche Bereich des Giza-Plateaus einen immer höheren Stellenwert im religiösen Verständnis der damaligen Ägypter. Zwar war das allgemeine Interesse der Ägypter an den kulturellen Anfängen ihrer Zivilisation zu dieser Zeit wohl eher gering und die systematische Zerstörung der Pyramidenkomplexe schon ziemlich weit fortgeschritten, doch hielt insbesondere der Sphinx von Giza die Besucher fest in seinem Bann. Er wurde aufgrund seiner Einmaligkeit mit anderen Augen als die alten königlichen Grab- und Tempelbauten gesehen. Zahlreiche erhalten gebliebene Stelen, die im Neuen Reich am Sphinx aufgestellt wurden, »erinnern an Besuche von Königen und Prinzen, Adligen und Gemeinen«.[101] Diese Ehrerbietung ging sogar so weit, daß ein kleines Heiligtum zwischen den Vorderpfoten des Löwenkörpers errichtet wurde, in dem sich jeder König dieser Epoche im ersten Regierungsjahr »weihen und im Amt salben und bestätigen« ließ.[102]

Aus der äußerst lebhaften und kulturhistorisch ungemein interessanten 19. Dynastie, in der so mächtige und berühmte Könige wie Sethos I. und Ramses II. Ägypten regierten, stammt die bislang älteste Darstellung, die den Sphinx von Giza zusammen mit den beiden großen Pyramiden von Cheops und Chephren zeigt.[103] Sie befindet sich auf einer Stiftungsstele des Schreibers Montuheru und enthält wichtige Informationen zur äußeren Struktur des Sphinx. Sie zeigt insbesondere die heute verlorengegangenen

Elemente des Sphinx-Kopfes wie die Uräusschlange und den Bart sowie die Königsstatue vor der Brust der Kolossalfigur.
Besonders auffällig an der Darstellung ist der Umstand, daß die beiden Pyramiden extrem dicht beieinander abgebildet wurden, was u.a. als typisches Problem der zeichnerischen Perspektive bei den Ägyptern gewertet wird. Von der Position des Beobachters aus gesehen, der südlich des Sphinx gestanden haben muß, stellt demzufolge die rechte Pyramide das Grabmal des Cheops und die linke das des Chephren dar.[104] Und obwohl die Pyramiden viel zu steil gezeichnet wurden, hat es den Anschein, als ob man auf ihre kaum wahrnehmbaren tatsächlichen Höhenunterschiede hingewiesen hat, obwohl die Chephren-Pyramide durch die Wahl ihres erhöhten Baugrundes zur damaligen Zeit eigentlich den Eindruck hätte hinterlassen müssen, das größte Grabmal auf dem Plateau zu sein. Auf der anderen Seite ist aber auch denkbar, daß die Chephren-Pyramide aus Sicht des Betrachters einfach nur aufgrund ihrer größeren Entfernung zum Sphinx und somit vermutlich wegen ihres etwas kleineren Gesamterscheinungsbildes links hinter die Cheops-Pyramide gesetzt wurde.

Abb. 25: Darstellung des Sphinx und der beiden großen Pyramiden von Giza auf der Stele des Montuheru (nach Stadelmann und Hassan).

Als ob dieses einmalige Abbild des Sphinx von Giza die heutigen Zweifel der Ägyptologen zum Ausdruck bringen wollte, wer denn nun eigentlich sein Erbauer war, macht die Darstellung andererseits auch deutlich, welche Bauwerke auf dem Giza-Plateau es zur Zeit der 19. Dynastie »Wert waren«, für die Ewigkeit festgehalten zu werden. Und auch wenn die Stele des Montuheru fast symbolisch andeutet, daß die Cheops-Pyramide dem Sphinx näher zu sein scheint als der Grabbau des Chephren, ist heute die überwiegende Mehrheit der Forscher der Ansicht, dieses monumentale Mischwesen ist ein Werk aus der Regierungszeit des letztgenannten Königs. Und dies wohl mit Recht, wie sich noch zeigen wird.

Eine vergessene Grabkammer?

Ich möchte noch einmal kurz auf die Traumstele von Thutmosis IV. zurückkommen, denn diese Granitstele weist ein interessantes Detail auf, das schon für ein gewisses Aufsehen und vielerlei Mißverständnisse gesorgt hat. Im oberen Teil der Stele befinden sich aus Symmetriegründen zwei Darstellungen, die König Thutmosis IV. dabei zeigen wie er gerade dem Sphinx, also dem Sonnengott »Horus im Horizont«, Opfergaben überbringt. Der Sphinx wird bei der Opferszene aus künstlerischen Aspekten sowie aus Proportionalitätsgründen stark verkleinert dargestellt und – damit sich sein Kopf etwa auf der Höhe der dargebrachten Opfergaben befindet – auf ein hohes Podest gesetzt, das wie eine Palastfassade aussieht und in der Mitte eine Art Durchgang andeutet. Diese Darstellungsweise hat seit der Freilegung der Stele immer wieder zur Spekulation geführt, daß es unterhalb des Sphinx verborgene Kammern und Gänge geben könnte.
Obwohl dieser Podest ein rein künstlerisches Stilelement ist und in der dargestellten Form nichts mit der Realität zu tun hat, existieren unterhalb des Sphinx tatsächlich ein Hohlraum und ein dazugehöriger Zugangsschacht. Beide Strukturen liegen im hinteren Teil des Löwenkörpers und stammen

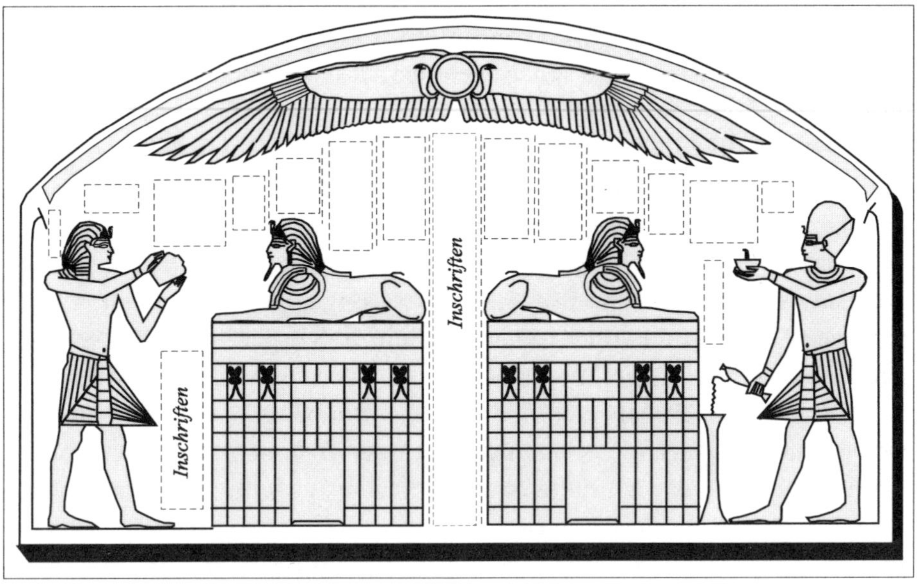

Abb. 26: Der obere Teil der Traumstele mit der Opferszene des Königs Thutmosis IV. vor dem Sphinx (nach Budge).

wahrscheinlich von Grabräubern aus der Spätantike oder dem Mittelalter, die unter der Steinskulptur ein Grab vermuteten. Aufmerksamen Beobachtern der letztjährigen Restaurationen am Sphinx-Körper war das Einstiegsloch in den unterirdischen Stollen an seiner Nordwestflanke schon lange aufgefallen.

Die Existenz dieses Hohlraumes ist kein akademisches Geheimnis. Er wurde vermutlich schon bei einer Ausgrabungskampagne der ägyptischen Antikenverwaltung in den Jahren 1926 bis 1935 wiederentdeckt und ist seit damals in Fachkreisen bekannt.[105] Spätestens seit den Restaurationen, die im Jahr 1980 begannen und im letzten Jahr ihren Abschluß fanden, hat man das Wissen um die Felsaussparungen unter dem Sphinx auch medienwirksam in die Öffentlichkeit getragen.[106]

Der derzeitige Direktor des Giza-Inspektorats Zahi Hawass wies darauf hin, daß der roh aus dem Fels geschlagene Hohlraum völlig leer vorgefunden wurde und weder an seinen Wänden noch im Zugangsstollen Inschriften entdeckt werden konnten.[107] Weitere Hinweise auf mögliche Hohlräume unterhalb des Sphinx sind bei den umfangreichen Konsolidierungsarbeiten der letzten Jahrzehnte nicht entdeckt worden. Somit erscheinen heute Gerüchte von unentdeckten Tunneln oder Kammern, die sich unter dem Steinmonument befinden oder von dort aus womöglich quer über das Plateau in Richtung Cheops-Pyramide verlaufen sollen, sehr zweifelhaft und fernab jeder gesicherten Erkenntnis. Es gibt derzeit keinen ernstzunehmenden archäologischen Hinweis auf einen weiteren, bislang noch verborgenen unterirdischen Hohlraum im direkten Umfeld des Sphinx, geschweige denn ein überprüfbares Indiz für dessen Zugang im oder am Sphinx-Graben – mit einer einzigen, kleinen Ausnahme. Die erscheint zwar sehr spekulativ, soll aber hier nicht verschwiegen werden.

In einem im Jahr 1897 erschienenen Fachartikel des deutschen Ägyptologen Ludwig Borchardt existiert eine Textpassage, die auf den ersten Blick auf einen Hohlraum im oder unter dem Sphinx-Körper hindeutet, von dessen Existenz aber heute niemand etwas zu wissen scheint. Borchardt beschäftigte sich damals mit der Altersbestimmung des Sphinx und erwähnte auf den Grundlagen einiger früherer Arbeiten des französischen Ägyptologen Auguste Mariette zwei senkrechte Schächte »auf dem Rücken des Sphinx«, von denen einer sogar in einer »Grabkammer« endete, »in der Sargbretter gefunden wurden«.[108] Daraufhin mutmaßte er, daß sich früher womöglich eine »Mastaba auf dem Rücken des Sphinx« befunden hat, bevor man sie aus dem Felsgestein modellierte.[109]

Dieser Befund wie auch die daraus gezogene Schlußfolgerung muten auf den ersten Blick ziemlich mysteriös an, zumal in der modernen Fachliteratur diesbezüglich kein Hinweis zu finden ist. Nichts deutet derzeit auf vermeintliche Schächte oder gar einen Hohlraum im Sinne der Borchardtschen Beschreibung im Leib des Sphinx oder unter seiner Basis hin. Dabei schien diese Idee im letzten Jahrhundert eine Reihe einflußreicher Befürworter gefunden zu haben, denn auch schon der britische Forscher Howard Vyse stellte sich gut 60 Jahre vor Borchardt diese Frage und bohrte kurzerhand ein über acht Meter tiefes Loch unweit des Kopfes ins Rückenteil des Sphinx. Doch ohne Erfolg. Zurück blieb nur ein teilweise mit Schießpulver verbreitertes Bohrloch, in dem noch immer »meterlange Bohrstangen« stecken sollen.[110]

Sollte dieses Bohrloch womöglich mit dem zweiten Schacht identisch gewesen sein, von dem Borchardt sprach? Und meinte der deutsche Ägyptologe mit der Grabkammer und dem dazugehörigen Grabschacht vielleicht den oben schon erwähnten Hohlraum am Fuße des Sphinx, der erst bei den jüngsten Restaurationen systematisch erforscht wurde?[111] Damit würden sich alle Spekulationen sofort in Wohlgefallen auflösen und das Problem wäre gelöst. Jedoch sprach Borchardt ausdrücklich davon, daß sich beide Schächte »auf dem Rücken des Sphinx« befunden haben sollen, so daß hier wohl eine Verwechslung auszuschließen ist.

Dies alles erscheint derzeit äußerst sonderbar, driftet wieder – wie so viele ungelöste Sachlagen in der Ägyptologie – in den Nebel des Spekulativen ab. Fest steht dagegen, daß weder aus Luftaufnahmen noch aus den Grabungs- und Vermessungsunterlagen der letzten Jahrzehnte eindeutig hervorgeht, daß auf dem Rücken des Sphinx ein Schacht existiert, der womöglich in eine von der Ägyptologie vergessene Grabkammer einer abgetragenen Mastaba führt. So stellt sich die Frage, ob Borchardt die Schächte je selbst untersuchte und ihre Lage womöglich falsch beschrieb. Hatte er vielleicht auf falsches Datenmaterial von Mariette zurückgegriffen, selbst fehlerhaft übersetzt oder abgeschrieben? Hatte Mariette, der womöglich nur an die Möglichkeit einer Kammer unter dem Sphinx glaubte, sie aber nicht beweisen konnte, Borchardt in die Irre geführt, eine falsche Fährte gelegt? Vielleicht sollten sich die Verantwortlichen des Giza-Plateaus den Bericht von Borchardt einfach einmal vornehmen und den Rücken des Sphinx nochmals genauer inspizieren.

Eigentümer unbekannt

Viele Kontroversen in der Ägyptologie sind so alt wie die archäologischen Grabungsmissionen, auf deren Ergebnisse sie sich stützen. Dies schien in der Frage nach der Zugehörigkeit des Sphinx von Giza jedoch lange Zeit nicht der Fall gewesen zu sein. Zu offensichtlich waren die Hinweise, die für Chephren sprachen. Mittlerweile und wohl auch nicht zuletzt durch die persönliche Intervention führender Pyramidenforscher sieht die Situation wieder etwas anders aus. So gibt es derzeit eine akademische Fraktion, die Cheops als Auftraggeber des Sphinx favorisiert, und einige leise Stimmen, die sogar Djedefre zum Kreis der Auserwählten zählen. Wen bildet aber der Kopf des Sphinx nun wirklich ab? Wer gab vor über 4500 Jahren seinen Steinmetzen den Befehl, einen riesigen Löwenkörper aus dem Fels zu meißeln?

Lange Zeit glaubten die Gelehrten, daß die berühmte Traumstele von Thutmosis IV. in ihren Inschriften einen Hinweis enthält, der Chephren als den Initiator der Errichtung des Sphinx ausweist. Ein Blick auf die Traumstele soll dies verdeutlichen.

Unterhalb des Bildfeldes der Stele befindet sich ein langes Schriftregister, von dem aber nur die obersten elf Zeilen, also etwa die Hälfte des Textes erhalten geblieben sind.[112] Dort wurde die Traumgeschichte niedergeschrieben, dort erfährt man von der Prophezeiung des Sonnengottes und der Absicht des jungen Prinzen, »den Göttern der Nekropole etwas Gutes zu tun«.[113] Die Inschrift hört schließlich unvollständig mit folgenden Textfragmenten auf, deren Lücken hier durch jeweils drei Querstriche kenntlich gemacht wurden: »... zu preisen den Wenneferu, (///), die erhabene (///) in (///)-chaef. Eine Statue, gemacht für Atum-Horus in Achet ...«.[114]

Wie man unschwer erkennen kann, ist diese Textpassage fast bis zur Unkenntlichkeit zerstört. Viele Wort- und Silbenfetzen ergeben allein für sich betrachtet kaum einen Sinn. Doch schon im letzten Jahrhundert haben Ägyptologen den am Ende des Textes lesbaren Wortrest »chaef« mit dem Götternamen »Re« zum altägyptischen Namen »Re-chaef« ergänzt. »Re-chaef« ist eine andere Schreibweise für »Chaef-Re«, aus der sich über die griechische Transkription der heute bekannte Name »Chephren« ableitet. Auch wenn die damalige Rekonstruktion von »chaef« zu »Re-chaef« angesichts der Lage der Traumstele dicht am Grabkomplex des Chephren sehr plausibel erscheint und sich prinzipiell auch als richtig erwies, wurde auf dieser Grundlage schon vor über 120 Jahren der voreilige Schluß gezogen, daß Chephren der Bauherr des Sphinx gewesen war.[115] Und obwohl diese Zuordnung aus meiner Sicht korrekt ist, war ihre »Beweisführung« falsch, denn der Wortlaut auf der Traumstele bietet dafür keinen wirklich handfesten Anhaltspunkt.

Dies wurde letztlich dadurch erkennbar, als man versuchte, die markante unvollständige Textstelle der Traumstele aufgrund von Inschriften anderer Stelen aus dieser Zeitepoche zu rekonstruieren. Daß dies tatsächlich gelang, verdanken die Ägyptologen vornehmlich der sogenannten »Sphinxstele des Königs Amenophis II.«, die 1936 vom einheimischen Ägyptologen Selim Hassan bei einer Ausgrabungskampagne nördlich der Kolossalfigur gefunden wurde. Diese Stele befand sich an der Rückseite der Kultkammer des schon erwähnten Ziegeltempels,[116] den Amenophis zu Ehren des Horemachet errichten ließ und ist somit eine Generation älter als die Traumstele. Da ihr sehr zerstörtes, aber von der Struktur her erkennbares Bildprogramm – Amenophis II. opfert wieder in zwei symmetrischen Szenen dem Sphinx, der auf einem hohen Podest liegt – auffällig dem der Thutmosis-Stele ähnelt, kann man davon ausgehen, daß die Amenophis-Stele der Traumstele als Vorlage diente. Von besonderem Interesse für den vorliegenden Fall sind insbesondere die Zeilen 24 und 25 der Inschrift, die Dietrich Wildung folgendermaßen übersetzte: »... er hielt an am Ruheplatz des Horus in Achet. Dort verbrachte er eine kurze Zeit, indem er sich umwandte und den kunstvollen Bau dieses Ruheplatzes des Chnum-Chufu [Cheops, d.V.] und Rachaef [Chephren, d.V.], der Seligen, ansah. Da wünschte sich sein Herz, ihre Namen leben zu lassen ...«[117]

Diese Textpassage zeigt deutlich, daß selbst über 1000 Jahre nach dem Bau der großen Pyramiden von Giza die Namen ihrer Bauherren noch nicht in Vergessenheit geraten waren. Amenophis' Stele ist somit ein wichtiges Zeugnis der Zeitgeschichte und stellt zudem die einzige Hinterlassenschaft des Neuen Reiches dar, in der die beiden Namen der großen Giza-Könige überliefert wurden. Hierbei erscheint es nicht ausgeschlossen, daß man erst unter Amenophis II. das Wissen um die alten Pyramidenbauer in den königlichen Archiven wiederentdeckte und die Stele mit einem Bezug auf die altehrwürdigen Herrscher der Nekropole als eine Art »Gründungsurkunde« im Verehrungstempel des Horemachet aufstellte.[118] Vor diesem Hintergrund sind die Inhalte der Amenophis-Inschrift auch auf die Traumstele übertragbar. So kann man durchaus annehmen, daß auch die Namen der Könige Cheops und Chephren in der zerstörten Textpassage der Traumstele auftauchten. Dietrich Wildung bot daraufhin folgende Rekonstruktion an: »zu preisen den Wenneferu, [den großen Gott ... und die Bastet (?)], die erhabene [Gött]in [und alle Götter und Göttinnen (?) des Ruheplatzes des Chufu und (?) des Re]-chaef. Eine Statue, gemacht für Atum-Horus in Achet [...]«.[119]

Hiermit wird klar, daß auch die früheste, heute bekannte Überlieferung, die den Sphinx in Zusammenhang mit den beiden großen Pyramiden von Giza nennt, die Bauherrenfrage nicht eindeutig beantworten kann. Für die damaligen Priestergilden und König Amenophis II. kamen aber als Initiator der Monumentalfigur nur Cheops oder Chephren in Frage. So muß man sich derzeit wohl oder übel auf indirekte Beweisführungen beschränken, um dieses Rätsel lösen zu können. Betrachten wir also die Argumente und Sichtweisen der modernen Gelehrten, die sich schon lange und umfassend mit dem Sphinx-Problem beschäftigt haben.

Abbild von Cheops oder Chephren?

Heute deutet alles darauf hin, daß der Sphinx nicht zufällig im unmittelbaren Umfeld einer Pyramidennekropole steht. Er hatte sicherlich eine diesbezügliche Funktion und wurde in direktem Bezug zu einem verstorbenen König gesehen. Damit ist der Sphinx als ein reines »Giza-Objekt« zu betrachten, hervorgebracht von einem Giza-König. Wie auch die Inschrift auf der Stele von Amenophis II. unbewußt andeutet, kann der Kreis der möglichen Bauherren dabei aus heutiger Sicht auf Cheops und Chephren beschränkt werden. Zwar äußerte Dietrich Wildung die vage Vermutung, daß der Sphinx womöglich auch Djedefre zugeordnet werden könnte, doch erscheint dies sehr zweifelhaft. Auch Wildungs Hinweis auf den Kopf einer vermeintlichen Sphinx-Figur, der in Djedefres Bootsgrube aufgefunden wurde, und seine Annahme, daß die in Djedefres Namen und Titulatur zum Ausdruck kommende Hinwendung zum Sonnenglauben »gut zu dem Wesen des Sphinx als Bild des Sonnengottes passen«[120] würde, sind nicht aussagekräftig genug, um einen Zusammenhang zwischen diesem König und dem Giza-Plateau zu konstruieren. Warum sollte Djedefre eine riesige Figur am Randgebiet der Nekropole seines Vaters aus dem Fels meißeln lassen? Wenn er dem Sonnengott seine Ehrerbietung in Form einer riesigen Steinplastik machen wollte, dann hätte er dies wohl eher in der Nähe seines eigenen Grabkomplexes getan. Wenden wir uns also den anderen beiden möglichen Bauherren des Sphinx zu.

Seit vielen Jahren glaubt Rainer Stadelmann, im Sphinx ein Werk des Königs Cheops zu erkennen.[121] Er führt neben seiner persönlichen Sichtweise hierfür einige topographische und geologische Befunde ins Feld, die seine Vermutung belegen sollen. Stadelmanns Hauptargument gründet sich dabei auf der Annahme, daß der Sphinx von »der geologischen Gliederung und der Lage der Steinbrüche her gesehen (...) eindeutig in dem Gebiet« liegt, das »Cheops für seine Pyramide ausgebeutet hat«.[122] Außerdem erkennt er in den horizontalen Steinschichten, aus denen der Körper des Sphinx aufgebaut ist, das Steinmaterial wieder, welches beim Bau der Cheops-Pyramide Verwendung fand. Er untermauerte letztlich seine Argumentation mit einer Frage, die er indirekt auch gleich wieder beantwortete: »Warum sollte in diesem Steinbruch des Cheops ein markanter Felsklotz stehengeblieben sein, den dann erst Chephren spät zur Sphinx-Statue hätte ausmeißeln lassen? Sehr viel überzeugender ist es, dann doch anzunehmen, daß dieser Felsklotz schon den Planern des Cheops aufgefallen ist, die daraus ein Abbild des Cheops als Horus Cheops im westlichen Horizont geschaffen haben.«[123]

Im Gegensatz dazu nimmt Mark Lehner an, daß der Sphinx aufgrund seiner engen Verbindung zum Grabkomplex des Chephren für ihn geschaffen wurde. Er bietet zudem eine andere Erklärung für die Verwendung des Steinmaterials aus dem Umfeld des Sphinx an, die nichts mit dem Bau der Cheops-Pyramide zu tun hat. Seiner Meinung nach deuten die bisherigen Untersuchungen und Vergleichsstudien der geologischen Schichten des Sphinx mit den Steinen der beiden östlich vor ihm befindlichen Tempelbauten auf eine bestimmte Reihenfolge der dort stattgefundenen Steinbruch- und Bauarbeiten hin. Lehner resümiert: »Der Taltempel dürfte aus riesigen Quadern erbaut worden sein, die aus den Schichten stammen, die durch den oberen Teil des Sphinx verlaufen. Die Standard-Kernblöcke des Sphinx-Tempels mit ihren weichen gelben Streifen zwischen zwei härteren Lagen stammen von knapp unterhalb der Brusthöhe des Sphinxleibes.«[124] Mit anderen Worten: Die Kalksteinblöcke, mit denen der »Sphinx-Tempel« und Chephrens Taltempel aufgebaut wurden, stammen mit sehr großer Wahrscheinlichkeit aus dem Sphinx-Graben und wurden somit erst mit der Ausschachtung des Löwenkörpers gebrochen und weiterverarbeitet.

Die hier von Lehner dargestellte Kausalität der einzelnen Bauphasen der Tempel erscheint aus meiner Sicht logistisch sowie auch bautechnisch betrachtet schlüssig, vor allem aber überzeugender als die Argumentation von Stadelmann. Hierbei wird aber auch erkennbar, wie eng die Entstehungsgeschichte des »Sphinx-Tempels« mit der Eigentümerfrage der Kolossalfigur zusammenhängt. So deutet heute alles darauf hin, daß der Sphinx ein Werk von Chephrens Bauarbeitern war. Um dies aber noch weiter zu untermauern, muß man sich den Argumenten von Rainer Stadelmann – vor allem mit seiner Behauptung, der Sphinx stehe mit dem Steinbruchgebiet des Cheops in Verbindung – ein wenig näher beschäftigen.

Bei genauerer Lektüre der Fachliteratur wird schnell deutlich, daß die Ägyptologen sehr unterschiedliche Auffassungen über die Lokalisation der Steinbrüche auf dem Giza-Plateau haben. So glaubt Mark Lehner beispielsweise, daß die Ostgrenze des Hauptsteinbruchgebietes von Cheops nicht bis an den Sphinx heranreicht, sondern erst weiter westlicher beginnt. Er lokalisiert das Kerngebiet nördlich der Grabanlage der Chentkaus, etwa auf der Höhe der Cheops-Pyramide. Wie man einem seiner Fachartikel entnehmen kann, liegen demnach zwischen diesem Cheops-Steinbruch und dem Sphinx fast 150 Meter.[125] Die Untersuchungen des deutschen Ägyptologen- und Geologenehepaares Rosemarie und Dietrich Klemm in den Steinbruchgebieten Gizas bestätigten prinzipiell Lehners Ergebnisse. Sie weisen aber auch darauf hin, daß »ein erheblicher Materialanteil aus diesem Steinbruch in der Chephren-Pyramide verbaut« wurde, weshalb sie dieses Areal als »Cheops-Chephren-Steinbruch« bezeichneten.[126] Das Gelände südöstlich der Chentkaus-Mastaba, das bis an die Westkante der auf Höhe des Sphinx liegenden Grabanlagen der Chephren-Nekropole heranreicht, weisen sie dagegen ausschließlich als Steinbruchgebiet des Cheops aus. Doch auch hier beträgt die Entfernung zwischen dem Sphinx und dem Cheops-Steinbruch immerhin noch etwa 20 Meter – also eine kleine, arbeitsintensive Ewigkeit für die Steinbrecher der 4. Dynastie. Dies alles spricht wohl mehr gegen eine direkte Einbindung des Sphinx in das Steinbruchgebiet des Cheops. Hätte dagegen der Cheops-Steinbruch tatsächlich direkt bis an den Sphinx herangereicht, so wäre es schon ein fast unglaublich anmutender Zufall, daß Cheops' Steinmetze dort eine Felswand derart stehenließen, daß Chephrens Bauarbeiter später darauf den östlichen Teil des Aufweges anlegen konnten.

Auch das zweite Argument von Stadelmann hinsichtlich der »Auffälligkeit des Sphinx-Felsens« überzeugt nicht. Es ist durchaus vorstellbar, daß der kleine Felshügel, der später zum Sphinx-Kopf umgearbeitet wurde, Cheops' Baustrategen auffiel und sie ihn vielleicht sogar als störend empfanden. Doch wäre es nicht sinnvoller gewesen, ihn dann dem Erdboden gleichzumachen und das so gewonnene Steingut als Baumaterial zu verwenden?

Und welchen Grund hätten sie haben sollen, aus ihm fernab der sakralen Gebäude der Pyramidenanlage eine riesige Sphinx-Figur zu formen? Hier sollte nicht unerwähnt bleiben, daß zwischen dem Totentempel der Cheops-Pyramide und dem Sphinx eine Distanz von über 500 Metern liegt. Der Taltempel war sogar über einen Kilometer weit entfernt und zwischen dem Sphinx und den Tempelanlagen bestand kein direkter Sichtkontakt. Außerdem existiert bislang kein zeitgenössisch relevanter Zusammenhang zwischen dem Sphinx und Cheops' Regentschaft – weder inschriftlich noch aus archäologischer Sicht in dessen Grabkomplex. Im Gegensatz dazu ist dieser Zusammenhang aber ganz offensichtlich zwischen dem Sphinx und der Chephren-Nekropole gegeben.
Noch ein kleiner Nachtrag: In den letzten Jahren hat Rainer Stadelmann seine Argumentation relativiert, ohne dabei jedoch seine grundsätzliche Einstellung zu ändern. Noch immer glaubt er, daß das Gelände, auf dem der Sphinx steht, zum Cheops-Steinbruch gehört, räumt aber ein, daß das letztlich wohl kein eindeutiger Beweis dafür ist, daß Cheops den Sphinx hat bauen lassen. Statt dessen zieht Stadelmann jetzt stilistische Kriterien am Sphinx-Kopf für seine Vermutung heran.[127] Inwieweit diese Vorgehensweise vor dem Hintergrund einer möglichen Umgestaltung des Kopfes im Neuen Reich aussagekräftig ist, sei dahingestellt. Man muß bei derartigen ikonographischen Vergleichen, die auf der Grundlage einer Handvoll in den Museen verstreuter Königsstatuen – im Fall des Cheops sogar nur aufgrund einer einzigen, etwa 7,5 Zentimeter großen Plastik – basieren, vorsichtig sein, da sie sicherlich nicht die gesamte Bandbreite der Darstellungsformen der damaligen Könige wiedergeben. Auf dieser Basis eine Theorie aufbauen zu wollen, ist fragwürdig und birgt stark das Element des Zufalls in sich.

Baudaten des »Sphinx-Tempels«

Noch immer gilt die östlich vor dem Sphinx stehende Tempelruine als das wohl rätselhafteste Bauwerk auf dem Giza-Plateau. Seine Bausubstanz hat in den letzten Jahrtausenden stark gelitten, da der Tempel lange Zeit das Ziel massiver Steinplünderungen gewesen war. In seinem Inneren konnten keine Inschriften gefunden werden, die nähere Auskunft geben, welche Funktion er einst besaß, wer ihn erbauen ließ oder wem er gewidmet war.[128] Doch aufgrund seiner Lage und seiner Ausrichtung erweckt der Tempel den

Eindruck, daß er eng mit dem Sphinx in Zusammenhang stand, weshalb man ihn in der Literatur auch schon früh »Sphinx-Tempel« nannte.[129]
In den letzten beiden Jahrzehnten haben sich kaum Wissenschaftsjournalisten oder Sachbuchautoren tiefgründig und auf breiter Basis mit diesem Tempelbau beschäftigt und die Öffentlichkeit für ihn sensibilisiert. Nach wie vor laufen die Besucher des Giza-Plateaus achtlos an ihm vorbei, wird der Tempel kaum von einem Reiseleiter auf den Besichtigungstouren erwähnt. Sicherlich liegt einer der Gründe für dieses Desinteresse darin begründet, daß der »Sphinx-Tempel« heutzutage für die Öffentlichkeit Sperrgebiet ist. Er kann auch von ausgewählten ausländischen Forscher- oder Fernsehteams nur mit einer ausdrücklichen Sondergenehmigung besichtigt werden – und dies meist erst nach langwierigen bürokratischen Verhandlungen. Wenn der normale Tourist hingegen einige informative Blicke in den Tempel werfen möchte, so kann er dies noch am besten vom östlichen Ende des Aufweges der Chephren-Pyramide tun – von der Stelle aus, von der man auch den Sphinx selbst besichtigen kann. Auch von der auf das Plateau führenden asphaltierten Straße, die nördlich am Sphinx-Komplex vorbeiläuft, gewinnt man einen vagen Eindruck vom Tempelinneren. Doch ohne Grundriß und Ausgrabungsergebnisse kann man sich vor Ort keinen tiefer gehenden Überblick über das Tempelareal verschaffen.
Der »Sphinx-Tempel« wurde erst sehr spät entdeckt und freigelegt. Sein Kernmauerwerk kam im Jahr 1925 bei Sondierungsarbeiten zum Vorschein. Es dauerte daraufhin aber noch vier Jahrzehnte, bis die ersten systematisch durchgeführten Untersuchungen an der Tempelruine begannen.[130] Der deutsche Ägyptologe Herbert Ricke legte den Tempel zusammen mit einem Team des Schweizer Instituts für ägyptische Bauforschung und Altertumskunde in den Jahren 1965 bis 1967 vollständig frei. Er erforschte seine bauliche Beschaffenheit, so daß er Rückschlüsse auf die Entstehungsgeschichte ziehen konnte. Seine Grabungsergebnisse wurden schließlich im Jahr 1970 in Fachkreisen publiziert, haben aber die breite Öffentlichkeit nie in vollem Umfang erreicht.[131]
Einer der Kernpunkte in Rickes Forschungsarbeit ist die Aussage, daß der »Sphinx-Tempel« in direktem Zusammenhang mit den Tempelbauten der Chephren-Pyramide, besonders mit dem Taltempel, zu sehen ist. Nach Ricke stimmen die angewandten Bauweisen beider Tempel genau überein. Die Ausgrabungen in den sechziger Jahren ergaben des weiteren, daß der »Sphinx-Tempel«, dessen Bodenniveau etwa zweieinhalb Meter unter dem der Terrasse liegt, auf der der Sphinx steht, in zwei Bauphasen errichtet,

40

40 *Die drei großen Pyramiden von Giza. Von links nach rechts: Mykerinos, Chephren und Cheops. An der Südseite der Mykerinos-Pyramide stehen zwei Königinnen- und eine Kultpyramide.*

41

41 *Die sogenannte »Triade des Mykerinos«. Eine von vier Statuengruppen aus Grauwacke, die 1908 im Taltempel der Mykerinos-Pyramide entdeckt wurden und heute im Ägyptischen Museum von Kairo stehen. Der König wird flankiert von der Göttin Hathor, der Herrin des Himmels (links), und einer weiblichen Figur, die vermutlich die Schutzheilige oder eine Personifikation des 7. oberägyptischen Gaues darstellt.*

42

42 Die Nordseite der Mykerinos-Pyramide mit dem Eingang ins Kammersystem und der darüberliegenden Bresche im Kernmauerwerk. Im Vordergrund Reste einer Nordkapelle.

43

43 Vermutlich war die Mykerinos-Pyramide einst bis zur halben Höhe mit Granit verkleidet. Heute liegen die Verkleidungsblöcke nur noch bis zur siebenten Lage an ihren originalen Positionen.

Im Inneren der Mykerinos-Pyramide.

44 Der nördliche Bereich der Gangkammer mit dem absteigenden Korridor. Erstmals seit der Djoser-Pyramide wurde wieder eine Kammer mit dekorativen Elementen versehen.

45 Der Übergang vom horizontalen Korridorteil in die sogenannte Vorkammer. Oberhalb des Korridors befindet sich noch ein zweiter, bekriechbarer Schacht, der vermutlich der Luftversorgung im unterirdischen Kammerbereich diente.

46 Blick in die Vorkammer. In der Mitte des Raumes geht es über einen weiteren absteigenden Korridor in die Grabkammer. Der westliche Teil der Vorkammer (hinterer Bildbereich), die vielleicht ursprünglich als Grabkammer geplant war, wurde unterteilt und beherbergte vermutlich einen Sarkophag.

47 Die Grabkammer besitzt erstmals in der ägyptischen Architekturgeschichte ein »Pseudo-Tonnengewölbe«, das durch Ausarbeitung des Giebeldaches entstand. Sie ist vollständig mit Granit ausgekleidet.

45

47

48

49

An der Pyramide des Mykerinos.

48 Große Mengen an Granit von der Verkleidung der Pyramide und aus dem Bereich des Totentempels liegen um das Grabmal herum. Bis heute wurde die Basis der Pyramide noch nicht vollständig freigelegt. Blick auf den Bereich nordwestlich der Pyramide.

49 Der Totentempel von Westen aus gesehen. Im hinteren Bereich sind der große offene Hof und das Ende des Aufweges erkennbar.

50

51

0 Blick auf das Königsgrab des Schepseskaf, die Mastaba el-Faraun. Im Vordergrund Teile der Nekropole von epi II.

1 Die Pyramide des Userkaf von Süden aus gesehen. Im Vordergrund die Ruinen des Totentempels.

52

53

An der Pyramide des Userkaf in Sakkara.

52 Vom Totentempel sind größtenteils nur noch Reste des Basalt-Bodenpflasters erhalten geblieben.

53 Userkafs Architekten trennten den Totentempel in zwei Bereiche. Hier an der Ostseite der Pyramide sieht man die Überreste der Totenkultkapelle.

54 Bei einer der Königinnenpyramiden wurde das Kammersystem aufgebrochen. Deutlich ist die Bauweise des Giebeldaches zu erkennen.

55

56

Die kläglichen Überreste des Sonnenheiligtums des Userkaf nordwestlich des Königsfriedhofes von Abusir.

Sahure ließ beim heutigen Dorf Abusir seine Königsnekropole errichten. Blick auf sein Grabmal von Süden. Im Vordergrund die Ruinen der großen Mastaba des Ptahschepses, einem Wesir unter König Niuserre.

57

59

An der Pyramide des Sahure in Abusir.

57 Der Südeingang in den Totentempel.

58 Blick über den östlichen Bereich des Totentempels in Richtung der Pyramiden von Niuserre (links) und Neferirkare (rechts).

59 Im Totentempel finden sich bemerkenswerte Spuren der ägyptischen Steinmetze. Hier vier Teile eines Gran architravs, auf dem die Königstitulatur in Hieroglyphen eingemeißelt wurde.

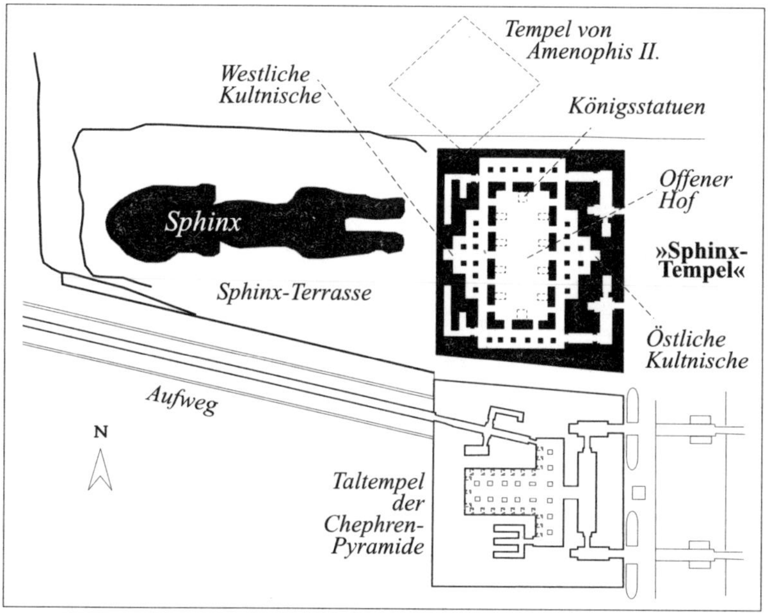

Abb. 27: Die Lage des »Sphinx-Tempels« (nach Porter/Moss und Lehner).

aber wohl nie gänzlich fertiggestellt und laut Ricke vermutlich auch nicht in seiner ursprünglichen Kultbedeutung in Betrieb genommen wurde.[132] Während der ersten Bauperiode legte man die grundsätzliche Struktur des Tempelgebäudes fest. Seine unteren Wandteile wurden dabei wie beim Taltempel der Chephren-Pyramide teilweise aus dem gewachsenen Fels gemeißelt. Rickes Rekonstruktionen zeigen, daß der Tempel in dieser Bauphase genauso breit wie der Taltempel von Chephren angelegt war, was wiederum ihre enge architektonische Verwandtschaft dokumentiert.[133] In der zweiten Phase erweiterte man den Innenhof des Heiligtums und damit das gesamte Gebäude nach Norden und Süden in die heute erkennbare Form.

Der Tempel besitzt keinen exakt rechtwinkligen Grundriß, da seine südliche Front der schrägliegenden Nordwand des Taltempels angepaßt wurde, die wiederum durch den Verlauf des Aufweges beeinflußt war. Von der Grundfläche her ist der »Sphinx-Tempel« etwas größer als der Taltempel. Er ist an seiner breitesten Nordsüdausrichtung 52,50 Meter (100 Ellen) lang und mißt 44,70 Meter in seiner Tiefe. Seine Rückwand liegt dabei nur etwa acht Meter von den Pranken des Sphinx entfernt. Über seine Höhe lassen sich nur Näherungswerte angeben, da das Kernmauerwerk nicht

mehr sehr hoch aufragt. Ricke schätzte die Höhe auf 5,25 Meter ab und bemerkte dazu, daß »der Tempel augenscheinlich niedrig gebaut« wurde, »um der Sphinx den Blick nach Osten beziehungsweise den Blick auf die Sphinx von Osten her nicht ganz zu verstellen.«[134]
Die Sondierungsarbeiten am »Sphinx-Tempels« zeigten außerdem, daß er vermutlich wie der benachbarte Taltempel fast vollständig mit Granit verkleidet war, wovon allerdings keinerlei Spuren mehr zu finden sind. Heute weiß man, daß etliche Bauteile der Tempelanlagen zu Beginn der 12. Dynastie von den Arbeitern des Königs Amenemhets I. abgerissen, zum etwa 40 Kilometer südlich von Sakkara gelegenen Lischt abtransportiert und dort in dessen Pyramide verbaut wurden. So ist es nicht auszuschließen, daß bei zukünftigen Ausgrabungen und Rekonstruktionen Fragmente vom »Sphinx-Tempel« im Kernmauerwerk der Lischt-Pyramide gefunden werden, die womöglich sogar noch aussagefähige Inschriften aufweisen.

Der erste Sonnentempel?

Das Innere des »Sphinx-Tempels« besitzt eine interessante architektonische Komponente: Der Tempel weist eine »Kultachse« in genauer Ostwestrichtung auf. Sie wird durch zwei gegenüberliegende Nischen im Ost- und Westteil des Gebäudes definiert, vor denen offene Kulträume liegen. Vor jedem der beiden Räume standen zwei Säulen, denen die Gelehrten eine religiöse Bedeutung zumessen. Herbert Ricke entdeckte im Felsboden vor dem westlichen Kultraum zusätzlich zwei kleine Vertiefungen, die fast symmetrisch zur Ostwestachse des Tempels liegen, ohne sich diesen Befund eindeutig erklären zu können. Er hielt es aber durchaus für möglich, daß die Löcher zum »Einstecken von Kultgeräten« oder »irgend eines Gestells« dienten und darauf hinweisen könnten, daß die westliche Kultnische »möbliert« war.[135] Aufgrund des schlechten Erhaltungszustandes des Felsbodens konnten derartige Spuren vor der östlichen Nische nicht lokalisiert werden.
Die Konzeption derartig ausgerichteter Tempel mit zwei gegenüberliegenden Kulträumen, wie sie im »Sphinx-Tempel« auftritt, ist nach allen bisherigen Erfahrungen einmalig für die Zeit der 4. Dynastie. Die ostwestorientierte Achse ließ die Ägyptologen aber schon früh auf den Gedanken kommen, daß der Kult im Tempel auf die Sonne ausgerichtet war. Man mutmaßte, daß die Kulthandlungen in der Nische der Ostwand der auf-

gehenden Sonne, die in der Nische der Westwand der untergehenden Sonne gewidmet waren. Zu diesen Aspekten des Sonnenlaufes kam vermutlich noch die Verehrung der hoch am Himmel stehenden Mittagssonne und damit des eigentlichen Sonnengottes hinzu, für dessen Kult inmitten des offenen Tempelhofs ein Brandopferaltar gestanden haben soll. Ricke nahm diesbezüglich an, daß sich dieser Altar »wahrscheinlich in der Achse der Sphinx« im rechtwinkligen Hof befand und auf diese »Weise die Sphinx formal und ideell mit dem Tempel verbunden« wurde.[136] War demnach der »Sphinx-Tempel« der erste »sonnenorientierte Tempel in einem Pyramidenkomplex des Alten Reiches«,[137] der als Prototyp für die großen Sonnenheiligtümer der 5. Dynastie angesehen werden kann?
Diese Vermutung ist angesichts der architektonischen Befunde und der steigenden Bedeutung des Sonnenglaubens in jener Epoche nicht auszuschließen. Andererseits darf man aber auch nicht übersehen, daß sich der Aufbau des »Sphinx-Tempels« doch erheblich von den klassischen Sonnenheiligtümern, die gut 40 Jahre später errichtet wurden, unterscheidet. Bei ihnen war der offene Hof das zentrale architektonische Element und wie die Sonnenbahn ostwestorientiert ausgerichtet, während der Hof des »Sphinx-Tempels« nordsüdorientiert verläuft. Außerdem war die Basisarchitektur der Sonnenheiligtümer komplexer und völlig anders aufgebaut als die des Giza-Tempels. Sie lehnte sich an den Aufbau der Pyramidenkomplexe an. Zu guter Letzt waren auch die Objekte der Verehrung in den Sonnentempeln keine Gegenstände in separaten Kulträumen, sondern riesige Obelisken, die auf hügelartigen Sockeln standen.
Lag demzufolge im »Sphinx-Tempel« eine besondere Kultsituation vor? Ging es seinen Erbauern bei der Konstruktion des schmalen Tempelhofs und der Errichtung der gegenüberliegenden Heiligtümer vielleicht um eine gezielte Akzentuierung der Sonnengott-Aspekte? Sofern die Rekonstruktionen des Tempelgebäudes überhaupt aussagefähige Folgerungen zulassen, kommt man vielleicht zu dem Schluß, daß die Architektur derart konzipiert war, daß die Sonnenstrahlen nur in den frühen Morgenstunden, um die Mittagszeit und kurz vor Sonnenuntergang die drei »Heiligtümer beleuchteten« und den Zeitraum für die Kulthandlungen definierten. Dies alles ist durchaus denkbar, sollte aber nicht dazu verleiten, den »Sphinx-Tempel« ausschließlich unter dem Aspekt des Sonnenkultes zu betrachten. Vielleicht gab es insbesondere für die östliche Kultnische noch eine ganz andere Erklärung, deren Bedeutung aber ebenso wie die meisten kostbaren Steinblöcke des Tempels verlorenging.

Das »Haus des Chephren«

Der offene Hof des »Sphinx-Tempels« spielt eine wichtige Rolle beim Verständnis dieses Bauwerkes. Zudem offenbart seine Architektur, daß dieser Tempel tatsächlich nur unter Chephrens Regentschaft gebaut worden sein kann. Dies deutet allein schon die Länge des Hofes an. Mit 30,45 Metern stimmt sie exakt mit der des offenen Hofes im Totentempel der Chephren-Pyramide überein. Und es gibt noch weitere derartige Übereinstimmungen, die auf Rickes durchgeführte Rekonstruktionen des Hofes aufbauen und obige Zuordnung plausibel erscheinen lassen.

Umrahmt wird der Hof, der einst mit großen Alabasterplatten ausgekleidet war, von 14 mächtigen Pfeilern, die das Tempeldach stützten und an deren Innenseiten wahrscheinlich zehn aus Granit gefertigte Kolossalstatuen von Chephren standen. Über die Form und das Aussehen der Königsstatuen kann nur spekuliert werden. Ricke vermutete, daß es Sitzbilder des Königs waren, wies aber auch darauf hin, daß vor den Pfeilern an den Querseiten des Hofes größere Vertiefungen im Boden existieren als an den Pfeilern der Längsseiten. Daraus folgerte er, daß dort einst »Statuen besonderer Form« aufgestellt wurden, ohne sie jedoch konturmäßig näher bestimmen zu können.[138]

Um den Innenhof führte ein Wandelgang herum, der nach Abschluß der zweiten Bauphase von insgesamt 24 Granitsäulen in Form einer geschlossenen Kolonnade begrenzt wurde. Ricke hat in dieser Architektur eine tiefere Symbolik sehen wollen. Er brachte die 24 Kolonnadenpfeiler spekulativ mit den Tages- und Nachtstunden in Zusammenhang, um somit Einflüsse des Sonnenkultes in diesen Befund zu interpretieren. Seine Auffassung hat Einzug in die Fachliteratur gehalten, ohne jedoch inhaltlich näher überprüft worden zu sein. Im Gegensatz dazu war ein anderer Hinweis von Ricke um so fundierter. Er stellte fest, daß neben der Länge des Hofes auch die Abmessungen der Pfeiler und die einzelnen Abstände zwischen ihnen »bis in Einzelheiten« mit denen des offenen Hofes des Totentempels von Chephren übereinstimmen.[139] Diese Analogie zeigt wiederum deutlich den engen Zusammenhang zwischen beiden Tempelarchitekturen. Mark Lehner bemerkte zur Innenarchitektur des »Sphinx-Tempels«, sie sei sogar »fast eine Kopie des Chephren-Totentempels« gewesen.[140] Somit lassen unabhängig von der schon erwähnten Reihenfolge der Errichtung der beiden Tempel am Sphinx auch die Befunde im »Sphinx-Tempel« selbst nur den Schluß zu, daß Chephren dieses Heiligtum erbauen ließ.

Dies führt letztlich zu der Frage, in welchem Zusammenhang der Tempel zum Sphinx stand. Schaut man sich die Baustruktur des dem Sphinx zugewandten Tempelbereichs näher an, macht man eine unerwartete Entdeckung, die für viele Forscher, die eine innere Zusammengehörigkeit zwischen der Monumentalfigur und dem vorgelagerten Tempel vermuten, fast wie ein Schönheitsfehler anmutet. Es gibt nämlich keine architektonischen Anzeichen dafür, daß es ursprünglich einen direkten Zugang vom Tempel zur Felsterrasse gegeben hat, auf der der Sphinx steht. So hat es den Anschein, also ob im Alten Reich das vorgelagerte Heiligtum kein auf den Sphinx ausgerichteter Tempel gewesen war. Ricke kommentierte diesen Befund etwas ausweichend mit den Worten: »Für die Zeit des Chephren mag die Zugänglichkeit der Sphinxterrasse unwichtig gewesen sein, die Sphinx mag weniger als zu verehrendes Götterbild, mehr als Determinativ der ganzen Anlage angesehen worden sein.«[141]

Diese fehlende Verbindung ist bis heute genauso rätselhaft wie die Bedeutung und die Funktion von Sphinx und »Sphinx-Tempel« selbst, wenngleich viele Ägyptologen sie im Zusammenhang mit dem Sonnenglauben sehen. Für Dieter Arnold beispielsweise vereinigten sich in beiden Sonnen- und Königskult zugleich, »wobei wahrscheinlich der König als eine in Sphinx-Gestalt erschienene irdische Form des horizontischen Horus (Horem-achet) und dabei als Re verehrt wurde.«[142] Andere Forscher ziehen die Möglichkeit in Betracht, daß der Sphinx ursprünglich nichts mit dem Sonnengott zu tun hatte, sondern ein Abbild der irdischen und jenseitsorientierten Erscheinungsform des Königs darstellte.[143] Man hält es in diesem Sinne für denkbar, daß die Kolossalfigur auf den im »Sphinx-Tempel« verehrten Sonnengott orientiert war und als »symbolischer Opferdarbringer« gesehen wurde.[144] Auf der anderen Seite kann man nicht ausschließen, daß auch der »Sphinx-Tempel« vorrangig auf den König ausgerichtet war und der Sphinx als monumentales Wahrzeichen der königlichen Verehrung fungierte.

Noch eine abschließende Bemerkung zu einem möglichen ursprünglichen Namen des »Sphinx-Tempels«. Eine weitere von Herbert Ricke gemachte Beobachtung könnte hierfür einen Hinweis geben. Der deutsche Ägyptologe hatte auf Scheintüren aus Grabanlagen des Giza-Plateaus mehrfach Priestertitel gefunden, die sich auf lokale Kulte der Göttinnen Hathor und Neith beziehen und in denen die Bezeichnung einer Kultstätte namens »Haus des Chephren« auftaucht. Da es in Giza keinen Kultplatz dieser Art gab, aber die Inschriften der Eingangstore des Taltempels von Chephren ähnliche Kulthinweise beinhalten, vermutete Ricke, daß diese Kulte ihre Zentren womöglich in zwei kleinen Granitkapellen hatten, die sich in den Eingangsräumen des »Sphinx-Tempels« befanden. Nach seinen Rekonstruktionen war der Tempel bei Chephrens Tod nicht fertiggestellt, so daß sich in ihm noch kein auf den König – oder in Rickes Interpretation auf Horemachet – bezogener Kult etablieren konnte. Deshalb hielt er es für möglich, daß der noch »funktionslose« Tempelbau »etwas unbestimmt und allgemein als ›Haus des Chefren‹ bezeichnet« wurde. Da die Tore des »Sphinx-Tempels« und die vermeintlichen dahinterliegenden »Kapellen« schon vollständig mit Granit ausgekleidet und mit Verschlußsystemen versehen waren, mutmaßte Ricke, daß sie den Göttinnen »Hathor, Herrin der Sykomore« und »Neith nördlich der Mauer« zugeteilt wurden, deren Kulte sogar bis »über das Ende des Alten Reiches hinaus« dort stattfanden.[145] So ist Rickes Hinweis bislang die einzige Spur auf den wahren Namen des »Sphinx-Tempels«. Die Benennung als »Haus des Chephren« erscheint dabei durchaus plausibel und würde sich gut in die konzeptionelle Gestaltung des Grabbezirkes der Chephren-Nekropole einreihen.

Nach all den bisher vorgebrachten Argumenten und Sichtweisen kann man aus meiner Sicht folgendes Bild entwerfen: Der Sphinx ist ein Werk des Chephren und stellt ihn in seiner irdisch-göttlichen Erscheinungsform mit jenseitsorientierten Aspekten dar. Vermutlich war er eine isolierte Monumentalfigur ohne eigenen Kult. Auch der »Sphinx-Tempel« war diesem König geweiht, wobei aber seine vollständige Bedeutung und die genauen Kulthandlungen, die in ihm abgehalten wurden, vorerst noch im dunkeln liegen. Hierbei kann aber eine Einflußnahme des Sonnenkultes auf die Tempelarchitektur nicht völlig ausgeschlossen werden. Da der Re-Kult in der Mitte der 4. Dynastie schon nachhaltig Einzug in die Königsideologie gehalten hatte und die traditionelle Stellung der Könige ideologisch beeinflußte, ist es durchaus vorstellbar, daß im »Sphinx-Tempel« neben dem König auch der Sonnengott in seinen verschiedenen Ausprägungen angebetet wurde.

Teil III
Das Zeitalter der Sonnenkönige

»Historische Berichte erstrecken sich in Ägypten nie
über einen längeren Zeitraum, sondern erschöpfen sich
in der Darstellung eines Einzelereignisses oder
allenfalls der Regierungszeit eines einzigen Königs.
Kausalitäten zwischen einzelnen Begebenheiten bleiben
uninteressant. (...)
Ein Volk, das in einer dreitausendjährigen Geschichte
die Grundlagen der abendländischen Kultur gestalten half,
ist sich der immensen Zeiträume seiner nationalen
Vergangenheit nicht bewußt geworden, hat sich nicht
auf diese einzigartige Kontinuität berufen.«[1]

Dietrich Wildung

Abusir, am 24. September 1990. Zu jedem meiner Aufenthalte in Kairo gehörte bislang auch ein Abstecher ins nahe gelegene Abusir. Unweit dieses Dorfes befindet sich der große Königsfriedhof der 5. Dynastie, ein Ort, zu dem es meine Frau Christine und mich immer wieder hinzieht. Der Königsfriedhof der ersten »Sonnenkönige« Ägyptens ist ein im Vergleich mit den großen Nekropolen von Sakkara und Giza zwar eher bescheidenes Gräberfeld, aber deshalb nicht minder interessant. Zudem verbindet mich mit diesem Pyramidenfeld eines meiner ersten kleineren Abenteuer, die ich im Land am Nil erlebt habe.

Abusir liegt etwa zwölf Kilometer südlich von Kairo, ist mit einem Taxi problemlos zu erreichen und erwacht aus touristischer Sicht so langsam aus seinem Dornröschenschlaf. Als wir dagegen das Ruinenfeld im Jahr 1990 das erste Mal besuchten, waren selbst die Pyramidenwächter überrascht,

Touristen auf ihrem Areal begrüßen zu dürfen. Damals war dies noch ein Ort absoluter Stille, zu dem sich kaum jemand verirrte. Während man sich noch bis ins Jahr 1996 den ganzen Tag fast ungestört zwischen den Ruinen und den Absperrungen der Ausgrabungszonen bewegen konnte, kommen in den letzten Jahren immer mehr Individualtouristen nach Abusir, auch wenn der große Boom bislang ausblieb. Grund dafür sind die Restaurationen der Nekropole des Königs Sahure sowie die aktuellen Ausgrabungen an denen der Könige Niuserre und Neferefre.

Der vor Jahren am Rand des etwa 20 Meter hohen Wüstenplateaus entstandene asphaltierte Parkplatz läßt vermuten, daß die Antikenverwaltung dieses Gräberfeld in absehbarer Zukunft dem Rundreisetourismus zugänglich machen will. Doch noch existiert keine direkte Verbindung von der Hauptstraße, die von Giza nach Sakkara führt, zum Pyramidenfeld. Noch führt der einzige befahrbare Weg durch das Dorf Abusir, entlang verfallener Häuser und auf holprigen, staubigen Straßen. Diese Strecke muß erst für Reisebusse ausgebaut werden, um Abusir an die großen Touristenrouten anbinden zu können. Doch bei den derzeitigen wirtschaftlichen Problemen des Landes, die u.a. durch die Terroraktionen der vergangenen Jahre bedingt sind, kommen hier große Zweifel auf.

Das erste, worauf wir 1990 bei unserem Besuch des Ruinenfeldes am Hang des Plateaus stießen, war der Aufweg der Sahure-Pyramide. Er beginnt in den kargen Überresten eines kleinen Taltempels, der damals von hohen Palmen und Sumpfgras umgeben war, den Überbleibseln des großen Sees, an dem das Tempelgebäude errichtet wurde. Mittlerweile wurde dieses »Biotop« gerodet, um die Restaurationen am Taltempel voranzutreiben. Entlang des Aufweges selbst fanden in den letzten zehn Jahren umfangreiche Ausgrabungen statt. Sie wurden u.a. mit dem Fund eines Relieffragments gekrönt, das einst eine der Innenwände des Aufweges verzierte. Dieses Relief ist insofern bemerkenswert, da es 15 Männer mit Seilen in den Händen zeigt, die – gemäß einer, wenn auch nicht ganz vollständigen Inschrift oberhalb der Darstellung – das Pyramidion der Sahure-Pyramide wahrscheinlich mittels eines Schlittens vom Hafen zur Baustelle ziehen.[2]

Damals gingen wir achtlos an den Resten des Aufwegs vorbei in Richtung Totentempel und ahnten nichts von den im Sand verborgenen Reliefresten. Im Totentempel erwartete uns ein heilloses Durcheinander an Steinblöcken, Säulen- und Mauerresten. Zwar gelang es den Ägyptern in den letzten Jahren mit teilweise primitivsten Mitteln, zwei Granitsäulen im Opferhof wieder aufzurichten, aber die Steine im hinteren Bereich des

Tempels liegen nach wie vor wahllos im Feld verstreut. Hier haben die Archäologen noch Arbeit für Jahrzehnte, wenn sie in dem Tempo weiter restaurieren wie bisher. Schon damals fielen uns die präzisen Bearbeitungsspuren in Granit und Basalt auf, staunten wir über die perfekt gearbeiteten Hieroglyphen, die beispielsweise auf Säulen und herabgestürzten Architraven zu finden waren. Diese Spuren erstreckten sich über das gesamte Ausgrabungsgebiet. Auch in den südlich der Sahure-Nekropole befindlichen Grabkomplexen der Könige Neferirkare und Niuserre entdeckten wir erstaunliche Zeugnisse der altägyptischen Handwerkstechnik.

Zu unseren ausgewählten Zielen gehörten aber vor allem die Eingangsbereiche der Pyramiden, insbesondere der der Sahure-Pyramide. Aus der Fachliteratur wußten wir, daß man ihr Kammersystem bis zu einer Gangkammer betreten konnte. Alle anderen Innenleben der königlichen Pyramiden waren dagegen verschüttet und unzugänglich. Als wir uns von den interessanten Einsichten des Totentempels gelöst hatten und an der Nordflanke der Sahure-Pyramide angelangt waren, kamen uns jedoch ernsthafte Bedenken hinsichtlich unseres Vorhabens, ihr Kammersystem zu betreten. Die Pyramide machte von keiner Seite aus betrachtet einen vertrauenserweckenden Eindruck, hatte schon vor langer Zeit ihre Verkleidung und damit auch ihre Form verloren. Doch vor allem die Nordseite dieses riesigen »pyramidalen Schutthaufens«, der aus minderwertigen und roh bearbeiteten Kalksteinblöcken aufgebaut und irgendwie zusammengehalten wurde, wirkte besorgniserregend. In ihrer Mitte klaffte tief im Mauerwerk eine Bresche, deren Steingefüge nicht sehr stabil aussah und auf den ersten Blick bei der geringsten Erschütterung einzustürzen drohte.

Auch der »Einstieg« ins Kammersystem sah alles andere als einladend aus. Nur etwa hüfthoch ragte der granitumwandete Eingang in den von Sand halb zugewehten Grabkorridor aus dem Erdreich. Wir mußten nicht viele Worte wechseln, um uns darüber im klaren zu sein, daß wir dort nicht so einfach hineinkriechen würden. Doch wie der Zufall es wollte, erschien gerade in dem Augenblick, als wir uns von der Pyramide abwandten, wie aus dem Nichts einer der Pyramidenwächter. So als ob es das Normalste der Welt wäre, schritt er auf den Eingang zu, schwang eine Petroleumlampe und fragte, ob wir ins Pyramideninnere wollten. Er schien unsere Blicke auf die marode wirkende Nordflanke bemerkt zu haben und versicherte uns, daß diese Exkursion völlig ungefährlich sei. Wir sollten uns nur immer hinter ihm halten und auf unsere Köpfe achten. Ohne auf unsere Zustimmung zu warten, verschwand der kleine Ägypter im Dunkel des niedrigen

Korridors und rief uns zu, doch endlich hinterher zu kommen. Gesagt, getan. Unsere Neugier gewann die Oberhand, und ehe wir uns versahen, krochen wir auf allen vieren in die Ungewißheit.
Der Ägypter hatte mittlerweile seine Petroleumlampe angezündet und wir die Taschenlampen zur Hand genommen, um uns zu orientieren. Anfangs ging es einige Meter den schmalen, leicht absteigenden Korridor entlang. Das laute Schaben unserer Rucksäcke an der Korridordecke erinnerte uns ständig daran, die Köpfe nicht allzu hoch zu halten. Schnell erreichten wir die schon erwähnte Gangkammer. Ein riesiger Granitsteinblock versperrte den weiteren Weg. Hier war also schon die Endstation unserer kleinen Exkursion. Wir musterten unsere Umgebung und wurden jäh aus unseren Gesprächen gerissen, als wir die Decke der Gangkammer im Licht unserer Taschenlampen betrachteten. Ihr ruinöser Eindruck mit ihren zerklüfteten und wie durch ein Wunder zusammengehaltenen Kalksteinblöcken mahnte uns nachdrücklich, diesen Ort schnell wieder zu verlassen. Wortlos traten wir den Rückweg an. Doch diesmal krochen wir voran und der Pyramidenwächter mußte uns folgen. Draußen wieder angekommen, waren wir erleichtert, diesen kleinen Abstecher gut überstanden zu haben und wußten sehr genau, daß uns niemand mehr in »dieses Loch« hineinbekommen würde. Nachdem wir unsere Kleidung vom Staub der Jahrtausende befreit und den freundlichen Ägypter mit einem ordentlichen Bakschisch für seine Dienste entlohnt hatten, gingen wir unserer Wege.
Gut zwei Jahre später, am 14. Oktober 1992, waren wir wieder auf dem Pyramidenfeld von Abusir und schauten bei der Sahure-Pyramide vorbei. Nach dem großen Erdbeben, das zwei Tage zuvor die Gegend erschütterte, hatten sich etliche Steine aus dem maroden Steingefüge der Pyramide gelöst und waren herabgestürzt. Insbesondere am Fuß der Bresche an der Nordflanke hatte sich ein großer Steinberg angesammelt. Der Pyramideneingang selbst war mittlerweile weitgehend mit Sand zugeweht und die Gangkammer – so teilte man uns vor Ort mit – endgültig in sich zusammengebrochen. So wird vermutlich auch das gesamte Kammersystem der Pyramide letztlich dem Erdbeben zum Opfer gefallen und für immer verloren sein.

6 *Das Ende des Cheops-Clans*

Als Chephren um das Jahr 2510 v. Chr. starb und Bakas Pyramidenprojekt nach seinem kurzen Zwischenspiel auf der ägyptischen Bühne die Anfangsphase nicht überstand, ging auch die Epoche der großen Pyramidenbauten endgültig zu Ende. Im Vergleich zu den früheren königlichen Großprojekten errichtete Chephrens Sohn Mykerinos[3] nur noch ein verhältnismäßig kleines Grabmal. Mit einer durchschnittlichen Basislänge von 103,40 Metern (Grundfläche: 102,20 x 104,60 Meter) erreichte seine Pyramide bei einem Neigungswinkel von etwa 51,3 Grad nur noch eine Höhe von ungefähr 65 Metern. Damit war sie in Umfang und Höhe mit dem Grabbau des Djedefre vergleichbar. Mit einem theoretischen Volumen von gut 230 000 Kubikmetern wurde bei der Mykerinos-Pyramide nur etwa ein Zehntel des Bauumfanges der Cheops-Pyramide erreicht.

Die Wahl der Basislänge der Mykerinos-Pyramide sollte richtungsweisend für die Zukunft werden. Als ob dieses Grabmal ein universelles Muster darstellte, wurde die dort eingemessene maximale Kantenlänge von 200 Ellen bis zum Ende des Pyramidenbaus in der 12. Dynastie (Mittleres Reich, um 1800 v. Chr.) immer wieder von den Baumeistern anvisiert, aber nicht mehr überboten.[4] In diesem Sinne markiert diese Pyramide einen krassen Einschnitt innerhalb der Pyramidenevolution und läutete eine neue Epoche im königlichen Grabbau ein. So scheint das klassische Pyramidenzeitalter heutzutage auf den ersten Blick zwei gegensätzliche Gesichter zu besitzen. Einerseits errichteten die Könige bis zur Mitte der 4. Dynastie die größten Grabmäler, die je auf unserem Planeten gebaut wurden, andererseits aber begnügten sich ihre Nachfolger bis zum Ende des Alten Reiches mit sehr viel kleineren Pyramiden.

Hierbei scheinen sich die Ägyptologen heute weitgehend einig darüber zu sein, daß die Verringerung von Masse und Größe der königlichen Grabmäler nicht der sichtbare Ausdruck einer Verminderung der weltlichen Stellung der Könige war, sondern lediglich einem Wandel innerhalb ihrer göttlichen Verehrung zugrunde lag.[5] In diesem Sinne wird auch verständlich, warum vor allem in der 5. Dynastie mit der Verkleinerung der Grabmäler im Gegenzug die Totenkultanlagen vergrößert und ihre Ausstattungen immer aufwendiger wurden. Somit bildete anscheinend nicht mehr der symbolische »Grabstein« – die Pyramide – das alleinige Zentrum der königlichen

Verehrung, sondern erhielt insbesondere der Totentempel eine neue dominierende Rolle im Totenkult zugedacht. Rainer Stadelmann glaubt in dieser Umpolarisierung eine Art »Vermenschlichung« des verklärten Königs zu erkennen: »Das göttliche Königtum als Amt ist geblieben, aber die göttliche Person des toten Königs ist durch den Tempelkult und die Einbeziehung einer Masse von Untergebenen in diese Dienstleistungen näher gerückt und menschlicher geworden.«[6] Vielleicht lag in diesem Wandel eine der Keimzellen begründet, aus der sich im Laufe des Alten Reiches eine gewandelte Sichtweise des Königtums entwickelte, die einerseits mit einem Prozeß der Demokratisierung der Gesellschaftsstrukturen einherging, andererseits aber auch den langsamen Untergang dieser Pharaonenepoche einläutete.

Doch ähnlich wie die Frage bislang unbeantwortet ist, ob zu Beginn des Pyramidenbaus religiöse Vorstellungen die Formgebung der Grabmäler beeinflußten oder vielleicht umgekehrt, die Pyramidenform erst den Glauben inspirierte, ist auch heute nicht eindeutig erkennbar, in welchen wechselseitigen Beziehungen insbesondere die Reduktion von Mykerinos' Pyramide zu einer gewandelten Sichtweise der nachtodlichen Königsverehrung stand. Denn es wäre wohl sicherlich gerade beim Grabbau des Mykerinos einseitig gedacht, nur davon auszugehen, daß sich die Veränderungen seiner Größe und Struktur ausschließlich auf religiöse Hintergrundaspekte reduzieren ließen. Vielmehr werden bei diesem Pyramidenprojekt auch bautechnische und wirtschaftliche Sachzwänge eine wichtige Rolle gespielt haben.[7] Ein paar grundsätzliche Gedankengänge sollen dies motivieren.

Architektur im Wandel

In der 4. Dynastie war jeder Pyramidenbau mehr oder weniger ein Wagnis. Erfolg und Mißerfolg lagen infolgedessen dicht beieinander. Wie ich schon beim Kammersystem der Chephren-Pyramide erwähnt habe, waren die königlichen Grabprojekte in jener Zeit bautechnisch fast ausnahmslos von Problemen geprägt, die die Ägypter stets zu Improvisationen zwangen. Diese Entwicklung begann wahrscheinlich schon bei den Stufen-Pyramiden der 3. Dynastie. Letztlich war es aber vor allem der Mißerfolg von Snofrus zweitem Pyramidenprojekt in Dahschur, der wie ein Damoklesschwert über jedem neuen königlichen Grabbauunternehmen in der 4. Dynastie hing. Es wird dem öffentlichen Bild des Königtums sicherlich nicht gut zu Gesicht gestanden haben, daß die monumentalen Machtsymbole und Kontaktstellen zur Jenseitswelt zum wiederholten Male nicht optimal fertiggestellt oder ihre Errichtung von vielen Hindernissen überschattet wurden. Außerdem hatte vermutlich der frühe Tod von Baka, der zur abrupten Einstellung der Arbeiten an dessen großangelegtem Pyramidenprojekt führte und ein Notbegräbnis in der Bauruine erforderlich machte, das Ordnungsgefüge der ägyptischen Welt empfindlich gestört.

Vor diesem Hintergrund ist es sicherlich nicht abwegig, die Möglichkeit ins Kalkül zu ziehen, daß man am Ende der 4. Dynastie langsam begann, sich über die Realisierung eines rechtzeitig fertigzustellenden Grabbaus, der eine ordnungsgemäße Bestattung ermöglichte, Gedanken zu machen. Vielleicht waren es erstmals die Bauleiter von Mykerinos, die zur Einsicht gelangten, daß die Errichtung von großen, über 100 Meter hohen Pyramiden eine architektonische und bautechnische Sackgasse darstellte und dem König daraufhin von einem neuen derartigen Projekt abrieten. Anstatt immer wieder die Mißerfolge an den Königsgräbern zu kaschieren und vor der Bevölkerung zu verbergen, begann man womöglich in anderen Kategorien zu denken und die sehr schnelle Verfügbarkeit eines Grabes in den Vordergrund zu stellen. Es ist außerdem nicht ausgeschlossen, daß neben den enormen Anstrengungen und Aufwendungen beim Bau der extrem hohen und materialverschlingenden Pyramiden auch ökonomische Sachzwänge in jener Zeit eine wichtige Rolle gespielt haben, die ihre Spuren im Wirtschaftssystem der Ägypter hinterließen und sie zum Umdenken zwangen. Im Sinne dieser Interpretation könnte demnach speziell die Verkleinerung der Mykerinos-Pyramide auch auf der Einsicht basieren, daß sich Errichtung und Anspruch eines ökonomischen, bautechnisch einfach realisierbaren und kultmäßig ausreichenden Königsgrabes nicht mehr mit dem Gigantismus der Snofru-, Cheops- und Chephren-Grabbauten vertrugen.

Aber wie dem auch sei, welche Motivationen letztlich wirklich für die Reduktion der Pyramiden verantwortlich waren: Vermutlich war es ein Segen für die Könige und ihre Architekten, daß man sich zu Beginn der 5. Dynastie auf die zwar äußerst umfangreichen, aber bodennahen Bautätigkeiten an den Tempeln konzentrieren konnte und im Gegenzug die stets schwierig zu errichtenden Pyramidengräber »überschaubare« und realisierbare Dimensionen annahmen. Womöglich hatte in dieser Zeit niemand mehr ein Interesse daran, auf den Spuren des architektonischen Erbes von Snofru, Cheops oder Chephren zu wandeln. Vielleicht wurde schon ab Mykerinos der Wunsch der Vater des Gedanken, die reibungslose Inbetriebnahme einer perfekt gestalteten, letzten Ruhestätte für die Ewigkeit zu garantieren.

Am Wendepunkt des Pyramidenzeitalters

Mykerinos ließ sich die dritte und kleinste der königlichen Pyramiden auf dem Giza-Plateau errichten. Sie ist aus touristischer Sicht nie richtig aus dem Schatten der beiden anderen Königsgräber herausgetreten. Rundreisegruppen besuchen sie in der Regel nur dann, wenn die anderen Pyramiden geschlossen oder überfüllt sind. Das heutige Desinteresse besteht jedoch völlig zu Unrecht, denn Mykerinos' Grabkomplex birgt viele sehenswerte architektonische Strukturen und noch so manches Geheimnis.

Als Mykerinos sich entschloß, sein Grabbau ebenfalls auf dem Giza-Plateau errichten zu lassen, waren seit der Aufnahme des Kultbetriebes in der Nekropole seines Vaters nur wenige Jahre vergangen. Die Gründe für die Wahl des Baugrundes erscheinen wie schon bei Chephrens Grabmal verständlich, bot doch das Giza-Plateau wiederum einen idealen Ausgangspunkt für ein weiteres Großbauprojekt. Die notwendigen Kalkstein-Ressourcen waren auf dem Plateau noch immer vorhanden, ebenso eine funktionierende Infrastruktur. Lediglich die ungünstige Lage des Baugrundes wird den Bauleitern von Mykerinos einiges Kopfzerbrechen bereitet haben. Der östliche Zugang sowie die Lage der großen Steinbruchareale im Süden des Plateaus, in denen schon die ersten großen Mastabas errichtet wurden, ließen nur einen schmalen Korridor für den Grabbau von Mykerinos offen. Der Baugrund mußte deshalb ziemlich weit im Südwesten der Hochebene gewählt werden, um nicht mit der benachbarten Chephren-Nekropole zu kollidieren. Dabei hätten die Bauleiter den Pyramidenkomplex durchaus noch näher an Chephrens Grabbezirk heranrücken, vor allem aber die Pyramide weiter östlich und somit näher an dessen Taltempel errichten können. Doch man entschied sich anders. Vermutlich definierte wieder die Lage eines neu erschlossenen Steinbruches den Standort des Grabmals.

Zur Errichtung der Pyramide selbst war es notwendig, den Felsuntergrund des Bauplatzes sorgsam zu bearbeiten, wobei vermutlich wiederum ein heute nicht mehr sichtbarer Felsstumpf unbekannter Größe stehengelassen und umbaut wurde. Außerdem mußte das schon vorhandene Hafenbecken am Zugang des Plateaus in Richtung des Taltempels erweitert werden.

Über das eigentliche Bauverfahren der Mykerinos-Pyramide gibt es wie so oft nur Spekulationen, nicht zuletzt auch aufgrund ihrer eher bescheidenen Größe. Eine markante Bresche, die an ihrer Nordflanke tief ins Kernmauerwerk reicht, wurde beispielsweise als Überbleibsel einer sogenannten »inneren Rampe« gedeutet, bei der man, wie Dieter Arnold vermutet, »das

Pyramideninnere selbst als eine Art Rampe« benutzte und nachträglich mit Füllsteinen kaschierte.[8] Mit dem Abriß der Verkleidung soll die Rampenstruktur im Mauergefüge wieder erkennbar geworden sein und die Mamelucken motiviert haben, das Füllmaterial daraufhin abzutragen, um ins Innere der Pyramide vordringen zu können.[9] Wer sich jedoch einmal die Bresche und die Bruchstellen der Steine genau angeschaut hat, bekommt leichte Zweifel an dieser Theorie. Die Bresche ist in ihrem Erscheinungsbild unförmig und ihre Kanten sind nicht geradlinig. Bei einer Rampenstruktur, die in einer Pyramide verläuft und mit Füllsteinen sauber geschlossen wird, sollte man relativ glatte Seitenwände erwarten können. Die Bruchstellen an den Kalkblöcken erwecken aber eher den Eindruck, als ob hier mit roher Gewalt eine Schneise in die Nordwand geschlagen wurde. Hinzu kommt noch, daß die Bresche wohl auch viel zu schmal ist, um als innere Rampe sinnvolle Dienste geleistet zu haben. Außerdem deutet der nahe gelegene Steinbruch südöstlich der Pyramide wieder darauf hin, daß mit einem Rampenmodell gearbeitet wurde, das auf der Grundlage einer Spiralrampe oder womöglich einer Anschüttung basierte.

Die Pyramide mit dem Namen »Göttlich ist Mykerinos«[10] mußte den Ägyptern nach ihrer Fertigstellung wie ein Juwel in der eintönig wirkenden, gelbgrauen Wüstenlandschaft vorgekommen sein. Während bei der Chephren-Pyramide nur die beiden unteren Lagen mit Verkleidungssteinen aus Rosengranit versehen wurden, berichtet Herodot davon, daß Mykerinos' Grabmal bis zur Hälfte mit diesem kostbaren Hartgestein verkleidet war. Die obere Hälfte der Verkleidungsschicht soll nach moderner Ansicht dagegen aus Tura-Kalkstein bestanden haben.[11] Ungefähr 13 000 Quadratmeter der Pyramidenoberfläche wurden demnach mit Rosengranit ummantelt, was einer Gesamtmenge von grob geschätzt 8000 Kubikmetern entspricht.[12] Ähnlich aufwendig wurden auch die Tempel von Mykerinos mit diesem Material ausgekleidet. So verbrauchte man in den Regentschaften von Chephren und Mykerinos insgesamt etwa 33 000 Kubikmeter Rosengranit. Dies entspricht über 70 Prozent des gesamten Verbrauchs des Alten Reichs.[13] Vielleicht ist in dieser aufwendigen Verkleidungsarbeit einer der Gründe zu suchen, warum der Grabkomplex von Mykerinos letztlich nicht rechtzeitig fertiggestellt werden konnte. Dafür würde auch sprechen, daß man die Granitblöcke größtenteils ungeglättet ließ. Ausnahmen bilden nur die Bereiche unmittelbar am Eingang und an der Übergangsstelle zum Totentempel. Auch wenn der Poliervorgang bei Granit ganz anders aussah als bei Tura-Kalkstein, kann man dies wiederum indirekt als Indiz dafür werten, daß die Glättung der Pyramide von oben nach unten erfolgte und, wie schon in Kapitel 4 erwähnt, mit der Verwendung eines Rampensystems in Verbindung bringen.

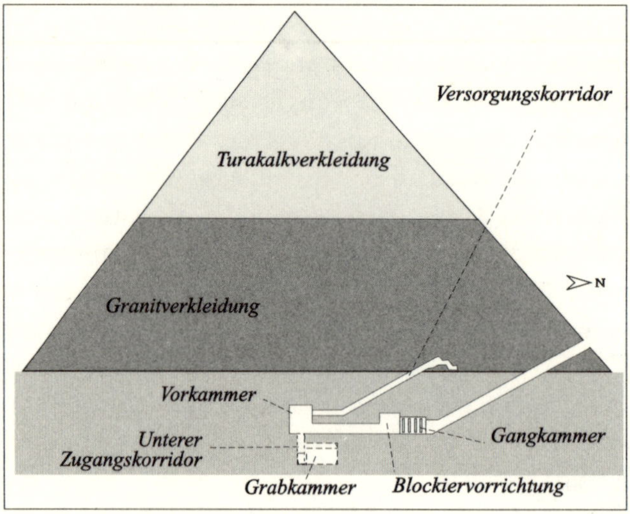

Abb. 28: Nordsüdschnitt durch die Mykerinos-Pyramide (ohne Grabräubertunnel). Oberhalb des Grabkorridors befindet sich ein zweiter Korridor, der innerhalb des Kernmauerwerks beginnt. Er diente vermutlich der Luftzufuhr bei den Arbeiten im unterirdischen Kammerbereich (nach Maragliolio/Rinaldi).

Ein Blick ins Kammersystem der Pyramide zeigt sofort, daß es im Vergleich zu anderen Pyramiden derart kompliziert aufgebaut ist, daß die Pyramidenforscher bis heute keine schlüssige Erklärung für seine Architektur anzubieten haben. Wie schon das Innenleben der Chephren-Pyramide muß es zu den großen Geheimnissen im Pyramidenbau gezählt werden. Die Kammern und Korridore wurden wieder unterirdisch angelegt, mühsam bis in eine Tiefe von 16 Metern in den Fels gemeißelt. Der Eingang in dieses System liegt an der Nordseite, knapp vier Meter über dem Bodenniveau. Über einen absteigenden Korridor,[14] vorbei an einer mit Nischen dekorierten Gangkammer und einer zerstörten Fallsteinvorrichtung, in der einst drei Granitsteine für die Blockierung des Kammersystems sorgten, gelangt man in eine nach Westen orientierte Kammer, die in der Literatur als »Vorkammer« bezeichnet wird. Von der Mitte des Kammerbodens führt ein granitverkleideter Korridor bis in eine mit einer Blockiervorrichtung versehene Grabkammer. Vor der Kammer zweigt ein nach Norden orientierter Gang ab, der in einem Magazinraum mit sechs Nischen endet.
Die Grabkammer ist vollständig mit Granit ausgekleidet, und ihr besonderes architektonisches Merkmal ist ein Giebeldach, dessen Unterseite in der Art eines Tonnengewölbes ausgearbeitet wurde. In der Kammer fand

Howard Vyse im Jahr 1838 einen leeren, deckellosen Basaltsarkophag, dessen Außenseiten wie eine Palastfassade dekoriert waren, aber keinerlei Inschriften trugen, die auf seinen Besitzer hindeuteten. Bei der Schiffsüberführung nach England ging dieses einmalige Artefakt im Oktober 1838 vor der spanischen Küste bei Cartagena verloren.

Nach dieser Kurzbeschreibung des Kammersystems stellen sich einige grundsätzliche Fragen zu seiner Struktur. Besonders die Lage der Grabkammer und die asymmetrische Ausrichtung des Magazinraumes erwecken vordergründig den Eindruck, als ob der obere Kammerbereich zu irgendeinem Zeitpunkt modifiziert und nach unten erweitert bzw. der untere Kammerbereich nachträglich in eine schon bestehende Raumkomposition integriert wurde. Gab es demnach auch in dieser Pyramide zwei unterschiedliche Bauphasen? War die »Vorkammer« vielleicht ursprünglich als Grabkammer einer ersten Bauphase konzipiert und später zugunsten der unteren Grabkammer aufgegeben worden?

Diese Vermutung wird in der Fachwelt in der Regel verneint. Das häufig verwandte Gegenargument, daß diese Kammer nicht als Grabkammer vorgesehen war, weil sie keine Granitverkleidung erhielt, kann dabei jedoch nicht überzeugen.[15] Auch die Grabkammer von Chephren wurde nicht mit Granit verkleidet. Doch wenngleich über diesen Befund bis heute gerätselt wird, würde kein Ägyptologe auf den Gedanken kommen, sie nicht als das anzusehen was sie ist.

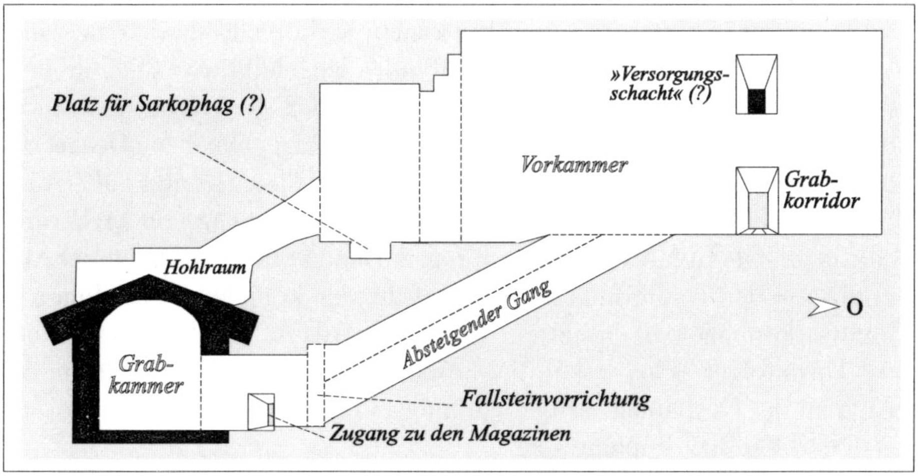

Abb. 29: Ostwestschnitt des unteren Kammerbereichs der Mykerinos-Pyramide (nach Maragliolio/Rinaldi).

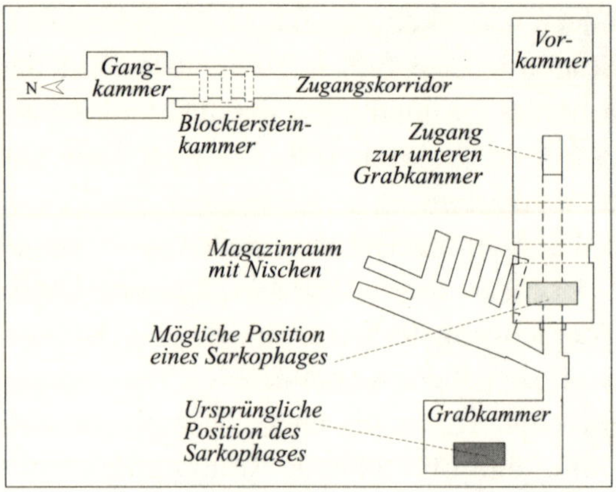

Abb. 30: Das Kammersystem der Mykerinos-Pyramide von oben gesehen (nach Maragliolio/Rinaldi).

Welche Indizien stützen die Vermutung, die »Vorkammer« könnte die Grabkammer einer ersten Bauphase gewesen sein? Neben der generellen Ähnlichkeit des oberen Kammerbereichs der Mykerinos-Pyramide mit den Kammersystemen der Grabbauten von Djedefre, Chephren (oberer Kammerbereich) und Baka wäre vor allem der eigentümliche Befund zu nennen, daß die »Vorkammer« eine Raumunterteilung besitzt, die im westlichen Bereich eine rechteckige Vertiefung im Fußboden aufweist, in der einst ein Sarkophag gestanden haben könnte.[16] Da auch in den genannten Vorläuferbauten die Sarkophage im Boden versenkt wurden, paßt sich dieser Befund hervorragend in diese markante architektonische Eigenart jener Epoche ein. In diesem Zusammenhang ist wohl auch eine andere Entdeckung von Howard Vyse von Bedeutung. Der Brite fand in der westlichen Nische der »Vorkammer« Fragmente eines hölzernen Sarkophags und Teile eines Skeletts, das noch teilweise in Mumienbinden eingehüllt war. Obwohl neueste Untersuchungen inzwischen gezeigt haben, daß die Mumienreste nicht von Mykerinos stammen können, weist der erhalten gebliebene Deckel des Holzsarkophags ein Spruchband mit dem Namen dieses Königs auf.[17] Auch der dekorative, leider verlorengegangene Basaltsarkophag von Mykerinos sollte nochmals zum Nachdenken anregen. Denn er beweist, daß unter Mykerinos mit der Tradition gebrochen wurde, den königlichen Leichnam in Granitsarkophagen zu bestatten. Interessanterweise besaß auch Mykerinos' Thronfolger, Schepseskaf, der anscheinend diverse unausgeführte Arbeiten an der Grabanlage seines Vorgängers beenden ließ, einen dekorativ verzierten Basaltsarkophag.

Welche Einflüsse waren hier am Werk? Ließ vielleicht Schepseskaf Veränderungen oder gar Erweiterungen am Kammersystem der Mykerinos-Pyramide durchführen? Und wenn ja, zu welchem Zweck? Hatte er während seiner kurzen Regentschaft überhaupt genügend Zeit dafür? Sollte hier gar noch ein anderer König seine Hände im Spiel gehabt haben? Oder geht die Planänderung womöglich doch auf Mykerinos selbst zurück, der aus irgendeinem, heute nicht nachvollziehbaren Grund ein modifiziertes Kammersystem benötigte? Fragen über Fragen, auf die es keine klaren Antworten gibt. Das Tor der Spekulationen bleibt geöffnet, dieses Kammersystem weiterhin rätselhaft. Insgesamt betrachtet besteht für die kleinste Königspyramide auf dem Giza-Plateau demnach ein enorm hoher Forschungsbedarf, so daß diese »Pyramiden-Akte« wohl noch lange nicht geschlossen werden kann.

Ein Bruch der Tradition?

Trotz der relativ guten Voraussetzungen auf dem Giza-Plateau und einer langen, etwa 28jährigen Regierungszeit war es Mykerinos nicht vergönnt, der Fertigstellung seiner Nekropole zu Lebzeiten beizuwohnen. Nach seinem Tod kam um das Jahr 2480 v. Chr. ein König mit dem Namen Schepseskaf auf den Thron,[18] der vermutlich ein Sohn von Mykerinos war und vier Jahre lang das Land regierte.

Schepseskaf übernahm nicht nur das königliche Erbe, sondern nach Meinung vieler Ägyptologen auch die Baustelle in Giza.[19] Die archäologischen Befunde deuten darauf hin, daß er beide unter Mykerinos nicht fertiggestellten Pyramidentempel eilig mit Lehmziegeln vollenden ließ. Die Feinarbeiten im Tempelkomplex wurden dabei nur auf das Notwendigste beschränkt, damit der Ritus des Totenkultes zu Ehren des verstorbenen Vorgängers zügig eingeleitet werden konnte. Der zur Anlage gehörige Aufweg wurde vermutlich nicht einmal überdacht. Schepseskaf war sicherlich bestrebt, die Fertigstellung des Grabbaus seines Vaters zu beschleunigen, um die frei gewordenen Ressourcen für den Bau seiner eigenen Nekropole zu nutzen.

Die Wahl der Grabstelle fiel dem neuen König vermutlich nicht leicht, da die »erhabensten« Plateaus in der Umgebung von Memphis schon vergeben waren. Das Giza-Plateau selbst bot ebenfalls keinen ausreichenden Platz mehr für eine große Pyramidenanlage. Schepseskafs Architekten entschieden sich letztlich für eine etwas abgelegene Wüstenhochebene einige Kilometer südlich der alten memphitischen Königsnekropole, am südwestlichen Rand des heutigen Dorfes Sakkara. Dort, kurz vor den Toren Dahschurs und in

Sichtweite der beiden großen Snofru-Pyramiden, fanden sie den notwendigen Platz und die dazugehörigen Steinbrüche für das neue Bauprojekt. Augenscheinlich und für jeden Besucher schon von weitem sichtbar, brach Schepseskaf bei seinem Grabbau mit der Tradition seiner Vorfahren und ließ sich keine Pyramide, sondern eine überdimensional große Mastaba errichten. Damit wurde erstmals seit dem etwa 200 Jahre zurückliegenden Bau der Stufen-Pyramide des Djoser als königliches Grabmal keine Pyramide gebaut. Aus heutiger Sicht wirkt Schepseskafs Grabkomplex auf den ersten Blick unscheinbar, da von den Umgebungsbauten kaum mehr etwas erhalten ist. Vom Grabmal selbst stehen dagegen noch die zwei Stufen seines massiven Kernmauerwerks. Die einstige Tura-Kalksteinverkleidung ist fast vollständig verschwunden, ebenso die Granitblöcke, mit denen die unterste Lage versehen war. Den besten Eindruck von der riesigen Königsmastaba erhält man von der Spitze der benachbarten Pyramide von Pepi II., einem der letzten Könige der 6. Dynastie. Dieses Grabmal steht nur wenige hundert Meter weiter nordwestlich und ist trotz seines schlechten äußeren Erhaltungszustandes problemlos über seine Nordwestkante zu besteigen.
Schepseskafs Grab wird heute aufgrund seiner Form im Volksmund »Mastaba el-Faraun«, die »Pharaonenbank«, genannt und trug im Alten Ägypten den Namen »Kühle Stätte des Schepseskaf«. Die Dimensionen der Mastaba sind beachtlich. Sie ist 99,60 Meter lang, 74,40 Meter breit und besitzt bei einem Neigungswinkel von fast 70 Grad eine mittlere Höhe von ungefähr 19 Metern.[20] Ihr Bauvolumen berechnet sich auf etwa 128000 Kubikmeter und entspricht nur ungefähr 55 Prozent von dem der Mykerinos-Pyramide. Da Schepseskafs Bauarbeiter jedoch parallel zum Bau der Mastaba auch den Grabkomplex von Mykerinos fertigstellen mußten, ist die hier geleistete Arbeit nicht zu unterschätzen. Auch an diesem kleinen, eher unscheinbaren Grabbau zeigt sich wieder, wie schnell die Ägypter die königlichen Grabmäler bis zu einer gewissen Höhe errichten konnten. Ihr enormes Arbeitspotential im unteren Bauabschnitt der Pyramiden wird dabei wohl nirgends eindrucksvoller dokumentiert als am Beispiel der Roten Pyramide von Snofru in Dahschur, an der es die Bauarbeiter vermutlich mit einem System vieler kleiner Rampen fertigbrachten,[21] das Grabmal in nicht einmal zehn Monaten bis zur etwa neun Meter hoch gelegenen 12. Steinlage aufzumauern. In dieser Zeitspanne wurden mehr als 400000 Kubikmeter Stein verbaut, was einer durchschnittlichen täglichen Leistung von über 1400 Kubikmetern entspricht.[22]
Für die Ägyptologen gehört Schepseskafs Grabmal »heute zum Rätselhaf-

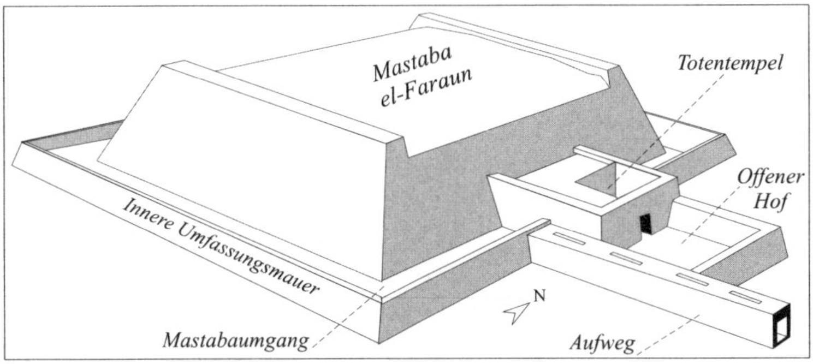

Abb. 31: Die Königsmastaba des Schepseskaf (nach Ricke, Jéquier und Lauer).

testen, was das Alte Reich zu bieten hat«, schreibt Miroslav Verner in seinem Übersichtswerk über die Pyramiden Ägyptens.[23] Die grundsätzliche Frage, wieso dieser König die Pyramidenform als »Grabarchitektur« aufgab, wird seit der ersten Erforschung der Mastaba kontrovers diskutiert. Vermutungen gibt es einige, übereinstimmende Ergebnisse konnten allerdings bis heute nicht erzielt werden. Oftmals wurden religiöse und politische Motive ins Feld geführt, die jedoch Befürworter wie auch Kritiker auf den Plan riefen.[24]

So wurde beispielsweise aus religiöser Sicht der immer stärker werdende Einfluß des Sonnenglaubens als Grund dafür gesehen, daß Schepseskaf die Form seines Grabmals wechselte. Hierbei interpretierte man den Formwechsel als bewußte Ablehnung des neuen religiösen Machtfaktors im Land.[25] Doch in Fachkreisen wurde mit Recht darauf hingewiesen, daß es bislang keinen signifikanten Hinweis dafür gibt, daß Pyramiden exponierte Kultobjekte des Re-Glaubens waren, und man daher in der Grabform der Mastaba auch keine »Gegenmaßnahme« auf den Einfluß der Sonnenreligion erkennen kann. Dieser war sicherlich in jener Zeit vorhanden und vermutlich auch deutlich spürbar, wird sich aber auf anderer, vor allem religiöser Ebene abgespielt haben. Zudem zeigt auch die Einführung der großen Sonnenheiligtümer in der 5. Dynastie deutlich, daß sie zwar in einem kulttechnischen Zusammenhang mit den Nekropolen der Könige standen, aber die Zentren der Verehrung keine Pyramiden, sondern riesige Obelisken waren. Hinzu kommt außerdem, daß sich Schepseskaf dem Erbe seines Vaters, der sich immerhin mit seinem Namen »Men-kau-Re« auf den Sonnenkult bezog, verantwortlich fühlte und die letzten Arbeiten an dessen Pyramidenkomplex in Giza durchführen ließ.

Ebensowenig überzeugt die Annahme, daß gewisse innenpolitische Probleme in der Regentschaft von Schepseskaf den Grabkult beeinflußt haben könnten.[26] Sicherlich sind Staatskrisen gerade am Ende der 4. Dynastie nicht auszuschließen, aber warum sollten Kontroversen auf politischer Ebene zu einem Formwandel des königlichen Grabmals geführt haben? Hier gibt es keinerlei Ansatzpunkte für eine konstruktive Auseinandersetzung. Bislang ist auch aus den Aufzeichnungen der damaligen Zeit nicht erkennbar, daß es einen Bruch innerhalb der Beamtenschaft gegeben hat. So muß man wohl von geordneten Verhältnissen in der Verwaltung und somit auch in der Regierung von Schepseskaf ausgehen. Außerdem hatte Schepseskafs Totenkult lange Zeit Bestand, demzufolge wurde sein Erbe nicht verfemt.[27]

Es sieht so aus, als ob ähnlich wie bei Mykerinos andere Faktoren die treibenden Kräfte in dieser speziellen Grabgestaltung waren. Ob es sich hierbei um wirtschaftliche Probleme im Land gehandelt haben könnte, die laut Miroslav Verner zu »einer bedeutenden Reduktion der Kosten« für den Bau des Königsgrabes führten,[28] ist prinzipiell nicht auszuschließen, erklärt aber ebensowenig den Formwandel des Grabmals im eigentlichen Sinne. Vielleicht resultierte die Mastabaform aber auch aus dem schon erwähnten Sicherheitsaspekt heraus.

Halten wir uns die damalige Situation noch einmal vor Augen: Nach der nicht rechtzeitigen Fertigstellung der Nekropole von Mykerinos konnte schon zum wiederholten Male ein Pyramidenkomplex nur unter zusätzlichen Anstrengungen seiner göttlichen Bestimmung zugeführt werden. So wurde die Liste der durch Planänderungen oder durch unvollständig ausgeführte Arbeiten behinderten königlichen Grabbauten immer länger. Hinzu kam, daß Schepseskafs Arbeiterheer auf zwei weit voneinander liegenden Baustellen verteilt war und der mühsame Aufbau einer Infrastruktur und Logistik an der neuen königlichen Grabstätte im Süden von Sakkara somit viel langsamer ausgeführt werden konnte als bei den Vorgängerprojekten. Wäre es aufgrund dieser Situation und der Erfahrungen der früheren Bauprojekte nicht verständlich, daß der König bei seiner Thronbesteigung befürchtete, die Fertigstellung seiner eigenen Grabstätte nicht mehr erleben zu können und infolgedessen in seiner Regierung nur das konsequent umgesetzt hat, was Mykerinos schon mit seiner kleinen Pyramide einleitete: die Errichtung eines Sicherheitsgrabes, d.h. eines voll funktionsfähigen, aber architektonisch nur auf das notwendigste beschränkten Grabkomplexes, der schnell fertiggestellt werden konnte und damit gewährleistete, daß das Begräbnis ohne Zeitverzögerungen ordnungsgemäß vonstatten ging. Diese Möglichkeit schließt auch Miroslav Verner nicht vollkommen aus und hält es für denkbar, daß die Mastaba el-Faraun »nur ein Provisorium darstellte, eine vorübergehende bauliche Lösung« für den Zeitraum, währenddessen noch ein großer Teil der Arbeitskräfte und der Bauindustrie auf dem Giza-Plateau gebunden waren.[29]

War die Mastaba also nur eine erste, aber begräbnistechnisch funktionstüchtige Baustufe eines Pyramidenprojektes, das aus den baulogistischen Sachzwängen heraus geboren wurde, die die Unterhaltung zweier großer Baustellen mit sich brachten? Dafür spricht zumindest laut Verner, daß das Kammersystem der Mastaba von der Struktur her mit dem einer Pyramide übereinstimmt, so daß ihr eventueller Umbau in ein übliches pyramidales Königsgrab relativ problemlos hätte durchgeführt werden können. Doch der frühzeitige Tod von Schepseskaf, der etwa um das Jahr 2475 v. Chr. starb, verhinderte dieses Vorhaben, und so kam sein vermutliches Pyramidenprojekt nicht über die »provisorische Lösung« hinaus.[30] Ein ähnlicher, wenn auch mit anderen Begleitumständen versehener Fall scheint sich, so Verner, auch in der Mitte der 5. Dynastie zugetragen zu haben. Als König Neferefre frühzeitig verstarb, hatte sein Pyramidenprojekt lediglich die erste Kernbaustufe erreicht und der abstrakt betrachtet »mastabaähnliche« Pyramidenstumpf wurde daraufhin zum endgültigen Grabbau umfunktioniert. Doch bei der hier geführten Diskussion um die wahren Beweggründe für die eigentümliche Form von Schepseskafs Grabmal sollte nicht außer acht gelassen werden, daß sich nach seinem unerwartet frühen Tod die Ereignisse in jener Epoche überschlugen und nur wenige Jahre später zum Ende des alten Herrschergeschlechts führten, das etwa 140 Jahre zuvor mit Snofru den Thron übernommen hatte. Nicht unwahrscheinlich, daß der Machtwechsel schon seit längerer Zeit vorausgeahnt wurde.

Die Prophezeiung

Irgendwann um das Jahr 2555 v. Chr. Es war ein heißer Sommertag und kaum jemand befand sich auf den Straßen innerhalb der Hauptstadt. Man schrieb das 25. Regierungsjahr des Horus Cheops und der Bau der großen königlichen Nekropole war schon vor Jahren beendet worden.

Im königlichen Palast waren an diesem Tage kaum Aktivitäten spürbar. Lediglich die Schritte der Leibwache hallten durch die Korridore. Die meisten Hofangestellten suchten Zuflucht in den kühlen Räumen der Residenz. Nur im Thronsaal herrschte reges Treiben. Der König hatte sich mit seinem

Gefolge versammelt, um der Langeweile des Tages durch allerlei Geschichten und dem üblichen hofinternen »small talk« zu entgehen. Seine Söhne waren auch zugegen und hatten so manch geheimnisvolle und merkwürdig anmutende Erzählung aus den vergangenen Tagen der ehemaligen Herrscher Ägyptens für ihren Vater parat. So gingen die Stunden dahin, wurden die Geschichten nur durch ein festliches Mahl und diverse Erfrischungen unterbrochen.

Irgendwann erhob sich Prinz Djedefhor, der für seine Klugheit bekannt war, und wandte sich an Cheops: »Bis jetzt hast du nur Geschichten gehört, die deinen königlichen Vorfahren widerfahren waren. Ich weiß nicht zu sagen, ob dies Wahrheiten oder Lügen sind. Aber es gibt heute einen im Lande, den du nicht kennst, der aber ein Weiser und großer Zauberer ist und der Wunderbares zu vollbringen vermag.«

Cheops, der bislang bei vielen Geschichten nur halbherzig zugehört hatte, wurde plötzlich hellhörig und fragte interessiert nach: »Worum handelt es sich, mein Sohn? Wer ist dieser Zauberer?«

Djedefhor antwortete prompt: »Es gibt da einen alten Mann mit Namen Djedi. Er lebt im Süden des Landes nahe der großen Oase in der Pyramidenstadt meines Onkels, des seligen Königs Snofru. Djedi soll unglaubliche 110 Jahre alt sein und sich dabei bester Gesundheit erfreuen. Man sagt, er könne einen abgeschnittenen Kopf wieder aufsetzen. Man habe ihn sogar dabei beobachtet, wie er einen Löwen verzauberte, der dann zahm hinter ihm herging. Außerdem soll er Kenntnis von den heiligen ›Schreinen‹ des Thot-Heiligtums haben.«[31]

Nun war Cheops' Neugier nicht mehr zu bremsen. Die letzte Bemerkung hatte ihn in ihren Bann gezogen. Fast hektisch wies er Djedefhor an, den alten Mann unverzüglich in den Palast bringen zu lassen. Ohne weitere Worte verließ er den großen Saal und begab sich direkt in die Palastbibliothek, um einige alte Papyrusrollen zu studieren.

Was die wenigsten der verblüfften Anwesenden wußten, war, daß Cheops sich schon Jahre mit den verschollenen, tragbaren Schreinen des alten Thot-Heiligtums beschäftigte, in denen sich nach den Überlieferungen der Vorfahren alte und unschätzbare, kleine Götterstatuen und Kultobjekte befinden sollten. Ihnen galt Cheops' Interesse. Sie sollten ihn einmal auf seiner Reise in die himmlische Götterwelt begleiten und ihn in seinem jenseitigen Leben schützen. ...

Einige Wochen später traf Djedi in Begleitung von Djedefhor im Palast ein und wurde dem König im großen Säulensaal vorgestellt. Cheops erkannte sofort die tiefe Weisheit des alten Mannes und ließ sich durch einige Taten auch von seinen geheimen Künsten überzeugen. Schließlich kam der König darauf zu sprechen, weshalb er Djedi eigentlich hatte kommen lassen. Er fragte direkt: »Man hat mir gesagt, du weist etwas über die ›Schreine‹ des Thot. Wie viele gibt es? Nenne mir ihre Zahl.«

Djedi antwortete lächelnd: »Mit Hochachtung, mein König. Ich kenne nicht ihre Anzahl.« Für einen Augenblick hielt er inne: »Aber ich kenne den Ort, an dem sie sich befinden.«

Cheops' Atem stockte, bevor er hastig nachfragte: »Wo ist dieser Ort, weiser Mann?«

Djedi antwortete ohne zu zögern und wies dabei nach Norden: »In Heliopolis, mein König. Es gibt dort in einem Haus namens ›Septi‹ ein Archiv, eine Kammer voller Buchrollen. Und darin eine kostbare Steinkiste, in der sie aufbewahrt werden. Die Steinkiste ist versiegelt und wird im Schutze der Götter von sehr heiligen Männern bewacht, die ihr geheimes Wissen von dem Vater auf den Sohn vererben.«

Plötzlich kam Bewegung in die Situation. Der König wollte seine Höflinge augenblicklich anweisen, die Kiste mit Djedi zusammen holen zu lassen, aber der alte Mann hielt ihn zurück: »König, mein Gebieter, haltet ein. Nicht ich bin es, der sie dir bringen kann. Das ist nicht meine Aufgabe. Dies ist nicht meine Bestimmung. Es tut mir leid, mein König.«

Einen Augenblick herrschte absolute Stille im Säulensaal. Cheops' und Djedis Blicke trafen sich und der König konnte keine Regung im Angesicht des weisen Mannes erkennen. »Wieso nicht? Wer wird sie mir denn bringen?« Cheops' Worte klangen zögerlich. Er hegte aber keinen Groll gegen den großen Zauberer, der seine Kunst zuvor eindrucksvoll bewiesen hatte.

Djedi öffnete seine Arme und streckte sie nach oben, als ob er den Himmelsgott anbeten würde: »Ein Kind könnte dir und dem Land einmal die ›Schreine‹ bringen. Das älteste der drei Kinder, die aus dem Schoße einer Frau mit Namen Rudjedjet geboren werden. Dieses Kind wird die ›Schreine‹ in seinen Händen halten und ihren Inhalt offenbaren. So soll es nach dem Willen der Götter geschehen.«

Cheops blickte seinen Sohn Djedefhor verblüfft an und schaute sich dann in der Runde der Anwesenden um. Mit einem Achselzucken wandte er sich wieder direkt an Djedi: »Nun gut. Das soll mir lieb sein. Aber wer ist denn diese Rudjedjet, und was ist an diesem Kind so besonderes?«

Djedi verzog keine Miene bei der Antwort: »Rudjedjet ist die junge Frau eines Priesters des Re mit Namen Rawoser, der in der Stadt Sachebu seinen

Dienst verrichtet. Sie wird bald drei Söhne des Re, des Herrn von Sachebu, zur Welt bringen. Der Sonnengott hat ihr weissagen lassen, daß ihre Kinder einmal die Königswürde in diesem ganzen Lande erlangen werden und daß das älteste von ihnen auch ein Hoherpriester des Sonnenglaubens sein wird.«

Ein Raunen ging durch die Menge der anwesenden Personen. Cheops erschrak und wurde ein wenig blaß. Auch Djedefhor senkte den Blick, drehte sich ab und starrte auf die Kolossalstatuen des Königs, die an den Wänden aufgestellt waren.

»Warum so betrübt, mein Herr?« frage Djedi und beschwichtigte den Herrscher ein wenig: »Ist es wegen der Kinder des Re? Keine Angst, mein König. Es ist noch nicht soweit. Erst in drei Generationen wird der erste Königssohn, der aus dem Schoße der Rudjedjet geboren wird, euren Thron erben. Somit folgen nach dir, erhabener König, noch dein Sohn und dann noch dessen Sohn.«

Cheops Miene hellte sich wieder ein wenig auf. Er blickte auf seine anwesenden Söhne und wandte sich nochmals an Djedi. »Weiser Mann, bist du sicher mit deiner Prophezeiung? Wie wird sich der zukünftige König, der nicht aus meinem Familiengeschlecht stammen soll, denn nennen?«

Djedi lächelte: »Zweifele nicht an meinen Worten, großer König. Die Zukunft wird mein Wissen bestätigen. Auch kenne ich den Namen des großen Königs, der ein neues Zeitalter einläuten wird. Doch es ist mir nicht erlaubt, ihn dir zu nennen. Der Sonnengott sei mein Zeuge. Aber wisse, mächtig werden seine Lebenskräfte sein.«

Cheops mußte sich zufriedengeben und löste die Gesprächsrunde auf. Die Götter hatten anscheinend über das Schicksal seiner Familie zu Rate gesessen und ihm den Zugriff auf die »Schreine« des Thot verwehrt. Er beugte sich ihrem Urteil.

Dem weisen Djedi wurde ein Quartier im Palast zugewiesen, das er bis zu seinem Tode bewohnen konnte. Von diesem Tage an durfte er von den Speisen des Königshauses essen und einen schönen Lebensabend verbringen, an dem er dem König und seinen Söhnen noch so manche wundersame Geschichte erzählte. Irgendwann wurden die königlichen Drillinge geboren und wuchsen während der Regentschaft von Cheops' Nachkommen heran, um die Königswürde nacheinander zu übernehmen. Das Schicksal einer ganzen Dynastie sollte sich erfüllen, so wie es der Sonnengott bestimmt hatte.

Herkunft unbekannt

Die Prophezeiung des Djedi, die hier in abgewandelter Form wiedergegeben wurde, ist eine der Kernaussagen des sogenannten »Papyrus Westcar«.[32] Diese in hieratisch verfaßte Handschrift stammt aus dem 17. Jahrhundert v. Chr., geht aber vermutlich auf Vorlagen aus dem Mittleren Reich oder womöglich sogar auf eine volkstümlich überlieferte Erzählung aus dem Alten Reich zurück. Der Papyrus Westcar enthält Geschichten, die am Königshof des Cheops erzählt werden und von wundersamen Taten und Begebenheiten großer Zauberer und Vorlesepriester berichten. In der Regel werden die in gewisser Weise mit modernen Märchenerzählungen vergleichbaren Wundergeschichten heute von den meisten Ägyptologen kritisch betrachtet und nicht als beweiskräftige Quellen wahrer historischer Begebenheiten gewertet. Doch kann man gewissen Rahmenbedingungen der Geschichten nicht völlig absprechen, daß ihnen ein historischer Kern zugrunde liegen könnte, zumal viele der im Papyrus auftretenden Namen von Personen und Ortschaften der Realität entsprechen. So wird auch die »Geburtslegende der 5. Dynastie« nicht vollkommen frei erfunden worden sein, sondern einige Aspekte der geschichtlichen Ereignisse beim Wechsel von der 4. in die 5. Dynastie in legendenhafter Form widerspiegeln.
Vordergründig erweckt die erst viele Jahrhunderte nach dem Untergang des Alten Reiches niedergeschriebene Erzählung den Eindruck einer propagandistischen Legitimationsschrift, die, so Miroslav Verner, die politischen »Veränderungen an der Spitze des Staates nachträglich erklären und begründen« sollten.[33] Gab es dafür einen Anlaß? Sahen die Erzähler dieser Geschichte, die ihr Wissen um den Beginn einer neuen Dynastie vermutlich Generation für Generation mündlich überlieferten, und die späteren Literaten, die sie letztlich zu Papyrus brachten, eine Notwendigkeit darin, die politischen Geschehnisse um das Jahr 2470 v. Chr. begründen zu müssen? Diese Frage kann derzeit nicht eindeutig beantwortet werden. Die ungewisse Herkunft von Userkaf, dem ersten König der 5. Dynastie, resultiert aus den ungeklärten politischen Verhältnissen am Ende der 4. Dynastie, die bis heute im dunkeln liegen. Sie konnte bislang weder inschriftlich noch archäologisch nachgewiesen werden, so daß die Gelehrten vielfach nur auf Spekulationen angewiesen sind.
Heute nimmt man vielfach an, daß nach Schepseskafs Ableben ein König namens Djedefptah (oftmals auch Thamphtis genannt) für einige Jahre die Macht im Land ausübte,[34] dann aus noch ungeklärten Gründen verstarb

und Schepseskafs Frau, Chentkaus I., den vakant gewordenen Thron bestieg. Sie spielte demnach eine entscheidende Rolle beim Übergang in die 5. Dynastie, die nach allen bisher zur Verfügung stehenden Fakten friedlich verlief. Von einigen Forschern wird sie sogar mit der »Rudjedjet« aus dem Papyrus Westcar in Verbindung gebracht. Besonders die verwandtschaftliche Zuordnung von Userkaf zur Königsfamilie der 4. Dynastie ist seit langem Gegenstand wissenschaftlicher Kontroversen und bis zum heutigen Tage nicht gelöst. Mehrere Varianten werden von den Ägyptologen für denkbar gehalten, Userkaf meist als Sohn oder Gemahl von Chentkaus I., aber auch als Nachkomme aus dem Familienzweig des Djedefre, insbesondere als Sohn dessen einziger Tochter angesehen.[35]
Vor allem aufgrund der bei der letzten Variante erkennbaren verwandtschaftlichen Beziehung von Userkaf zur Cheops-Familie schließt beispielsweise Miroslav Verner nicht aus, daß es am Ende der 4. Dynastie zu einem »Verstoß gegen die strengen Regeln der Thronfolge zugunsten eines Seitenzweigs des königlichen Geschlechts« gekommen sein könnte.[36] Die erste Möglichkeit hingegen entspräche im weitesten Sinne auch der Geschichte aus dem Papyrus Westcar, wenn man voraussetzt, daß Rudjedjet ein Pseudonym für Chentkaus I. und sie tatsächlich die Mutter der ersten drei Könige der 5. Dynastie, Userkaf, Sahure und Neferirkare, war. Auf der anderen Seite kann man auch die Möglichkeit nicht ausschließen, daß Userkaf ein nichtköniglicher Gemahl der Chentkaus gewesen war, der als Hoherpriester des Sonnenkultes die Macht im Staat widerrechtlich ergriff, nachdem die Thronfolge einige Zeit ungeklärt blieb.[37] Folgendes Szenario wäre demnach vorstellbar: Nach Schepseskaf regierte dessen Sohn oder Bruder Djedefptah wenige Jahre, ohne nach seinem frühen Tod einen eigenen Erben zu hinterlassen. Somit entstand ein Bruch in der rechtmäßigen Thronfolge und die Erblinie des Cheops-Familienclans wurde unterbrochen. Chentkaus I., eine Gemahlin, eventuell auch Tochter von Schepseskaf, leitete infolgedessen für ein paar Jahre die Regierungsgeschäfte, ehe die politisch mächtig gewordene Re-Priesterschaft sie zur Hochzeit mit dem Hohenpriester Userkaf nötigte, der dann das Königsamt übernahm.
Eine interessante Variante, die in der Ägyptologie durchaus ihre Anhänger gefunden hat und die man im Auge behalten sollte, wenngleich sie sich derzeit nicht durch fundierte archäologische Befunde erhärten läßt. Vor diesem Hintergrund sollte man aber auch nicht außer acht lassen, daß es im Pharaonenstaat immer wieder führenden Vertretern der einflußreichen Götterkulte aufgrund ihrer politischen und ökonomischen Sonderrolle ge-

lang, bis in diejenigen Schlüsselpositionen vorzustoßen, die es ihnen ermöglichten, Versuche zu unternehmen, ihren Einfluß- und Machtbereich bis auf die obersten staatlichen Domänen auszuweiten. So ist nicht auszuschließen, daß es im Laufe der langen Geschichte Ägyptens des öfteren zu inneren Konflikten zwischen den Königen und ihren Hohenpriestern kam. Dies wurde auch dadurch begünstigt, daß die mächtigen Tempelkulte zu eigenständigen und schwer zu kontrollierenden »Staaten im Pharaonenstaat« avancierten. Über derartige Machtkämpfe ist aufgrund der einseitigen, meist nur auf die Könige fixierten Überlieferungen jedoch kaum etwas bekanntgeworden. Nur einmal, am Ende der Ramessidenzeit, erhob die mächtige Amun-Priesterschaft aus Theben ganz offen den Anspruch auf den Pharaonenthron und stellte fast 150 Jahre lang das Herrschergeschlecht aus ihren Reihen.
Was angesichts der im Moment diskutierten Möglichkeiten im Gedächtnis haften bleibt, ist lediglich die Ungewißheit. Die tatsächlichen Vorgänge beim Dynastienwechsel wie auch Userkafs unbekannte Herkunft werden die Ägyptologen noch eine Weile beschäftigen. Sie können wohl nur durch das Auffinden weiterer zeitgenössischer Quellen zufriedenstellend aufgedeckt werden. So wird man die zukünftigen Ausgrabungen im Umfeld der Königsnekropole bei Abusir und an den damaligen Kultplätzen des Sonnengottes oder aber die Entdeckung der Grabruine von Djedefptah abwarten müssen, um den Schleier der Ungewißheit vom Ende der großen Pyramidendynastie ziehen zu können.
Eines hingegen scheint heute in der Ägyptologie relativ klar zu sein. Mit Beginn der 5. Dynastie erlangte der Einfluß des Sonnenkultes einen neuen Höhepunkt und seine Verlagerung nach Heliopolis war fast abgeschlossen. Die Stadt wurde zum uneingeschränkten Machtzentrum des Sonnenglaubens ausgebaut.

Machtübernahme in Heliopolis

Spätestens ab der 5. Dynastie bekam die mächtige Atum-Priesterschaft von Heliopolis Konkurrenz durch die Anhängerschaft des Sonnenglaubens. Nachdem die neue Priestergemeinde in der Stadt Fuß gefaßt hatte, entwickelte sich der Ort unter ihrer Herrschaft zur geistigen Hochburg des Re-Kultes.
Ob der Sonnenkult schon vor dieser Zeit einen gewissen Einfluß auf den Kultbetrieb in Heliopolis ausübte und sich dort vielleicht untergeordnet

etablieren konnte, ist in der Fachwelt umstritten. Die Meinungen über den genauen Zeitpunkt der Kultansiedlung des Sonnengottes Re gehen teilweise sehr weit auseinander. Einige Ägyptologen behaupten, der Sonnenkult habe sich schon im Laufe der 4. Dynastie an diesem Ort ausgebreitet,[38] andere glauben sogar an eine noch längere Präsenz der Re-Priester.[39] Sicher scheint dagegen heute nur zu sein, daß der Sonnengott in Heliopolis nicht »zum ursprünglichen Kultbestand«[40] gehörte und das direkte Auftreten seiner Priesterschaft in dieser Stadt aufgrund der bisherigen archäologischen und inschriftlichen Befunde erst seit dem Beginn der 5. Dynastie belegt ist. Sicherlich werden die Kultansiedlung des Sonnengottes und die nachweisbare Einflußnahme der Re-Priesterschaft auf das religiöse Geschehen im Land nicht spontan zu Beginn der 5. Dynastie vonstatten gegangen, sondern schon vor dieser Epoche langsam und koordiniert eingeleitet worden sein. Es ist dabei nicht auszuschließen, daß man schon während der Regentschaft von Djedefre, der sich als erster König in seiner Titulatur direkt auf den Sonnengott bezog, in Heliopolis ein Heiligtum zu Ehren des Sonnengottes einrichtete. Vielleicht breitete sich der Sonnenkult aber auch erst während der relativ kurzen Regierungszeiten der letzten Herrscher am Ende der 4. Dynastie dort aus. Somit stellen sich hier zwei Fragen. An welchem Ort lag vor der 5. Dynastie die Hauptkultstätte des Sonnengottes? Und welche Auswirkungen hatte seine Kultansiedlung im einzelnen auf den Atum-Kult?

Hinsichtlich der ersten Frage haben die Ägyptologen heute keine eindeutige Antwort parat und können nur spekulieren. Einen Hinweis glaubt man aber u.a. in dem schon erwähnten Papyrus Westcar gefunden zu haben. In der Erzählung von der göttlichen Abkunft der königlichen Brüder ist von einer Stadt namens »Sachebu« die Rede, in der der Sonnengott vor der 5. Dynastie verehrt worden sein soll. Viele Ägyptologen wie etwa Miroslav Verner halten Sachebu trotz des zweifelhaften Charakters des Papyrus Westcar für einen real existierenden Kultort und ebenso wie Heliopolis für ein »bedeutendes Zentrum der Re-Verehrung«.[41] Sie konnten den Ort jedoch bislang nicht genau lokalisieren. Vermutungen gehen aber davon aus, daß Sachebu gegenüber von Heliopolis auf der westlichen Nilseite in der Nähe des heutigen Dorfes Sat el-Kom gelegen hat.[42] Die Entdeckung und Freilegung dieser alten Kultstätte könnte mit Sicherheit so manches Rätsel des Re-Kultes lösen und womöglich die bisher unbekannten Beweggründe der rasanten Ausbreitung der Sonnenreligion am Ende der 4. und zu Beginn der 5. Dynastie erklären. Vielleicht entdeckt man parallel dazu auch einen

Hinweis auf den bislang ungeklärten Dynastienwechsel und die Herkunft von Userkaf.

Auch wenn sich die näheren Umstände und der genaue Zeitpunkt der Verlagerung oder Ausdehnung des Kultbetriebes von Sachebu – oder von einem anderen, bislang unbekannten Kultort – nach Heliopolis nicht bestimmen lassen, hat sich jedoch die daraus resultierende Einflußnahme des Sonnenglaubens auf die heliopolitanische Gottheit Atum durch spätere Überlieferungen niedergeschlagen. Ihnen ist zu entnehmen, daß erstmals in der Pharaonengeschichte eine »kultisch-politische Götterverbindung« vollzogen wurde.[43] Es kam zu einer Art Verschmelzung der unterschiedlichen Glaubensvorstellungen, wobei letztlich die Doktrinen des Sonnenkultes die Oberhand gewannen. So zog der Sonnengott Re nach seiner »Einführung« in Heliopolis die elementaren Eigenschaften und Aspekte des Gottes Atum »an sich und vereinigt sie in sich«.[44] Infolgedessen wurde er ab der 5. Dynastie über dem Schöpfergott Atum zur beherrschenden Gottheit von Heliopolis und ließ sich in der Folgezeit nachträglich als oberste Stadtgottheit verehren. Nach der einfachen Formel »Re-Atum«, in der der erste Namensteil die Kultgestalt des Gottes und der zweite den besonderen Aspekt, unter dem er verehrt wurde, hervorhob, übernahm Re mit der Zeit alle wichtigen Funktionen und Aufgabenstellungen, die in der altägyptischen Schöpfungsgeschichte und innerhalb der Königsideologie zuvor dem Gott Atum zukamen.[45] So galt der Sonnengott bei den Ägyptern auch spätestens seit Beginn der 6. Dynastie als der eigentliche Schöpfergott. In den damals in den Königsgräbern auftretenden Pyramidentexten ist deshalb vom Gott »Re-Atum« im Sinne von »Atum als Schöpfer, also als Re« die Rede.[46]

Praktisch verbarg sich hinter dieser Götterverbindung wohl eine Art religiöse Machtübernahme durch die Re-Priesterschaft, die der alteingesessenen Atum-Priesterschaft den Rang ablief und sich deren Einfluß auf die damalige Königsideologie sicherte. Wie dies in der Realität ausgesehen haben könnte, ist allerdings völlig unklar. Sicherlich gab es keine gewalttätigen Auseinandersetzungen, sondern eine sehr viel verdecktere, womöglich ökonomisch oder politisch orientierte Einflußnahme auf die Atum-Priester, die wohl auch vom neuen Königshaus aus gesteuert wurde. Allem Anschein nach ging die Machtübernahme dabei relativ schnell vonstatten.

Spurensuche

Von der einstmals großen Metropole Heliopolis mit ihren ausgedehnten Tempelbauten ist fast nichts mehr erhalten geblieben. Aufgrund einer lang anhaltenden intensiven Feldernutzung und der modernen Überbauung liegen die Ruinen der alten Tempel heutzutage metertief im Fruchtland und vermutlich schon in der Nähe des Grundwasserspiegels. Bislang wurden keine gezielten Grabungen durchgeführt. Heliopolis gehört derzeit wohl zu den am »wenigsten erforschten großen Stätten des Landes«, faßt Dieter Arnold die derzeitige archäologische Situation zusammen.[47] Demzufolge besitzen die Ägyptologen weder gesicherte Erkenntnisse über die Ausdehnung des einstigen Stadtgebietes noch über die genaue Lage und Struktur der sakralen Bauwerke im zentralen Tempelbezirk. Aufgrund dieser ungenügenden archäologischen Fundsituation kann man die wahre Bedeutung von Heliopolis für den Sonnenglauben im Moment eigentlich noch gar nicht richtig abschätzten. Dennoch gibt es einige grundlegende Daten und Fakten, die dieser heiligen Stadt ein paar Konturen geben.

Heliopolis war wie jede andere altägyptische Stadt auf den Nil als Transport- und Versorgungsweg angewiesen. Sie lag aber nicht direkt am Nilufer, sondern stand mit ihm über einen künstlich errichteten Kanal in Verbindung.[48] Der inschriftlich mehrfach belegte Nilhafen der Tempelstadt wird heutzutage südlich von Altkairo beim Dorf Atar en-Nabi vermutet, ist aber archäologisch noch nicht nachgewiesen worden.[49] Zum erweiterten Stadtgebiet von Heliopolis gehörte wahrscheinlich auch der Gebel el-Ahmar, ein Berg am Rande von Kairos Stadtbezirk El Gamaliya. Die Ägypter nannten ihn aufgrund der vornehmlich rötlichen Färbung seiner Quarzitsteine »Dju Descher«, den »Roten Berg«. Der Gebel el-Ahmar zählte zu den bekanntesten und beliebtesten Steinbrüchen in altägyptischer Zeit. Aus den dort abgebauten Steinen wurden hauptsächlich Skulpturen und Kunstobjekte gefertigt, die beispielsweise im Bereich der Pyramidentempel Verwendung fanden. Das Quarzitgestein vom Gebel el-Ahmar war derart begehrt, daß es manchmal den Beinamen »Wunderstein« erhielt und seine Herkunft auf den Denkmälern inschriftlich vermerkt wurde.[50]

Das Umfeld des zentralen Kultbezirkes von Heliopolis konnte archäologisch lokalisiert werden. Seine äußerst spärlichen Überreste liegen heute am bebauten Hügel El-Hisn nahe des Dorfes El-Matarija, am nordöstlichen Rand der ägyptischen Hauptstadt. Archäologischen Sondierungen zufolge bedeckte das Tempelareal eine Fläche von etwa 900 Meter mal 1000 Meter, worauf noch vereinzelte Reste der einst massiven, über 30 Meter dicken Ziegelumfassungsmauer hindeuten.[51] Das Tempelgelände war fast mittig durch eine doppelwandige Mauerkonstruktion unterteilt, die vielleicht zur Trennung bestimmter Kult- oder Wohnbereiche diente. Heute erinnert die wenigen Besucher, die es nach Heliopolis verschlägt, nur noch ein einziges Denkmal daran, daß dieser Ort einmal eines der größten religiösen Zentren des Pharaonentums war. Im südlichen Tempelbereich steht ein über 20 Meter hoher Granitobelisk, den König Sesostris I. um das Jahr 1950 v. Chr. (Mittleres Reich) zusammen mit einem heute verschwundenen Pendant zu Ehren des Schöpfergottes Atum errichten ließ.[52]

Aus inschriftlichen Überlieferungen geht hervor, daß während der langen pharaonischen Geschichte neben den beiden großen Tempelanlagen der Hauptgötter Atum und Re-Harachte, die »verwaltungstechnisch und wirtschaftlich eng miteinander verbunden« waren,[53] noch eine Reihe weiterer Heiligtümer in Heliopolis errichtet wurden. Darunter befanden sich u.a. auch ein Horus- und ein Hathor-Tempel. Aufgrund archäologischer Indizien konnten bislang jedoch keinerlei Spuren dieser Heiligtümer entdeckt werden. Ihre genaue Lage auf dem Tempelgelände ist völlig ungewiß und wird nur durch den Verlauf der Umfassungsmauer eingegrenzt. Die einzige Ausnahme bildet hierbei lediglich der große Atum-Tempel, der auf dem künstlich angeschütteten, flachen Hügel stand, den die Archäologen E. Schiaparelli und Flinders Petrie zu Beginn dieses Jahrhunderts in der Mitte des südlichen Tempelbereichs untersuchten. Bei dieser von einer über 60 Meter dicken Ringmauer umgebenen und über 400 Meter im Durchmesser großen Anhöhe handelt es sich laut Dieter Arnold mit großer Wahrscheinlichkeit um »jenen inschriftlich als ›Hohen Sand‹ bekannten Urhügel von Heliopolis.«[54]

Archäologisch untermauert wird die Position des Atum-Heiligtums durch den Standort des Obelisken von Sesostris I., der sich im Bereich der Anhöhe befindet und mit dem Tempelbau in Zusammenhang gestanden haben wird.[55] Außerdem deuten die bisherigen Untersuchungen darauf hin, daß sich in der südlichen Hälfte der Ziegelumwallung eine etwa 500 Meter lange Sphingenallee befand, die vom Westtor des Tempelbezirks bis zum Atum-Tempel führte. Einzelne Sphingenfragmente aus gelbem Alabaster konnten bei den Grabungen zu Beginn dieses Jahrhunderts ans Tageslicht gebracht werden. Ein Exemplar weist eine Größe von sieben Metern auf.[56]

Hinsichtlich der Lage des großen Sonnentempels können die Gelehrten allerdings nur spekulieren. Der deutsche Ägyptologe Dieter Arnold hält es

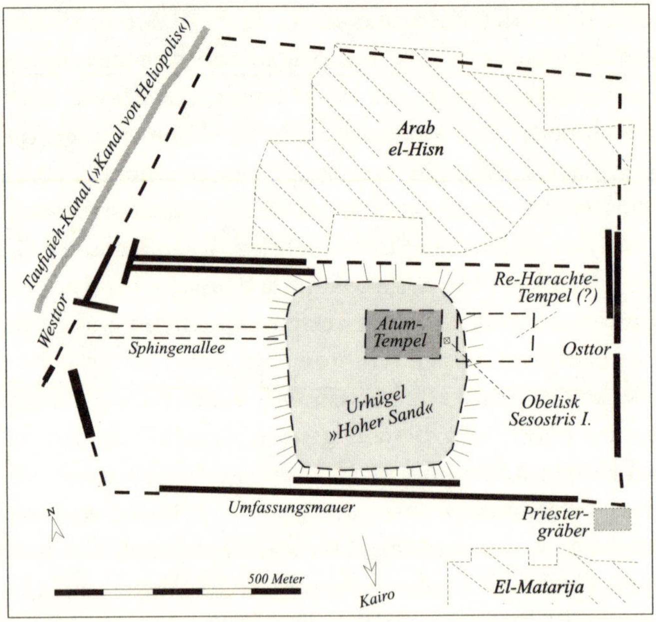

Abb. 32:
Die Ruinen
der Tempelanlage
von Heliopolis
(nach Ricke).

beispielsweise für denkbar, daß er entweder »nach Osten, der aufgehenden Sonne entgegenblickend mit dem Rücken gegen den Atum-Tempel« errichtet wurde oder womöglich »in der nördlichen Hälfte der großen Umwallung« gelegen hat.[57] Nur gezielte Grabungen können diese Frage klären. Viele Könige haben zu Ehren der Hauptgötter von Heliopolis im Tempelareal Obelisken aufstellen lassen und sich damit bei besonderen Anlässen wie etwa Regierungsjubiläen auch selbst gehuldigt. Man vermutet heute aufgrund von diversen Hinweisen in spätägyptischen und antiken Schrif-

Heutiger Standort	Höhe [Meter]	Gewicht [Tonnen]	»Bauherr«	Ursprünglicher Standort
Piazza S. Giovanni (Laterano/Rom)	32,18	455	Thutmosis III.	Karnak
Karnak-Tempel	29,56	323	Hatschepsut	-
Atmeidan (Hippodrom, Istanbul)	28,95	~ 320	Thutmosis III.	Karnak
Piazza S. Pietro (Vatikan/Rom)	25,37	331	Thutmosis III.	Heliopolis
Luxor-Tempel	25,00	~ 300	Ramses II.	-
Place de la Concorde (Paris)	22,55	227	Ramses II.	Luxor
Piazza del Popolo (Rom)	23,20	235	Sethos I.	Heliopolis
Monte Citorio (Rom)	21,79	~ 200	Psamtik II.	Heliopolis
Central Park (New York)	21,21	193	Thutmosis III.	Heliopolis
Thames Embankment (London)	20,87	187	Thutmosis III.	Heliopolis

Tab. 3: Die zehn größten Obelisken Ägyptens und ihre heutigen Standorte (ohne den »unvollendeten Obelisken« aus Assuan, Daten teilweise nach Habachi und Arnold).

ten, daß zur Glanzzeit der Stadt nicht weniger als 16 Obelisken auf dem Tempelgebiet standen.[58] Das älteste bislang bekannte Exemplar stammt aus der Regierungszeit des ersten Königs der 6. Dynastie, Teti (um 2300 v. Chr.). Er besteht aus Quarzit, war einst nur etwa drei Meter hoch und gehörte vermutlich zu einer Kapelle, die Teti am »Hohen Sand« errichten ließ. Sein oberer, mit der Königstitulatur beschrifteter Teil wurde im Jahr 1972 bei Grabungen im Umfeld des Sesostris-Obelisken freigelegt.

Eine große Anzahl der in Heliopolis aufgestellten Obelisken wurde während der späteren Besatzungszeiten Ägyptens durch die Perser, vor allem aber durch die Römer abgerissen, zerschlagen und teilweise verschleppt.[59] So stammen auch die meisten der heute auf den großen innerstädtischen Plätzen Italiens aufgestellten Obelisken – wie etwa der von Thutmosis III. auf der Piazza San Pietro vor dem Petersdom in Rom – aus Heliopolis. Dieses Beispiel des gezielten Raubes von Kulturgütern in der Antike dokumentiert sichtbar den endgültigen Niedergang des religiösen Zentrums und damit der gesamten altägyptischen Zivilisation in jener Epoche.

Heliopolis war nachweislich spätestens seit der persischen Eroberung des Landes im sechsten vorchristlichen Jahrhundert im Verfall begriffen. Aber die Stadt stand in griechischer Zeit noch in dem Ruf, ein »Ort der Weisheit« zu sein, hatte nach wie vor genug Einfluß, daß die dort ansässigen

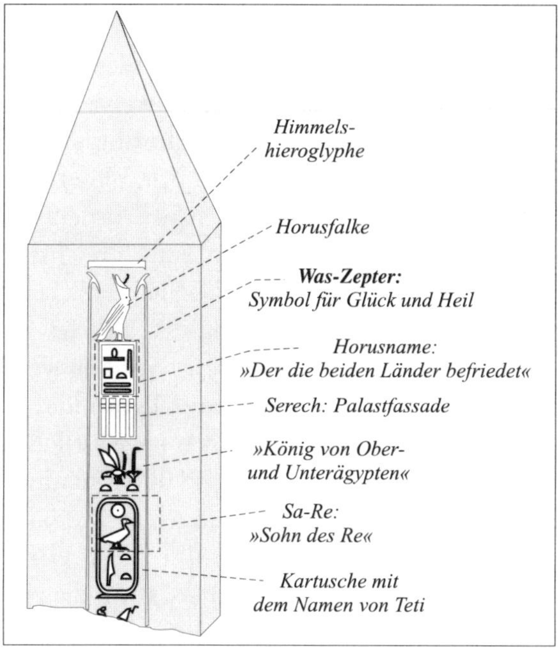

Abb. 33: Oberer Teil eines Obelisken, den Teti in der 6. Dynastie in Heliopolis aufstellen ließ.
Die Inschrift gibt einen Teil von Tetis Titulatur wieder (nach Habachi).

Priester die Geschicke des Landes mitbestimmen konnten. Doch schon der griechische Gelehrte Strabo beschrieb Heliopolis um die Zeitenwende als »ganz verödet« und bemerkte, daß die alten Tempelanlagen »viele Denkzeichen von der Rauberei und Tempelschändung des Kambyses« zeigten,[60] der die Stadt »mit Feuer und Schwert« verwüstet hatte.[61] Spätestens nachdem die Tempelgebäude in arabischer Zeit größtenteils abgerissen und ihre Steine in den umliegenden Dörfern verbaut wurden, geriet die einstige Sonnenstadt endgültig in Vergessenheit.

»Der den Großen schaut«

Nach allen bisherigen Erkenntnissen war alles, was im Alten Reich mit Heliopolis in Zusammenhang stand, von einer großen Machtfülle umgeben und übte einen erheblichen Einfluß auf viele Bereiche des Staates aus. So stellt sich die Frage, wie man sich trotz der schlechten Fundsituation im zentralen Tempelbereich von Heliopolis dem Erbe dieser Stadt aus archäologischer Sicht nähern kann. Wo finden sich konkrete Belege über den Einfluß der heliopolitanischen Priesterschaften innerhalb der klassischen Pyramidenzeit? Wo finden sich Hinweise der einflußreichen Beamten, die im Schatten des Sonnen- und Schöpfergottes ihren Dienst verrichteten und sich in ihren Amtsbezeichnungen auf Heliopolis bezogen?

Nun, eine derartige Suche beginnt und endet im Land am Nil meist in den »Stätten der Ewigkeit« – in den Gräbern. So wurde beispielsweise an der Südostecke des heliopolitanischen Tempelbezirkes ein Friedhof hoher Re-Priester aus der 6. Dynastie entdeckt, deren Gräbern man u.a. nähere Informationen über ihre Tätigkeiten am Ende des Alten Reiches entnehmen konnte. Da die heliopolitanischen Würdenträger zu den einflußreichsten Persönlichkeiten des Pyramidenstaates gehörten, führt die Suche nach ihnen aber auch auf die großen Pyramidenplateaus entlang des Nil, wo sie sich monumentale Steinbauten errichten ließen. Eine dieser Spuren weist wieder zurück nach Giza – auf den Westfriedhof der Cheops-Pyramide.

Die ursprünglichen unter Cheops konzipierten Grabanlagen im westlichen Teil seiner Nekropole bedeckten eine Fläche von etwa 45000 Quadratmetern. Sie wurden in drei unabhängigen Gräberfeldern angelegt und nach und nach in Betrieb genommen. Die zentralen Bezugspunkte der drei Bereiche waren dabei große Mastabas (G 4000, G 1201 und G 2100), die einflußreichen, meist aus der Königsfamilie stammenden Beamten der Baulei-

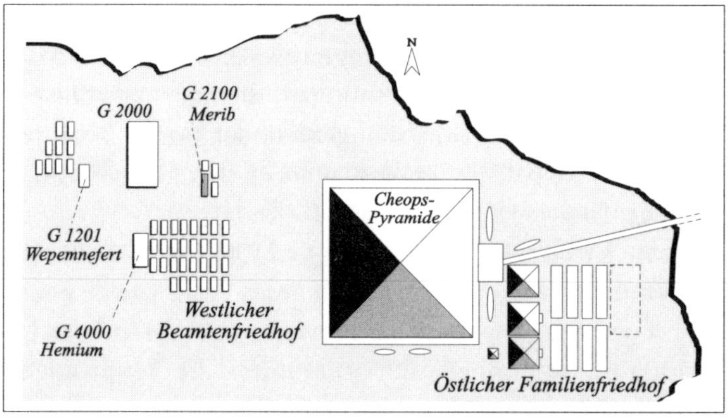

Abb. 34: Das ursprüngliche Kerngebiet der Cheops-Nekropole am nördlichen Rand des Giza-Plateaus (nach Porter/Moss).

tung zugewiesen wurden. Um sie herum gruppieren sich die Gräber von wichtigen Mitarbeitern des Baustabes, hohen Funktionären und ihrer Gemahlinnen.[62] Insgesamt umfaßte die Gräbergruppe an der Mastaba G 4000 einunddreißig, die an G 1201 zehn und die an G 2100 vier Grabanlagen. Schon zu Lebzeiten von Cheops war der Westfriedhof eine Nekropole mit Zukunft, und so wurden bereits während der ersten Bauphase die notwendigen Vorkehrungen für dessen Erweiterung getroffen. Immerhin war der Verehrungskult der dort Bestatteten eine Generationenaufgabe, die vom Prinzip her ewig Bestand haben sollte. Demzufolge mußte gewährleistet werden, daß über Jahrhunderte hinaus auch neue Grabanlagen auf diesem Gräberfeld entstehen konnten. So dehnte sich der Westfriedhof mit der Zeit unaufhörlich in Richtung der Cheops-Pyramide aus, wurde auf der anderen Seite aber auch in die westliche Wüste erweitert. Im Laufe dieser Entwicklung hob man schließlich die strenge Symmetrie der ersten Bauphase auf, die die Strukturierung der Grabanlagen unter Cheops' Regentschaft noch auszeichnete. Während die Mastabas zwischen der Cheops-Pyramide und der ursprünglichen Kerngruppe in den nachfolgenden Generationen weiterhin symmetrisch – aber schon mit einer erkennbaren Willkür – in mehreren Reihen angelegt wurden, entstand im westlichen Teil des großen Friedhofsgeländes ein wahres Durcheinander an Grabanlagen. Am Ende des Alten Reiches wurden die Mastabas bis dicht an die Umfassungsmauer der Cheops-Pyramide gebaut, nach Westen dehnte sich der Friedhof sogar fast einen halben Kilometer weit aus.

Ähnlich wie auf dem großen Zentralfriedhof südlich der Chephren-Pyramide vergißt der heutige Betrachter bei der Fülle an Steinmonumenten allzuoft, daß sich hinter jeder einzelnen Mastaba auch eine spezielle Familiengeschichte verbirgt. Erst die in Stein gehauenen inschriftlichen oder reliefierten

Selbstdarstellungen der Verstorbenen erwecken sie wieder zum Leben. In den für das Jenseitsleben von großer Bedeutung gewesenen Biographien der Grabeigentümer finden sich viele Titelbezeichnungen, die nach Jahrtausenden noch einen guten Einblick in die Aufgabengebiete der hohen Beamten und Priester geben. So ist es kein Wunder, daß man in den Gräbern auch Hinweise auf hochrangige Titelträger aus Heliopolis findet.

Von besonderem Interesse ist hierbei die Mastaba G 2100, die in der Fachliteratur auch die Bezeichnung »Lepsius 24« trägt. Dieses Grab wurde nachweislich im Lauf der 4. Dynastie umgebaut und erweitert. Während der Inhaber der ersten Baustufe bislang unbekannt ist, konnten die Ägyptologen den fertiggestellten Grabbereich einem gewissen »Merib« zuordnen.[63] Da die Mastaba eine der zentralen Grabanlagen des Westfriedhofes war, ging beispielsweise Wolfgang Helck davon aus, daß ihr ursprünglicher Grabherr, mit großer Wahrscheinlichkeit Meribs Vater, ein Prinz gewesen sein könnte.[64] Demnach stand Merib auch in einem verwandtschaftlichen Verhältnis zur Königsfamilie, war allem Anschein nach ein Enkel des Cheops, und lebte vermutlich in der Regierungszeit von Mykerinos oder Schepseskaf.

Das Merib auch selbst eine hochgestellte Persönlichkeit am königlichen Hof war, beweisen eine Reihe von wichtigen Titeln und Bezeichnungen, die in Inschriften in der Opferkammer seiner Mastaba gefunden wurden. Nach dem deutschen Ägyptologen Hermann Junker fungierte er im Hauptamt als eine Art »Minister für Transport und Verkehr« und hatte den »Oberbefehl über vier Staatsschiffe«.[65] Zusätzlich wird er als »Leiter des Palastes«, »General«, »Größter der Zehn von Oberägypten«, »Verwalter aller Arbeiten des Königs«, »Vorlesepriester«, »Priester des Cheops« und »ma-wer Iunu« ausgewiesen.[66] Besonders bedeutsam ist der letztgenannte Titel »ma-wer Iunu«, der in der Ägyptologie mit »Der den Großen von Heliopolis schaut« übersetzt wird und somit einen direkten Zusammenhang mit der Stadt Heliopolis herstellt.[67] Was hatte dieser geheimnisvoll klingende Titel für eine Bedeutung? Welche Aufgabengebiete besaßen seine Inhaber? Und in welchem Zusammenhang stand er mit dem fast identisch lautenden Titel »Der den Großen schaut«,[68] der in der zweiten Hälfte des Alten Reiches als Titelbeschreibung eines »Hohenpriesters des Sonnengottes Re von Heliopolis« galt? War Merib womöglich einer der beiden obersten Re-Priester seiner Zeit, ein sogenannter »erster Prophet des Sonnengottes«?[69]

Abb. 35: Hieroglyphische Schreibung des Titels »Der den Großen von Heliopolis schaut«.

Für die zuletzt gestellte Frage gibt es in der Ägyptologie zwar bislang keine eindeutige Antwort, sie wird aber derzeit mehrheitlich verneint.[70] Da sich mit der zeitlich nicht genau datierbaren Ansiedlung des Sonnenkultes in Heliopolis ebensowenig der Zeitpunkt der Einführung des höchsten Priesteramtes des Sonnenglaubens abschließend klären läßt, gehen auch hier die Auffassungen der Fachleute teilweise weit auseinander. So gibt es beispielsweise einige Forscher, die es für möglich halten, daß das Amt des Hohenpriesters von Heliopolis schon zu Beginn der 5. Dynastie eine längere Tradition hatte und sogar bis auf Imhotep, den legendären Baumeister der Stufen-Pyramide von König Djoser, zurückgegangen sein könnte.[71] Doch obwohl der Titel »Der den Großen schaut« tatsächlich schon seit Beginn der 3. Dynastie und sein erweitertes Pendant »Der den Großen von Heliopolis schaut« ab der 4. Dynastie inschriftlich belegt sind, bezweifeln heute die meisten Ägyptologen, daß einer von ihnen auch zu dieser Zeit schon das höchste heliopolitanische Re-Priesteramt beschrieb. Man ist vielmehr davon überzeugt, daß die hauptamtlichen Hohenpriester des Sonnenkultes nicht vor Beginn der 5. Dynastie auf der ägyptischen Kultbühne erschienen und die beiden Titel trotz ihres vermeintlichen Gleichklangs zwar wesensverwandt waren, aber aufgrund ihrer Entwicklung unterschiedliche Funktionen besaßen.

Wie man der Fachliteratur entnehmen kann, soll sich die Bezeichnung »Der den Großen schaut« bis zum Ende der 3. Dynastie nur auf die Person des Königs bezogen haben und ein Titel höherer Hofbeamter oder Prinzen gewesen sein, ohne daß in seiner Funktion und Ausübung eine nähere Verbindung zu Heliopolis bestanden hat. Mit Beginn der 4. Dynastie erfuhr der Titel einen Bedeutungswandel und wurde mit Heliopolis in Verbindung gebracht, was man durch die Zufügung des Stadtnamens zum Ausdruck brachte.[72] Da die Träger des neuen Titels »Der den Großen von Heliopolis schaut« – wie beispielsweise die Snofru Söhne Rahotep und Kanofer – nachweislich mit königlichen Bauprojekten und Expeditionen beauftragt waren, interpretiert man diese Amtsbezeichnung als einen Rangtitel eines Expeditionsleiters, der Exkursionen von Heliopolis aus vor allem zu den Steinbrüchen auf dem Sinai und des Gebel el-Ahmar führte.[73] In diesem Sinne soll der Titelaspekt »der Große« in der 4. Dynastie demnach nicht mehr auf den König ausgerichtet gewesen sein, sondern könnte – da man heute nicht ausschließt, daß die Expeditionsleiter auch ein wichtiges Priesteramt innehatten, welches sich auf eine nicht näher benannte, aber ihrem Beruf verbundene Gottheit bezog – im Umfeld des Kultes der heliopolitanischen

Gottheit Atum zu suchen sein.[74] Da die Verehrung der Atum-Priester von Heliopolis auch auf einen heiligen Stein ausgerichtet war, liegt es nahe, daß zwischen dieser Priesterschaft und dem in der Stadt angesiedelten Expeditionswesen, bei dem es vorrangig darum ging, kostbare Steinarten zu suchen und abzubauen, ein Zusammenhang bestand. Hierbei scheint es sogar denkbar, daß die obersten Expeditionsleiter der 4. Dynastie auch das Amt eines Hohenpriesters des Atum-Kultes ausübten. Für diese Vermutung würde indirekt die Tatsache sprechen, daß sich die Hohenpriesterämter in der ersten Hälfte des Alten Reiches meist in den Händen von »leiblichen Königssöhnen« wie etwa die schon erwähnten Kanofer und Rahotep befanden. Schließlich kam es mit dem fast sprunghaften Machtanstieg der Sonnenpriester zu Beginn der 5. Dynastie zu einem erneuten Bedeutungswandel des Titels, der zu einer Differenzierung zwischen dem Amt eines Expeditionsleiters und dem eines Re-Hohenpriesters führte.[75] Als sich demnach der Sonnengott als »Staatsgottheit« durchgesetzt hatte, wurde die Bezeichnung »der Große« letztlich auf den neuen heliopolitanischen Hauptgott übertragen.

Somit würde für den vorliegenden Fall zusammenfassend folgen, daß der auf dem Giza-Plateau begrabene Merib allem Anschein nach ein königlicher Expeditionsleiter war, der womöglich sogar ein hohes Amt innerhalb des Atum-Kultes innehatte. Zu dieser Deutung würden auch seine weiteren Titel wie »Oberbefehlshaber über vier Staatsschiffe« oder »Verwalter aller Arbeiten des Königs« gut passen.

Auch wenn bis heute noch nicht alle Aspekte der religiösen oder staatlich-administrativen Aufgaben und Funktionen der Träger des Titels »Der den Großen von Heliopolis schaut« zu Beginn des klassischen Pyramidenzeitalters geklärt sind, wird hier doch eines erneut erkennbar: Auch schon vor der 5. Dynastie, ab der der Sonnenkult nach dem heutigen Kenntnisstand in Heliopolis heimisch wurde, übte die Stadt einen großen Einfluß aus und entwickelte sich zu einem geistigen Zentrum des Pharaonenstaates. Die obersten Re-Priester der 5. Dynastie wie auch die mit Heliopolis in Verbindung gebrachten Expeditionsleiter der 4. Dynastie gehörten zu den weltlichen Säulen des ägyptischen Staates, ohne die das göttliche Königtum schwerlich hätte existieren können. Sie alle waren zudem Persönlichkeiten, die untrennbar mit der grundlegenden Entwicklung des Pyramidenbaus verknüpft waren und ihrer Zeit nachhaltig ihren Stempel aufdrückten.

7 *Zielpunkt Abusir*

Der Beginn der 5. Dynastie zeichnet sich aus heutiger Sicht durch die architektonische Neugestaltung des Pyramidenkomplexes von Userkaf und die erstmalige Errichtung eines riesigen, an die Architektur der Pyramidenkomplexe angelehnten Sonnenheiligtums aus. Mit dem letztgenannten Bauwerk dokumentierte Userkaf nachhaltig seine absolute Hinwendung zum Sonnenglauben und seine tiefe Verbundenheit mit dem Sonnengott, die sich auf eine ganze Epoche auswirken sollten und diesen König von all seinen Vorgängern abhob.[76] Vor diesem Hintergrund wundert es mich nicht, daß die späteren Chronisten gerade in diesem »Sohn des Re«, unabhängig von seiner Herkunft und »vorköniglichen Funktion«, den Begründer einer neuen Dynastie sahen.

Der neue König ließ seine Grabstätte mit dem Namen »Rein sind die Stätten des Userkaf« auf dem alten memphitischen Königsfriedhof in unmittelbarer Nähe der Djoser-Nekropole errichten. Userkafs Pyramidenkomplex ist heute weitgehend zerstört und wird trotz seiner direkten Nähe zu den Hauptattraktionen des Sakkara-Plateaus von den Touristen kaum beachtet. Die Ruinen des Totentempels liegen hinter hohen Sanddünen und Schuttbergen und werden von ortskundigen Führern nur auf Anfrage angesteuert. Auch die Nebenpyramiden südlich des Tempels sind bis zur Unkenntlichkeit zerstört und ihre Kammersysteme liegen aufgebrochen unter freiem Himmel. Der Aufweg des Pyramidenkomplexes wurde bislang noch nicht freigelegt, seine Konturen zeichnen sich aber auf Luftbildaufnahmen ab. Er verläuft ziemlich geradlinig nach Südosten, wo sich seine Spur am Plateaurand verliert. Vom Taltempel der Userkaf-Pyramide fehlt dagegen jeder Hinweis. So erinnert die Besucher auf dem Sakkara-Plateau heute lediglich die ursprünglich über 73 Meter breite, etwa 49 Meter hohe und seit dem letzten Jahrhundert nicht mehr zugängliche Pyramidenruine daran, daß hier der »Stammvater« einer Dynastie bestattet wurde. Doch auch sie ähnelt mehr einem Schutthaufen, der mit Flugsand und Geröll zusammengehalten wird. Nur im oberen Teil ragen die roh bearbeiteten Kalksteine des Kernmauerwerks heraus.

Die Bauweise der Userkaf-Pyramide – wie auch die vieler anderer Grabbauten aus der zweiten Hälfte des Alten Reiches – wird in der Fachliteratur im Vergleich mit der der Pyramiden der 4. Dynastie oftmals mit Umschrei-

bungen wie »schlampig« oder »nachlässig« versehen.[77] Dies hat nicht nur manchmal in der Ägyptologie, sondern auch in der Öffentlichkeit zu der Vermutung geführt, daß mit der 5. Dynastie ein »Verfall« in der Pyramidenbaukunst eingetreten sein könnte. Aber war dies wirklich der Fall? Könnte das ruinöse Erscheinungsbild der Pyramiden dieser Epoche nicht auch eine andere Ursache und nichts mit einer bewußt nachlässigen Bauweise zu tun gehabt haben? Und sollte man sich nicht umgekehrt einmal die Frage stellen, warum eigentlich die im Gegensatz dazu als bautechnisch höherwertiger eingestuften Pyramiden von Giza und Dahschur die Jahrtausende so formtreu und standfest überstanden haben?
Die Antwort hierfür ist relativ offensichtlich. Die Kernmauerwerke der großen Pyramiden wurden im Prinzip mit riesigen, gut bearbeiteten und dicht verlegten Steinblöcken kompakt in die Höhe gebaut und abschließend unter einer Verkleidungsschicht verborgen, die keine ausschließlich stabilisierende Funktion besaß. Auch nach ihrem Verlust hielten die massiven Kernmauerwerke die Grabbauten noch immer in Form. Die Pyramiden der 5. und 6. Dynastie scheinen dagegen strukturell ganz anders aufgebaut zu sein. Die äußeren Bereiche ihrer Kernmauerwerke wurden allem Anschein nach nur aus grob zugehauenen Steinen kleineren Ausmaßes errichtet, die dabei von einem sorgsam verlegten Verkleidungsmantel gehalten wurden, der für die notwendige Stabilität sorgte.[78] Rein äußerlich unterschieden sich die Pyramiden der 5. Dynastie in ihrer Ausführung nicht von ihren Vorläuferbauten, ihre Errichtung wird jedoch sicherlich material- und arbeitssparender ausgefallen sein, so daß man zu dem Schluß kommen kann, in ihnen sogar ein fortgeschrittenes bautechnisches Know-how der Architekten zu erkennen. Erst mit dem Verlust ihrer Verkleidungen wurde diesen Pyramiden wie auch der von Userkaf ihre innere Stabilität genommen, so daß die äußeren lockeren Schichten des Kernmauerwerks ihren Halt verloren, mit der Zeit wegrutschten und die Erosion der Jahrtausende den heutigen ruinösen Eindruck hinterließ.
Die großen Pyramiden Altägyptens sind unbestritten arbeitstechnische und logistische Meisterwerke, bei denen die Bauarbeiter Höchstleistungen in den Steinbrüchen, beim Transport der schweren Lasten und beim Verlegen der Steinblöcke bis in schwindelerregende Höhen vollbringen mußten. Doch betrachtet man sie vom wirtschaftlichen und statischen Gesichtspunkt, so scheinen sie mit den einst unverwüstlich wirkenden Großrechnern der ersten Computer-Generation vergleichbar zu sein, die in den sechziger Jahren unseres Jahrhunderts ganze Häuser zu füllen imstande waren,

während heute ein vielfach leistungsfähigerer, aber auch leichter zu zerstörender Personal Computer fast in jede Aktentasche paßt. Doch niemand würde heute auch nur im entferntesten auf den Gedanken kommen, den Konstrukteuren der alten Großrechner eine höhere »Baukunst« zuzusprechen als den heutigen Mikroelektronik- und Hardware-Spezialisten, nur weil die modernen Computer auf unseren Schreibtischen ausschließlich in Kunststoffgehäusen betrieben werden.

Der »Große Graben« von Sakkara

Von der einstigen Herrlichkeit des Totentempels von Userkaf, der ursprünglich, so Jean-Philippe Lauer, »bedeutend und üppiger ausgestattet« war, als die »vergleichbaren Bauten seiner Vorgänger«, ist nichts erhalten geblieben.[79] Seine moderne Rekonstruktion erwies sich als schwierig, da diverse Umbauten, die Einführung großer Schachtgräber in der Spätzeit Ägyptens und der langanhaltene Steinraub sein ursprüngliches Aussehen mit der Zeit stark verändert haben. So findet man neben Teilen des Basaltpflasters des offenen Hofes heute nur noch vereinzelt Granitblöcke, die als Türpfeiler fungierten und durch präzise Bohrungen andeuten, wo einst die Riegel der Tempeltüren einrasteten. An der Südseite des Hofes stand eine etwa fünf Meter hohe Granitstatue des Königs, deren Kopf heute im Ägyptischen Museum von Kairo ausgestellt wird. Diese Kolossalstatue ist nach dem »Großen Sphinx von Giza« die zweitälteste Monumentalplastik eines ägyptischen Königs aus dem Alten Reich.

Ungeklärt ist bis heute die Frage, warum Userkafs Architekten die Raumkomposition des Totentempels völlig umstellten. Entgegen der Tradition der 4. Dynastie wurde er nämlich nicht komplett an der Ostseite der Pyramide errichtet. Statt dessen kam es zu einer räumlichen und damit auch »kultpraktischen« Zweiteilung des Tempels in einen kleinen Totenopfertempel, der in Form einer Kapelle mit drei Räumen direkt an der Ostseite aufgebaut war, und einen großen Verehrungstempel auf der Südseite des Grabmals. Die Ägyptologen glaubten bei dieser Neugestaltung des Totentempels beispielsweise gewisse Einflüsse des neuen Sonnenkultes zu erkennen, machten die natürliche Topographie des Geländes bzw. Platzprobleme im östlichen Bereich der Nekropole verantwortlich oder vermuteten eine bewußte Rückkehr zur alten, in der 3. Dynastie vorherrschenden Nordsüdausrichtung der Totenkomplexe.[80] Da diese Tempelausrichtung jedoch einmalig in der 5. Dynastie war und Userkafs Nachfolger wieder zu einer strikten Ostwest-Orientierung ihrer Totentempel zurückkamen, muß die ungewöhnliche Aufteilung andere Ursachen gehabt haben und die Erklärung vor Ort zu suchen sein.

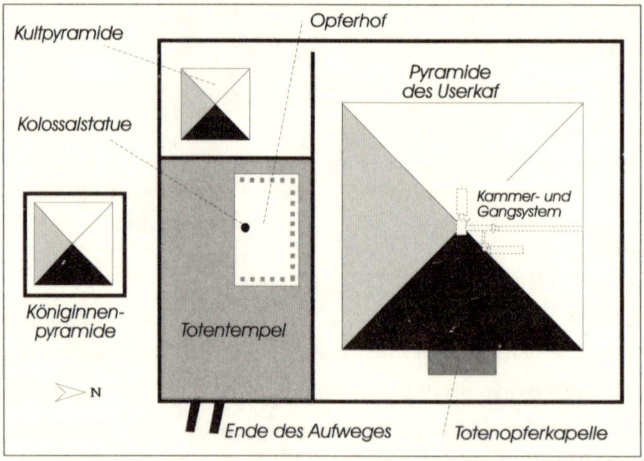

Abb. 36: Der zentrale Pyramidenkomplex des Userkaf (nach Stadelmann).

Schaut man sich das Wüstenplateau von Sakkara genauer an, stellt man erstaunt fest, daß trotz der enormen Bautätigkeit, die dort über mehrere Dynastien hinweg stattfand, im krassen Gegensatz beispielsweise zum Giza-Plateau kaum markante Spuren der lokalen Steinbrüche auszumachen sind. Lediglich am Aufweg der Pyramide des Unas – dem letzten König der 5. Dynastie –, der sich südlich des Djoser-Komplexes entlangzieht, kann man tiefe grabenartige Felseinschnitte erkennen, deren auffallend glatte Wände auf frühere Steinbruchaktivitäten hindeuten.

Diese Grabenstruktur ist den Ägyptologen schon seit geraumer Zeit bekannt. Man hat aufgrund weiterer derartiger Hinweise im Gelände die Vermutungen geäußert, daß es sich hierbei um einen Teil eines zusammenhängenden, bis zu 25 Meter tiefen und größtenteils mit Flugsand und Geröll aufgefüllten Graben handeln könnte, der sich fast rechtwinklig um den Djoser-Komplex zieht. Vermutlich wurde aus dem Material dieser Ausschachtung einst eine große Anzahl von Steinblöcken für das Kernmauerwerk der Stufen-Pyramide gewonnen.[81]

Die Existenz dieses Grabens, so vermuten einige Ägyptologen, könnte letztlich auch die ungewöhnliche Lage des Totentempels der Userkaf-Pyramide erklären, da der östliche Rand des Pyramidenbezirkes direkt bis an den Graben heranreicht. Demzufolge konnte der Totentempel nicht wie sonst

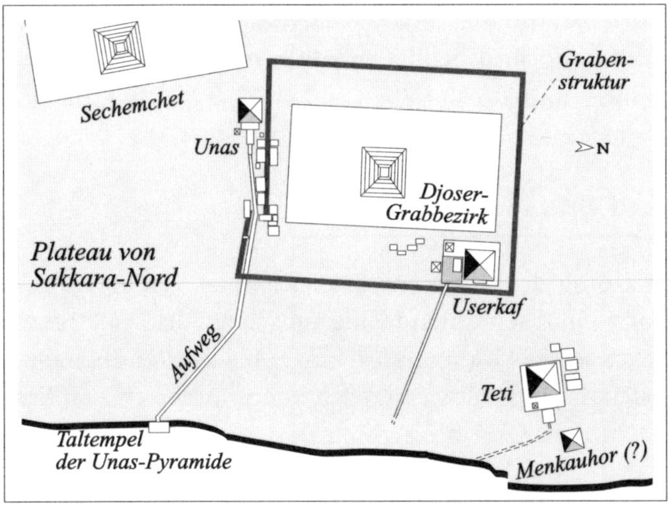

Abb. 37: Zentralgebiet des memphitischen Königsfriedhofes im Norden von Sakkara. Um den Djoser-Komplex befindet sich eine grabenartige Struktur (nach Lehner).

üblich in voller Ausdehnung östlich der Pyramide gebaut werden, ohne daß die Ägypter den dort befindlichen Grabenabschnitt auf der gesamten Breite des Tempels wieder aufmauern mußten. Dies war aber vielleicht aus Gründen der Stabilität nicht so ohne weiteres möglich, vermutet Miroslav Verner und glaubt, daß man deshalb den »Totentempel des Userkaf auf dem einzig freien und vor allem festen Boden vor der Südseite der Pyramide« errichtete.[82] Davon unabhängig wird die Auffüllung des Grabenabschnittes auch eine ungemein mühsame und aufwendige Angelegenheit gewesen sein, so daß es den Architekten des Königs wohl sinnvoller erschien, den Totentempel einfach zu verlegen.

Auch wenn hiermit eine vernünftige Arbeitshypothese vorliegt, bleiben noch einige Fragen offen. So ist beispielsweise bislang nicht klar, wieso Userkafs Architekten für das königliche Grabmal ausgerechnet einen Platz innerhalb der alten Grabenstruktur auswählten, so daß eine Umgestaltung des Totentempels notwendig wurde. Miroslav Verner schließt hierbei religiöse Hintergründe nicht aus und hält die ungewöhnliche Ortswahl der Grabstätte für einen »durchdachten politisch-dynastischen Schritt«, der wohl die alte Königstradition und Herrschaftsideologie mit dem neuen Re-Glauben verbinden sollte.[83] Eine mögliche Erklärung, aber bislang nicht wissenschaftlich bewiesen.

Es wäre heutzutage zwar eine anstrengende und langwierige, aber doch sicherlich auch interessante Aufgabe, die Grabenstruktur um den Djoser-Komplex wieder vollständig freizulegen. Womöglich bestätigt sich dann die Vermutung, daß man es tatsächlich mit einem in Djosers Regierungszeit entstandenen Felsgraben zu tun hat. Und wer weiß, welche Funde die Archäologen unter dem Sand und Schutt der Jahrtausende noch zutage fördern würden.

Der Königsfriedhof von Abusir

Userkaf war der erste König des Alten Reiches, der seine Verehrung zum Sonnengott auch in Form eines separaten Heiligtums zum Ausdruck brachte. Er ließ es in Sichtweite seines Grabmals auf einem bis dahin unbebauten und weitläufigen Wüstenabschnitt etwa fünf Kilometer nördlich von Sakkara beim heutigen Dorf Abu Gurob errichten und gab ihm den Namen »Festung des Re«.[84]

Das Gebiet südwestlich von Abu Gurob war bis zur Errichtung des Sonnenheiligtums ein weißer Fleck auf den pharaonischen Katasterkarten und zählte wohl noch zu den entfernten nördlichen Ausläufern des Sakkara-Plateaus. Ein großer, natürlich entstandener See dehnte sich am Westrand dieses Wüstengebietes bis zum Baugrund des Sonnentempels aus und gewährleistete die Erreichbarkeit des Heiligtums per Schiff.[85] Keine 500 Meter südöstlich dieser Kultstätte ließ Userkafs Nachfolger Sahure seinen Pyramidenkomplex errichten und begründete damit einen neuen Königsfriedhof, der etwa 65 Jahre lang das Begräbniszentrum Ägyptens war. Das Pyramidenfeld von Abusir umfaßt insgesamt vier Königsgrabstätten und eine Reihe von großen Mastabas hoher Würdenträger. Sie befinden sich wie Userkafs Grabbau in einem schlechten Erhaltungszustand. Die Erforschung ihrer Umgebungsbauten ist noch lange nicht abgeschlossen, die aktuellen Ausgrabungen seit vielen Jahren im Gange.

Auch die Sahure-Pyramide hat ihre Verkleidung schon vor langer Zeit verloren, und man erkennt heute einen fünfstufigen Kernbau aus lockeren, häufig nur grob behauenen Steinblöcken, der an der Basis von Schutt und Flugsand zusammengehalten wird. Ursprünglich besaß sie eine Basislänge von fast 79 Metern und erreichte bei einem Neigungswinkel von ungefähr 51 Grad eine Höhe von knapp 50 Metern, womit sie sich in ihren Abmaßen kaum von der Userkaf-Pyramide unterschied. Sie weist in ihrem inneren Aufbau aber eine bemerkenswerte, vielleicht auch schon ansatzweise bei Userkafs Grabbau erkennbare Eigentümlichkeit auf, die die Ägyptologen vermuten läßt, daß vielleicht zu Beginn der 5. Dynastie ein neues Konstruktionsverfahren im Pyramidenbau eingeführt wurde.[86]

In der Mitte der Nordwand erkennt man eine knapp zehn Meter breite, senkrechte Bresche im Kernmauerwerk. Sie deutet an, daß man diese Pyramide nicht mehr Lage für Lage gleichmäßig in die Höhe baute, sondern daß die Arbeiten am Kammersystem im Inneren des Grabmals gleichzeitig zur Errichtung des Pyramidenstumpfes stattfinden konnten.[87]

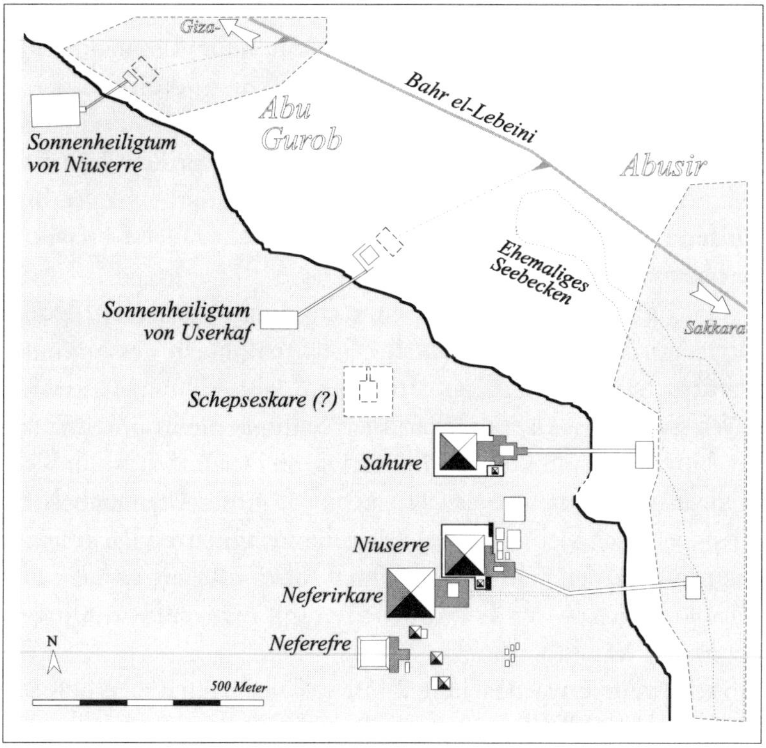

Abb. 38: Der Königsfriedhof von Abusir im Überblick (nach Lehner und Stadelmann).

Die prinzipiellen Vorteile einer solchen Vorgehensweise liegen auf der Hand. Durch die parallelen und relativ behinderungsfreien Arbeiten im Kammersystem und am Pyramidenmassiv kam es zu erheblichen Zeitgewinnen bei der Errichtung des Grabmals. War das Kammersystem schließlich fertiggestellt, wurde das fehlende Kernmauerwerk sorgsam mit Steinblöcken aufgefüllt, die Lücke somit geschlossen und später mit der Außenverkleidung kaschiert. Welche Auswirkungen diese Vorgehensweise allerdings auf die bekannten Transportwegmodelle hatte, ist bislang nicht näher untersucht worden. Bei den relativ bescheidenen Höhen der Pyramiden von Abusir hatte man vermutlich einfache Rampen, ein an zwei Flanken angelehntes Rampensystem oder eine Spiralrampe verwendet.

Interessante Details weist auch Sahures Totentempel auf. Nach der topographisch bedingten Umgruppierung des Grabkomplexes von Userkaf kehrte man wieder zur klassischen Ostwest-Orientierung des Tempels zurück, dessen Dekoration nach Meinung der Ägyptologen wohl zu dem besten gehörte, was in jener Zeit in Stein reliefiert werden konnte. Der deutsche Ägyptologe Ludwig Borchardt, unter dessen Leitung der Totentempel Anfang des Jahrhunderts ausgegraben wurde, vermutete, daß bis zu 10 000 Quadratmeter der Tempel- und Aufwegswände mit Reliefschmuck versehen waren. Aus der Fachliteratur kann man entnehmen, daß von dieser enormen Menge nur etwa 1,5 Prozent erhalten geblieben sind und in die Museen der Welt verteilt wurden. Der Rest ist abgeschlagen und laut Rainer Stadelmann »im Mittelalter in die Kalköfen gewandert und zu Gips gebrannt« worden.[88] Vor Ort selbst deuten heute nur äußerst spärliche Spuren auf die ehemaligen Dekorationen hin.

Nach einer etwa 13jährigen Regierungszeit starb Sahure und sein Bruder Neferirkare, der schon in einigen Reliefs des Totentempels in »bevorzugter Position« gegenüber Sahures Söhnen auftauchte,[89] wurde neuer Herrscher von Ägypten. Wie schon bei Userkaf war auch Sahures Nekropole bei seinem Tod allem Anschein nach vollständig fertiggestellt worden, so daß die Begräbnisfeier ordnungsgemäß vonstatten gehen konnte. Demnach hatte sich wohl das Konzept der kleineren und schneller verfügbaren Pyramidenbauten im Gegensatz zu den sehr viel größeren, aber oftmals unvollendet gebliebenen Grabkomplexen der 4. Dynastie bezahlt gemacht – zumindest bis Neferirkare an die Macht kam.

Man schrieb mittlerweile etwa das Jahr 2450 v. Chr. Neferirkare ließ seinen Pyramidenkomplex südlich der Sahure-Pyramide errichten und wollte

	Übersetzung des Namens	Ereignisse (zum Teil unsicher)
Sahure	Er, der dem Re nahe ist	Expeditionen: Abu Simbel, Sinai, Punt; Libyerkrieg; Handelsbeziehungen mit Vorderasien
Neferirkare (Kaiki)	Schön ist die Seele des Re	Umbau der Sonnenheiligtümer von Neferirkare und Sahure; Obelisken werden eingeführt; Tempelstiftungen
Neferefre	Schön ist Re	Politische Unruhen (?); Abbruch der Bauarbeiten am Grabmal
Schepseskare	Edel ist die Seele des Re	Politische Unruhen (?); nur Ausschachtungen am Grabmal möglich
Niuserre (Ini)	Ergriffen von der Macht des Re	**30jähriges Jubiläum; Feldzüge im Sinai (?)**

Tab. 4: Die Könige von Abusir (um 2460 bis 2400 v. Chr., nach Clayton, Schneider und Stadelmann).

60

62

·0 *Die größte Pyramide von Abusir, das Grabmal des Neferirkare. Im Vordergrund der Totentempel der ·Neferefre-Pyramide.*

·1 *Die Niuserre-Pyramide wurde noch nicht vollständig freigelegt. Granitblock mit einem Teil des Königs- ·amens am Fuß des Grabmals.*

·2 *Blick auf den freigelegten Totentempel der Niuserre-Pyramide, bei dem das Basaltpflaster des offenen Hofes ·och fast vollständig erhalten ist.*

63

64

Im Sonnenheiligtum des Niuserre bei Abu Gurob.

63 Die Überreste des Sockelbaues, auf dem ein Obelisk aufgemauert wurde. Rechts am Bildrand steht ein Alabasteraltar.

64 Blick vom Sockelbau auf den großen Hof des Sonnenheiligtums. Im Vordergrund der Altar, dessen Kernstück die Form einer Sonnenscheibe hat. Links neben dem Eingang zum Hof liegen neun Opferbecken aus dem ehemaligen Schlachthaus des Heiligtums.

65

66

65 *Die Pyramide des Djedkare von Osten aus gesehen. Im Vordergrund die Reste des Totentempels.*

66 *Der Totentempel der Djedkare-Pyramide hält viele interessante Details parat.*

67 

69 

67 Irgendwann in der Mitte der 5. Dynastie wurden die ersten Obelisken als Zeichen der Sonnenverehrung auf gestellt. Links ein Obelisk von Thutmosis I. und rechts einer von Hatschepsut (18. Dynastie, Neues Reich) aus dem Tempel von Karnak.

68 Detail eines Pfeilers aus der Grabanlage des Chenu, einem Vorsteher der Pyramide des Unas. Das Relief gibt u.a. den Namen der Königsnekropole wieder.

69 Die Unas-Pyramide bei Sakkara von Südosten aus gesehen. Die Umgebungsgebäude des Grabmals sind fast vollständig verschwunden.

70

71

'0 Rekonstruiertes Teilstück vom Aufweg der Unas-Pyramide, das zeigt, wie die damaligen Verbindungs-orridore zwischen den Tal- und Totentempeln der Pyramidenkomplexe aufgebaut waren.

'1 Vom Totentempel der Unas-Pyramide sind nur noch spärliche Reste vorhanden. Neben einigen Kaimauern nd Stegen stehen noch zwei Granitsäulen, die den südlichen Eingang in den Tempel markierten.

72

73

Der Grabbezirk des Teti in Sakkara.

72 Die Pyramide des Teti mit ihrem Totentempel im Vordergrund. Links die Pyramiden von Userkaf (Mitte) und Djoser (links).

73 Der Eingang in die Pyramide liegt ebenerdig an der Nordseite des Grabmals.

74 Detailaufnahme der religiösen Texte, die sich in der Pyramide befinden.

75

76

5 In der Grabkammer der Teti-Pyramide. An der Westwand steht ein Basaltsarkophag. Die Wände mußten bgestützt werden, da sich die Deckensparren bedrohlich senkten.

6 Erstmals wurden im Alten Reich bei Tetis Sarkophag Pyramidensprüche in die Sargwanne geritzt.

77

77 *Beginn der Nachtfahrt der Sonne: Detailaufnahme der Himmelsgöttin Nut, die die Sonne verschluckt und durch deren Leib die Sonne die Nacht »durchwandert«. Deckenmalerei im Grab Ramses' VI. im Tal der Könige (Theben-West).*

78

78 *Auf einem Grabungsfeld der Zukunft. Im Totentempel des Pyramidenkomplexes von Pepi I. im Süden von Sakkara. Im Hintergrund die Überreste des Königsgrabes.*

mit seinem Grabmal vermutlich wieder an die Tradition der großen Pyramidenbauten der 4. Dynastie anknüpfen. Mit einer Seitenlänge von 105 Metern und einer Höhe von über 60 Metern war seine Pyramide das größte Königsgrab innerhalb der 5. und 6. Dynastie und mit den Ausmaßen des Grabmals von Mykerinos vergleichbar.

Über die Details der Bauausführung gibt es widersprüchliche Annahmen. Es hat aber den Anschein, als ob man ursprünglich eine sechsstufige Pyramide errichten wollte und das, obwohl die Ära der Stufen-Pyramiden im königlichen Grabbau zu Neferirkares Regentschaft schon fast 150 Jahre zurücklag.[90] Als man damit anfing, die unterste Stufe mit Tura-Kalksteinen zu verkleiden, kam es jedoch zu einer unvorhergesehenen Planänderung. Neferirkares Bauarbeiter begannen das Grabmal zu vergrößern und in eine echte Pyramide umzuwandeln. Man legte, wie Rainer Stadelmann die Ausgrabungsergebnisse zusammenfaßte, »einen Mantel aus kleineren und schlecht gefügten Steinen« um den unteren Kern der Stufen-Pyramide, der dann durch »die äußere Schale von Verkleidungsblöcken gehalten werden sollte«.[91]

Doch den Umbau seines Grabmals konnte der König durch seinen frühzeitigen Tod nicht mehr miterleben. Man geht heute davon aus, daß das Bauprojekt daraufhin nicht beendet wurde, nicht zuletzt auch deshalb, weil im Umfeld der Pyramidenruine keinerlei Reste von Turasteinen gefunden werden konnten. Lediglich einige ungeglättete Granitblöcke deuten darauf hin, daß die Pyramide an der Basis mit diesem Material verkleidet war. Die Einstellung der Arbeiten am Grabmal selbst deckt sich auch mit den archäologischen Befunden an den Tempelanlagen. Der Totentempel wurde anstatt in Stein nur mit Nilschlammziegeln notdürftig hergerichtet, so daß zumindest der Begräbnisritus und der Verehrungskult abgehalten werden konnten.[92] Von Aufweg und Taltempel wurden sogar nur die Fundamente verlegt. Im Gegensatz dazu konnte Neferirkares Sonnenheiligtum in seiner zehnjährigen Regentschaft sehr wahrscheinlich fertiggestellt werden. Der »Lieblingsplatz des Re«, wie man das Heiligtum nannte, wurde in zeitgenössischen Quellen vielfach erwähnt und muß für die Ägypter und den Re-Kult jener Epoche eine große Bedeutung gehabt haben.

Dem unvollendeten Grabbau des Neferirkare folgten eine Reihe weiterer königlicher Bauvorhaben, die nicht zum Abschluß gebracht werden konnten und eine wohl einmalige Situation im hochherrschaftlichen Begräbnis- und Totenkult hervorriefen: Neferirkares Sohn und Thronfolger Neferefre starb nach nur wenigen Jahren und hinterließ einen flachen Pyramiden-

stumpf südwestlich der Pyramide seines Vaters. Seinem Bruder und Nachfolger Schepseskare war kein besseres Schicksal bestimmt.[93] Er saß wohl noch kürzer als Neferefre auf dem Thron und überlebte nicht einmal die Ausschachtungsarbeiten für das Kammersystem seiner Pyramide, die nordwestlich der Sahure-Pyramide errichtet werden sollte. So fiel schließlich die Königswürde an Niuserre, einem weiteren Sohn Neferirkares.
Diese schnell aufeinanderfolgenden Regentschaften zwischen den Jahren 2440 v. Chr. und 2430 v. Chr. haben in der Ägyptologie zur Vermutung geführt, daß innenpolitische Schwierigkeiten diesen Zeitabschnitt prägten, die erst durch die Thronbesteigung von Niuserre und unter Einflußnahme einiger mächtiger Beamter beigelegt werden konnten.[94] So war es auch Niuserre in seiner vermutlich 30jährigen Regentschaft wieder vergönnt, der problemlosen Fertigstellung seines Grabkomplexes beizuwohnen. Die Größe seiner Pyramide entsprach dabei wieder der des Sahure.
Bei der Errichtung der neuen Nekropole hatte Niuserre anscheinend keine Probleme damit, Teile der väterlichen Bauruine und Tempelverwaltung zu übernehmen.[95] Seine Architekten integrierten insbesondere die Fundamente des unvollendeten Taltempels und Aufweges in den neuen Grabkomplex. Sie bauten die Pyramide mit ihrem Totentempel daraufhin unmittelbar an die Nordwestecke des Grabbezirks von Neferirkare. Dadurch gelang es Niuserre, seine Nekropole in ein schon bestehendes Ensemble von Grabbauten seiner Vorgänger einzuordnen. Der bauliche und logistische Vorteil, auf schon vorhandene Fundamente zurückgreifen zu können, wurde allerdings durch die Umstrukturierung des Totentempels überschattet, da die Bauleiter auf schon existierende Mastabagräber einflußreicher Hofadliger und Beamter Rücksicht nehmen mußten. So verzichteten sie auf eine streng axiale Ausrichtung des Tempels und verlegten den Eingangsbereich sowie den offenen Pfeilerhof weiter nach Süden. Bemerkenswert an diesem Grabkomplex war die erstmalige Errichtung zweier pylonartiger Türme an den Ostecken der Umfassungsmauer.[96] Nicht unwahrscheinlich, daß diese Konstruktionen als Vorbild für die späteren Pylontürme der Götter- und Königstempel diente.
Niuserre war der letzte König, der seine Grabanlage bei Abusir errichten ließ und der nachweislich ein großes Sonnenheiligtum im Gebiet bei Abu Gurob unterhielt. So endete um das Jahr 2400 v. Chr. das Zeitalter der Sonnenkönige von Abusir.

Rückkehr nach Sakkara?

Ähnlich wie die 4. Dynastie durch eine undurchsichtige Herrscherabfolge zu Ende ging, war vermutlich auch die Abkehr von der Königsnekropole bei Abusir ein Zeichen für eine unruhige politisch-religiöse Situation im Land. Die ägyptischen Überlieferungen benennen als Nachfolger von Niuserre einen König namens Menkauhor,[97] der etwa acht Jahre lang das Pharaonenreich regierte. Seine familiäre Zugehörigkeit zu den Abusir-Königen ist ungewiß, doch vermutlich war er ein Sohn von Niuserre und kam somit völlig legitim auf den Thron.

Archäologisch ist dieser König derzeit jedoch nicht zu fassen, seine Grabstätte nicht sicher lokalisiert. Die Ägyptologen gehen aber davon aus, daß er den Königsfriedhof bei Abusir definitiv verließ und auf einem anderen Pyramidenfeld bestattet wurde. Hierbei vermutete beispielsweise Ludwig Borchardt im Jahr 1905, daß sich Menkauhors Grabmal in Dahschur befinden könnte und glaubte, in einer unvollendeten Pyramide (»Lepsius Nr. 50«) nordöstlich der Roten Pyramide seine letzte Ruhestätte zu erkennen.[98] Borchardt stützte seine Annahme dabei auf inschriftliche Hinweise aus der 6. Dynastie, die in Zusammenhang mit der Roten Pyramide auch Menkauhors Grabbau erwähnten. Rainer Stadelmann konnte jedoch bei neuerlichen Sondierungen und Nachgrabungen keine Belege für Menkauhors Wirken an diesem Grabbau entdecken.[99] Im Gegensatz zu Borchardts These wurden schon seit Mitte der sechziger Jahre Vermutungen laut, daß die auf dem Sakkara-Plateau, östlich der Pyramide des Teti liegende sogenannte »Kopflose Pyramide« (»Lepsius Nr. 29«) das Grabmal des Menkauhor sein könnte.[100] Inschriften in einigen Beamtengräbern der Umgebung hatten den Namen seiner Pyramide, »Göttlich sind die Stätten des Menkauhor«, erwähnt. Grabungen fanden an der Pyramidenruine bislang noch nicht statt, so daß eine definitive Bauherrenzuordnung derzeit nicht getroffen werden kann. Die Ruine liegt heute im direkten Umfeld des Inspektorats von Sakkara, so daß sie für Normaltouristen fast unerreichbar ist und auch nicht in Augenschein genommen werden kann.

Die Gründe für Menkauhors Abkehr von Abusir als Begräbnisort sind ebenfalls noch unbekannt. Man vermutet, daß es für einen ausgedehnten Grabkomplex keinen günstigen Baugrund mehr gab oder die Steinbruchressourcen der Umgebung erschöpft waren.[101] Derartige Spekulationen lassen sich nur durch gezielte geologische Sondierungen untermauern. Man hat auf der anderen Seite aber auch religiös-politische Motive für

Menkauhors Weggang aus Abusir geltend gemacht, denn immerhin trug dieser König einen Thronnamen, der sich nicht auf den Sonnengott bezog. Da Menkauhor zudem das letzte eigenständige Sonnenheiligtum dieser Ära bauen ließ, läßt sich hier nach vielen Jahrzehnten der uneingeschränkten Herrschaft womöglich ein schwindender Einfluß der heliopolitanischen Priesterschaft erkennen.

Somit stellt sich auch automatisch die Frage nach der Lage seines Sonnenheiligtums, das einst den interessanten Namen »Horizont des Re« trug.[102] Befand es sich in unmittelbarer Nähe seiner Nekropole? Oder ließ der König es am traditionellen Platz nördlich des Friedhofes bei Abusir errichten? Fest steht hingegen, daß die Sonnenheiligtümer bis zu Menkauhors Regentschaft eine außergewöhnliche architektonische Entwicklung durchschritten hatten. Diese geheimnisvollen Tempelkomplexe beschäftigen die Ägyptologen bis zum heutigen Tag, nicht zuletzt auch deshalb, weil vier der sechs inschriftlich erwähnten Sonnenheiligtümer bislang noch nicht entdeckt werden konnten.

Lokaltermin am »Lustort des Re«

Abusir, am 22. Januar 1994. Langsam bewegte sich unsere kleine Gruppe über das weite Wüstenareal nordwestlich der Königsnekropole von Abusir in Richtung des Dorfes Abu Gurob. Zusammen mit meiner Frau Christine und unseren drei ägyptenbegeisterten Freunden Tanja, Thomas und Frank war ich auf einer Pyramidentour, die uns diesmal zu einem der interessantesten Ruinenplätze des Alten Reiches führen sollte.

Das Ziel hatten wir auf unserem Fußmarsch stets vor Augen. Deutlich hoben sich die Ruinen des letzten erhaltenen Sonnenheiligtums von den umliegenden Sanddünen ab. Insbesondere die markanten Konturen des massiven Sockelbaus, auf dem einst ein mächtiger Obelisk stand, prägten sich uns ein und leiteten unsere Schritte. Der Weg war eigentlich nicht weit, nur knapp einen Kilometer lang. Doch es war Mittagszeit, und die Sonne brannte erbarmungslos auf uns nieder, so daß wir uns im relativ weichen Wüstensand so manche Pause gönnen mußten.

Etwa auf halbem Wege zum Re-Tempel, den Niuserre etwa um das Jahr 2410 v. Chr. fertigstellen ließ, stießen wir auf die kläglichen Überreste des ersten Sonnenheiligtums der 5. Dynastie. Von Userkafs »Festung des Re« ist heute so gut wie nichts mehr erhalten. Der Sonnentempel diente lange

Zeit als Steinbruch, so daß nur noch wenige Fragmente auf dem ehemaligen Tempelgelände herumliegen. Nichts deutet mehr auf seine ursprüngliche Form hin, keine Architekturelemente lassen auf sein einstiges Aussehen schließen. Etwas anders sieht die Situation bei Niuserres Tempelbau aus, der den Namen »Lustort des Re« besaß. Zwar ist auch hier von dem einst 36 Meter hohen gemauerten Obelisken nichts mehr zu finden, aber die einzelnen Komponenten des Heiligtums sind noch erkennbar. Von dem ursprünglich etwa 20 Meter hohen Sockelbau, dessen Überreste man heute problemlos von der Nordwestkante aus erklimmen kann, hat man einen hervorragenden Überblick über den gesamten Komplex. Unterstützt von unseren Grundrißplänen konnten wir uns damals ein relativ klares Bild dieser Kultanlage machen.

Das Sonnenheiligtum des Niuserre ähnelte von seinem Aufbau her prinzipiell den königlichen Pyramidenkomplexen. Es besaß einen kleinen Tempelbau ähnlich den Taltempeln, der an einem Kanal oder Binnensee gelegen mit dem Schiff zu erreichen war. Von dort aus führte ein offener Aufweg zum rechteckigen Tempelkomplex, der auf einer künstlichen Terrassenstruktur aufgebaut wurde, die womöglich den Urhügel von Heliopolis symbolisieren sollte. Das Tempelareal selbst ist ostwestlich orientiert, aber nicht exakt auf die Himmelsrichtungen ausgerichtet, und in mehrere Bereiche aufgeteilt. Die zentralen architektonischen Elemente des Sonnentempels waren ein großer Kulthof, ein Sockelbau und ein darauf befindlicher Obelisk, das Wahrzeichen des Re-Kultes ab Mitte der 5. Dynastie.

Der Sockel wurde nicht massiv errichtet, sondern enthielt einen ansteigenden Rundumgang, der vermutlich bis zum Obelisken hinaufführte. Das Oberteil des Sockels wurde durch den Steinabbau der letzten Jahrtausende größtenteils abgerissen, so daß der einst vollständig reliefierte Umgang heute unter freiem Himmel liegt. Den Eingang in den Umgang erreichte man von der Südseite durch die sogenannte »Weltenkammer«, in der u.a. Darstellungen der drei altägyptischen Jahreszeiten abgebildet waren.[103]

Östlich vor dem »Obeliskenheiligtum« erstreckt sich ein großer offener Hof. Er stand einst mit der Weltenkammer und dem Rundumgang über eine kleine, an der Südecke des Sockels errichtete Kapelle in Verbindung, an deren Wände Darstellungen der Tempelgründung und des königlichen Jubiläumsfestes von Niuserre reliefiert wurden.[104] Direkt vor dem Obeliskensockel steht auf einem Podest ein großer, aus mehreren Teilen zusammengesetzter Opferaltar aus Alabaster. Das Mittelstück des auch heute noch sehr gut erhaltenen Altars ist kreisrund, hat einen Durchmesser von

über 1,70 Meter und sollte vermutlich die Sonnenscheibe symbolisieren. Vier weitere Altarteile flankieren das Mittelstück und stellen nach Meinung der Ägyptologen die vier Himmelsrichtungen dar. Ihre Oberseiten wurden dabei anscheinend so aus dem Stein gemeißelt, daß sie der Form der ägyptischen Hieroglyphe für »Opfer bzw. Opfertisch« ähneln.[105]
Am östlichen Rand des Hofes liegen neun rundliche, etwa 1,20 Meter große Opferbecken aus Kalkstein, die ursprünglich zu einem großen Schlachthof gehörten, der sich nördlich des Hofes befand. Dahinter schlossen sich Magazinräume an, von denen aber wie auch vom Schlachthof heute nichts mehr erhalten ist. Vom südlichen Eingang in den Magazintrakt ist lediglich noch ein Türpfeiler aus Granit vorhanden, auf dem Reste der Königstitulatur mit einem Teil der Kartusche des Niuserre zu erkennen sind.

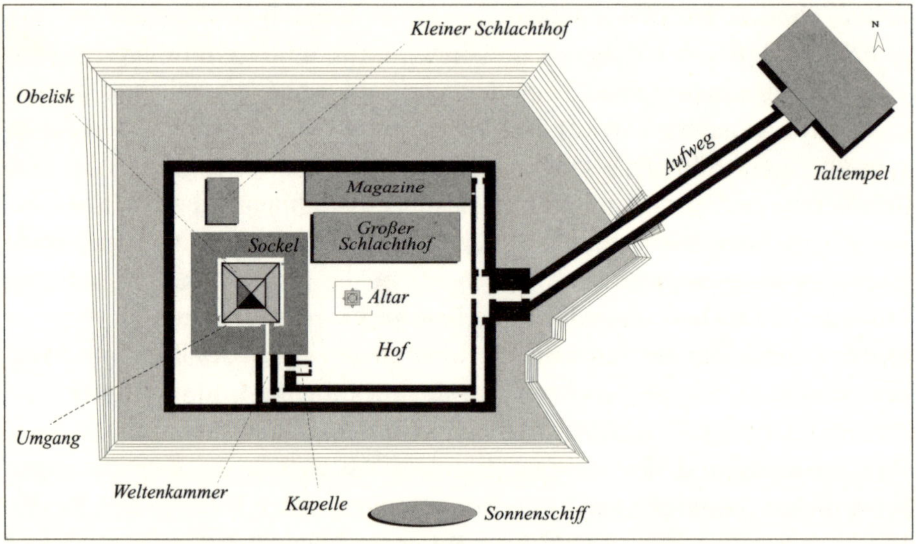

Abb. 39: Das Sonnenheiligtum des Niuserre (nach Porter/Moss und Borchardt).

Ein weiteres architektonisches Element des Sonnenheiligtums lag außerhalb des Tempelkomplexes. Etwa 25 Meter südlich der Umfassungsmauer wurde inmitten der Wüstenlandschaft eine über 20 Meter lange Ziegelbarke aufgemauert, die von Ägyptologen als Tages- und Nachtbarke des Sonnengottes interpretiert wird.[106] Heute ist von der Barke nichts mehr zu sehen, weder direkt vor Ort noch von der erhöhten Position auf dem Sockelbau.

Rätselhafte Sonnenheiligtümer

Aus den bisher zutage geförderten inschriftlichen Zeugnissen der 5. Dynastie geht hervor, daß ursprünglich sechs Sonnenheiligtümer in dieser Epoche errichtet wurden. Die Belege stammen teilweise vom Palermostein, einer königlichen Annalenliste aus der 5. Dynastie, vorwiegend aber aus den Titelbezeichnungen von über 50 mittleren Hofbeamten, die zu jener Zeit lebten. Sie waren ihrerseits zu über 70 Prozent im königlichen Totendienst beschäftigt und ließen sich hauptsächlich in Sakkara oder Giza bestatten.[107] Aufgrund der direkten namentlichen Zuordnung in den Titellisten wurden fünf Sonnenheiligtümer eindeutig den Königen Userkaf, Sahure, Neferirkare, Niuserre und Menkauhor zugewiesen. Der Name des sechsten Heiligtums ist zwar aus einem hohen Beamtengrab in Sakkara ebenfalls bekannt,[108] konnte aber bislang keinem Regenten eindeutig zugeordnet werden. Es wird jedoch in der Ägyptologie in der Regel davon ausgegangen, daß das Heiligtum mit dem Namen »Opfertisch des Re« von Neferefre errichtet wurde.[109] Anscheinend war Schepseskare damit der einzige König zwischen Userkaf und Menkauhor, von dem kein Sonnenheiligtum überliefert werden konnte.

Wie bereits erwähnt, konnten bislang nur zwei Sonnenheiligtümer archäologisch nachgewiesen werden: die von Userkaf und Niuserre. Die Suche nach den anderen beginnt – wie so oft in der Archäologie – durch das Studieren und Analysieren ihrer inschriftlichen Überlieferungen.

Die Erwähnungen der Sonnenheiligtümer in den Titeln der Priester und Beamten haben wichtige Aspekte dieser ungewöhnlichen und von ihrer Struktur her einmaligen Kultstätten zutage gefördert, die indirekte Einblicke in ihre Funktion und Bestimmung erlauben. Hierbei lassen die sehr unterschiedlichen Häufigkeiten ihrer Benennungen unter statistischen Bewertungskriterien auch Aussagen über die realen Bedeutungen der einzelnen Sonnenheiligtümer in ihrer Zeit zu.[110] Da neben Userkafs Heiligtum vor allem der Sonnentempel des Neferirkare mit Abstand am häufigsten erwähnt wird, glaubt daraufhin der deutsche Ägyptologe Werner Kaiser, daß dieses Bauwerk das »bedeutendste Sonnenheiligtum«[111] seiner Epoche war. Diese Vermutung wird indirekt auch dadurch unterstützt, daß sich Neferirkare die größte der Abusir-Pyramiden errichten ließ. Im Gegensatz dazu scheinen die Sonnentempel von Sahure und Neferefre wie auch der von Menkauhor nur eine untergeordnete Rolle gespielt zu haben. Lediglich der des Niuserre findet noch relativ häufig Erwähnung in den Grabtexten.

König	Regierungsjahre	Begräbnisort	Name des Sonnenheiligtums	Inschriftliche Belege	Fundort der Sonnentempel
Userkaf	7 (?)	Sakkara	*Festung des Re*	24	bei Abu Gurob
Sahure	13	Abusir	*Opferfeld des Re*	3	unbekannt
Neferirkare	10	Abusir	*Lieblingsplatz des Re*	29	unbekannt
Neferefre	7	Abusir	*Opfertisch des Re*	1	unbekannt
Niuserre	30	Abusir	*Lustort des Re*	12	bei Abu Gurob
Menkauhor	8	Sakkara (?)	*Horizont des Re*	3	unbekannt

Tab. 5: Die Sonnenheiligtümer und ihre königlichen Zuordnungen (nach Kaiser).

Diese Wertung spiegelt sich auch in den Inschriften des für Touristen zugänglichen Mastabagrabes des hochrangigen Beamten Ti in Sakkara wider, das nordwestlich der Teti-Pyramide liegt. Ti war Vorsteher der Pyramiden und Sonnenheiligtümer einiger Könige der 5. Dynastie, auf die er in seinen biographischen Grabtexten Bezug nahm. In den oberirdischen Kulträumen seines Grabes wird Sahures Sonnenheiligtum insgesamt achtmal, das des Neferirkare fünfzehnmal und Neferefres »Opfertisch des Re« viermal erwähnt. Niuserres »Lustort des Re« taucht dagegen nur einmal auf, da Ti vermutlich schon zu Beginn der Regierungszeit dieses Königs verstarb.[112]
Ebenso auffällig wie die unterschiedliche Anzahl der namentlichen Belege der Heiligtümer ist auch ihre ikonographische Darstellung in den Grabtexten, also die »Symbolik«, mit denen die Namen der Sonnentempel in den Inschriften determiniert wurden.[113] Die verschiedenen Deutzeichen lassen dabei sogar eine architektonische Entwicklung des zentralen Tempelbereichs innerhalb der ersten drei Generationen der 5. Dynastie erkennen, was sich vor allem bei der Benennung von Userkafs Sonnenheiligtum widerspiegelt. Bei ihm wurden insgesamt sechs verschiedene Hieroglyphenzeichen als Determinativ verwendet:

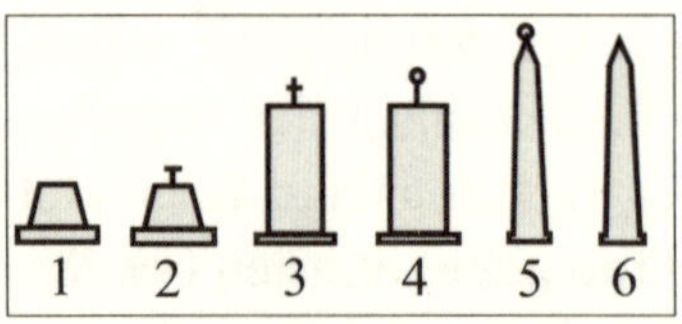

Abb. 40: Hieroglyphenzeichen, mit denen die Namen der Sonnenheiligtümer determiniert wurden (nach Kaiser).

Hierbei stellen nach Werner Kaiser die Zeichen 2 bis 4 nur eine »ausführlichere« Beschreibung des Sockel- oder Hügelzeichens (1) dar. Der Obelisk mit der aufgesetzten Sonnenscheibe (5) taucht lediglich bei der Schreibung von Userkafs Heiligtum auf und wird vermutlich eine ikonographische Variante der üblicherweise ohne Aufsatz dargestellten Obeliskenglyphe (6) gewesen sein. Bei allen späteren Sonnenheiligtümern wurden dagegen nur die

Deutzeichen 1 und 6 überliefert. Hierbei ist das Determinativ des Obelisken (6) ausschließlich bei den Namen der Sonnenheiligtümer von Neferirkare und Niuserre belegt, während das Hügelzeichen (1) ausnahmslos bei denen der Sonnentempel von Sahure und Neferefre auftaucht. Mit beiden Deutzeichen wurde schließlich wieder das letzte Sonnenheiligtum von Menkauhor in den Textüberlieferungen fixiert.[114]
Zusammenfassend erkennt Werner Kaiser in diesen beiden am häufigsten auftretenden Deutzeichen (1 und 6) prinzipiell »zwei voneinander verschiedene Bauformen«, die aufgrund ihrer vergleichsweise häufigen Nennung und ihres zeitlichen Auftretens in den Texten eine architektonische Entwicklung der Sonnentempel symbolisierten und »bestimmte Unterschiede in der baulichen Gestalt der einzelnen Heiligtümer zum Ausdruck bringen« sollten.[115] Demzufolge stellen die Sonnenheiligtümer, die mit dem kleinen Hügelsymbol determiniert wurden, eine bauliche Vorstufe derjenigen dar, die als Deutzeichen einen Obelisken in den Inschriften aufweisen.
Diese »inschriftlich belegte Entwicklung« des zentralen Kultobjektes der Sonnentempel wird auch durch die archäologischen Forschungen bestätigt. Bei den Ausgrabungen an den Sonnentempeln, die Ludwig Borchardt zwischen 1898 und 1901 bei Niuserres und Herbert Ricke zwischen 1955 und 1957 bei Userkafs Tempelanlage durchführten, stellten die Ausgräber fest, daß beide Heiligtümer ursprünglich mit Lehmziegeln errichtet und erst später mit massiven Kalksteinen »nachgebaut« wurden. Bei Userkafs Sonnenheiligtum konnte man dabei insgesamt vier, bei Niuserres sogar sechs Umbauphasen nachweisen. Hierbei werden die ersten Umbauten des Sonnentempels von Userkaf in die Regierungszeit des Neferirkare datiert, wenngleich vermutlich auch Niuserre noch Modifikationen an diesem Tempelkomplex durchführen ließ. So gesehen erhielt insbesondere Userkafs Tempel vielleicht erst Jahrzehnte nach seiner Errichtung seine endgültige architektonische Form.
Ganz offensichtlich ging demnach mit der regen Bautätigkeit an den Heiligtümern auch die Formfindung des zentralen Tempelbereichs einher. Wie frühe hieroglyphische Darstellungen von Userkafs Sonnenheiligtum andeuten, stand am Beginn dieser Entwicklung auf einem Hügel oder Steinsockel ursprünglich kein Obelisk, sondern »eine Art Mast mit einer Scheibe oder auch einem Querholz« versehen.[116] Auch Sahures Sonnenheiligtum wurde nur mit dem kleinen, jedoch ohne weitere Merkmale ausgestatteten Hügelsymbol in den Inschriften determiniert. Der Obelisk kam schließlich unter Neferirkare als standardisiertes Architekturelement hinzu. Erst ab diesem

Zeitpunkt wurde in der Schreibweise der Sonnenheiligtümer immer wieder der Obelisk als Deutzeichen in den Inschriften verwendet. Während Sahures Tempel aber weiterhin mit dem Hügelsymbol beschrieben wurde, determinierte man Userkafs Heiligtum von da an mit einem Obelisken, was in guter Übereinstimmung mit der oben erwähnten bautechnisch nachgewiesenen Entwicklung an diesem Sonnentempel steht. Demzufolge wurde also auch der Prototyp umgerüstet und mit dem neuen Verehrungsobjekt, dem Obelisken, modernisiert.

Eine abschließende Bemerkung: Vielleicht war die Einführung des Obelisken als kulttechnisches Zentrum in Neferirkares Sonnenheiligtum der Grund dafür, warum ausgerechnet dieses Heiligtum am häufigsten in den Inschriften jener Zeit genannt wurde. Es ist hierbei nicht auszuschließen, daß die Bau- und Kultform des Obelisken generell erst innerhalb Neferirkares Regentschaft (um das Jahr 2445 v. Chr.) landesweite Verbreitung fand und sich als eine Art Wahrzeichen des Re-Kultes etablierte. Vermutlich lag der veränderten Konstruktionsweise der Sonnentempel sogar ein Wandel der allgemeinen Glaubensvorstellungen innerhalb der Sonnenreligion zugrunde.[117] Die neue religiöse und kultpraktische Sichtweise mußte dabei so weitreichend gewesen sein, daß selbst das älteste Sonnenheiligtum umgebaut und mit dem neuen Kultsymbol versehen wurde. Werner Kaiser hält es in diesem Zusammenhang für möglich, daß »der Baugedanke des Obelisken« auf eine verstärkte »Einbeziehung des Benben-Steines in den Re-Kult« zurückging.[118] Das alte Verehrungsobjekt des Atum-Kults, der vor der Etablierung des Re-Kultes das religiöse Kultgeschehen in Heliopolis bestimmte, wurde von den Ägyptern als Abbild des ursprünglichen Schöpfergottes verehrt und spielte vermutlich innerhalb der Königsideologie eine wichtige Rolle. Es ist nicht unwahrscheinlich, daß ab Mitte der 5. Dynastie der Atum-Kult innerhalb, aber auch gegenüber der Sonnenreligion wieder mehr an Bedeutung gewann, vermutlich auch deshalb, weil die Sonnenheiligtümer mit dem Totenkult und den königlichen Jenseitsvorstellungen in Zusammenhang standen.[119] Immerhin wurde der Gott Atum nach seiner Verschmelzung mit Re am Ende der 5. Dynastie als aktiver und handlungsfähiger Aspekt des Sonnenglaubens mit dem Bewegungsmotiv der untergehenden Sonne und der Nachtfahrt des Sonnengottes in Verbindung gebracht, die man beide ihrerseits wieder symbolisch mit dem Sterben und Regenerieren des Königs assoziierte.

Grabungsfeld mit Zukunft

Ein besonderer Reiz der Archäologie besteht für Laien wie auch für die Forscher vorrangig in der Suche nach zwar inschriftlich bekannten, aber bislang nicht auffindbaren Bauwerken im geschichtsträchtigen Boden ferner Länder. Welcher moderne Ägyptologe träumt wohl nicht im Innersten seines Herzens davon, so wie Howard Carter ein relativ unversehrtes Königsgrab zu entdecken oder sich durch einen anderen revolutionären Fund ins Geschichtsbuch der Archäologie einschreiben zu können. So winkt wahrscheinlich auch demjenigen, der die verschollenen Sonnenheiligtümer der 5. Dynastie definitiv lokalisiert und freilegt eine weitreichende Anerkennung. Daß dies allerdings bislang noch nicht geschah, erscheint auf den ersten Blick fast genauso geheimnisvoll wie die Re-Tempel selbst. Denn eigentlich stellt sich die Situation ziemlich eindeutig dar, ist eine deutliche Spur gelegt. Stellt man sich die Frage, wo die bislang unentdeckten Sonnenheiligtümer von Sahure, Neferirkare, Neferefre und Menkauhor zu suchen sein könnten, liefert die derzeitige archäologische Fundsituation der beiden bekannten Sonnentempel einen derart offensichtlichen Hinweis, der keinem Ägyptologen entgangen sein wird.

Schauen wir uns die örtlichen Gegebenheiten bei Abusir noch einmal näher an. Knapp 200 Meter nördlich des Königsfriedhofes liegen die Ruinen des Sonnenheiligtums von Userkaf. Dann befindet sich eine etwa 500 Meter große Lücke im Gelände, ehe man auf die Überreste von Niuserres Tempelbau stößt. Hier stellt sich demnach die Frage, warum Niuserre seinen Sonnentempel so weit entfernt von der Nekropole und Userkafs Tempel errichten ließ. Einer der Gründe könnte gewesen sein, daß sich zwischen beiden Sonnenheiligtümern noch weitere Tempelbezirke befanden, von denen man heute auf den ersten Blick jedoch keinerlei Spuren mehr findet. Vermutlich werden die Archäologen genau in diesem Areal die Spaten ansetzen müssen, selbst wenn heutige Luftbildaufnahmen noch keine Strukturen unter den Sanddünen erkennen lassen. Doch wessen Sonnenheiligtümer könnten sich in diesem Gebiet verbergen?

Werner Kaiser hat im Jahr 1956 die interessante Vermutung aufgestellt, daß die »Reste der Ziegelbauten, die unter den Fundamenten« des Sonnenheiligtums von Niuserre zutage gekommen sind, vielleicht von einem früheren Re-Tempel stammen könnten.[120] Sollte sich dies durch Nachgrabungen bestätigen lassen, kommen hierfür eigentlich nur die Sonnenheiligtümer von Sahure oder Neferefre in Frage. Beide Tempel wurden in den schon erwähnten Inschriften durchweg mit dem kleinen Hügelsymbol determiniert, was im Fall des Sonnenheiligtums von Neferefre ähnlich wie bei seinem Grabbau womöglich auf seine unvollendete Errichtung hindeuten könnte.

So lassen die Lage der beiden bisher bekannten Sonnenheiligtümer einerseits und die mögliche Überbauung Niuserres »Lustort des Re« andererseits die Vermutung zu, daß ausgehend vom Sonnentempel des Userkaf alle weiteren Könige ihre Sonnenheiligtümer nordwestlich davon in einer Reihe errichten ließen. Neferefres Bauarbeiter konnten dabei jedoch das vierte Heiligtum nicht vollenden, und so übernahm Niuserres Bauverwaltung – ähnlich wie bei den Fundamenten der väterlichen Königsnekropole – die halbfertige Anlage und errichtete sie unter seinem Namen. Diese Variante deckt sich auch mit dem Befund, daß der Platz zwischen den Sonnenheiligtümern von Userkaf und Niuserre eigentlich nur zwei weitere Tempelbauten zulassen würde. Demzufolge könnten sich die Tempelanlagen von Sahure und Neferirkare zwischen den Ruinen der heute bekannten Sonnenheiligtümer befinden und auf ihre Wiederentdeckung warten. Vermutlich sind aber aufgrund der massiven Steinplünderungen der letzten Jahrtausende nur noch Reste ihrer Fundamente vorhanden.

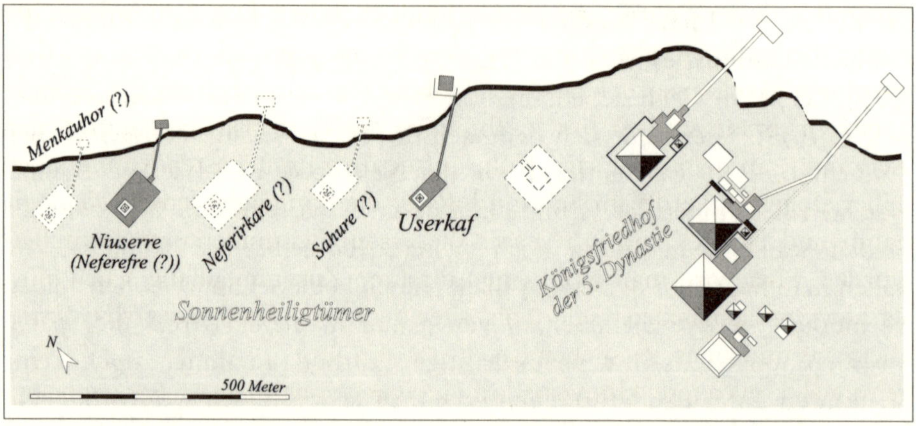

Abb. 41: Mögliche Lage der Sonnenheiligtümer der 5. Dynastie bei Abu Gurob.

Bei Menkauhors Sonnenheiligtum sieht die Lage allerdings komplizierter aus. Sein Weggang aus Abusir kann theoretisch auch die Verlegung seines Sonnenheiligtums zur Folge gehabt haben. Es könnte sich demnach irgendwo in der Nähe seiner vermuteten Grabstätte in Sakkara befinden. Auch dieses Heiligtum blieb wahrscheinlich aufgrund der kurzen Regierungszeit

Menkauhors unvollendet, wie die durchgängige Determinierung mit dem Sockelsymbol in den Inschriften andeutet. Falls es sich jedoch bei Abu Gurob befunden hat, wird man es eigentlich nur nordwestlich der Niuserre-Anlage zu suchen haben, wo sich sein Tempelbau vermutlich in die schon bestehende Reihe der Vorgängerbauten einreihte.

Totentempel für den Sonnengott?

Über die religiöse Funktion der Sonnenheiligtümer gibt es bis heute keine eindeutigen Aussagen. Dies erscheint nur allzu verständlich, da den Forschern lediglich ein einziger, zwar teilweise erhaltener, aber ohne aussagekräftige Inschriften ausgestatteter Tempelbau dieses Typus zur Verfügung steht, aus dessen Architektur man Rückschlüsse auf seine Bestimmung ziehen konnte. Bei aller Unsicherheit sind sich die Ägyptologen aber in einer Sache einig: Es muß eine etwa 80 Jahre lang andauernde politische, religiöse oder sonstige kulttechnische Notwendigkeit bestanden haben, die mindestens sechs Könige der 5. Dynastie veranlaßte, eine auf den Sonnengott zugeschnittene Tempelanlage im Stil der Pyramidenkomplexe zu errichten. Dabei sind die zeitlichen Eckpunkte relativ genau durch einschneidende Ereignisse in der Politik und im Grabkult definiert: Das Aufkommen der Sonnenheiligtümer geht einher mit dem Beginn der 5. Dynastie und dem absoluten Machtanspruch des Re-Glaubens, der zur Erhebung des Sonnengottes zur Staatsgottheit führte. Ihr Ende markiert fast übergangslos den Zeitpunkt, an dem der Osiris-Kult, auf den ich im nächsten Kapitel noch näher eingehen werde, großen Einfluß auf die königliche Jenseitsideologie nahm und eine Generation später die ersten Pyramidentexte formuliert wurden. Hier wird man wohl einen direkten Zusammenhang sehen müssen, der vor allem in den Regierungszeiten der letzten Könige der 5. Dynastie, Djedkare und Unas, zu suchen ist.

Sehr viel konkretere Hinweise auf die Funktionalität der Sonnenheiligtümer liefern dagegen zwei Papyriarchive, die in den Pyramidenkomplexen von Abusir entdeckt wurden. So enthielten beispielsweise die im südlichen Teil des Totentempels von Neferirkare aufgefundenen Papyri Dienstpläne von Totenpriestern, Inventarlisten und Vermerke von angelieferten, gelagerten und verwalteten Materialien und Produkten des Totentempels.[121] Diese Dokumente stammten aus der Zeit des Djedkare, dessen Beamtenapparat für die Überwachung und Aufrechterhaltung der Totenkulte seiner Familienangehörigen verantwortlich war. Insbesondere den Listen der im Totentempel ankommenden Güter und Lebensmittel kann man entnehmen, daß sie täglich direkt aus dem Sonnenheiligtum von Neferirkare kamen. Dies ließ Mark Lehner auf den Gedanken kommen, daß die Sonnenheiligtümer der 5. Dynastie eine Art »Filterstation« gewesen sein könnten, »in welcher der für die Pyramide bestimmte Proviant eine rituelle Reinigung durchlief«.[122]

Die Ausrichtung der Sonnenheiligtümer auf die Pyramidenkomplexe und ihre damit zusammenhängende Bedeutung für die Jenseitsideologie der Könige wird noch durch einen anderen Befund untermauert. So wie die Tempelbauten an den Pyramiden, waren auch die Sonnentempel in ihrer letztendlichen Form aus haltbarem Stein und nicht mit Ziegeln gebaut worden. Laut Werner Kaiser stellten sie »in ihren imponierenden Abmessungen alles andere, was wir von den Göttertempeln des Alten Reiches kennen, weit in den Schatten« und sind »vielleicht gleichfalls als Ausdruck eines Strebens nach ›ewiger Dauer‹ zu werten«.[123] Vor diesem Hintergrund glaubt Rainer Stadelmann, daß die Sonnenheiligtümer aufgrund ihrer Lage am westlichen Wüstenrand und der baulichen Ähnlichkeit mit den königlichen Pyramidenkomplexen nichts anderes als »Totentempel des Sonnengottes Re« waren. Er sieht sie »als tägliche Kultbühne für die Hoffnung des Königs auf die Wiederholung des himmlischen Schicksals des Sonnengottes«.[124]

Dies ist eine Interpretation, die durchaus zu den archäologischen Befunden am Ende der 5. Dynastie passen würde. Denn nach der vermutlich ökonomisch bedingten Abschaffung der Sonnenheiligtümer unter Djedkare wurde die Sonnenkultstätte wohl kurzfristig in den Totentempel des Pyramidenkomplexes integriert, ehe dann – womöglich als Äquivalent dazu – unter Unas die ersten, u.a. auch auf den Sonnengott ausgerichteten Jenseitstexte in den Kammersystemen der Grabmäler auftauchten.

8 Der Himmel über Memphis

Um das Jahr 2390 v. Chr. betrat Djedkare die ägyptische Bühne, übernahm Menkauhors Erbe und regierte etwa 40 Jahre lang das Land am Nil.[125] Derart lange hatte seit dem großen Pyramidenbauer Snofru kein König mehr auf dem ägyptischen Thron gesessen. So wurde wie schon über 200 Jahre zuvor, als Snofru als Initiator der Weiterentwicklung im Pyramidenbau in die Geschichte einging, auch Djedkare rückwirkend als eine Art »Wendefigur« im Gesellschaftssystem des Alten Reiches gesehen. In seiner Regierungszeit wurden die Grundsteine für Neuerungen in Politik, Religion und im Totenkult in Ägypten gelegt, die in der 6. Dynastie zu einschneidenden Veränderungen der sozialen Situation und der Stellung des Königtums führten.
Als Baugrund für Djedkares Grabmal wählten die Bauleiter eine kleine Anhöhe in dem damals noch unbebauten Wüstengebiet zwischen der Mastaba el-Faraun und der Djoser-Pyramide, direkt westlich des Dorfes Sakkara. Seine Nekropole gehört heute – ebenso wie auch die anderen Grabbauten in dieser Region – zu den noch unvollständig erforschten Pyramidenkomplexen und wird abseits aller normalen Touristenwege von der Öffentlichkeit kaum oder gar nicht wahrgenommen. Djedkares Pyramide ist problemlos besteigbar und von der erhöhten Position hat man einen guten Überblick über das Areal. Der Aufweg der ist östlich des Totentempels relativ gut zu erkennen. Am Übergang zur Nilebene haben die Ausgrabungen der letzten Jahrzehnte seine Fundamente ans Tageslicht gebracht. Der Taltempel liegt unter den Häusern des Dorfes Sakkara begraben und wird wohl nur noch bruchstückhaft vorhanden sein. Im Gegensatz dazu hält aber der Totentempel eine Reihe interessanter Details bereit. Im Eingangsbereich befinden sich die Reste von zwei massiven, quadratischen Turmbauten, die das Ende des Aufweges flankieren und eine weitere Entwicklungsstufe der späteren Tempel-Pylone darstellen. Westlich von ihnen erkennt man zwei große, einst ummauerte Höfe, von denen der nördliche einen separaten Eingang von Süden her besaß. In der Fachliteratur finden sich Hinweise, daß dieser Hof als Schlachthof gedient haben könnte, was ihn indirekt mit den Sonnenheiligtümern in Zusammenhang bringt. Es ist somit nicht auszuschließen, daß Djedkare, der kein eigenständiges Sonnenheiligtum mehr errichten ließ, die traditionelle Sonnenkultstätte statt dessen in seinen Totentempel integrierte.[126]

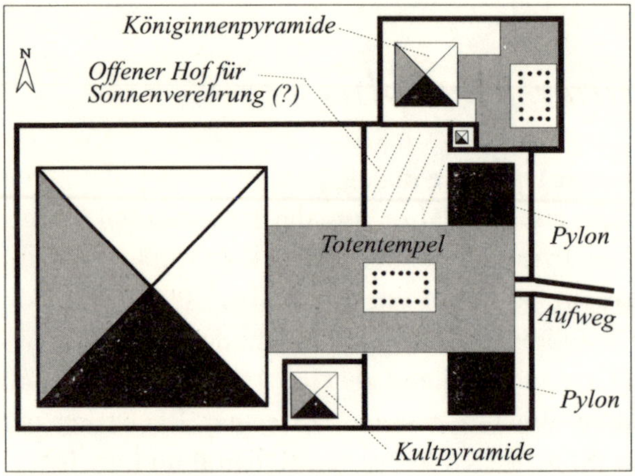

Abb. 42: Pyramide und Totentempel des Djedkare (nach Stadelmann).

Dies führt aber unweigerlich zu der Frage, was Djedkare dazu bewogen hatte, kein separates Sonnenheiligtum mehr zu bauen, wieso er letztlich mit der Tradition seiner Vorgänger brach. Gab es womöglich wirtschaftliche Gründe, die es dem König und seinem Staatsapparat nicht mehr erlaubten, neben der Errichtung der eigenen Nekropole eine zweite aufwendige Kultanlage zu bauen? Oder lagen der Abkehr von den Re-Tempeln Veränderungen in den religiösen Glaubensvorstellungen zugrunde, die den Verzicht dieser Kultstätte rechtfertigten? Man kann diese Fragen heute nicht eindeutig beantworten und aufgrund der bekannten Daten und Fakten aus jener Zeit nur Vermutungen anstellen. Ein paar grundlegende Gedanken sollen hier einen groben Überblick über die möglichen Faktoren geben, die am Ende der 5. Dynastie das politische und religiöse Leben in Ägypten beeinflußten.

Am Ende der Sonnendynastie

Schon früh im Alten Reich wurden große Stiftungen in Form von Grundstücken und bestellten Feldern eingerichtet, deren Erträge die enormen Aufwendungen des umfangreichen königlichen Totenkults gewährleisten sollten. Sie waren in erster Linie ideell für die »Ernährung des Toten« bestimmt, kamen aber praktisch auch den jeweiligen Totenpriestern zugute, die für die Instandhaltung der Grabanlagen sorgten.[127] Mit den Jahrhunderten wurde das Land somit in unzählige Einzelstiftungen aufgeteilt. Sie entwickelten sich teilweise zu großen steuerpflichtigen Unternehmen, die

zwar dem ideologisch notwendigen Totenkult der vielen verstorbenen Könige dienten und im Notfall für die Versorgung des Staatsapparates herangezogen werden konnten, aber auch ständig die natürlichen Staatsressourcen minimierten. Man kann demzufolge nicht ausschließen, daß die religiös-kultische Philosophie des »ewigen Totenopfers« schon ab Mitte der 5. Dynastie für immer neue Engpässe im Wirtschaftssystem des Landes sorgte. Hinzu kam außerdem, daß die vom Königshaus an die großen Tempel und Pyramidenstädte zugestandenen Privilegien in Form von Steuererleichterungen oder sonstigen wirtschaftlichen Vorteilen den Staatshaushalt von Generation zu Generation zusätzlich belasteten. Schließlich hatten auch die mit Beginn der 5. Dynastie eingerichteten Sonnenheiligtümer, deren umfangreicher Kultbetrieb vermutlich ebenfalls enorme Aufwendungen erforderte, das wirtschaftliche Verteilungssystem im Lauf der Zeit geschwächt.
Angesichts dieser Belastungen muß man sich die Frage stellen, wie lange wohl ein solch wucherndes Geflecht von eigenständigen, teilweise hoch subventionierten Stiftungen für die Allgemeinwirtschaft des Landes tragbar war. Wäre es demnach nicht denkbar, daß sich die Zeiten des Überflusses insbesondere unter Djedkares langer Regentschaft endgültig dem Ende entgegen neigten und der König sich ernstzunehmenden wirtschaftlichen Belastungen gegenüber sah, die ihn sogar dazu zwangen, auf den Bau eines eigenen Sonnenheiligtums zu verzichten? Und veranlaßte er vielleicht – weil er aus ideologischer Sicht nicht auf eine Sonnenkultstätte verzichten konnte oder wollte –, daß eine vergleichbare Einrichtung in Form eines Opferhofes in seinen Totentempel integriert wurde, um somit wenigstens eine gewisse Erleichterung in der königlichen Personal- und Wirtschaftspolitik zu erreichen?
Derartige Gedankengänge werden in der Ägyptologie wohl schon seit langem nicht mehr ausgeschlossen und indirekt durch einzelne Hinweise aus der Endphase der 5. Dynastie untermauert, nach denen es allem Anschein nach zu wirtschaftlichen Machtkämpfen innerhalb einzelner Totenpriestergilden gekommen war.[128] Doch anstelle der heutigen Machtränkespiele etwa nach dem Vorbild »Opel kontra Volkswagen« in der Automobilbranche oder »Microsoft kontra Rest der Welt« in der Computer-Branche hießen die damaligen Kontrahenten im ersten bekannten »Wirtschaftskonflikt« der Weltgeschichte »Priester des Snofru« und »Priester des Cheops« und saßen in den Tempelstädten von Dahschur und Giza. Daß es sich dabei um Priestergilden des selben Familienclans handelte, störte angesichts der angespannten Wirtschaftslage wohl niemanden mehr.

Die Abschaffung der separaten Sonnenheiligtümer war ein Vorbote der unsicheren Zeiten, die das Land am Nil ereilen sollten. Aber es gab noch weitere Siegel, die gebrochen wurden und den langsamen Untergang der altägyptischen Welt vorbereiteten.

Leise und schleichend nahm auch das Machtstreben der hohen Beamten und Provinzverwalter am Ende der 5. Dynastie stetig zu und führte mit der Zeit zu einem Balanceakt zwischen dem absoluten Herrscheranspruch des Königs und der individuellen Persönlichkeitsentfaltung seiner einflußreichen Untergebenen. Hinzu kam, so Wolfgang Helck, daß die staatlichen Amtsträger entgegen den tradierten autokratischen Richtlinien des Königtums immer mehr das Recht anstrebten und durchsetzten, ihre Ämter »erblich werden zu lassen, so daß sich langsam eine Art Gaufürstentum im Lande entwickelte, das seine religiöse Weihe von den jeweiligen Ortsgöttern erhielt«.[129] Damit wurde ein Dezentralisierungsprozeß des Staatsapparates eingeleitet, der letztlich die Stellung des Königtums unterhöhlte und nach den fünf folgenden Regierungsperioden sogar zum Sturz der Monarchie führte. Aber noch ein anderer, viel mächtigerer Faktor hatte in jener Epoche die Vorstellungswelt der Ägypter nachhaltig beeinflußt – und der kam aus dem religiösen Bereich des Totenkultes.

Schon unter der Regierung von Neferirkare waren in den Privatgräbern der Beamten die ersten Opferbitten an einen neuen, aus dem Ostdelta stammenden Totengott namens Osiris aufgetreten.[130] Schnell und ähnlich konsequent wie der Sonnengott unter Djedefres Regentschaft über 100 Jahre zuvor zu seinem landesweiten Siegeszug antrat, übte nun Osiris einen immer größeren Einfluß auf den Jenseitsglauben der Ägypter aus und bedrängte damit die Vormachtstellung der Sonnenreligion innerhalb des Totenkultes. Die Gründe für diesen Wandel in den Anschauungen werden erkennbar, wenn man sich näher mit dem Wirkungsfeld des Sonnengottes im Jenseits beschäftigt. Der Sonnengott wurde als allmächtige Gottheit des Diesseits gesehen. Er bekam ab der 5. Dynastie auch eine gewichtige Rolle innerhalb der königlichen Totenkultideologie zugeordnet, bei der man den alltäglichen Lauf der Sonne mit dem jenseitigen Schicksal des Königs assoziierte, doch seine Einflußnahme auf die nächtliche Jenseitswelt war von Anfang an eher künstlich konstruiert. Denn wenn der Sonnengott sich abends in Atum verwandelte und die nächtliche Unterwelt durchfuhr, beleuchtete er nach den damaligen Vorstellungen »nur stundenweise Teile der Unterwelt« und mußte ansonsten »die Toten der Nacht dem Chaos und seinen Dämonen überlassen«, wie Wolfgang Helck resümierte.[131] Diese Schwäche innerhalb der Sonnenreligion konnte die Priesterschaft aus Heliopolis vermutlich lange Zeit nur durch ideologische oder kultische Maßnahmen kaschieren. Der Gott Osiris hingegen, der »nach der Mythe verstorben war und nach seiner Wiedergeburt in der Unterwelt herrschte«, vermochte laut Helck diese Lücke in der Nachtfahrt des Re zu schließen und somit den Toten im Jenseits einen umfassenderen Schutz als der Sonnengott zu gewähren.[132] Hinzu kam vermutlich noch ein subjektiver Aspekt, der die Popularität des neuen Gottes zusätzlich verstärkte und den Erik Hornung folgendermaßen charakterisierte: Sein gewaltsames und »zutiefst menschliches Todesschicksal« prädestinierte Osiris wohl »in besonderem Maße zum Gott der Toten« und sicherte ihm einen »bleibenden Platz im Herzen der Gläubigen«.[133]

So unterstützte das Aufkommen der neuen Osiris-Religion auch indirekt das Autonomiestreben und den Demokratisierungsprozeß des Beamtentums und Provinzadels. Da der neue Totengott Osiris ortsunabhängig seinen Einfluß ausüben und von der alten, zentral auf den verklärten König ausgerichteten Jenseitsideologie abgekoppelt werden konnte, begannen die Provinzbeamten ab dem Ende der 5. Dynastie vermehrt damit, sich nicht mehr in unmittelbarer Nähe der königlichen Pyramiden, sondern am Ort ihrer Tätigkeit begraben zu lassen, was auch zu einer weiteren Stärkung der Provinzverwaltungen führte. Für die Fortdauer im Jenseits waren damit die Nähe zur Königsnekropole und die Fürsprache des verklärten Königs nicht mehr absolut notwendig. Statt dessen konnte man aufgrund der neuen Osiris-Religion überall im Land seine eigene Rechtfertigung der im Leben vollbrachten Taten und Gesinnungen vor einem göttlichen Totengericht vorbringen, nach seinem Tode durch die Identifikation des eigenen Schicksals mit dem des Gottes Osiris wiederbelebt werden und somit Unsterblichkeit erlangen. Unter diesem religiösen Aspekt kann das Verschwinden der Sonnenheiligtümer auch mit dem Aufkommen des Osiris-Glaubens in Verbindung gebracht werden. Denn wie Erik Hornung vermutet, war es vielleicht schon zu dieser Zeit innerhalb der königlichen Jenseitsvorstellungen auch für den Pharao »nicht mehr so entscheidend, eine eigene Sonnenkultstätte für das Jenseits« zu errichten, da er nach seinem Tode selbst zu Osiris und damit zum Jenseitsherrscher wurde.[134] Demnach führte die neue Osiris-Religion langsam zum Abbau der strengen Hierarchie im Totenkult, so daß letztlich auch das »Unsterblichkeitsmonopol« des Königs gebrochen wurde. Am Ende dieser religiösen Umbruchphase – nach dem Untergang des Alten Reiches – stand schließlich der Glaube, daß jeder Verstorbene, unabhängig

von Rang und Stand, vom Tode erlöst ein ewiges, unsterbliches Leben in einer unterirdischen Jenseitswelt führen konnte. Somit wurden auch die normalen Ägypter, nach einer jahrhundertelangen Diktatur der königlichen Unsterblichkeit lediglich zum Hoffen verdammt, daß die Erinnerungen an sie und ihre Taten im Gedächtnis ihrer Nachkommen nicht erloschen, plötzlich zu Herren ihres eigenen, ewigen Lebens.
Die Ausmaße dieser Entwicklung waren am Ende der 5. Dynastie noch nicht erkennbar, wenngleich unter den Regierungen von Djedkare und seinem Nachfolger Unas mit der Abschaffung der Sonnenheiligtümer und durch die gleichzeitige landesweite Ausbreitung des Osiris-Glaubens sowie letztlich mit der Einführung der religiösen Jenseitstexte in den königlichen Gräbern ihre Weichen gestellt wurden. Sicherlich war es hierbei kein Zufall, daß gerade das Ende der Sonnenheiligtümer und die Verbreitung der Osiris-Religion auch die Fixierung der Pyramidentexte nach sich zogen.[135] Diese Neuerung wird vermutlich schon innerhalb der langen Regierungszeit von Djedkare gedanklich vorformuliert worden sein. Ob dieser Wandel in den religiösen Vorstellungen etwas mit der Erweiterung des Kammersystems der Djedkare-Pyramide zu tun hatte, ist dagegen reine Spekulation. Auf jeden Fall fügte man östlich der Vorkammer einen dritten Raum hinzu, der heute in der Regel als Magazinraum gedeutet wird.[136] Damit wurde eine Standardisierung der Grabräume in Struktur, Ausrichtung und Bedeutung eingeläutet, die von nun an die Architektur der Kammersysteme bis zum Untergang des Alten Reiches bestimmen sollte. Zugleich stellte sie die Bühne für die zukünftigen Pyramidentexte dar.

Texte für das Jenseits

Der letzte König der 5. Dynastie, Unas, ist noch immer eine sehr undurchsichtige Figur in der altägyptischen Geschichte. Seine Herkunft ist ebenso wie sein verwandtschaftliches Verhältnis zu Djedkare bis heute nicht geklärt. Bisweilen wird vermutet, daß er aus dem Nildelta stammte,[137] womit sogar ein gewisser Zusammenhang zwischen seiner Regentschaft und der Ausbreitung des Osiris-Glaubens, der ebenfalls in der Deltaregion beheimatet war, bestanden haben könnte. Sein Regierungsantritt scheint nach allen bisherigen Erkenntnissen ruhig verlaufen zu sein. Es sind aus den Überlieferungen keine Gegensätze zu seinem Vorgänger erkennbar, da nachweislich viele hohe Beamte unter beiden Königen ihren Dienst verrichteten,[138] und auch Unas' Regentschaft selbst verlief allem Anschein nach über weite Zeiträume innenpolitisch stabil.

	Nekropole bei ...	Basislänge [Ellen]	Seked [Handbreit]	Neigungswinkel [Grad]	Höhe [Ellen]	Name der Pyramide
Userkaf	Sakkara	140	5¼	53	93	Rein sind die Stätten des Userkaf
Sahure	Abusir	150	5¾	50,75	92	Die Ba-Seele des Sahure erscheint
Neferirkare	Abusir	200	5	54,5	140	**Die Ba-Seele des Neferirkare**[139]
Neferefre	Abusir	125	Pyramidenstumpf (Kernstufe: ~ 6 m hoch, 78° steil)			Göttlich sind die Ba-Seelen des Neferefre
Schepseskare	**Abusir**	200	Ausschachtung			?
Niuserre	Abusir	155	5½	52	99	Es dauern die Stätten des Niuserre
Menkauhor	Sakkara (?)	110	?	?	?	Göttlich sind die Stätten des Menkauhor
Djedkare	Sakkara	150	5½	52	96	Schön ist Asosi
Unas	Sakkara	110	4¾	56	82	Vollkommen sind die Stätten des Unas

Tab. 6: Die Pyramiden der 5. Dynastie (Daten nach Stadelmann und Lauer, Höhenangaben teilweise geschätzt).

Trotz seiner langen, etwa 30jährigen Regierungszeit ließ sich Unas die kleinste Pyramide des gesamten Alten Reiches errichten. Sein Grabmal besaß nur eine Seitenlänge von etwa 58 Metern und war knapp 43 Meter hoch. Unas' Bauleiter wählten den Baugrund südöstlich des Grabbezirkes von Djoser und gingen bei den Bauarbeiten alles andere als behutsam mit älteren Grabbauten um. So wurden beispielsweise Teile des Totentempels über ein unterirdisches Kammersystem von Hetepsechemui, einem König der 2. Dynastie, errichtet. Einige Ägyptologen vermuten, daß die alten Kultanlagen zu Unas' Zeiten schon in Vergessenheit geraten waren und somit unbewußt überbaut wurden,[140] doch so richtig überzeugen kann diese Mutmaßung wohl nicht. Zwar lagen zwischen Hetepsechemuis und Unas' Regentschaften mehr als 500 Jahre, trotzdem erscheint es sonderbar, daß man das alte Grabgewölbe übersehen haben soll. Hinzu kommt außerdem, daß Unas' Architekten auch keine Probleme damit hatten, ältere Privatgräber mit dem Aufweg zu überbauen, wie man heute noch vor Ort sehen kann.

Das Außergewöhnliche an Unas' unscheinbar wirkendem Grabmal liegt in seinem Inneren verborgen. Sowohl in der Vor- als auch in der Sargkammer wurden insgesamt 283 jenseitsorientierte Sprüche fein säuberlich in Hieroglyphenform in die Kalksteinwände gemeißelt und anschließend mit blauer Farbe ausgemalt.[141] Sie wurden in Kolumnen angeordnet, die von oben nach unten und in einer bestimmten Reihenfolge entlang der Wände zu lesen sind. Derzeit ist die Unas-Pyramide neben der Pyramide des Teti die einzige für den Touristen zugängliche Grabstätte eines Königs des Alten Reiches, in der man derartige Jenseitstexte, die sogenannten »Pyramidentexte«, besichtigen kann. Was verbirgt sich hinter diesen Texten? Was sind ihre religiösen Inhalte?

Als die Ägyptologen am Ende des letzten Jahrhunderts erstmals in die Korridore und Kammern der königlichen Pyramiden der späten 5. und gesamten 6. Dynastie vordrangen, waren sie überrascht, an ihren Wänden hieroglyphische Inschriften vorzufinden. Konnte man bei den großen Grabbauten der 4. Dynastie und der Abusir-Könige keinerlei inschriftliche Hinweise auf ihre Erbauer in den Kammersystemen entdecken, stieß man nun auf eine fast unüberschaubare Fülle an Texten, die sich – dies wurde nach den ersten Übersetzungen sofort klar – mit der Frage der jenseitigen Existenz der verstorbenen Könige beschäftigen.

Bei den Inschriften, die man in den Grabmälern von Unas, Teti, Pepi I., Merenre I. und Pepi II. vorfand, handelt es sich jedoch keineswegs um Wiederholungen ein und desselben Textinhaltes. Im Gegenteil. Die Ägyptologen stellten fest, daß jede Pyramide ihre eigene Textsammlung enthält, wenngleich in allen Versionen inhaltliche Gemeinsamkeiten auftreten, die man in mehrere Kategorien zusammenfassen kann: in »Klage- und Opferritualsprüche, in Hymnen mit Namensformeln, in Litaneien, in Lobeshymnen und in Zaubertexte.«[142] Die Redaktion der Pyramidentexte veränderte sich dabei mit jedem König, ihre Inhalte wurden immer wieder modifiziert und auch umfangreicher. So gibt es beispielsweise in der Pyramide des Unas viele Sprüche, die in den Pyramiden der 6. Dynastie nicht mehr auftauchen, wie auch umgekehrt in späteren Pyramiden Texte erscheinen, die in den frühen Königsgräbern nicht zu finden sind.[143] Insgesamt sind bis heute über 750 unterschiedliche Einzelsprüche bekannt, doch die jüngsten Ausgrabungen an den Pyramiden der späten 6. Dynastie im Süden von Sakkara brachten noch weitere Pyramidentexte zum Vorschein, so daß die Ägyptologen bald eine Überarbeitung ihrer teilweise alten Editionen durchführen müssen.

Aufgrund der bisherigen Übersetzungen und Kommentare zu den Pyramidentexten kam man in Fachkreisen zu unterschiedlichen Deutungen und Interpretationen ihrer sehr komplex gestalteten Inhalte. Dies ist u.a. auch auf eine Reihe von lexikalischen Problemen zurückzuführen, da in den Texten spezielle Wörter und Begriffe auftauchen, deren Bedeutungen man aufgrund fehlender Vergleichsmöglichkeiten mit anderen Inschriften bisher nicht entschlüsseln konnte.[144]

Viele Ägyptologen erkennen heute in der Mehrzahl der Texte in erster Linie eine Zusammenstellung von Rezitationssprüchen, die während des königlichen Begräbnisrituals vorgetragen wurden.[145] Die Sprüche sollten dabei den Verlauf der Begräbniszeremonie im Pyramidenkomplex widerspiegeln und wurden demzufolge entsprechend dem Ablauf bei den Beisetzungsriten entlang des Taltempels, Aufweges, Altarhofs und Totenopfertempels in dieser Reihenfolge inschriftlich auf die Räumlichkeiten des Grabmals (Gangkammer, Korridor, Vorkammer und Grabkammer) übertragen.[146] Andere Gelehrte vermuten hinter den Pyramidentexten vorwiegend jenseitsorientierte Verklärungssprüche, die mit dem Begräbnisritual nicht unmittelbar etwas zu tun hatten,[147] sondern wie Rainer Stadelmann zusammenfaßte, den verklärten König allein durch ihre Existenz im Grab »auf magische Weise« in die Lage versetzen sollten, »sich in einen Geist zu verwandeln, aufzuerstehen und die Himmelfahrt anzutreten«.[148]

Vielleicht liegen die wahren Beweggründe, die zur Fixierung der Pyramidentexte führten, auch irgendwo zwischen den hier vorgetragenen Deutungen. Einerseits kann man sicherlich davon ausgehen, daß die Inhalte dieser Texte vor ihrer ersten inschriftlichen Verwendung in ähnlicher Form schon von Priestern in den täglichen Totenkultritualen im Totentempel oder beim Begräbnis des Königs rezitiert wurden. Es ist auf der anderen Seite aber auch nicht ausgeschlossen, so Jean-Philippe Lauer, daß ihre letztendliche schriftliche Fixierung und Wiedergabe an den Grabkammerwänden nur der »einfachen Sorge um zusätzliche Sicherheit« entsprachen.[149] Vielleicht wirkte das Vorhandensein der Texte im Grab »angesichts der Möglichkeit, daß die Tempeldiener nach der Beisetzung das Rezitieren der Formeln, sei es im täglichen Kult oder bei anderen Anlässen, einmal nicht ausführen könnten«[150] beruhigend auf den König, da sie ihm jederzeit und dauerhaft zur Verfügung standen. So konnte er laut Stadelmann seine Himmelfahrt antreten und stets auf das für das Jenseitsleben wichtige Wissen der Pyramidentexte zurückgreifen, ohne ständig »auf den Dienst der letztlich als unzuverlässig erkannten Priesterschaft angewiesen zu sein«.[151] Umgekehrt bescherte die Einführung der Jenseitstexte dem priesterlichen Königstotenkult wohl auch ein Stück Unabhängigkeit im alltäglichen Kultvollzug, so daß letztlich beide Seiten einen Vorteil aus ihrer Existenz zogen.

Auch wenn heute die eigentliche Motivation, aus der heraus die Pyramidentexte entstanden sind, noch nicht eindeutig geklärt ist, scheint ihre Zielsetzung dagegen völlig klar zu sein: Es ging um die Existenz des verstorbenen Königs in der jenseitigen Götterwelt. Gemäß der damals vorherrschenden heliopolitanischen Glaubenslehre wurde das erstrebenswerte Jenseits hierbei vorrangig am Himmel gesehen. In den Pyramidentexten ist demzufolge vom Aufstieg des verklärten Königs zum Reich des Sonnengottes die Rede, der als eine Art Heimkehr in die Götterwelt verstanden wurde. Der verklärte König weilte im Jenseits als Gleichberechtigter unter den Göttern, durchquerte in einer Barke des Sonnengottes den Himmel sowie die verschiedenen Jenseitsbereiche und wurde somit in den ewigen Kreislauf der Sonne eingebunden.[152] Hierbei finden sich in den Pyramidentexten jedoch recht unterschiedliche Darstellungen und Beschreibungen der Jenseitsbereiche. So begegnet man neben der alltäglichen Barkenfahrt und dem nächtlichen, himmlischen Jenseitsgefilde, das u.a. bei den »unvergänglichen Sternen« am Nordhimmel lokalisiert wird, auch einem unterweltlichen Jenseits, in dem der Totengott Osiris herrscht. Das göttliche Jenseits wurde von den Ägyptern zu Beginn der 6. Dynastie demnach nicht nur am Himmel, sondern auch in der Tiefe der Erde gesehen, was letztlich den wachsenden Einfluß der neuen Osiris-Religion dokumentiert.

Aus den Texten geht interessanterweise hervor, daß das Totenreich des Osiris im Vergleich zum Himmelsreich des Re nur wenig Attraktives zu bieten hatte und es galt, diesen Bereich schnell wieder zu verlassen. Diese negative Bewertung steht zu dieser Zeit noch im Gegensatz zu der ebenfalls schon in den Texten wiedergegebenen Anschauung, »daß der König durch seinen Tod das Schicksal des Osiris erleide und durch den Tod selbst zu Osiris werde«.[153] Vermutlich ist hierbei das anfängliche Widerstreben der heliopolitanischen Priester, die man als Urheber der Pyramidentexte ansieht, zu erkennen, die neuen Totenkultdoktrinen des Osiris auf eine Stufe mit den altbewährten Vorstellungen einer vom Sonnengott beherrschten Jenseitswelt zu stellen. Die Ägypter lösten diesen Gegensatz aber geschickterweise durch eine genealogische Einbindung des unterweltlichen Totengottes Osiris in den alten Götterkreis sowie durch seine Versetzung in das himmlische Jenseitsreich, in dem man ihn mit dem Sternbild des Orion gleichsetzte. In diesem Sinne könnten die Pyramidentexte nach Auffassung von Jean-Philippe

Lauer auch nichts anderes als eine Art »Rechtfertigung für die Evolution der heliopolitanischen Lehre« gewesen sein, bei der die Re-Priesterschaft aus Heliopolis »aus politischen Gründen den im Delta außerordentlich populären Osiris an den solaren Götterkreis heranführen mußte«.[154]
So stellt sich nach diesem kurzen Überblick abschließend noch die Frage, aus welcher ursprünglichen Quelle die Pyramidentexte entstanden sein könnten. Der Berliner Ägyptologe Rolf Krauss, der sich schon seit vielen Jahren mit den Pyramidentexten beschäftigt, hält es für möglich, daß ihre mündliche Überlieferung nicht mehr als etwa 100 Jahre vor ihrer ersten schriftlichen Fixierung zurückreichte, demnach ungefähr am Ende der 4. oder zu Beginn der 5. Dynastie formuliert wurde.[155] Die prinzipielle Vorstellung, so Krauss, »daß der Tote als Stern in den Himmel« aufsteigt, könnte dabei jedoch durchaus ein vorgeschichtlicher ägyptischer Glaube gewesen sein, der erst lange Zeit mündlich oder auf Papyrus tradiert wurde, ehe er Eingang in die Pyramidentexte fand. Krauss gibt allerdings zu, daß die allerfrühesten textlichen Belege für Sterne, die sich auf den ägyptischen König beziehen, nur indirekt auftreten und inhaltlich nicht mit den Pyramidentexten zu vergleichen sind.[156] Was sich hier trotz alledem abzuzeichnen scheint, ist der große Einfluß himmelsorientierter Betrachtungen, die maßgeblich die Welt- und Jenseitsvorstellungen der Ägypter prägten. Da die Pyramidentexte aber auch etliche Verweise auf bestimmte Sterne oder Sternkonstellationen enthalten, die für die Jenseitsfahrt des toten Königs eine große Bedeutung hatten, stellt sich an dieser Stelle die Frage nach dem astronomischen Grundwissen, das die Ägypter zur Pyramidenzeit besaßen. Dieses Thema gehört derzeit zu den wohl spannendsten Forschungsgebieten der Ägyptologie und ist noch lange nicht befriedigend erörtert worden.

Astronomie in den Pyramidentexten

Das Alte Reich war eine Zeit, in der sich erstmals kluge Leute daran machten, die Natur auf ihre Gesetzmäßigkeiten zu hinterfragen, technische Hilfsmittel für alle Bereiche der Gesellschaft zu entwickeln und die ersten Ansätze der modernen Wissenschaften zu entdecken, zu formulieren und zu interpretieren. Dies war eine Zeit, in der Architekten sowie steinkundige und rechentechnisch begabte Beamte und Priester in die Geschicke des Landes eingriffen und durch ihr Können und Genie zur Ausbreitung der ägyptischen Zivilisation beitrugen. Zu ihnen gehörten auch diejenigen Priester, die sich mit intensiven Himmelsbeobachtungen beschäftigten und vermutlich schon

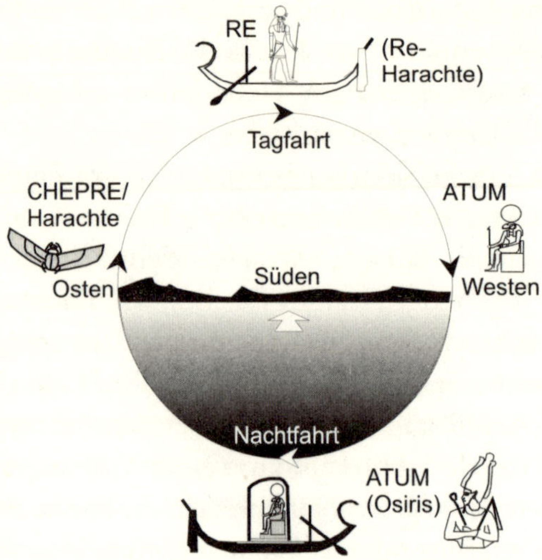

Abb. 43: Die vier Phasen des Sonnenlaufes in der heliopolitanischen Sonnentheologie (nach Assmann).

Die unterschiedlichen Bewegungsaspekte des Sonnenlaufes als Spiegelbild des weltlichen Lebenszyklus im Sinne von »Geburt, Leben und Altern, Sterben und Wiedergeburt«: Da die alten Ägypter keine Kenntnisse von himmelsmechanischen Vorgängen oder vom inneren Aufbau unseres Sonnensystems besaßen, wurden ihre Vorstellungen von den horizontübergreifenden Bewegungen der Sonne fast selbstverständlich mit der Nilschiffahrt in Zusammenhang gebracht. Sie glaubten, daß die tägliche Bewegung des Sonnengottes und damit auch des verklärten Königs eine Art Reise auf zwei Schiffen war, die den zu durchfahrenden Kreislauf in vier Abschnitte unterteilte: den Sonnenaufgang und -untergang sowie die Tag- und Nachtfahrt. Auf einer Tagesbarke überquerte der Sonnengott von Osten nach Westen den Tageshimmel; auf einer Nachtbarke bewegte er sich auf dem nächtlichen Rückweg »unter der Erde oder im Himmelsinneren.«[157] Den Sonnenaufgang interpretierte man hierbei als Geburt einer aus sich selbst schöpfenden Verkörperung des Sonnengottes, der in seiner Erscheinungsform als Morgensonne »Chepre«, »Der Entstehende« (Skarabäus; oder auch »Harachte« [Falke]), das Licht des neuen Tages erblickte.[158]
Vor diesem Hintergrund wurden der Sonnenaufgang und der beginnende Himmelsaufstieg mit den weltlichen Begriffen von Geburt, Aufzucht und Thronbesteigung des Königs in Verbindung gebracht und die tägliche Himmelsüberfahrt als Herrschaftsphase des Re in Falkengestalt (Re-Harachte) gedeutet,[159] der zusammen mit dem verklärten König sein Himmelsreich »in der traditionellen Form einer ›Königsreise‹ in Besitz« nahm.[160] Nach der Tagesfahrt, nach der der Sonnengott ebenso wie der König zu Lebzeiten einem Altersprozeß unterworfen war, wurde der Sonnenuntergang auch als Ende der weltlichen Herrschaft und als körperlicher Tod des Königs gesehen. Re verwandelte sich mit der Abendsonne in den widderköpfigen Atum, begann seine Fahrt im nächtlichen himmlischen Jenseits bzw. in der irdischen Unterwelt und vereinigte sich mit Osiris, um sich zu regenerieren und zu verjüngen. Am nächsten Morgen wurde er wieder als Chepre/Harachte geboren und konnte den geschlossenen Zyklus seiner Herrschaft wiederholen.

früh viele Grundlagen der späteren griechischen und arabischen Astronomie ausarbeiteten. Sucht man nach den Spuren dieser Priester-Astronomen der ersten Generation, so führt der Weg wieder nach Heliopolis – zu einem Hohenpriester namens Tjenti, der in der 6. Dynastie lebte.

In den Kulträumen von Tjentis Grab in Sakkara befindet sich an einem Architrav eine Inschrift, die Opferformeln, Gebete und etliche Titel des Grabherren wiedergibt. Bezeichnungen wie »Fürst«, »Wesir«, »Sem-Priester«, »Oberster Vorlesepriester« und »Schreiber des Gottesbuches« sind dort zu lesen. Beendet wird die Inschrift mit dem interessanten Zusatz »der in die Geheimnisse des Himmels eingeweiht ist, der das Geheimnis des Himmels schaut«.[161] Dies ist der früheste, heute bekannte Hinweis, der den heliopolitanischen Sonnenglauben direkt mit der »Himmelskunde« in Verbindung bringt. Er deutet an, daß die Hohenpriester von Heliopolis in die speziellen und offenbar geheimgehaltenen Kenntnisse der damaligen Himmelskunde eingeweiht waren und eine lange Tradition als Astronomen besaßen. Das Studium der Himmelsobjekte war für die Sonnenpriester offensichtlich eine Folge der ständigen Beobachtung ihres Gottes Re und führte sicherlich mit der Zeit auch zu fundierten Kenntnissen über die Bewegungen der Planeten und Sterne.[162] Als »Schreiber des Gottesbuches« wird Tjenti außerdem dafür gesorgt haben, daß das astronomische Wissen seiner Zeit festgehalten und tradiert wurde.

Schon früh im Alten Reich entwickelten sich insbesondere die Göttertempel zu geistigen Hochburgen des Staates, verlangte der vielschichtige Tempelkult eine fundierte Ausbildung der einzelnen Priesterränge. Hierfür wurden in den Heiligtümern hochschulähnliche Zentren eingerichtet und ausgewählte Geistliche, eben jene »Schreiber des Gottesbuches«, mit der Aufgabe betraut, das der Priestergilde anvertraute kulturelle Erbe und Wissen ihrer Zeit, das in den eigenen Bibliotheken gehütet wurde, einerseits zu bewahren und andererseits weiterzuvermitteln.[163] So ist zu vermuten, daß die Himmelskunde bereits zu Beginn der 4. Dynastie ein wesentlicher Bestandteil priesterlichen und baukundlichen Wissens war und die Erfahrungen der frühen Astronomie im Grabbau ebenso wie später in den religiösen Glaubensvorstellungen Ägyptens Niederschlag gefunden haben. Dies wird beispielsweise indirekt durch die vermessungstechnischen Ergebnisse des Pyramidenbaus bestätigt, bei denen die exakte Ausrichtung der Königsgräber auf die Himmelsrichtungen durch die Einmessung der genauen Nordrichtung durchgeführt wurde und eine kontinuierliche Beobachtung der Sonne bzw. des Sternenhimmels erforderlich machte. Die daraus resultierenden Meßverfahren bezogen sich dabei nach heutigen Erkenntnissen vermutlich auf Beobachtungen wie etwa den Schattenwurf der Sonne während ihres täglichen Laufes oder auf die Bestimmung verschiedener Sternkonstellationen und deren Bewegungen. Welch gute Ergebnisse die Priester-Astronomen und Feldmesser dabei schon in der 4. Dynastie erzielen konnten, beweist u.a. der Bau der Cheops-Pyramide, deren Kantenabweichung von der exakten Nordausrichtung nur im Fehlerbereich von wenigen Bogenminuten liegt.

Leider haben sich außer diesen indirekten Hinweisen an den Pyramiden keine inschriftlichen Aufzeichnungen erhalten, wurde keines der »Götterbücher« überliefert, die den Ägyptologen eindeutige Auskünfte über den Wissensstand der ägyptischen Astronomen zur Zeit des Alten Reiches geben könnten. Das priesterliche Wissen ging mit den Jahrtausenden verloren und kann heute nur noch erahnt werden. Doch es gibt ein Licht am Ende des Tunnels, eine Möglichkeit, das verlorene Wissen zumindest teilweise wieder zu rekonstruieren – und zwar über die Pyramidentexte.

In den Pyramidentexten ist bei den unterschiedlichen Beschreibungen der jenseitigen Welt vielfach von astronomischen Bezugsgrößen wie etwa den Sternbildern Orion und Großer Bär oder dem Hundsstern Sirius sowie auch von Sonne und Mond die Rede, die allesamt mit dem jenseitigen Schicksal der verstorbenen Könige in Zusammenhang gebracht wurden. Hierbei stellt sich bei näherer Betrachtung heraus, daß sich in den Pyramidentexten vielschichtige Beobachtungen des Sternenhimmels in einer kultisch-verbrämten Form manifestierten, deren Bedeutungen erst aus der Sicht der modernen Astronomie verständlich werden. An einem kleinen, aber aussagefähigen Beispiel läßt sich dies gut demonstrieren. Schauen wir uns die Pyramidensprüche 882 und 883 aus der Pyramide von Pepi I. einmal näher an: »Oh Pepi, du bist (wirst sein?) jener Große Stern, der Gefährte des Orion. Der durchfährt den Himmel mit Orion, der durchfährt die Dat [Unterwelt, d.V.] mit Osiris. Pepi wird herauskommen auf der östlichen Seite des Himmels, erneuert zu deiner Zeit, verjüngt zu deiner Stunde, nachdem Nut [Himmelsgöttin, d.V.] diesen Pepi zusammen mit Orion geboren hat, nachdem dich das Jahr geschmückt hat zusammen mit Osiris.«[164]

Für den astronomiekundigen Rolf Krauss ist die tiefere Bedeutung dieser Textpassage offensichtlich. Man muß sie aus seiner Sicht nur vor dem Hintergrund der bekannten astronomischen Erkenntnisse der hier genannten Himmelsobjekte interpretieren.

Das Sternbild des Orion, das für die Ägypter den Totengott Osiris darstellte, gehört zu den Sternen des Südhimmels, die im Laufe eines Jahres eine Periode der Unsichtbarkeit durchmachen, da sie für den Beobachter unter dem Horizont verschwinden. Nach Krauss' Berechnungen blieb der Orion im dritten vorchristlichen Jahrtausend insbesondere im Gebiet um Memphis etwa von Mitte April bis Mitte Juni unsichtbar.[165] Dies stimmt etwa mit den Berechnungen der alten Ägypter überein, die für den in der Nähe des Orion befindlichen Stern Sirius, der in ihrem Kalenderwesen eine sehr entscheidende Rolle spielte, eine ca. 70tägige Unsichtbarkeitsphase ansetzten. Dieser Zeitraum deckt sich interessanterweise auch etwa mit der Länge des traditionellen Begräbnisritus im Alten Reich. Somit lassen sich die beiden Pyramidensprüche vor dem Hintergrund der religiösen Jenseitsvorstellungen der damaligen Zeit derart interpretieren, daß die Ägypter den Beginn der Unsichtbarkeit von Orion, Sirius und dem »Großen Stern« als »Sterben«, ihr Wiedererscheinen am östlichen Horizont dagegen als »Erneuerung« und »Verjüngung« aufgefaßt haben.[166] Aus den Pyramidentexten geht hervor, daß sich die Seele des Königs am nördlichen Sternenhimmel, im sogenannten »Opfergefilde« aufhält, vor allem aber als »Großer Stern« das Sternbild des Orion am Südhimmel – im sogenannten »Binsengefilde« – in einiger Entfernung begleitet. So haben die ägyptischen Priester vermutlich das jahreszeitlich abhängige Verschwinden der Fixsterne am Südhimmel als eine Art Todesschicksal gedeutet, das der ständigen Sichtbarkeit bestimmter nördlicher Sterne (»Zirkumpolarsterne«) als Ausdruck des ewigen Lebens gegenüberstand. Demnach wurden die astronomischen Beobachtungen der Auf- und Untergänge der Sterne mit dem jenseitsorientierten Schicksal des Königs – im vorliegenden Fall mit dem von Pepi I. – in Verbindung gebracht und religiös interpretiert.

Die Pyramidentexte berichten außerdem davon, daß beide himmlischen Jenseitsbereiche – »Opfer- und Binsengefilde« – durch einen »himmlischen Kanal« voneinander getrennt wurden. In der Fachliteratur findet man für diesen Kanal unterschiedliche Bezeichnungen, vom »Kanal des Vernichtens« oder vom »Krummen Kanal« ist mehrfach die Rede. Laut einer aktuellen Studie von Rolf Krauss, in der er u. a. alle Merkmale des »Krummen Kanals« aus den Inschriften zusammentrug und analysierte, könnte es sich bei diesem Gebilde um eine Umschreibung der scheinbaren jährlichen Sonnenbahn, der sogenannten »Ekliptik«, gehandelt haben.[167] Hingegen ist die Identität des »Großen Sterns« bislang unbekannt. Seine Lagebestimmung am Südhimmel wird im Pyramidenspruch 1038 vage mit »in der Mitte des Ostens« angegeben, ohne jedoch einen prägnanten astronomischen Bezugspunkt zu nen-

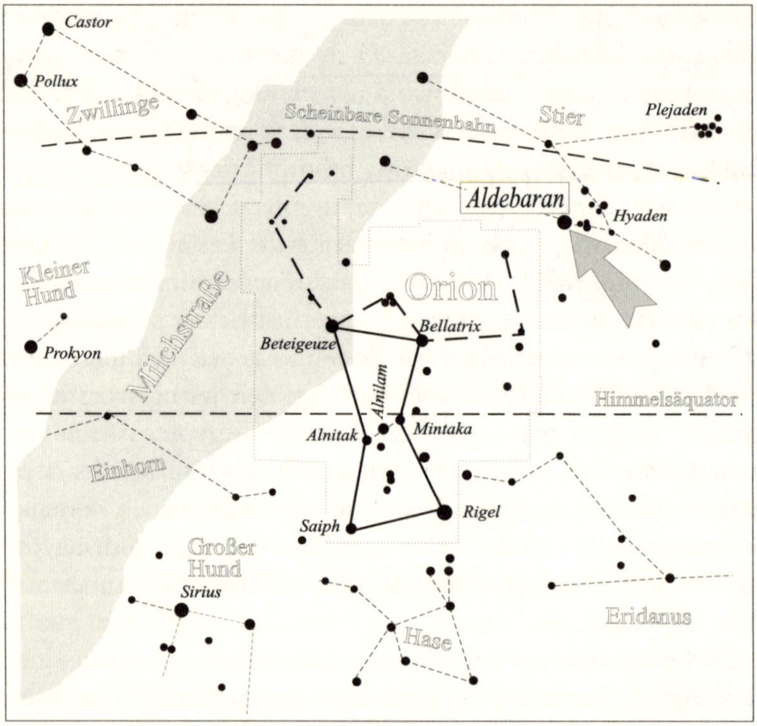

Abb. 44: Das Sternbild Orion und seine Umgebung (nach Meyer).

nen.[168] Nach Krauss' Untersuchungen könnte es sich beim »Großen Stern« aber womöglich um den nördlich vom Orion stehenden Hauptstern des Sternbildes Stier, Aldebaran, gehandelt haben, »der die jahreszeitlichen Phasen von Sichtbarkeiten und Unsichtbarkeiten des Orion teilt«.[169]

Abschließend und mit dem Wissen, daß das vorliegende Beispiel nur eines von vielen aus den Pyramidentexten ist, kommt Rolf Krauss zu dem Resultat, daß »die für die astronomischen Inhalte der Pyramidentexte verantwortlichen Ägypter den Sternenhimmel in astronomisch richtiger Weise« beobachteten, wenngleich sie »den verschiedenen Himmelsbereichen und ihren ›Bewohnern‹ Bedeutungen zuschrieben, die aus dem Bereich jenseitiger Erwartungen und Wünsche« kamen.[170]

Hierbei konnten fundierte astronomische Erkenntnisse der Ägypter sicherlich nur durch lange und intensive Beobachtung des Sternhimmels erzielt werden. Diese setzte vermutlich schon sehr früh in ihrer Geschichte ein, nicht zuletzt auch deshalb, weil das Nachvollziehen der jahreszeitlichen Bewegungen von Sonne und Mond sowie der Fixsterne erst die Grundlage zur Erstellung eines Kalenderwesens bildete. Somit kann man davon ausgehen, daß die Ägypter – ähnlich wie auch auf dem Gebiet der Mathematik – über

ein sehr viel fundierteres astronomisches Basiswissen verfügt haben müssen als ihnen heute zugeschrieben wird.
In diesem Zusammenhang muß man sich auch vor Augen halten, daß die ägyptischen Priester-Astronomen mit Sicherheit ganz andere Vorstellungen von der Zusammensetzung und Ausdeutung bestimmter klassischer Sternbilder besaßen als wir heute. Dies deutet nicht zuletzt auch ein aktuelles Forschungsergebnis des Schweizer Ägyptologen Kurt Locher an, wonach die Ägypter das Sternbild des Orion (Osiris) aus anderen Einzelsternen zusammensetzten als man es heute aufgrund der griechischen Überlieferung gewohnt ist.[171] So gehörten beispielsweise die sogenannten Schultersterne des heutigen Orion für die Ägypter des Mittleren Reiches nicht zu ihrem Sternbild. Dagegen stellten die heute als Gürtelsterne bezeichneten Fixsterne den oberen Abschluß des ägyptischen Orion dar und wurden symbolisch als eine Krone auf dem Kopf des im Sternbild wiedererkannten Gottes Osiris gesehen (siehe Abb. 45). Außerdem gehörten zum ägyptischen Orion auch Sterne aus den heutigen Sternbildern Fluß, Eridanus, Hase und Taube.
Man muß kein Prophet sein, um zu erkennen, daß sich hier ein neues Forschungsgebiet für die Zukunft eröffnet, das die interdisziplinäre Unterstützung von Astronomen innerhalb der Ägyptologie voraussetzt. Sicherlich

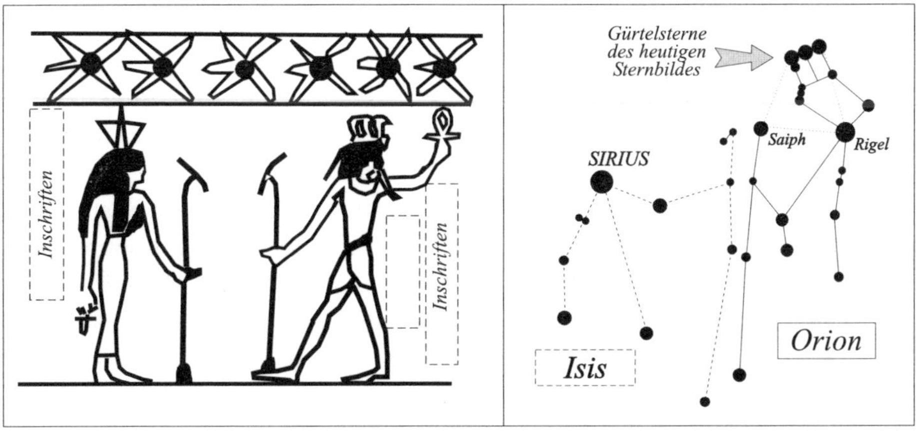

Abb. 45: Links: Detail einer Deckenmalerei aus dem Mittleren Reich, die die Götter Isis (links) und Osiris (rechts) zeigt. Der Stern auf dem Kopf der Isis stellt den Sirius dar (11. Dynastie, um 2050 v. Chr., Metropolitan Museum, New York, nach Neugebauer/Parker). Rechts: Mögliche Konstellation des altägyptischen Sternbildes Orion in Verbindung mit Sirius/Isis (nach Locher). Im direkten Vergleich mit der Deckenmalerei erkennt man, daß die Gürtelsterne des heutigen Orion-Sternbildes im altägyptischen Orion symbolisch eine Krone auf seinem Kopf darstellten.

werden die astronomisch orientierten Aspekte in den Pyramidentexten und die damit zusammenhängenden Kenntnisse der alten Ägypter die Forscher in den nächsten Jahrzehnten noch zu spannenden und auch kontroversen Diskussionen verleiten, die ich mit Interesse verfolgen werde. Doch wenden wir uns hier und jetzt am Ende des Buches wieder weltlicheren Dingen zu. Denn trotz des kleinen Exkurses in die Astronomie befinden wir uns auf unserer Reise durch das Alte Reich noch immer irgendwann um das 2320 v. Chr. und damit am Beginn einer neuen Dynastie.

Der erste Königsmord

Nachdem Unas verstarb und umgeben von den schützenden Jenseitstexten in seiner Pyramide beigesetzt wurde, begann die etwa 160 Jahre andauernde 6. Dynastie,[172] in der eine Handvoll Könige die Geschicke Ägyptens lenkten, aber den Verfall der »Pyramidenkultur« letztlich nicht mehr aufhalten konnten. Der Untergang des Alten Reiches zeichnete sich trotz der schon erwähnten, schleichenden Vorboten auf administrativer und religiöser Ebene zu Beginn der neuen Dynastie erstmals auch nach außen hin sichtbar ab und warf damit seine düsteren Schatten auf das Königtum.
Über die Herkunft des Begründers der 6. Dynastie, Teti, gibt es wie schon bei der von Unas keine näheren Erkenntnisse. Einige Ägyptologen vermuten, daß Unas keine Erben hinterließ und die politische Lage im Land kurzfristig zu eskalieren drohte, bis Teti eine Tochter seines Vorgängers namens Iput heiratete.[173] Er legitimierte damit seinen Machtanspruch und meisterte die innenpolitische Krise.[174] Sein Horusname »Der, der die Beiden Länder befriedete« könnte durchaus das politische Motto seiner Machtübernahme symbolisieren. Im Gegensatz dazu geben aber andere Pyramidenforscher wohl ebenso mit Recht zu bedenken, daß wie schon bei der Thronfolge von Djedkare auf Unas auch diesmal innerhalb der Verwaltungsebene keinerlei Veränderungen nachgewiesen werden konnten.[175] So war beispielsweise Tetis Wesir Kagemni, dessen große Mastaba man heute nördlich der Pyramide seines Königs in Sakkara besichtigen kann, schon unter Djedkare und Unas in Amt und Würden. Auch andere hohe Beamte behielten ihre Posten beim Thronwechsel und Übergang in die neue Dynastie. Aus diesem Grund muß man wohl davon ausgehen, daß sich die vermuteten »innenpolitischen Probleme« bei der Thronbesteigung Tetis nur auf die Königsfamilie bzw. auf die dynastische Erbfolge beschränkten und keine ernstzunehmende

administrative oder gesellschaftliche Krise beinhalteten. Warum letztlich Manetho etwa 2000 Jahre später mit Teti eine neue Dynastie beginnen ließ, kann aber auch daran gelegen haben, daß dieser König seine Grabstätte – wie schon Userkaf zu Beginn der 5. Dynastie – wieder in der Umgebung der ersten Stufen-Pyramide Ägyptens in Sakkara errichten ließ.
Tetis Pyramidenkomplex wurde etwa 300 Meter südöstlich von dem des Userkaf errichtet. Seine Integration in ein zu diesem Zeitpunkt schon sehr eng bebautes Gräberensemble ging sicherlich nicht problemlos vonstatten und erforderte diverse Anpassungen. Im Norden und Westen befanden sich der alte Königsfriedhof der 1. und 2. Dynastie, der große Beamtenfriedhof und die Grabanlage von Userkaf, im Nordosten vermutlich der Pyramidenkomplex von Menkauhor, im Süden die Aufwege und Taltempel von Unas und Userkaf. Es ist heute nicht ganz klar, wie Tetis gesamter Grabkomplex aussah, da weder von seinem Aufweg noch von seinem Taltempel bislang Spuren entdeckt werden konnten. Da der Baugrund der Pyramide relativ dicht an der hohen Plateaukante liegt, kann man aber davon ausgehen, daß der Aufweg, der am südlichen Ende des Totentempels endete, nach nur kurzer Wegstrecke nach Süden abknickte und in Richtung des Taltempels der Userkaf-Pyramide verlief.
Heute befindet sich Tetis Nekropole in einem Gebiet auf dem Sakkara-Plateau, in dem seit Jahren regelmäßig Restaurationen und Grabungen stattfinden und das zum direkten Einzugsgebiet des Inspektorats der Antikenverwaltung gehört. So sind insbesondere die nördlichen und östlichen Bereiche der Nekropole in der Regel Sperrgebiete und können nur mit ausdrücklicher Genehmigung der Pyramidenwächter besichtigt werden. Damit ist auch der Totentempel, wenngleich er durch die Steinräuber fast vollständig abgetragen wurde und nur noch wenige Strukturen von ihm zu erkennen sind, für die interessierten Pyramidenforscher fast unerreichbar.
Die Pyramide selbst hinterläßt heute bei den Besuchern den schlechtesten Eindruck aller königlichen Grabmäler in Sakkara. Sie gleicht einem etwa 20 Meter hohen Schutt- und Sandhaufen, dessen frühere pyramidale Form nur noch erahnt werden kann. Die einzigen Hinweise auf das vom Flugsand fast vollständig verdeckte Kernmauerwerk kann man am Eingangsbereich, vor allem aber auf der Ostseite erkennen. Ursprünglich besaß die Pyramide eine Basislänge von knapp 79 Metern, war über 50 Meter hoch und wurde in fünf Stufen erbaut. Diese Maße wurden in der 6. Dynastie nicht mehr übertroffen. Da auch das Raumschema und die Dekoration des Totentempels von den Vorgängerbauten übernommen und bei den Nach-

folgebauten beibehalten wurde,[176] hat es fast den Anschein, als ob die Bauleiter und Könige um das Jahr 2300 v. Chr. eine Art »standardisierte Idealform« des inneren Pyramidenkomplexes gefunden hatten, an dem sie in den nächsten Generationen festhielten. Rainer Stadelmann erkennt hierin allerdings schon »ohne Zweifel eine religiöse und kultische Erstarrung und das Nachlassen schöpferischer Kräfte«[177] im Grabkult.

Das Kammersystem der Teti-Pyramide ist heutzutage betretbar. Es ist im Prinzip eine architektonische Kopie der Kammersysteme der Pyramiden von Djedkare und Unas, die alle durch drei, ostwestorientierte Kammern (Magazinraum, Vorkammer und Sargkammer) ausgezeichnet sind. Lediglich die einzelnen Abmaße der Räume und Korridore variieren bedingt durch die Grundmaße der Pyramiden und die genaue Lage der Grabkammern in deren Basisgeometrie. Die räumliche Anordnung der Pyramidentexte in Tetis Pyramide entspricht der der Unas-Pyramide. Allerdings wurden die Grabtexte diesmal in der Grab- und Vorkammer sowie im letzten Korridorstück nicht farblich hervorgehoben, sondern weiß belassen.

Erwähnenswert ist der Basaltsarkophag, der in der einst stark beschädigten, aber mittlerweile durch gemauerte Wandabstützungen stabilisierten Grabkammer steht. Innerhalb der Sargwanne wurde erstmals eine Zeile der Pyramidentexte angebracht. Damit war der Teti-Sarkophag wohl der Vorläufer des Sargtypus, der im Mittleren Reich mit den sogenannten »Sargtexten« versehen wurde, welche die Funktion der Pyramidentexte über-

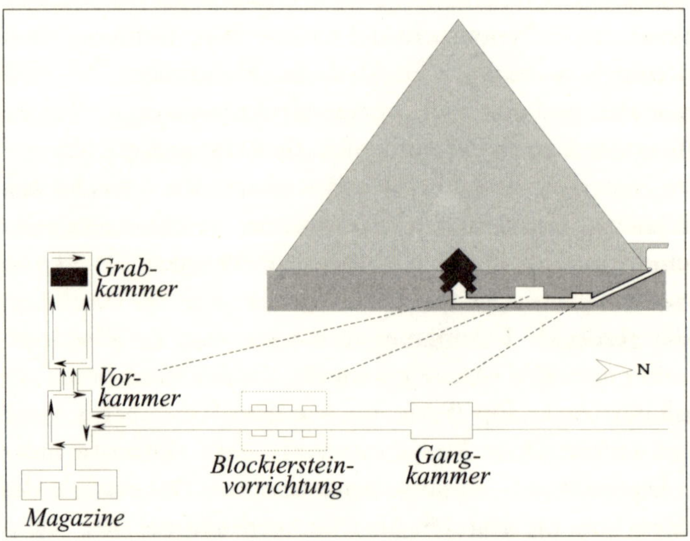

Abb. 46: Die Pyramide des Teti. Oben: Nordsüdschnitt. Unten: Das Kammersystem. Die gestrichelten Pfeile in der Vor- und Grabkammer deuten die Ausrichtung der Pyramidentexte an (nach Porter/Moss und Lauer).

nahmen. Daraus entwickelten sich letztlich die Totentexte des Neuen Reiches, die man heute an den Wänden der thebanischen Königsgräber auf der westlichen Nilseite von Luxor bewundern kann.
Nach einer etwa 30jährigen Herrschaft starb Teti gemäß der Überlieferung von Manetho vermutlich eines gewaltsamen Todes, hervorgerufen durch ein Attentat und ausgeübt von einem seiner Leibwächter.[178] Die genauen Umstände oder näheren Hintergründe seines Ablebens sind jedoch unbekannt. Wolfgang Helck vermutete, daß hinter Tetis Ermordung ein religiöspolitisch motiviertes Komplott steckte, das indirekt auch von der Priesterschaft des Re aus Heliopolis geschmiedet wurde. Er hielt es für keinen Zufall, daß kurz nach der Ermordung von Teti ein Herrscher namens Userkare die Macht im Lande ergriff, der sich in seinem Thronnamen wieder auf den Sonnengott Re bezog. Er sah demzufolge den Sinn dieses Mordes darin begründet, daß eine »neue Generation« wieder »auf die anscheinend freiere Gesellschaftsform der 5. Dynastie zurückgreifen« wollte, die unter den Regentschaften von Djedkare, Unas und Teti starken Veränderungen unterworfen gewesen war.[179]
Sollte damit der vermeintliche Königsmord womöglich ein frühes Beispiel in der Weltgeschichte sein, nach dessen Muster noch unzählige Staatsmänner ihre Reformpolitik mit dem Leben bezahlen mußten? Waren die alteingesessenen Mächte und Monopole nicht mit dem Kurs der neuen Regierung einverstanden und strebten eine politische oder ideologische Rückorientierung an? Helcks Vermutung ist nicht völlig auszuschließen. Doch sollte hierbei auch nicht unbeachtet bleiben, daß die Thronnamen von Teti und Unas noch immer unbekannt sind, die Titulaturen beider Könige aber die Bezeichnungen »Sohn des Re« führen. So hatten die Kultfunktion und damit der theologische Einfluß aus Heliopolis wohl noch immer Auswirkungen auf die Ideologie und Stellung des Königtums zu Beginn der 6. Dynastie.
Welche Gründe sich demnach auch immer hinter diesem Königsmord verbergen, eines wird hier recht deutlich: Die Zeiten der »Unantastbarkeit« der Könige und ihrer göttlichen Ämter waren vorbei. Man sah sie anscheinend nicht mehr auf einem unerreichbaren, hohen Podest thronend und fast göttergleich mit absoluter Machtbefugnis ausgerüstet. Es wird wohl Machtpotentiale hinter dem König gegeben haben, die das Land schon seit geraumer Zeit »mitregierten« und die in jener Epoche auch nicht mehr davor zurückschreckten, Hand an den obersten Ägypter und ehemaligen Garanten der Weltordnung zu legen oder legen zu lassen. Der Untergang des Alten Reiches hatte um das Jahr 2290 v. Chr. bereits begonnen. ...

AUSKLANG
Am Ende der Pyramidenzeit

Nach Tetis Tod regierten noch vier Könige innerhalb der 6. Dynastie. Drei von ihnen ließen sich direkt vor den Toren der Reichshauptstadt im südlichen Bereich der memphitischen Nekropole und damit in unmittelbarer Nähe der Grabmäler von Schepseskaf und Djedkare bestatten. Die Ruhestätte des letzten regulären Königs des Alten Reiches blieb bisher unentdeckt.
Die Ruinen der Pyramidenkomplexe von Pepi I., Merenre I. und Pepi II. westlich des Dorfes Sakkara sind bislang touristisches Niemandsland und ihre Existenz wurde demzufolge von der breiten Öffentlichkeit kaum registriert. Ihre systematische wissenschaftliche Erforschung ist noch nicht abgeschlossen oder steckt – wie im Fall des Grabbezirkes von Merenre I. – im Anfangsstadium, so daß keine umfangreiche und breit angelegte Dokumentation über die Grabungsergebnisse vorliegt. Wer sich heute einen Eindruck von diesem Pyramidenfeld verschaffen möchte, erreicht es aus Kairo kommend am besten direkt über das Dorf Sakkara. Dort sollte man sich einen Führer suchen und sich zu Fuß auf das Wüstenplateau begeben. Man kann die Exkursion auch auf eigene Faust unternehmen, da die Königsgräber trotz ihres teilweise sehr schlechten Erhaltungszustandes in der von kleinen Sandhügeln durchsetzten Wüstenregion gut zu erkennen sind.
Durch einen gezielten Steinraub haben vor allem die Pyramidenkomplexe von Pepi I. und Merenre I. in den Jahrtausenden stark gelitten. Lediglich der knapp 200 Meter nordwestlich der Mastaba el-Faraun gelegene Grabbezirk von Pepi II. ist besser erhalten und wie auch der von Pepi I. seit Jahrzehnten Ziel aufwendiger Restaurationen. Das Erreichen aller drei Nekropolen bereitet keine große Mühe, vorausgesetzt man hat genügend Wasserreserven für einen längeren Wüstenmarsch dabei.
Während man die Ruinen der Totentempel heute in der Regel betreten kann, sind die Kammersysteme der Pyramiden für die Besucher noch unzu-

gänglich. Sie sind verschüttet oder in der Obhut der Archäologen, die in ihnen seit vielen Jahren Restaurationen durchführen, um die dort befindlichen Pyramidentexte für die Nachwelt zu erhalten. Da auch die Aufwege, Taltempel und Pyramidenstädte der Königsnekropolen bisher nicht freigelegt wurden, wird deutlich, wieviel Arbeit den Archäologen auf diesem Wüstenplateau noch bevorsteht. Von derartigen Ausgrabungen kann man eine Reihe zusätzlicher Hinweise aus der Endphase des Alten Reiches erwarten, die das Bild jener Epoche weiter abrunden könnten. So darf man auf die zukünftigen Grabungsergebnisse gespannt sein und darauf hoffen, daß diese einmaligen Pyramidenfelder in absehbarer Zeit touristisch erschlossen werden.[1]

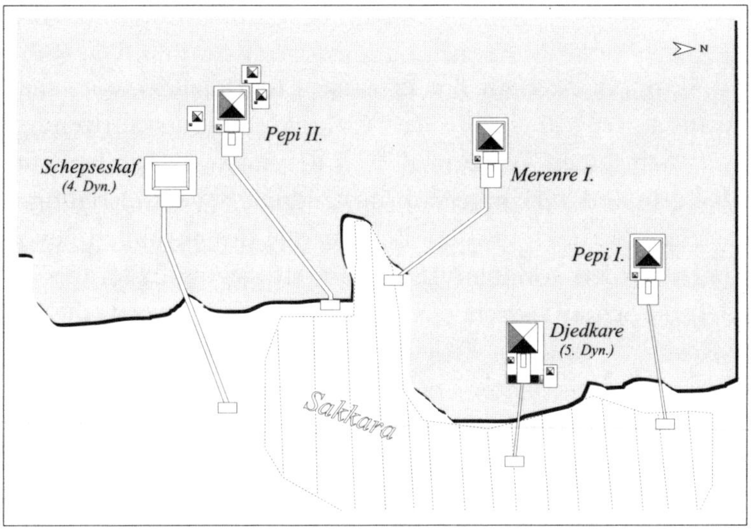

Abb. 47: Der Königsfriedhof der 6. Dynastie im Süden der memphitischen Nekropole bei Sakkara (nach Porter/Moss).

Vor diesem Hintergrund sollte man sich an dieser Stelle noch einmal vergegenwärtigen, wie das Alte Reich vor über vier Jahrtausenden im Schlachtengetümmel unterging, womit sich letztlich auch der Kreis der in diesem Buch beschriebenen Ereignisse wieder schließt.

Wie im Auftakt geschildert und in Teil III durch Hintergrundereignisse motiviert, kam um das Jahr 2160 v. Chr. das definitive Ende des einst so mächtigen Pyramidenstaates. Die Zentralverwaltung von Pepi II. war zu schwach geworden, hielt die Fäden nicht mehr in der Hand. Sie wurde letztlich unterhöhlt durch die vielen eigenständig regierten Provinzen und Tempelstädte, die sich schon seit geraumer Zeit als autonome, mit umfassenden Privilegien versehene Kleinstaaten im Land etabliert hatten. Der mit

Scheintiteln aufgeblähte, unübersichtliche und teilweise handlungsunfähig gewordene Beamtenapparat war den veränderten Gegebenheiten eines komplexer gewordenen Staatsgefüges in keinster Weise mehr gewachsen, so daß Befehlsstrukturen von der Residenz aus in Richtung der Provinzen nicht mehr einwandfrei funktionierten.[2] Diese Entwicklung begann schon zwei Generationen zuvor, während der Herrschaft von Tetis Thronfolger, Pepi I. Zu jener Zeit wurde erstmals erkennbar, daß die zentrale Staatsmacht im Zerfall begriffen war und der Einfluß des Königshauses zu schmelzen begann.[3] Zeitgenössische Aufzeichnungen berichten vom wachsenden Ansehen und Wohlstand des Provinzadels, dessen Macht durch Zugeständnisse des Königshauses unaufhörlich wuchs.[4] Vor allem einflußreiche oberägyptische Gaue entzogen sich zu dieser Zeit immer mehr der Kontrolle der Zentralregierung und regierten das Land sogar indirekt mit.[5]

Ebenso wie das Autonomiestreben der Provinzen und die Zersplitterung der Zentralverwaltung trug auch das vielschichtige und sehr aufwendige Kultgeschehen letztlich seinen Teil zum Zerfall des Staates bei, schwächte seine Wirtschaftskraft und verlangte ihm umfangreiche Vergünstigungen ab, die im Gegenzug nur durch größere Belastungen der normalen Bevölkerung aufgefangen werden konnten.[6] Damit öffnete sich im 22. vorchristlichen Jahrhundert die Schere zwischen Armen und Reichen, wurde die Abhängigkeit der Residenz von den Provinzen immer größer, bis sich das Autonomiestreben der »Kleinstaaten« derart verselbständigte, daß letztlich sogar die Staatsverwaltung von einem Großteil der lebenswichtigen Ressourcen abgeschnitten wurde. Damit konnte sie auf der Grundlage eines zentral organisierten, wirtschaftlichen Verteilungsflusses der Bevölkerung nicht mehr ausreichend Nahrung bieten.[7] Die Auswirkungen waren katastrophal, Hungersnöte die Folge, so daß sich das Volk erhob und die »Revolution von Memphis« ihren Lauf nahm.[8]

Im Sog dieses Aufstandes witterten viele Gaufürsten ihre Chance, die maroden Verhältnisse des ehemals mächtigen Pharaonenimperiums zu ihren Gunsten ausnutzen und die Herrschaft an sich reißen zu können. Es folgte ein kurzer Zeitabschnitt von Thronstreitigkeiten, in dem die Macht an eine Reihe sich bekämpfender Fürstentümer überging. Der spätzeitliche Priester und Historiker Manetho bezeichnete diese Zeit in seinem Geschichtswerk wohl eher symbolisch als »7. Dynastie«, in der seiner Meinung nach »70 Herrscher in 70 Tagen« regiert haben sollen.

Der Aufstand wurde letztlich von den regierungstreuen Truppen blutig niedergeschlagen. Daraufhin behaupteten sich noch vier oder fünf Nachkommen der einstigen Königsfamilie für etwa zwanzig Jahre auf dem Thron (8. Dynastie), ohne jedoch das Land wirklich zentral regieren zu können. Zu souverän und mächtig waren die Feudalherren im Hinterland geworden, die von nun an nur noch auf ihren eigenen Vorteil bedacht waren und die neue Schattenregierung mehr duldeten als unterstützten.[9] Schließlich brach das labile Staatsgefüge um das Jahr 2140 v. Chr. endgültig auseinander und einzelne, rivalisierende Fürstengeschlechter drängten wieder im offenen Kampf an die Macht. Nachdem die Regierungszentrale entmachtet und die alte Herrscherfamilie entthront wurde, riefen sich nacheinander viele Provinzmachthaber zu Kleinkönigen aus und beanspruchten den Thron. Die Hauptstadt fiel schließlich in die Hände einer mächtigen Gaufürstenfamilie aus Herakleopolis, die den Norden des Landes unter ihre Gewalt bringen konnte.[10] Ihre Herrschaft ging in die Überlieferung als 9. und 10. Dynastie ein. Im Süden des Landes etablierte sich gleichzeitig um das Gaufürstentum von Theben ein eigenes Reich mit »Gegenkönigen«, die ebenfalls Anspruch auf das gesamte Land erhoben. Aus den ersten Scharmützeln der rivalisierenden Provinzstaaten entwickelte sich mit den Jahrzehnten ein blutiger Bürgerkrieg, der in vielen Provinzen von katastrophalen Hungersnöten begleitet wurde und deren Auswirkungen sich tief ins Gedächtnis der Ägypter einbrannten.

Das Machtringen wurde letztlich um das Jahr 2020 v. Chr. zugunsten der Thebaner entschieden und der Grundstein für die Wiederherstellung der Ordnung und für die Entstehung eines neuen, vereinigten Staates – des Mittleren Reiches – gelegt. Die Götter hatten Ägypten demnach noch eine zweite Chance gegeben. …

Anhang

Anmerkungen

Auftakt Ein Mythos zerbricht

 *»Dies ist der (Vor)geschmack des Todes«*

(Alle Texte und Übersetzungen in den Kopfzeilen der Buchteile nach Graefe)

1 Aus der Mahnschrift des Ipuwer (Papyrus Leiden), aus Schulze, S. 18f. und 24.
2 Aus der Mahnschrift des Ipuwer (Papyrus Leiden), aus Schulze, S. 10 und 12.
3 Klage des Neferti, Mittleres Reich, aus Hornung, »Pharaonenzeit«, S. 188.
4 Es existiert derzeit keine absolute Chronologie und somit keine mit absoluter Sicherheit bestimmbaren Jahreszahlen aus dem Alten Reich. Eine genaue Fixierung der Ereignisse der klassischen Pyramidenzeit ist noch immer Gegenstand aktueller Untersuchungen. Deshalb bilden alle Zeitangaben in diesem Buch nur relative Richtwerte, die um einige Jahrzehnte, vielleicht sogar für die Frühphase des Pharaonentums bis zu einem Jahrhundert von den tatsächlichen Datierungen abweichen können. Die heute akzeptierte grobe Einteilung der eigenständigen pharaonischen Geschichte (zwischen 3100 v. Chr. und 343 v. Chr.) in 30 sogenannte Dynastien stützt sich auf die Überlieferungen eines um 280 v. Chr. lebenden ägyptischen Priesters namens Manetho und indirekt auf einige altägyptische Annalen und Königslisten (z.B. Palermostein, Königslisten von Karnak und Abydos, Turiner Königspapyrus).

Teil I Jenseits des Horizonts

 *»Dein Schutz ist der Schutz des Re«*

1 Hornung, »Der Eine«, S. 134.
2 Cheops, griechische Form von Chufu (Kurzform von Chuefu(i)-Chnum, »[Gott] Chnum, er schützt mich«). Siehe Beckerath, J.v., in: »Lexikon der Ägyptologie«, Teil I, »Cheops«, S. 932.
3 Mastaba: Ein flacher, kastenförmiger und steil geböschter, den Häusern der Lebenden nachempfundener Lehmziegel- oder Steinbau, bestehend aus einem Komplex von Grab- und Kulträumen. Mastabas wurden mit Vorrats- und Verehrungsräumen ausgestattet, so daß die Seele des Verstorbenen weiterexistieren konnte und die Opfergaben symbolisch entgegennahm, die die Hinterbliebenen ihr brachten.
4 Griechische Form von Seneferu, Kurzform von »[Der Gott NN] hat mich gut/vollkommen gemacht«, nach Schneider, S. 278.
5 Snofru ließ als erstes Bauprojekt eine Stufen-Pyramide in Medum errichten, verlegte dann aber aus noch unbekannten Gründen seine Residenz nach Norden, in die Nähe des heutigen Dorfes Dahschur. Dort begann man sofort mit dem Bau einer neuen Nekropole, deren Pyramide aber infolge eines falsch gewählten Untergrundes den Belastungen nicht

standhielt und aus Sicherheitsgründen aufgegeben werden mußte. Nahe dieser Bauruine und unter Ausnutzung der schon vorhandenen Infrastruktur und Baulogistik wurde - nachdem man in Medum die Stufen-Pyramide »modernisierte« und sie mit einer glatten Außenverkleidung versah - im Norden von Dahschur Snofrus dritter Grabbau - die sogenannte Rote Pyramide - problemlos und ordnungsgemäß fertiggestellt. Dies war die Geburtsstunde der ersten planmäßig und geometrisch korrekt errichteten Pyramide Ägyptens. Dort fand Snofru auch seine letzte Ruhestätte.

6 Delacampagne, »Geheimnisvolles Ägypten«, S. 69.

7 Barta, W., in: »Lexikon der Ägyptologie«, Teil V, »Re«, Sp. 158.

8 Der König als Person wurde zu Lebzeiten nicht als ein Gott angesehen. Seine sterbliche Natur als Mensch ist stets von der göttlichen Stellung seines Amtes unterschieden worden. Göttlichkeit erlangte der König erst nach seinem Tod. Siehe Brunner, E., in: »Lexikon der Ägyptologie«, Teil III, »König«, Sp. 461 und Barta, W., in: »Lexikon der Ägyptologie«, Teil III, »Königsdogma«, Sp. 487.

9 Viele Forscher halten es heute aufgrund der zentralen Rolle, die die Sonne in der ägyptischen Religion spielte, für fast »selbstverständlich, daß der ägyptische König, der Leben und Ordnung auf Erden garantiert, schon seit ältesten Zeiten mit dem Sonnengott, dem Herrscher und Schöpfer der Welt, gleichgesetzt wird, wobei ihm (wie der Sonne) Macht über die Lebenden und auch die Toten gegeben war.« Siehe Radwan, S. 214.

10 Barta, W., in: »Lexikon der Ägyptologie«, Teil III, »Königsdogma«, Sp. 487.

11 Helck, »Geschichte«, S. 48.

12 Barta, W., in: »Lexikon der Ägyptologie«, Teil III, »Kult«, Sp. 840.

13 Barta, W., in: »Lexikon der Ägyptologie«, Teil III, »Kult«, Sp. 841.

14 Der hier dargestellte Kultablauf ist den Ausführungen in Barta, W., in: »Lexikon der Ägyptologie«, Teil III, »Kult«, Sp. 841ff. entnommen.

15 Barta, W., in: »Lexikon der Ägyptologie«, Teil III, »Kult«, Sp. 846.

16 Helck, W., in: »Lexikon der Ägyptologie«, Teil II, »Gaue«, Sp. 398.

17 Kákosy, L., in: »Lexikon der Ägyptologie«, Teil II, »Heliopolis«, Sp. 1111f. Wie alle Zitate in diesem Absatz.

18 Kákosy, L., in: »Lexikon der Ägyptologie«, Teil II, »Heliopolis«, Sp. 1112.

19 Assmann, »Theologie und Frömmigkeit«, S. 146ff. Wie auch Zitat davor.

20 Hornung, »Pharaonenzeit«, S. 34.

21 Hornung, »Pharaonenzeit«, S. 34ff. Wie alle längeren Zitate in diesem Absatz. Siehe zusätzlich auch Assmann, »Theologie und Frömmigkeit«, S. 146ff.

22 Assmann, »Theologie und Frömmigkeit«, S. 145.

23 Barta, W., in: »Lexikon der Ägyptologie«, Teil V, »Re«, Sp. 165f.

24 Zahlenwerte aus Arnold, »Tempel«, S. 57.

25 Assmann, J., in: »Lexikon der Ägyptologie«, Teil V, »Totenkult«, Sp. 659ff.

26 Brunner, E., in: »Lexikon der Ägyptologie«, Teil III, »König«, Sp. 461 und Assmann, J., in: »Lexikon der Ägyptologie«, Teil V, »Totenkult«, Sp. 664. Wie alle Zitate in diesem Absatz.

27 Assmann, J., in: »Lexikon der Ägyptologie«, Teil V, »Totenkult«, Sp. 654.

28 »Ineb Hedj« bedeutete soviel wie »Die Weiße Mauer« und beschrieb eine in der ersten Dynastie von König Hor Aha gegründete Festungsanlage, die sich als Königsresidenz gebaut mit der Zeit zum Verwaltungszentrum des Landes entwickelte. Durch die räumliche Einbindung der »Weißen Mauer« in die westlich gelegene Pyramidenstadt »Mennefer Pepi« von Pepi I., einem König der 6. Dynastie, bildete die Abkürzung der Siedlung, »Mennefer«, die Grundlage für den späteren griechischen Namen »Memphis«, der sich bis heute als Bezeichnung für die Landeshauptstadt Altägyptens durchgesetzt hat. Siehe Verner, »Pyramiden«, S. 378 oder Lehner, »Weltwunder«, S. 158.

29 Zahlenmäßige Angaben zu den Pyramidenbauten werden in der Fachliteratur nicht immer einheitlich wiedergegeben. Die meisten Zahlenwerte in diesem Buch, die sich auf Pyramiden- oder Tempelmaße beziehen, stammen vornehmlich aus Maragliolio/Rinaldi sowie Stadelmann, »Pyramiden«, dem deutschsprachigen Standardwerk zum Pyrami-

denbau. Eigene Berechnungen des Autors mit neuen korrespondierenden Zahlenwerten zu Bauwerken werden im Text hervorgehoben.

30 Helck, »Geschichte«, S. 47.

31 Siehe Diskussion zur Symbolik der Pyramide auch in Lehner, »Weltwunder«, S. 34f.

32 Siehe auch Sasse/Haase, S. 32.

33 Siehe hierzu auch Ricke, »Hohe Sand«, S. 110.

34 Verner, »Abusir«, S. 100.

35 Verner, »Abusir«, S. 100.

36 Die Etymologie des Wortes »Re« ist unsicher, könnte aber mit dem altägyptischen Verbum »aufsteigen« im Sinne von »Emporsteigen« in Zusammenhang gebracht werden. Auf Inschriften und grafischen Darstellungen ist zu erkennen, daß der Gottesname Re »häufig aus Ehrfurcht vorangestellt« wird, wie man oftmals in den Kartuschen der Könige feststellen kann. Siehe Barta, W., in: »Lexikon der Ägyptologie«, Teil V, »Re«, Sp. 156. und »Sonnengott«, Sp. 1087.

37 Barta, W., in: »Lexikon der Ägyptologie«, Teil V, »Re«, Sp. 157.

38 Barta, W., in: »Lexikon der Ägyptologie«, Teil V, »Re«, Sp. 158.

39 Nach Stadelmann, »Giza«, S. 238.

40 Der früheste, heute als sicher geltende Beleg für das Auftreten des Sonnengottes wird in die 3. Dynastie datiert und stammt aus der Regierungszeit von König Djoser. Ob der Sonnengott dagegen schon in der 2. Dynastie in der Namengebung von König »Raneb« auftaucht, ist in der Ägyptologie umstritten. Dessen Name kann als »Re ist mein Herr«, aber auch als »Herr der Sonne« gelesen werden, wobei letztere Bezeichnung lediglich als Hinweis auf das Gestirn Sonne und nicht auf die Gottheit verstanden werden kann. Siehe Barta, W., in: »Lexikon der Ägyptologie«, Teil V, »Re«, Sp. 157ff.

41 Barta, W., in: »Lexikon der Ägyptologie«, Teil V, »Re«, Sp. 161.

42 Für eine Reihe von Ägyptologen war der Himmelsgott Horus dagegen von jeher eine Manifestation des Sonnengottes gewesen. Seine Gestalt als »am Himmel, d.h. in die Ferne« fliegender Vogel, diente »zur Beschreibung des in der Sonne einwohnenden Göttlichen.« Siehe Gundlach, S. 11.

43 Barta, W., in: »Lexikon der Ägyptologie«, Teil V, »Re«, Sp. 156 und 172. Der früheste Beleg für die »Formel Re-Harachte« stammt aus dem Sonnenheiligtum des Königs Niuserre von Abu Gurob, siehe Sp. 171.

44 Assmann, J., in: »Lexikon der Ägyptologie«, Teil V, »Sonnengott«, Sp. 1087ff.

45 Hornung, »Pharao«, S. 349f.

46 Beckerath, J.v., in: »Lexikon der Ägyptologie«, Teil I, »Djedefre«, Sp. 1100.

47 Schneider, S. 113 und Gundlach, R., in: »Lexikon der Ägyptologie«, Teil VI, »Wadi Hammamat«, Sp. 1103.

48 Schneider, S. 113.

49 Wildung, S. 194.

50 Siehe auch Gegendarstellung in Wildung, S. 195.

51 Nach Schneider, »Lexikon der Pharaonen«, S. 113. Oft auch als »Er ist dauerhaft, nämlich Re« beschrieben. Siehe Gundlach, S. 170.

52 Nach Schneider, S. 113.

53 Siehe auch Interpretation in Gundlach, S. 170f.

54 Hornung, »Pharao«, S. 350.

55 Siehe etwa Gundlach, S. 225, Hornung, »Pharao«, S. 350 oder Stadelmann, »Pyramiden«, S. 126.

56 Siehe Diskussion in Altenmüller, B., in: »Lexikon der Ägyptologie«, Teil III, »Horus«, Sp. 14.

57 Radwan, S. 214.

58 Schulze, S. 46. Wie auch nächstes Zitat.

59 Gundlach, S. 225.

60 Siehe auch Diskussion in Gundlach, S. 225.

61 Siehe Hinweis beispielsweise in Verner, »Abusir«, S. 100.

[62] Hornung, »Pharaonenzeit«, S. 87.
[63] Lehner, »Weltwunder«, S. 121.
[64] Korridorartiger Tunnel, der den Tal- mit dem Totentempel verband. Er war meist überdacht, mit Lichtfenstern und Reliefierungen versehen und wurde vermutlich nur bei der Begräbniszeremonie des Königs benutzt.
[65] Östlicher Zeremonialtempel, der zu den charakteristischen Aufbauten jeder Pyramidenanlage ab der 4. Dynastie gehörte. Er lag stets in der Nähe des Palastes, besaß eine eigene Hafenanlage und wurde wahrscheinlich zu bestimmten Riten während des königlichen Begräbnisses benutzt. Später integrierte man ihn vermutlich in den Verehrungskult.
[66] Zentrales architektonisches Element jeder Pyramidenanlage. Er liegt meist an der Ostseite des Grabmals und war über den Aufweg mit dem Taltempel verbunden. Totenpriester zelebrierten im Totentempel heilige Riten zu Ehren des verstorbenen Königs. Er war die letzte Station bei der Begräbniszeremonie. Viele seiner Funktionen sind bis heute unklar.
[67] z.B. Stadelmann, »Pyramiden«, S. 128: »über 1500 m«; Schüssler, S. 207: »1800 m«; Lehner, »Weltwunder«, S. 121: »möglicherweise 1700 m«.
[68] Stadelmann, »Pyramiden«, S. 130.
[69] Goyon, »Cheops-Pyramide«, S. 102.
[70] Stadelmann, »Strenge Stil«, S. 158. Anm. 35 oder Stadelmann, »Pyramiden«, S. 82.
[71] Wildung, S. 195.
[72] Siehe z. B. Valloggia, »Abu Rawash«, 1995-1996 oder Grimal, S. 548.
[73] Siehe etwa Stadelmann, »Pyramiden«, S. 129.
[74] Nach Grimal, S. 547. Siehe zu diesem Absatz auch Lehner, »Weltwunder«, S. 120. In Valloggia, »Abu Rawash«; 1995, S. 69, Abb. 6 wird der Steigungswinkel mit 51 Grad und 57 Minuten (51,95 Grad) angegeben.
[75] Im Fall eines Steigungswinkels von 48,24 Grad, der einem Seked von 6¼ Handbreiten entspricht, erreichte die Pyramide eine Höhe von etwa 113 Ellen, umgerechnet über 59 Metern. Ihr Volumen hätte dann 221 000 Kubikmeter, also 8,5 Prozent des Volumens der Cheops-Pyramide betragen.
[76] Viele Werte werden in der Fachliteratur nicht einheitlich wiedergegeben. Hinsichtlich einfacher und praktisch handhabbarer Seked-Werte wurden die Daten vom Autor korreliert. Die Djedefre-Pyramide wurde mit dem »Cheops-Winkel« berechnet.
[77] Dabei wurde folgendermaßen gemessen: Elle: vom Ellenbogen bis zur Spitze des Mittelfingers, Handbreit: über die vier Handknöchel. Siehe Feucht, E., in: »Lexikon der Ägyptologie«, Teil II, »Hilfslinien«, Sp. 1203.
[78] Die Verwendung des »Cheops-Winkels« (51,84 Grad) deutet eher auf eine Höhe der Djedefre-Pyramide von 128,5 Ellen hin.
[79] v.d. Waerden, S. 50.
[80] Haase, »Cheops«, S. 88ff.
[81] Vergleiche Maragliolio/Rinaldi, Teil V, Tafel 5, Stadelmann, »Pyramiden«, S. 127 und 129 oder Verner, »Pyramiden«, S. 249.
[82] Valloggia, »Abu Rawash«, 1995-1997. Siehe außerdem »Egyptian Archaeology«, Nr. 27, 1997, S. 27 und Grimal, »BIFAO«, 1997, S. 317ff.
[83] Nach Valloggia, »Abu Rawash«, 1996, S. 54, Abb. 3 und S. 56.
[84] Valloggia, »Abu Rawash«, 1997, S. 128, Abb. 5.
[85] Maragliolio/Rinaldi, Teil V, Tafel 5 und Perring, »Pyramids«, Bd. III. Siehe auch Stadelmann, »Pyramiden«, S. 129.
[86] Stadelmann, » Pyramiden«, S. 128 oder siehe auch Lehner, »Weltwunder«, S. 121.
[87] Siehe Valloggia, M., »Aufstand gegen den Tod«, in: »Der Spiegel«, Nr. 1, 1996, S. 156.
[88] Haase, M., »Am Sternenzelt des Djedefre«, in: »Antike Welt«, Nr. 4/1997, S. 356.
[89] Klemm/Klemm, S. 50f.
[90] Es kann derzeit nicht ausgeschlossen werden, daß die Djedefre-Pyramide wie auch schon die Cheops-Pyramide um einen Felshügel unbekannter Größe herum aufgebaut wurde. In diesem Fall würde sich die benötigte Steinmenge verringern.
[91] Lehner, »Weltwunder«, S. 110.

92 Altägyptisch: Chaefre. Wird in der Fachliteratur auch oftmals als »Rachaef« geschrieben.
93 Wildung, S. 212.
94 Reisner, »Mycerinus«, S. 244ff.
95 Helck, »Ägyptische Königslisten«, S. 25 und Wildung, S. 212.
96 Hinsichtlich Reisners Übersetzung bemerkt Wildung: »Nun ist der Übergang von ba zu bi durchaus ungewöhnlich, da man eher be- erwarten möchte. So möchte ich in der griechischen Namensform Bicheris eine zwar in ähnlich gebildeten Königsnamen nicht nachweisbare Entwicklung aus Neb-ka-Re erkennen, das durch die oft belegte irrtümliche Zufügung der Sonnenscheibe aus Neb-ka entstanden ist.« Siehe Wildung, S. 212.
97 Siehe etwa Schneider, S. 91 (hier »Nebka [II.]« im Unterschied zu einem König Nebka aus der 3. Dynastie) oder Stadelmann, »Giza«, S. 191.
98 Stadelmann, »Pyramiden«, S. 140 und Barta, »Chronologie«, S. 21.
99 Aussagen in diesem Absatz nach Hornung, »Pharao«, S. 343.
100 Beckerath, J. v., in: »Lexikon der Ägyptologie«, Teil I, »Chephren«, Sp. 933.
101 Lauer, »Pyramiden«, S. 144.
102 Stadelmann, »Giza«, S. 176.
103 Stadelmann, »Pyramiden«, S. 140.
104 Wildung, S. 212.
105 Heute ist noch nicht geklärt, ob Userkaf ein Bruder von Sahure und Neferirkare war oder ihr Vater. Siehe hierzu auch Diskussion in Kapitel 6.
106 Gundlach, R., in: »Lexikon der Ägyptologie«, Teil VI, »Wadi Hammamat«, Sp. 1100.
107 Klemm/Klemm, S. 361.
108 Klemm/Klemm, S. 361.
109 Eine »Gleichsetzung« von Baefre und Baefhor ist beispielweise nachzulesen bei Stadelmann, »Giza«, S. 169, Abb. 109.
110 Wildung, S. 196 und 205.
111 Siehe zu diesem Themenkomplex auch Helck, »Teti«, S. 111.
112 Stadelmann, »Khaefkhufu«, S. 165-172.
113 Stadelmann, »Khaefkhufu«, S. 172, Anm. 44.
114 Stadelmann, »Khaefkhufu«, S. 172.
115 Siehe Helck, »Teti«, S. 112 und Haase, »Cheops«, S. 214.
116 Siehe Bemerkung in Helck, »Teti«, S. 112.
117 Stadelmann, »Khaefkhufu«, S. 165.
118 Stadelmann, »Pyramiden«, S. 140 und Schüssler, S. 113.
119 Lauer, »Pyramiden«, S. 95.
120 Siehe Stadelmann, »Pyramiden«, S. 140 und Lauer, »Pyramiden«, S. 95.
121 Lauer, »Zaouiêt el-Aryân«, S. 21ff.
122 Wildung, S. 211.
123 Siehe Lauer, »Geheimnisse«, S. 144 und Stadelmann, »Pyramiden«, S. 140.
124 Schüssler, S. 115. Siehe auch Verner, »Pyramiden«., S. 271.
125 Lauer, »Pyramiden«, S. 95.

TEIL II Brennpunkt Giza

 *»Die Stätte der Ewigkeit«*

1 Stadelmann, »Giza«, S. 229.
2 Altägyptisch: Chaefre, »Er erscheint, (nämlich) Re«. Alternativ auch »Erscheint wie Re« nach Clayton, S. 50.
3 Saleh, S. 31.
4 Hornung, »Pharao«, S. 345.

[5] Schneider, S. 102.
[6] Lehner, »Weltwunder«, S. 106. Wie auch das erste Zitat in diesem Absatz.
[7] Seit Jahren kursiert in der populären Literatur die Spekulation, nach der die Anordnung der drei Pyramiden von Giza ein Abbild der Orientierung der Gürtelsterne des Sternbildes Orion darstellte und die Gesamtkomposition des Giza-Plateaus auf einen uralten Plan zurückging, der indirekt auf den Einfluß einer untergegangenen Hochkultur hindeutete. (Siehe Bauval/Gilbert, »Das Rätsel des Orion«, München 1995, S. 135ff.) Doch trotzdem diese Behauptung schon früh nach ihrer Geburtsstunde in Fachkreisen nachhaltig widerlegt wurde (siehe z. B. Malek, »Orion«, S. 101ff. oder Haase, »Tore«, S. 88f.), hat sie sich bislang hartnäckig in den Medien gehalten.
[8] Wie womöglich der heute entlang des Plateaurandes verlaufende Mansoureyah-Kanal, siehe Lehner, »Khufu Project«, S. 138.
[9] Lehner, »Khufu Project«, S. 109ff.
[10] Lehner, »Weltwunder«, S. 230f.
[11] Nach einer topographischen Karte von Lehner, »Khufu Project«, S. 111, Abb. 2.
[12] Analysen der Gesteinsproben des Kernmauerwerks der Chephren-Pyramide ergaben, daß es noch ein weiteres, bislang nicht lokalisiertes Steinbruchgebiet gegeben haben muß, aus dem die Arbeiter schöpften. Siehe Klemm/Klemm, S. 54 und S. 194.
[13] Haase, »Cheops«, S. 24ff.
[14] Stadelmann, »Pyramiden«, S. 130.
[15] Die Errichtung der Chephren-Pyramide erfolgte dabei innerhalb enger Fehlergrenzen, was auf eine sehr genaue Einmessung der Pyramidenbasis schließen läßt. So beträgt beispielsweise ihre Abweichung von der Nordrichtung nur knapp 5½ Bogenminuten, woraus man folgerte, daß sich die Einmessung vielleicht an der sehr genau genordeten Cheops-Pyramide orientierte. Siehe Stadelmann, »Giza«, S. 179.
[16] Stadelmann, »Giza«, S. 177.
[17] Haase, »Cheops«, S. 88ff. und 115ff.
[18] Hölscher, S. 32f.
[19] Edwards, S. 100f.
[20] Stadelmann, »Giza«, S. 177 oder Stadelmann, »Pyramiden«, 131f. Siehe auch Maragliolio/Rinaldi, Band V, S. 116f.
[21] Berechnung auf der Grundlage des heutigen Steigungswinkels der Chephren-Pyramide (53,17 Grad). Bei einem hypothetischen Winkel von 51,84 Grad (Cheops-Winkel) errechnet sich eine Höhe von 154 Metern, die immer noch über sieben Meter über der Höhe der Cheops-Pyramide liegt. Siehe Haase, »Cheops«, S. 214.
[22] Stadelmann, »Pyramiden«, S. 133.
[23] Stadelmann, »Giza«, S. 182.
[24] Auf der anderen Seite spricht aber im Prinzip nichts dagegen, daß ein Teil dieses Steinbruchs womöglich auch schon in der 4. Dynastie für den Bau der Chephren-Pyramide abgearbeitet wurde. Hierfür könnte in erster Linie die geradlinige Führung der Nordkante der Terrasse sprechen, die sich recht harmonisch, wenn auch nicht absolut symmetrisch in das Gesamtbild der Nekropole einfügt. In diesem Fall wurden die dort gebrochenen Steine vermutlich im Kernmauerwerk der Pyramide verbaut und die Nordkante des Grabmals derart abgesteckt, wie man sie heute wiederfindet.
[25] Fast auf gleichem Höhenniveau kann man rechts vom oberen Eingang zwei übereinanderliegende Zugänge zu Grabräuberstollen erkennen, die sich etwa in der Mittelachse der Nordseite befinden. Sie werden vermutlich wie der Grabräubertunnel in der Cheops-Pyramide aus der Epoche des Bürgerkrieges in der »Ersten Zwischenzeit« stammen, in der die Pyramidengräber ihre Unantastbarkeit verloren und geplündert wurden.
[26] Edwards, S. 100 und Hölscher, S. 32.
[27] Stadelmann, »Giza«, S. 177 und »Pyramiden«, S. 131.
[28] Der Ka war eine der Seelen des Verstorbenen, die ein »Reservoir der Lebenskräfte« darstellte und als imaginärer Doppelgänger des Menschen gesehen wurde. Verstorbene ließen sich eine Ka-Statue herstellen, an der ihre »Lebensenergie« nach ihrem Tode ge-

bunden wurde und sie somit über den Totenkult ein Bestandteil der menschlichen Gesellschaft blieben.

29 Lehner, »Weltwunder«, S. 123.

30 Hölscher, S. 32.

31 Stadelmann, »Pyramiden«, S. 131.

32 Stadelmann, »Pyramiden«, S. 130. Interessanterweise scheint das zu weit nördlich begonnene und wieder abgebrochene Verbindungsstück fast genau auf die Mitte der Galerie zu weisen, von der aus man die Felsenkammer erreicht.

33 Der Durchbruch selbst stammt vermutlich von Grabräubern, die irgendwann durch ihn die Granitblockierung des oberen Kammersystems umgingen, um in die Grabkammer zu gelangen.

34 Siehe Hölscher, S. 32 und Schüssler, S. 223.

35 Siehe Edwards, S. 101.

36 Stadelmann, »Pyramiden«, S. 133.

37 Werte nach Maragliolio/Rinaldi, Band V, Abbildungstafel »Chephren-Pyramide«, Fig. 9–15.

38 Siehe Lehner, »Weltwunder«, S. 124 und Stadelmann, »Giza«, S. 179.

39 Siehe Diskussion in Haase, »Cheops«, S. 157ff.

40 Stadelmann, »Giza«, S. 178.

41 Stadelmann, »Pyramiden«, S. 133. Die quadratischen »Bohrungen« liegen in einer Höhe von 2,02 Meter und 3,61 Meter. Während die unteren Bohrungen aber nur oberflächlich sind, weisen die oberen eine Tiefe von 0,33 Meter und 0,43 Meter auf. Werte aus Stadelmann, »Modellkorridore«, S. 292.

42 Das Meßverfahren beruhte auf dem Prinzip, daß hochenergetische Sekundärteilchen der kosmischen Strahlung bei Durchdringen von fester Materie im Verhältnis derer Konsistenz, Dichte und Größe meßbar an Energie verlieren. Da man die geometrischen und physikalischen Parameter der Chephren-Pyramide kannte, hätte man somit aufgrund von auftretenden Energieschwankungen innerhalb des Teilchenflusses Rückschlüsse auf verborgene Kammern ziehen können. Denn die Strahlungspartikel, die bei ihrem Weg im Steinmassiv Hohlräume passierten, wären energiereicher am Meßpunkt angekommen als diejenigen, die eine konstant dichte Steinmenge durchdringen mußten.

43 Stadelmann, »Pyramiden«, S. 269f. Wie auch Zitat zuvor.

44 Stadelmann, »Pyramiden«, S. 270.

45 Siehe auch Diskussion in Sasse/Haase, S. 158ff.

46 Stadelmann, »Giza«, S. 177. Wie auch das Zitat zuvor.

47 Siehe Haase, »Cheops«, S. 115ff.

48 Klemm/Klemm, S. 54. Siehe auch Abb. 52. Neuerdings hat auch Lehner die Vermutung geäußert, daß sich nördlich des Aufweges der Chephren-Pyramide ein zentrales Steinbruchgebiet dieser Pyramide befunden haben kann. Siehe Lehner, »Weltwunder«, Abb. auf S. 230.

49 Dabei wurden die folgenden Berechnungen, Analysen und Interpretationen ganz bewußt unabhängig von den sicherlich zahlreichen, beim Verlegen der Steine zum Einsatz gekommenen Hilfsmitteln formuliert. Auch wurde die Benutzung möglicher, irgendwie gearteter technischer Errungenschaften der Ägypter wie Flaschenzüge oder Hebevorrichtungen auf der Baustelle nicht berücksichtigt. Denn auch wenn ich persönlich vermute, daß so manche, nicht mehr überlieferten Hilfsmittel im Pyramidenbau zur Anwendung kamen, berührt doch ihre Benutzung das grundsätzliche Prinzip der Transportwege nur am Rande.

50 Goyon, S. 64.

51 Lehner, »Khufu Project«, S. 130ff.

52 Lehner, »Weltwunder«, S. 215.

53 Siehe Lehner, »Weltwunder«, Abb. auf S. 230. Hierbei wäre es auch denkbar, daß sich die Spiralrampe im Gegenuhrzeigersinn von Norden über Westen, Süden nach Osten um die Chephren-Pyramide emporwandt.

[54] Dreyer/Selim, S. 90. Siehe auch Diskussion in Haase, »Cheops«, S. 100ff.
[55] Siehe Lehner, »Khufu Project«, S. 130 und Lehner, »Weltwunder«, S. 216.
[56] Im Vergleichsfall der Cheops-Pyramide gab Lehner am Anfang die Breite des Weges mit 30 Metern an. Seine Breite am Ende an der Pyramidenspitze betrug immerhin noch zehn Meter. Siehe Lehner, »Khufu Project«, S. 129ff.
[57] Lehner, »Weltwunder«, S. 123.
[58] TV-Produktion »Im Schatten der Pyramiden« von SFB/Deutsche Welle TV. Erstausstrahlung: Juni 1996. Siehe auch kurze Darstellung in Haase, »Schatten«, S. 208, und Sasse/Haase, S. 203ff.
[59] Siehe etwa Wisnewski, S. 18f. und Haase, »Schatten«, S. 208.
[60] Zur Stabilität einer Anschüttung kann bislang nichts genaues ausgesagt werden, da in dieser Frage keinerlei Berechnungen vorliegen. Ebensowenig ist klar, wie und womit man die Transportwege auf der Anschüttung befestigte und wie letztlich der Schüttwinkel beherrscht wurde.
[61] Haase, »Schatten«, S. 208. Da sich der relative Volumenzuwachs der Anschüttung umgekehrt proportional zum Volumenzuwachs der Pyramide verhält, hätte man in diesem Model vermutlich die zur Verfügung stehenden Arbeiter gleichmäßig einsetzen können. Siehe Wisnewski, S. 21.
[62] Siehe auch Haase, »Schatten«, S. 208 und Sasse/Haase, S. 203f.
[63] Stadelmann, »Pyramiden«, S. 81.
[64] Stadelmann, »Pyramiden«, S. 105. Siehe hierzu auch Sasse/Haase, S. 37ff.
[65] Stadelmann, »Pyramiden«, S. 81.
[66] Lehner, »Weltwunder«, S. 100.
[67] Lehner, »Weltwunder«, S. 100.
[68] Wisnewski, S. 21.
[69] Wisnewski, S. 21 und Sasse/Haase, S. 204.
[70] Lehner, »Weltwunder«, S. 100.
[71] Siehe etwa Argumente in Goyon, »Cheops-Pyramide«, S. 64f. und Arnold, »Pyramidenbau«, S. 19ff.
[72] Alle Zitate aus Goyon, »Cheops-Pyramide«, S. 65f.
[73] Arnold, »Pyramidenbau«, S. 21. Wie alle Zitate in diesem Absatz.
[74] Arnold, »Pyramidenbau«, S. 21. Siehe auch Sasse/Haase, S. 204.
[75] Arnold, »Pyramidenbau«, S. 24.
[76] Stadelmann, »Giza«, S. 179.
[77] Hölscher, S. 16f.
[78] Stadelmann, »Pyramiden«, S. 139.
[79] Stadelmann, in: Schulz/Seidel, S. 64.
[80] Siehe Assmann, J., in: »Lexikon der Ägyptologie«, Teil V, »Totenkult«, Sp. 661.
[81] Hölscher, S. 52.
[82] Stadelmann, »Pyramiden«, S. 136.
[83] Stadelmann, »Pyramiden«, S. 134.
[84] Hölscher, S. 35.
[85] Lehner, »Weltwunder«, S. 126.
[86] Stadelmann, »Giza«, S. 181.
[87] Stadelmann, »Giza«, S. 181.
[88] Der Begriff »Sphinx« ist keine altägyptische Wortschöpfung, sondern kommt aus dem Griechischen und leitet sich vermutlich vom mittelägyptischen Wort »schesep« ab. Dieses bedeutet übersetzt soviel wie »Abbild«, »Ebenbild« oder einfach nur »Bild«. Der Sphinx von Giza wurde infolge dieser Etymologie im Neuen Reich »schesep-anch« – »lebendes Abbild« – genannt und bezog sich auf den Sonnengott, mit dem er zu dieser Zeit in Verbindung gebracht wurde. Siehe etwa Stadelmann, »Giza«, S. 173 oder Demisch, S. 13.
[89] Stadelmann in: Schulz/Seidel, S. 75.
[90] Hawass, Z., in: Siliotti, S. 68.

91 Lehner, »Weltwunder«, S. 127.
92 Lehner, »Weltwunder«, S. 127.
93 Siehe Stadelmann, »Giza«, S. 173 und zusätzlich auch Diskussion in Ricke, »Harmachistempel«, S. 33f. sowie Borchardt, »Sphinx«, S. 8, Anm. 2.
94 Nach Urk. IV, S. 91. Siehe auch Wildung, S. 168.
95 Lehner, »Weltwunder«, S. 132. In den ersten Übersetzungen ist von Gott »Harmachis-Chepre-Re-Atum« die Rede. Siehe Brugsch, S. 93.
96 Clayton, S. 112.
97 Altenmüller, B., in: »Lexikon der Ägyptologie«, Teil III, »Horus«, Sp. 14. Hierbei ist der Sonnengott »Hor-em-achet« in all seinen Aspekten - Chepre am Morgen, Re am Mittag und Atum am Abend - gemeint. Gut 1000 Jahre später wurde der Name »Hor-em-achet« von den Griechen mit »Harmachis« wiedergegeben.
98 Laut Urk. IV, S. 1276ff. hat schon Amenophis II. seine Thronbesteigung »auf eine Verkündung des Sphinx« zurückgeführt.
99 Clayton, S. 112.
100 Wildung, S. 168.
101 Lehner, »Weltwunder«, S, 132.
102 Lehner, »Weltwunder«, S, 132. Vermutlich schon seit Thutmosis I. nach Urk. I, S. 91.
103 Hassan, Band 8, S. 62, Fig. 53. Siehe Umzeichnung in Stadelmann, »Giza«, S. 8.
104 Dies ist übrigens auch die älteste altägyptische Darstellung der größten Pyramide Ägyptens, gut 1400 Jahre nach ihrer Erbauung.
105 Lehner, »Weltwunder«, S. 130. Dies bestätigte mir auch Rainer Stadelmann in einem Brief vom 1.6.1995.
106 So wurde beispielsweise unter Mithilfe von Mark Lehner im Jahr 1988 eine Pyramiden-Dokumentation für das US-amerikanische Fernsehen erstellt, die das Innenleben des Hohlraumes zeigte.
107 Siliotti, S. 67ff. Siehe auch Hawass/Lehner, S. 201ff.
108 Siehe Borchardt, »Sphinx«, S. 8.
109 Siehe Borchardt, »Sphinx«, S. 8.
110 Lehner, »Weltwunder«, S. 51. Siehe auch Abb. bei Lehner auf S. 50.
111 Siehe Hawass/Lehner, S. 201ff.
112 Wildung, S. 206.
113 Wildung, S. 207.
114 Nach Wildung, S. 207.
115 Brugsch, S. 94.
116 Wildung, S. 168.
117 Wildung, S. 168.
118 Wildung, S. 169.
119 Nach Wildung, S. 207. Anm. 3.
120 Wildung, S. 207.
121 Stadelmann: »Für Cheops spricht auch die Einmaligkeit dieser Schöpfung [des Sphinx, d.V.], die großartige Idee der Darstellung des Königs als lebendes Abbild des Sonnengottes in seinem abendlichen Horizont und als ein rundplastisches Äquivalent zu der vollkommenen mathematischen Abstraktion der größten Pyramide.« Siehe Stadelmann, »Giza«, S. 174.
122 Stadelmann, »Giza«, S. 172.
123 Stadelmann, »Giza«, S. 172f.
124 Lehner, »Weltwunder«, S. 127.
125 Siehe Lehner, »Khufu Project«, S. 126, Fig. 3C.
126 Siehe in Klemm/Klemm, S. 54. Siehe auch Abb. 52.
127 Siehe Stadelmann, in Schulz/Seidel, S. 75.
128 Die Ägyptologen gehen davon aus, daß an der Granitverkleidung der beiden Eingangstore Inschriften vorhanden waren, die vielleicht darauf hinwiesen, zu welchem Zweck das Tempelgebäude errichtet wurde.

129 Man nennt ihn auch gelegentlich »Harmachis-Tempel«, da der ägyptische Name »Horem-achet« von den Griechen mit »Harmachis« wiedergegeben wurde.
130 Siehe hinsichtlich der stichprobenartigen und niemals dokumentierten Ausgrabungen der Ägyptischen Altertümerverwaltung von 1925-1932 und 1935-1938 die Bemerkungen von Ricke, »Harmachistempel«, S. 2.
131 Ricke, »Harmachistempel«, S. 1-43.
132 Ricke, »Harmachistempel«, S. 32.
133 Ricke, »Harmachistempel«, S. 12.
134 Ricke, »Harmachistempel«, S. 22ff.
135 Ricke, »Harmachistempel«, S. 26ff.
136 Ricke, »Harmachistempel«, S. 35.
137 Lehner, »Weltwunder«, S. 130. Hierbei ist in Zukunft allerdings noch die Rolle eines Bauwerkes mit dem Namen »Untergang des Re« aus der 2. oder 3. Dynastie näher zu untersuchen, dessen Bezeichnung in einer inschriftlichen Notiz in der Djoser-Pyramide entdeckt wurde. Vielleicht handelt es sich hierbei um ein frühes Sonnenheiligtum. Siehe Stadelmann, R., in: »Lexikon der Ägyptologie«, Teil V, »Sonnenheiligtum«, Sp. 1094.
138 Ricke, »Harmachistempel«, S. 12.
139 Ricke, »Harmachistempel«, S. 12.
140 Lehner, »Weltwunder«, S. 128.
141 Ricke, »Harmachistempel«, S. 15.
142 Arnold, »Tempel«, S. 201.
143 Anthes, S. 53f.
144 Siehe etwa Diskussion in Demisch, S. 21, Anthes, S. 53 oder Lehner, »Weltwunder«, S. 130.
145 Ricke, »Harmachistempel«, S. 38f. Siehe auch Schott, S. 77.

TEIL III Das Zeitalter der Sonnenkönige

 *»Er ist wirklich Re«*

1 Wildung, S. 232f.
2 Hawass/Verner, S. 177-186.
3 Altägyptisch: Menkaure, »Ewig wie die Ka-Seelen des Re«, nach Clayton, S. 56.
4 Ein weiteres »Mustermaß« aus der 5. und 6. Dynastie liegt bei 150 Ellen Seitenlänge.
5 Stadelmann, »Pyramiden«, S. 142.
6 Stadelmann, »Giza«, S. 193.
7 Siehe etwa Hinweise in Verner, »Pyramiden«, S. 290.
8 Arnold, »Pyramidenbau«, S. 23.
9 Stadelmann, »Giza«, S. 266.
10 Helck, W., in: »Lexikon der Ägyptologie«, Teil V, »Pyramidennamen«, Sp. 5.
11 Stadelmann, »Pyramiden«, S. 142.
12 Heute sind immerhin noch die ersten sieben Steinlagen teilweise fast vollständig mit Rosengranitsteinen bestückt. Eine Unmenge abgesprengter Blöcke liegt im unmittelbaren Umfeld der Pyramide verstreut.
13 Klemm/Klemm, S. 321.
14 Der absteigende Gang besitzt folgende Maße: Breite: 1,05 Meter (2 Ellen) und Höhe: 1,20 Meter ($2\frac{1}{4}$ Ellen).
15 Stadelmann, »Pyramiden«, S. 144.
16 Siehe beispielsweise Verner, »Pyramiden«, S. 276.
17 Siehe Abbildung Nr. 130 in Stadelmann, »Giza«, S. 200. Heute geht man davon aus, daß die sterblichen Überreste zu einer Bestattung gehören, die frühestens aus der Saitenzeit (etwa 700 v. Chr.) stammt.

[18] Schepseskaf: »Sein Ka ist erhaben«, nach Schneider, S. 248.
[19] So z.B. Maragliolio/Rinaldi, Band VI, S, 56ff. und Stadelmann, »Pyramiden«, S. 148f. Dagegen Jánosi, »Schepseskaf«, S. 49ff. Jánosi vertritt dabei die Auffassung, daß sich die Abkunft des Schepseskaf von Mykerinos aus zeitgenössischen Dokumenten nicht nachweisen läßt und die bisherige Beweisführung auf Interpretationsfehler eines Edikts von Schepseskaf beruht. Er erkennt auch keine ideologische oder religiöse Notwendigkeit für Schepseskafs Bauaktivitäten am Mykerinos-Komplex, die »aufgrund der archäologischen Befunde und der Architektur der Denkmäler auch nicht begründet« sei.
[20] Stadelmann, »Pyramiden«, S. 152.
[21] Stadelmann, »Snofru in Dahschur«, 2. Bericht, S. 235 und »Beiträge«, S. 233f.
[22] Krauss, »Chronologie«, S. 10f. Siehe auch Stadelmann, »Pyramiden«, S. 222.
[23] Verner, »Pyramiden«, S. 286.
[24] Siehe Hinweise in Stadelmann, »Pyramiden«, S. 152 und Diskussion in Verner, »Pyramiden«, 290f.
[25] Siehe etwa Jéquier, S. 5ff.
[26] Siehe beispielsweise Verner, »Pyramiden«, S. 291.
[27] Stadelmann, »Pyramiden«, S. 152 und Wildung, S. 225f.
[28] Verner, »Pyramiden«, S. 290.
[29] Verner, »Pyramiden«, S. 291.
[30] Verner, »Pyramiden«, S. 291.
[31] Siehe Diskussion in Hornung, »Thot-Heiligtum«, S. 34f.
[32] Die Texte wurden mit einigen stilistischen und inhaltlichen Änderungen dem Papyrus Westcar entnommen (nach Erman, »Papyrus Westcar«, S. 10ff.). Außerdem wurde eine Übersetzung des Papyrus von Brunner-Traut, S. 46ff. (auch in abgewandelter inhaltlicher Form) verwendet und dem historischen Geschehen angepaßt. Schreibweise »Rudjedjet« nach Verner, »Pyramiden«, S. 297.
[33] Verner, »Abusir«, S. 101f.
[34] Thamphtis war vielleicht ein Sohn des Schepseskaf. Seine griechische Namensform wurde sehr wahrscheinlich aus Djedefptah (»Er spricht, [nämlich] Ptah«) abgeleitet. Siehe Schneider, S. 238 und Schüssler, S. 256. Archäologisch läßt sich aber auch dieser König nicht fassen. Man kennt keine Grabstätte, die man ihm zuordnen könnte.
[35] Siehe z.B. Schneider, S. 304. Siehe auch Diskussion in Helck, »Geschichte«, S. 58 ff.
[36] Verner, »Abusir«, S. 102.
[37] Siehe Diskussion in Verner, »Pyramiden«, S. 295.
[38] Barta, W., in: »Lexikon der Ägyptologie«, Teil V, »Re«, Sp. 165.
[39] Moursi, S. 20ff. Dagegen Helck, »Geschichte«, S. 62.
[40] Barta, W., in: »Lexikon der Ägyptologie«, Teil V, »Re«, Sp. 157.
[41] Verner, »Abusir«, S. 100. Siehe auch Moursi, S. 161.
[42] Verner, »Abusir«, S. 100.
[43] Schenkel, W., in: »Lexikon der Ägyptologie«, Teil II, »Götterverschmelzung«, Sp. 722.
[44] Stadelmann, »Giza«, S. 238f.
[45] Schenkel, W., in: »Lexikon der Ägyptologie«, Teil II, »Götterverschmelzung«, Sp. 722.
[46] Barta, W., in: »Lexikon der Ägyptologie«, Teil V, »Re«, Sp. 161. Siehe auch Hornung, »Der Eine«, S. 84.
[47] Arnold, »Tempel«, S. 204.
[48] Ricke, »Hohe Sand«, S. 110.
[49] Kákosy, L., in: »Lexikon der Ägyptologie«, Teil II, »Heliopolis«, Sp. 1111.
[50] Klemm/Klemm, S. 285.
[51] Arnold, »Tempel«, S. 204f.
[52] Ricke, »Hohe Sand«, S. 126.
[53] Kákosy, L., in: »Lexikon der Ägyptologie«, Teil II, »Heliopolis«, Sp. 1111.
[54] Arnold, »Tempel«, S. 205f.: »In der Hügelumwallung wurden Fragmente einer Kapelle des Königs Djoser aus der 3. Dynastie gefunden mit den ältesten Darstellungen der Götterneunheit von Heliopolis.«

[55] Arnold, »Tempel«, S. 206. »Da die Oberfläche des Hügels den Sockel des Obelisken Sesostris' I. um 3,30 Meter überragte, müßte man entweder annehmen, daß der Hügel nachträglich um diesen herum aufgeschüttet wurde oder – was wahrscheinlicher ist – daß der Tempel Sesostris' I. in den bereits vorhandenen Hügel eingesenkt wurde.«
[56] Ricke, »Hohe Sand«, S. 126.
[57] Arnold, »Tempel«, S. 204.
[58] Arnold, »Tempel«, S. 206.
[59] Siehe hierzu auch eine Bemerkung von Strabo, 17. Buch, S. 1444.
[60] Persischer Herrscher der ägyptischen Spätzeit, 27. Dynastie, um 525 v. Chr.
[61] Strabo, 17. Buch, S. 1443ff.
[62] Helck, »Westfriedhof«, S. 65.
[63] Der genaue Zeitpunkt der Entstehung und Erweiterung der Grabanlage G 2100 sowie ihre eindeutige Zuordnung zu Merib oder zu seinem Vater wird in der Fachliteratur nicht einheitlich beschrieben. So wird die gesamte Grabanlage auch teilweise ans Ende der 4. oder an den Anfang der 5. Dynastie datiert (siehe z.B. Porter/Moss, S. 71f.). Junker machte jedoch schon im Jahr 1932 darauf aufmerksam, daß acht der 16 Stiftungsgüter, die den Totenkult des Grabinhabers aufrechterhielten, den Namen Cheops als Bestandteil ihrer Benennung enthielten. Für Junker stammte der Kernbau der Mastaba »ohne Zweifel aus der Zeit des Cheops«. Er glaubte außerdem, daß Merib schon unter Cheops lebte. Siehe Junker, Band II, S. 122 und 133. Zur Entwicklung des Westfriedhofs siehe Helck, »Westfriedhof«, S. 62ff.
[64] Siehe Helck, »Westfriedhof«, S. 65 und »Beamtentitel«, S. 95. Im Grab fand sich der Titel »leiblicher Königssohn«, der sich vermutlich aber auf Meribs Vater bezog. Junker glaubte, daß der Träger dieses Titels zwar einen hohen Rang am Königshof innehatte, aber kein Königssohn war. Bezogen auf seine Titelliste sagte er: »Freilich muß dabei auf das Fehlen von anderen Titeln aufmerksam gemacht werden, die wir gewöhnlich bei wirklichen Königssöhnen treffen.« Siehe Diskussion in Junker, Band II, S. 132.
[65] Junker, Band II, S. 132f.
[66] Siehe Moursi, S. 21.
[67] »ma-wer« oder »wer-mau«; »Lesung und damit Interpretation des Titels sind vor allem für die frühen Belege unsicher«, siehe Schmitz, B., in: »Lexikon der Ägyptologie«, Teil III, »Hoherpriester von Heliopolis«, Sp. 1249.
[68] Schmitz, B., in: »Lexikon der Ägyptologie«, Teil III, »Hoherpriester von Heliopolis«, Sp. 1250. Ab dem Mittleren Reich tritt der Titel des heliopolitanischen Hohenpriesters in veränderter Schreibweise auf, wird als »wer-mau« gelesen und mit »der Größte der Schauenden« übersetzt. Siehe Moursi, S. 152.
[69] Bierbrier, M.L., in: »Lexikon der Ägyptologie«, Teil III, »Hoherpriester«, Sp. 1239.
[70] Das »Lexikon der Ägyptologie« weist nur vier Hohepriester aus dem Alten Reich aus. Siehe Schmitz, B., in: »Lexikon der Ägyptologie«, Teil III, »Hoherpriester von Heliopolis«, Sp. 1252.
[71] Moursi, S. 151. Dagegen Schmitz, B., in: »Lexikon der Ägyptologie«, Teil III, »Hoherpriester von Heliopolis«, Sp. 1250. Auch Wildung schreibt dem Bauleiter Imhotep (3. Dynastie) den Titel eines Hohenpriesters von Heliopolis zu. Siehe »Lexikon der Ägyptologie«, Teil III, »Imhotep«, Sp. 145. Ähnlich sieht es auch Lauer, »Geheimnis«, S. 288.
[72] Helck, »Beamtentitel«, S. 97. Siehe Beispiele für Träger der beiden Titel in Tabelle 7 am Ende der Anmerkungen auf Seite 247.
[73] Schmitz, B., in: »Lexikon der Ägyptologie«, Teil III, »Hoherpriester von Heliopolis«, Sp. 1250. So hat z.B. Helck vorgeschlagen, »in dem ›Schauen‹ das Suchen nach Metall und Edelsteinen zu sehen«. (Moursi, S. 149). Siehe Helck, »Beamtentitel«, S. 96f.
[74] Siehe Helck, »Beamtentitel«, S. 95ff. und Moursi, S. 150.
[75] Helck, »Beamtentitel«, S. 95ff. Siehe Beispiele für Träger der beiden Titel in Tabelle 7 am Ende der Anmerkungen auf Seite 247.
[76] Zwar trägt Userkaf einen Geburtsnamen, der keinen direkten Bezug auf den Sonnengott nahm, führte aber wie seine Vorgänger die Bezeichnung »Sohn des Re« in seiner Titulatur. Einige Ägyptologen halten es für denkbar, daß Userkaf bei der Thronbesteigung womöglich den Namen Userkare annahm.

[77] Siehe etwa Lehner, »Weltwunder«, S. 140 oder Stadelmann, »Pyramiden«, S. 160.
[78] Haase, »Cheops«, S. 82ff.
[79] Lauer, »Geheimnisse«, S. 145.
[80] Siehe Diskussionen in Stadelmann, »Pyramiden«, S. 162, Verner, »Pyramiden«, S. 312 oder Schüssler, S. 257f.
[81] Verner, »Pyramiden«, S. 312 und Lehner, »Weltwunder«, S. 141.
[82] Verner, »Pyramiden«, S. 312.
[83] Verner, »Pyramiden«, S. 306.
[84] Bei Helck, »Geschichte«, heißt der Tempel »Feld des Re«, S. 66.
[85] Lehner, »Weltwunder«, S. 142.
[86] Stadelmann, »Pyramiden«, S. 165.
[87] Siehe auch Diskussion in Stadelmann, »Pyramiden«, S. 165.
[88] Stadelmann, »Pyramiden«, S. 168. Siehe auch Lehner, »Weltwunder«, S. 143.
[89] Stadelmann, »Pyramiden«, S. 168.
[90] Lehner, »Weltwunder«, S. 144.
[91] Stadelmann, »Pyramiden«, S. 171.
[92] Stadelmann, »Pyramiden«, S. 171.
[93] Die Thronfolge der Könige Neferefre und Schepseskare wird unterschiedlich angegeben. Ich gebe hier die Reihenfolge wieder, die Verner favorisiert. Verner, »Pyramiden«, S. 345f.
[94] Verner, »Pyramiden«, S. 302.
[95] Stadelmann, »Pyramiden«, S. 175.
[96] Verner, »Pyramiden«, S. 352.
[97] Menkauhor, altägyptisch: »Mit bleibenden Kräften, ein Horus«, nach Schneider, S. 154.
[98] Borchardt, »Königserlaß«, S. 9.
[99] Stadelmann, »Pyramiden«, S. 179.
[100] Siehe beispielsweise Málek, »Merykare«, S. 203ff. oder Maragliolio/Rinaldi, Band 8, S. 58ff.
[101] Siehe etwa Stadelmann, »Pyramiden«, S. 180 oder Verner, »Pyramiden«, S. 358.
[102] Siehe Kaiser, »Sonnenheiligtümer«, S. 104ff. oder auch Stadelmann, R., in: »Lexikon der Ägyptologie«, Teil V, »Sonnenheiligtum«, Sp. 1098.
[103] Stadelmann, »Pyramiden«, S. 179.
[104] Stadelmann, »Pyramiden«, S. 179.
[105] Verner, »Abusir«, S. 110.
[106] Stadelmann, »Pyramiden«, S. 179.
[107] Siehe Kaiser, »Sonnenheiligtümer«, S. 104ff.
[108] Im Grab des Ti in Sakkara. Dort wird der Tempelname »Opfertisch des Re« ohne einen Hinweis auf den Bauherren genannt. Siehe Kaiser, »Sonnenheiligtümer«, S. 108.
[109] Stadelmann, R., in: »Lexikon der Ägyptologie«, Teil V, »Sonnenheiligtum«, Sp. 1096.
[110] Werner Kaiser bemerkt dazu, daß die quantitativen Unterschiede der inschriftlichen Belege der Re-Tempel »nicht zufällig sein können«, was »in Anbetracht der relativ hohen Gesamtzahl von Erwähnungen offensichtlich« erscheint. Siehe Kaiser, »Sonnenheiligtümer«, S. 107.
[111] Kaiser, »Sonnenheiligtümer«, S. 108.
[112] Kaiser, »Sonnenheiligtümer«, S. 106.
[113] Determinative oder Deutzeichen hatten in der Hieroglyphenschrift die Aufgabe, den Bedeutungsbereich der dazugehörigen Wörter oder Aussagen einzugrenzen und erkennbar zu gestalten. Sie stehen immer am Wortende und werden nicht mitgelesen.
[114] Kaiser, »Sonnenheiligtümer«, S. 108f.
[115] Kaiser, »Sonnenheiligtümer«, S. 109.
[116] Stadelmann, »Pyramiden«, S. 164. Siehe auch Lehner, »Weltwunder«, S. 150.
[117] Kaiser, »Sonnenheiligtümer«, S. 112.
[118] Kaiser, »Sonnenheiligtümer«, S. 112.
[119] Stadelmann, »Pyramiden«, S. 164.

[120] Kaiser, »Sonnenheiligtümer«, S. 113.
[121] Siehe etwa Lehner, »Weltwunder«, S. 147.
[122] Lehner, »Weltwunder«, S. 151.
[123] Kaiser, »Sonnenheiligtümer«, S. 108f.
[124] Stadelmann, »Pyramiden«, S. 164.
[125] Verner, »Pyramiden«, S. 363; Djedkare, altägyptisch: »Beständig ist die Seele des Re«, nach Clayton, S. 61.
[126] Siehe Hinweis bei Stadelmann, »Pyramiden«, S. 183.
[127] Kuhlmann, K.P., in: »Lexikon der Ägyptologie«, Teil III, »Königstotenkult«, Sp. 661.
[128] Wildung, S. 158.
[129] Helck, »Geschichte«, Band 1, S. 68.
[130] Kaiser, »Sonnenheiligtümer«, S. 115. Anm. 1. Siehe auch Helck, »Geschichte«, Bd. 1, S. 67.
[131] Helck, »Geschichte«, Band 1, S. 68.
[132] Helck, »Geschichte«, Band 1, S. 68.
[133] Hornung, »Geschichte«, S. 31.
[134] Hornung, »Geschichte«, S. 33.
[135] Innerhalb des Grabkomplexes von Unas gibt es keine architektonischen Elemente, die direkt auf einen Verehrungskult zu Ehren des Sonnengottes hindeuten. Lediglich die beiden großen Barkengruben, südlich des Aufweges, werden bisweilen für die Begräbnisgruben der »Tag- und Nachtbarke des Sonnengottes« gehalten. Siehe Verner, »Pyramiden«, S. 375.
[136] Stadelmann, »Pyramiden«, S. 180.
[137] Schulz/Seidel, S. 42.
[138] Stadelmann, »Pyramiden«, S. 184.
[139] Der »Ba« wird in der Ägyptologie häufig mit dem Begriff »Seele« übersetzt. Er gehörte für die alten Ägypter wie der Ka zu den ganzheitlichen Aspekten, die die Persönlichkeit eines Menschen ausmachten.
[140] Stadelmann, »Pyramiden«, S. 185.
[141] Lehner, »Weltwunder«, S. 31. Siehe auch Altenmüller, H., in: »Lexikon der Ägyptologie«, Teil III, »Pyramidentexte«, Sp. 17.
[142] Altenmüller, H., in: »Lexikon der Ägyptologie«, Teil III, »Pyramidentexte«, Sp. 15 oder Lehner, »Weltwunder«, S. 31.
[143] Altenmüller, H., in: »Lexikon der Ägyptologie«, Teil III, »Pyramidentexte«, Sp. 15.
[144] Krauss, in: Haase, »Tore«, S. 91.
[145] Siehe etwa Schott, »Bemerkungen«, S. 136ff. oder Altenmüller, S. 4ff.
[146] Stadelmann, »Pyramiden«, S. 186.
[147] Sethe, »Totenliteratur«, S. 520 ff. Siehe auch Diskussion in Altenmüller, H., in: »Lexikon der Ägyptologie«, Teil III, »Pyramidentexte«, Sp. 19.
[148] Stadelmann, »Pyramiden«, S. 186.
[149] Lauer, »Geheimnis«, S. 288.
[150] Lauer, »Geheimnis«, S. 288.
[151] Stadelmann, »Pyramiden«, S. 186.
[152] Altenmüller, H., in: »Lexikon der Ägyptologie«, Teil III, »Pyramidentexte«, Sp. 17f. Wie auch zu vielen Hintergrundinformationen in diesem und im nächsten Absatz.
[153] Altenmüller, H., in: »Lexikon der Ägyptologie«, Teil III, »Pyramidentexte«, Sp. 18.
[154] Lauer, »Geheimnis«, S. 288.
[155] Krauss, in: Haase, »Tore«, S. 91.
[156] Beispielsweise hieß die Nekropole von König Djoser »Stern des Horus, Erster des Himmels«. Laut Krauss war hiermit vermutlich die Venus gemeint.
[157] Assmann, J., in: »Lexikon der Ägyptologie«, Teil V, »Sonnengott«, Sp. 1088.
[158] Assmann, J., in: »Lexikon der Ägyptologie«, Teil V, »Sonnengott«, Sp. 1088f. Den direkten Übergang von der Nachtphase in den täglich stattfindenden Sonnenlauf stellte man sich als einen Barkenwechsel vor, bei dem der Sonnengott von der Nacht- in die Tagesbarke umstieg.

[159] Hierbei wurde der Sonnengott meist durch eine Falkengestalt dargestellt, die den »Bewegungsaspekt des Fliegens« ausdrückte. Interessanterweise identifizierten die Ägypter die beiden Sonnengott-Aspekte Re und Chepre/Harachte weitgehend miteinander. Sie sahen und interpretierten demnach den am Tage sichtbaren Sonnengott als »Re-Harachte« – »als morgendlicher Sonnengott des Osthorizontes«. Siehe Barta, W., in: »Lexikon der Ägyptologie«, Teil V, »Re«, Sp. 169.

[160] Assmann, J., in: »Lexikon der Ägyptologie«, Teil V, »Sonnengott«, Sp. 1089.

[161] Moursi, S. 25.

[162] Moursi, S. 170.

[163] Pernigotti, »Priester«, S. 174.

[164] Nach Krauss, »Konzepte«, S. 164.

[165] Krauss, »Konzepte«, S. 205.

[166] Krauss, »Astronomie«, S. 10.

[167] Krauss, »Konzepte«, S. 49.

[168] Krauss, »Konzepte«, S. 205.

[169] Krauss, in: Haase, »Tore«, S. 92.

[170] Krauss, »Astronomie«, S. 14.

[171] Locher, S. 279ff.

[172] Die Längen der Regentschaften der Könige der 6. Dynastie werden in den ägyptischen Überlieferungen zum Teil sehr unterschiedlich wiedergegeben. Demzufolge kann die 6. Dynastie auch durchaus einige Jahrzehnte länger gedauert haben. Siehe zum Beispiel Diskussion in Schneider zu den Regierungsjahren von Pepi I., S. 191, und Pepi II., S. 193.

[173] Clayton, S. 63.

[174] Siehe auch Verner, »Pyramiden«, S. 377.

[175] Z.B. Stadelmann, »Pyramiden«, S. 184 und Gundlach, S. 280.

[176] Stadelmann, »Pyramiden«, S. 188.

[177] Stadelmann, »Pyramiden«, S. 188f.

[178] Siehe Clayton, S. 64 oder Gundlach, S. 280.

[179] Helck, »Teti«, S. 103ff.

AUSKLANG Am Ende der Pyramidenzeit

»Apophis von der Barke des Re abwehren«

[1] Siehe zu den bisherigen Erkenntnissen über die Grabareale in Stadelmann, »Pyramiden«, S. 193-204.

[2] Hornung, »Geschichte«, S. 34.

[3] Gundlach, S. 280.

[4] Verner, »Pyramiden«, S. 377.

[5] So heiratete Pepi I. nach einer vereitelten Haremsverschwörung zwei Töchter eines mächtigen oberägyptischen Gaufürsten und machte einen ihrer Brüder zum Wesir, zum zweiten Mann im Staat. Damit führte Pepi I. die Institution des Königtums erstmals direkt in eine Abhängigkeit von mächtigen Provinzfürsten, ohne deren Loyalität seine Machtposition langfristig nicht mehr zu sichern war. Siehe Hornung, »Geschichte«, S. 37.

[6] Hornung, »Geschichte«, S. 40.

[7] Hornung, »Geschichte«, S. 40. Siehe auch Gundlach, S. 281.

[8] Der letzte legitime König des Alten Reiches und Sohn von Pepi II., Merenre II., regierte vermutlich nur etwa ein Jahr, und man schließt heute in der Ägyptologie nicht aus, daß er infolge der innenpolitischen Probleme der damaligen Zeit wie schon zuvor Teti eines gewaltsamen Todes starb. Den Namen von Merenre II. kennen die Ägyptologen bislang nur aus den Überlieferungen, archäologische Zeugnisse seiner Existenz wurden noch

nicht entdeckt. Man geht heute davon aus, daß womöglich seine Schwester Nitokris noch für eine kurze Zeit den vakanten Thron besetzte, ehe sie ebenfalls einem Anschlag zum Opfer fiel und die Monarchie endgültig zu Fall kam. Siehe hierzu auch Gundlach, S. 281.

9 Die kurzfristige Wiederherstellung der Ordnung zeigte auch keine nachhaltige und beruhigende Wirkung in der Bevölkerung, da der Verlust der grundlegenden Prinzipien und Gesetzmäßigkeiten, auf denen das Weltbild der Ägypter einst aufgebaut war, spürbar nachwirkte. Die Zerstörung der alten, durch die Götter gegebenen und durch den König garantierten kosmischen Ordnung der Welt, die Beraubung der Gräber und Tempel, die Entweihung der königlichen Mumien und das Erkennen der Sinnlosigkeit jedweder Jenseitsvorsorge führten unweigerlich zu einer geistigen Orientierungslosigkeit und zum Verlust der alten Wertvorstellungen. Siehe hierzu auch Diskussion in Helck, »Geschichte«, 71ff. und Gundlach, S. 292ff.

10 Hornung, »Geschichte«, S. 42.

Zusatz:

Name	Dynastie	Grabanlage	Titelauswahl
Imhotep	3	Unbekannt	(*) Oberster des Königs, Gutshofmeister, Fürst, Zimmermann, Bildhauer
Rahotep	4	Medum	(**) Leiblicher Königssohn, Größter der Zehn von Oberägypten, Vorsteher aller Arbeiten, Gutshofmeister, General, Leiter einer Abteilung
Kanofer	4	Dahschur	(**) Leiblicher Königssohn, Fürst, Wesir, Leiter des Palastes, Geheimnisträger des Morgenhauses, Schatzmeister des Königs von Unterägypten
Merib	4–5	Giza	(**) Leiter des Palastes, Verwalter aller Arbeiten des Königs, Priester des Cheops, Vorlesepriester
Tjenti	5	Sakkara	(*) Fürst, Wesir, Graf, Richter, Oberster Vorlesepriester, Schreiber des Gottesbuches, Sem-Priester
Kagemni	5–6	Sakkara	(**) Aufseher der Priester der Pyramide des Teti, Vorsteher des Schatzhauses, Wesir, Vorsteher der Schreiber des Königsbuches, Geheimnisträger von dem, was (nur) einer sieht, Vorsteher aller Arbeiten des Königs
Mereruka	6	Sakkara	(*) Fürst, Wesir, Vorsteher des Harems des Königs, Geheimnisträger von dem, was (nur) einer sieht, Vorsteher des Schatzhauses, Schreiber des Gottesbuches, Vorsteher des Königshauses, Vertrauter des Königs in beiden Ländern
Chuieher	6	Heliopolis	(*) Einziger Freund, Gottesvater, Vorlesepriester des Herrn von Heliopolis, Aufseher der Stimme der Untertanen, Vorsteher der Aufträge des Gottesopfers in beiden Häusern der Maat

Tab. 7: Einige ausgewählte Priester des Alten Reiches, die die Titel »Der den Großen schaut« (*) oder »Der den Großen von Heliopolis schaut« (**) getragen haben (nach Moursi).

Literatur

Abitz, F., »Der Bau der großen Pyramide mit einem Schrägaufzug«, in: »Zeitschrift für Ägyptische Sprache und Altertumskunde«, Nr. 119, Wiesbaden 1992, S. 61-81.

Aigner, Th., »Zur Geologie und Geoarchäologie des Pyramidenplateaus von Giza«, in: »Natur und Museum«, Nr. 112, Frankfurt a. M. 1982.

Altenmüller, H., »Die Texte zum Begräbnisritual in den Pyramiden des Alten Reiches«, in: »Ägyptologische Abhandlungen«, Nr. 24, München 1972, S. 174-272.

Anthes, R., »Was veranlaßte Chefren zum Bau des Tempels vor der Sphinx?«, in: »Beiträge zur Ägyptischen Bauforschung und Altertumskunde«, Festschrift Ricke, Band 12, Wiesbaden 1971.

Arnold, D., »Die Tempel Ägyptens«, Zürich 1992.

Arnold, D., »Rituale und Pyramidentempel«, in: »Mitteilungsblatt des Deutschen Archäologischen Instituts«, Abteilung Kairo, Nr. 33, Mainz 1977, S. 1-14.

Arnold, D., »Überlegungen zum Problem des Pyramidenbaus«, in: »Mitteilungsblatt des Deutschen Archäologischen Instituts«, Abteilung Kairo, Nr. 37, Mainz 1981, S. 15-37.

Assmann, J., »Ägypten. Theologie und Frömmigkeit einer frühen Hochkultur«, Mainz 1984.

Barsanti, A., »Fouilles de Zaouiet el-Aryan«, in: Annales du Service des Antiquités de L'égypte, Band 7, Kairo 1907.

Barta, W., »Die Bedeutung der Pyramidentexte für den verstorbenen König«, in: »Ägyptischen Studien«, Band 39, München 1981.

Barta, W., »Die Chronologie der 1. bis 5. Dynastie nach den Angaben des rekonstruierten Annalensteins«, in: »Zeitschrift für Ägyptische Sprache und Altertumskunde«, Nr. 108, Leipzig 1981, S. 11-33.

Barta, W., »Thronbesteigung und Krönungsfeier als unterschiedliche Zeugnisse königlicher Herrschaftsübernahme«, in: »Studien für Altägyptische Kultur«, Nr. 2, Hamburg 1980, S. 33-53.

Borchardt, L., »Das Grabmal des Königs Sahure«, Band 1, Leipzig 1910.

Borchardt, L., »Ein Königserlaß aus Dahschur«, in: »Zeitschrift für Ägyptische Sprache und Altertumskunde«, Nr. 42, Leipzig 1905, S. 1-11.

Borchardt, L., »Über das Alter des Sphinx von Giseh«, in: »Sitzungsberichte der Königlich Preussischen Akademie der Wissenschaften zu Berlin«, Nr. 35, Berlin 1897, S. 752-760.

Brugsch, H., »Der Traum König Thutmes IV bei der Sphinx«, in: »Zeitschrift für Ägyptische Sprache und Altertumskunde«, Nr. 14, Leipzig 1876, S. 89-93.

Brunner-Traut, E., »Altägyptische Märchen«, Reinbek 1991.

Clarke, S./Engelbach, R., »Ancient Egyptian Masonry«, London 1930.

Clayton, P. A., »Die Pharaonen«, Düsseldorf 1995.

Cottrell, L., »Das Geheimnis der Königsgräber«, München 1989.

Demisch, H., »Die Sphinx«, Stuttgart 1977.

Dreyer, G./Swelim, N., »Die kleine Stufenpyramide von Abydos-Süd (Sinki) – Grabungsbericht«, in: »Mitteilungsblatt des Deutschen Archäologischen Instituts«, Abteilung Kairo, Nr. 38, Mainz 1982, S. 83-95.

Edwards, I.E.S., »The Pyramids of Egypt«, London 1990.

Eggebrecht, A. (Hrsg.), »Das Alte Reich. Ägypten im Zeitalter der Pyramiden«, Katalog des Roemer- und Pelizaeus-Museums, Hildesheim 1986.

Erman, A. (Hrsg.), »Die Märchen des Papyrus Westcar«, Band 1, 1890.

Gauri, K. L., »Geologic Study of the Sphinx«, in: »Journal of the American Research Center in Egypt«, Newsletter 127, Boston 1984.

Goedicke, H., »Ein königliches Bestattungszertifikat: Pyramiden-Spruch 303«, in: »Studien zur Altägyptischen Kultur«, Nr. 22, Hamburg 1995, S. 131-143.

Goyon, G., »Die Cheops-Pyramide«, Augsburg 1990.

Graefe, E., »Mittelägyptische Grammatik für Anfänger«, Wiesbaden 1994.

Grimal, N.C., »La stéle triomphale de Pi(ankh)y au Musée du Caire«, in: MIFAO, Nr. 105, Kairo 1981, S. 130ff.
Grimal, N.C., »Travaux de l'Ifao en 1996-1997«, in: BIFAO 1997, S. 317-325.
Haase, M., »Das Rätsel des Cheops«, München 1998.
Haase, M., »Die andere Seite der Pyramiden«, G.R.A.L.-Sonderband 8, Berlin 1995.
Haase, M., »Im Schatten der Pyramiden«, in: »G.R.A.L.«, Nr. 3/1996, S. 203-212.
Haase, M., »Tore zu den Sternen«, in: »G.R.A.L.«, Nr. 2/1996, S. 88-97.
Haase, M., »Zwischen Sonnentempeln und Pyramidentexten«, in: »G.R.A.L.«, Nr. 4/1997, S. 232-241.
Hassan, S., »Excavation at Giza«, 10 Bände, Oxford und Kairo 1929-1960.
Hawass, Z., »The Discovery of a Pair-Statue near the Pyramid of Menkaure at Giza«, in: »Mitteilungsblatt des Deutschen Archäologischen Instituts«, Abteilung Kairo, Nr. 53, Mainz 1997, S. 289-293.
Hawass, Z./Lehner, M., »The passage under the Sphinx«, in: »Bibliothèque d'Etude, Institut Français d'Archèologie Orientale, Nr. 106, Kairo 1993, S. 201-216.
Hawass, Z./Verner, M., »Newly Discovered Blocks from the Causeway of Sahure«, in: »Mitteilungsblatt des Deutschen Archäologischen Instituts«, Abteilung Kairo, Nr. 52, Mainz 1996, S. 177-186.
Helck, W., »Die Männer hinter dem König und die Königswahl«, in: »Zeitschrift für Ägyptische Sprache und Altertumskunde«, Nr. 81, Leipzig 1956, S. 62-65.
Helck, W., »Gedanken zum Mord an König Teti«, in: Festschrift Goedicke, S. 103-112.
Helck, W., »Untersuchungen zu den Beamtentiteln des ägyptischen Alten Reiches«, in »Ägyptologische Forschungen«, Band 18, Hamburg 1954.
Helck, W., »Wirtschaftsgeschichte des Alten Ägypten im 3. und 2. Jahrtausend vor Chr.«, Köln 1975.
Helck, W., »Zur Entstehung des Westfriedhofes an der Cheops-Pyramide«, in: »Zeitschrift für Ägyptische Sprache und Altertumskunde«, Nr. 121, Leipzig 1994, S. 36-51.
Helck, W./Eberhard, O., »Lexikon der Ägyptologie«, 5 Bände, Wiesbaden 1975.
Herodot, »Historien«, Buch I und II, Übersetzt von A. Horneffer, Stuttgart 1971.
Hoffmeier, J.K., »The Use of Basalt in Floors of Old Kingdom Pyramide Temples«, in: »Journal of the American Research Center in Egypt«, Nr. 30, Boston 1993, S. 117-123.
Hölscher, U., »Das Grabdenkmal des Königs Chephren«, Leipzig 1912.
Hornung, E., »Der Eine und die Vielen. Ägyptische Gottesvorstellungen«, Darmstadt 1993.
Hornung, E., »Die ›Kammer‹ des Thot-Heiligtums«, in: »Zeitschrift für Ägyptische Sprache und Altertumskunde«, Nr. 100, Leipzig 1973, S. 33-35.
Hornung, E., »Einführung in die Ägyptologie«, Darmstadt 1984.
Hornung, E., »Geist der Pharaonenzeit«, München 1992.
Hornung, E., »Grundzüge der Ägyptischen Geschichte«, Darmstadt 1965.
Jánosi, P., »Bemerkungen zur Regierung des Schepseskaf«, in: »Göttinger Miszellen«, Nr. 141, 1994, S. 49-54.
Jéquier, G., »Le Mastaba Faraoun«, Kairo 1928.
Jones, M., »A Roman Station at Abu Rawash«, in: »Mitteilungsblatt des Deutschen Archäologischen Instituts«, Abteilung Kairo, Nr. 52, Berlin 1996, S. 251-255.
Junker, H., »Grabungen auf dem Friedhof des Alten Reiches bei den Pyramiden von Giza«, Bericht der Akademie der Wissenschaften in Wien, 12 Bände, Nr. 69-75, Wien und Leipzig 1929-1955.
Kaiser, W., »Zu den Sonnenheiligtümern der 5. Dynastie«, in: »Mitteilungsblatt des Deutschen Archäologischen Instituts«, Abteilung Kairo, Nr. 14, Berlin 1956, S. 104-116.
Kees, H., »Totenglauben und Jenseitsvorstellungen der alten Ägypter«, Berlin 1977.
Klemm, R./Klemm, D.D., »Steine und Steinbrüche im Alten Ägypten«, Berlin 1993.
Koch, K., »Erwägungen zu den Vorstellungen über Seelen und Geister in den Pyramidentexten«, in: »Studien zur Altägyptischen Kultur«, Nr. 11, Hamburg 1884.
Krauss, R., »Astronomie in den Pyramidentexten«, in: »G.R.A.L.«, Nr. 1/1995, S. 8-16.

Krauss, R., »Astronomische Konzepte und Jenseitsvorstellungen in den Pyramidentexten«, in: »Ägyptische Abhandlungen«, Band 59, Wiesbaden 1997.

Krauss, R., »Chronologie und Pyramidenbau in der 4. Dynastie«, in: »Zeitschrift für Ägyptische Sprache und Altertumskunde«, Nr. 125, Leipzig 1998, S. 29-37.

Krauss, R., »Zur Berechnung der Bauzeit an Snofrus Roter Pyramide«, in: »Orientalia«, Nr. 66/1997.

Lauer, J.-Ph., »Das Geheimnis der Pyramiden«, München 1980.

Lauer, J.-Ph., »Die Königsgräber von Memphis«, Bergisch-Gladbach, 1988.

Lauer, J.-Ph., »Sur l'âge et l'attribution possible de l'excavation monumentale de Zaouiêt el-Aryân«, in: »Revue d'Egyptologie«, Nr. 14, Paris 1962, S. 21-36.

Lehner, M., »Das erste Weltwunder. Die Geheimnisse der ägyptischen Pyramiden«, Düsseldorf, 1998.

Lehner, M., »The ARCE Sphinx Project. A Preliminara Report«, in: »Journal of the American Research Center in Egypt«, Newsletter 112, Boston 1980.

Lehner, M., »The development of the Giza necropolis. The Khufu Project«, in: »Mitteilungsblatt des Deutschen Archäologischen Instituts«, Abteilung Kairo, Nr. 41, Mainz 1985, S. 109-143.

Lepsius, K.R., »Denkmäler aus Ägypten und Äthiopien«, Text, Hrsg. von E. Naville, 5 Bände, Leipzig 1897-1913.

Locher, L., »New arguments for the celestial location of the decanal belt and for the origins of the ›Orion‹-hieroglyph«, in: »Sesto Congresso Internazionale Egittologie«, Atti, Vol II, 1993, S. 279-284.

Málek, J., »King Merykare and his Pyramide«, in: »Hommages à Jean Leclant IV«, Kairo 1994, S. 203-214.

Málek, J., »Orion and the Giza pyramids«, in: »Discussions in Egyptology«, Nr. 30, 1984, S. 101-114.

Maragliolio, V./Rinaldi, C.A., »L'Architettura delle Piramidi Menfiti«, 8 Bände, Turin/Rapallo 1963-1977.

Mercer, S.A., »The Pyramid Texts in Translation and Commentary«, 4 Bände, New York 1952.

Moursi, M.I., »Die Hohenpriester des Sonnengottes von der Frühzeit Ägyptens bis zum Ende des Neuen Reiches«, in: »Münchner Ägyptologische Studien«, Berlin 1972.

Neugebauer, O./Parker, R.A., »Egyptian Astronomical Texts«, 2 Bände, Providence und London 1960-64.

Perring, J.S., »The Pyramids of Gizeh«, London 1839-1842.

Petrie, W.M.Fl., »The Pyramids and Temples of Gizeh«, London 1883.

Piankoff, A., »The Pyramid of Unas«, Princeton 1968, S. 3-13.

Porter, B./Moss, R.L.B., »Topographical Bibliography of Ancient Egyptian Hieroglyphic Texts, Reliefs and Paintings«, 7 Bände, Oxford 1927/52, 1960.

Radwan, A.M., »Der Königsname. Epigraphisches zum göttlichen Königtum im Alten Reich«, in: »Studien der Altägyptischen Kultur«, Nr. 2, Hamburg 1975, S. 213-233.

Reisner, G.A., »A History of the Giza Necropolis«, 2 Bände, London 1942.

Ricke, H., »Bemerkungen zur ägyptischen Baukunst des Alten Reiches«, in: »Beiträge zur Ägyptischen Bauforschung und Altertumskunde«, Band 4, Zürich 1944 und Band 5,1, Kairo 1950.

Ricke, H., »Das Sonnenheiligtum des Königs Userkaf«, in: »Beiträge zur Ägyptischen Bauforschung und Altertumskunde«, Band 7 und 8, Kairo 1965-1969.

Ricke, H., »Der ›Hohe Sand in Heliopolis‹«, in: »Zeitschrift für Ägyptische Sprache und Altertumskunde«, Nr. 71, Leipzig 1935, S. 107-111.

Ricke, H., »Der Harmachistempel des Chefren in Giseh«, in: »Beiträge zur Ägyptischen Bauforschung und Altertumskunde«, Band 10, Wiesbaden 1970, S. 1-43.

Ricke, H., »Eine Inventartafel aus Heliopolis im Turiner Museum«, in: »Zeitschrift für Ägyptische Sprache und Altertumskunde«, Nr. 71, Leipzig 1935, S. 111-133.

Saleh, M./Sourouzian, H., »Die Hauptwerke im Ägyptischen Museum Kairo«, Offizieller Katalog, Mainz 1986.

Sasse T./Haase, M., »Im Schatten der Pyramiden«, Düsseldorf 1997.
Schlott, A., »Schrift und Schreiber im Alten Reich«, München 1989.
Schott, S., »Ägyptische Quellen zum Plan des Sphinxtempels«, in: »Beiträge zur Ägyptischen Bauforschung und Altertumskunde«, Band 10, Wiesbaden 1970.
Schott, S., »Bemerkungen zum ägyptischen Pyramidenkult«, in: »Beiträge zur Ägyptischen Bauforschung und Altertumskunde«, Band 5, Kairo 1950.
Schulz, R./Seidel, M., »Ägypten. Die Welt der Pharaonen«, Köln 1997.
Schulze, P., »Der Sturz des göttlichen Falken«, Bergisch Gladbach 1986.
Schüssler, K., »Die ägyptischen Pyramiden«, Köln 1992.
Sethe, K., »Die altägyptischen Pyramidentexte«, 3 Bände, Heidelberg 1960.
Sethe, K., »Die Totenliteratur der alten Ägypter«, in: »Sitzungsberichte der Preußischen Akademie der Wissenschaften«, Nr. 18, Berlin 1931.
Sethe, K., »Übersetzungen und Kommentar zu den altägyptischen Pyramidentexten«, 6 Bände, Glückstadt 1962.
Siliotti, A., »Pyramiden. Pharaonengräber des Alten und Mittleren Reiches«, Erlangen 1997.
Spalinger, A., »Dated Texts of the Old Kingdom«, in: »Studien der Altägyptischen Kultur«, Nr. 21, Hamburg 1994, S. 283-285.
Stadelmann, R., »Das Dreikammersystem der Königsgräber der Frühzeit und des Alten Reiches«, in: »Mitteilungsblatt des Deutschen Archäologischen Instituts«, Abteilung Kairo, Nr. 47, Mainz 1991, S. 374-387.
Stadelmann, R., »Der Strenge Stil der frühen Vierten Dynastie«, in: »Kunst des Alten Reiches«, Sonderschrift des Deutschen Archäologischen Instituts Kairo, Band 28, Mainz 1995, S. 155-166.
Stadelmann, R., »Die ägyptischen Pyramiden«, Mainz 1991.
Stadelmann, R., »Die großen Pyramiden von Giza«, Graz 1990.
Stadelmann, R., »Khaefkhufu = Chephren. Beiträge zur Geschichte der 4. Dynastie«, in: »Studien der Altägyptischen Kultur«, Nr. 11, Hamburg 1984, S. 165-172.
Stadelmann, R., »König Teti und der Beginn der 6. Dynastie«, in: »Bibliothèque d'Etude, Institut Français d'Archèologie Orientale, Nr. 106, Kairo 1993, S. 327-335.
Stadelmann, R./Alexanian, N., »Die Friedhöfe des Alten und Mittleren Reiches in Dahschur. Bericht über die im Frühjahr 1997 durch das Deutsche Archäologische Institut Kairo durchgeführte Felderkundung in Dahschur«, in: »Mitteilungsblatt des Deutschen Archäologischen Instituts«, Abteilung Kairo, Nr. 54, Mainz 1998, S. 293-317.
»Urkunden des Ägyptischen Altertums«, begr. von Georg Steindorf, Abt. I, 1-4, Leipzig 1933.
Valloggia, M., »Fouilles Archéologiques à Abu Rawash. Rapport Préliminaire de la Campagne 1995, 1996, 1997«, in »Geneva«, Nr. 43, 1995, S. 65-72; Nr. 44, 1996, S. 51-59 und Nr. 45, 1997, S. 125-132.
Verner, M., »Die Königsmutter Chentkaus ... und eine Bemerkung zur Geschichte der 5. Dynastie«, in: »Studien der Altägyptischen Kultur«, Nr. 8, Hamburg 1980, S. 243-268.
Verner, M., »Die Pyramiden«, Reinbek bei Hamburg 1998.
Verner, M., »Verlorene Pyramiden, Vergessene Pharaonen. Abusir«, Prag 1994.
Vyse, H., »Operations carried out on the Pyramids of Gizeh«, 3 Bände, London 1840-1842.
Waerden, B.L. v.d., »Erwachende Wissenschaft. Ägyptische, Babylonische und Griechische Mathematik«, Stuttgart 1966, S. 54.
Wildung, D., »Die Rolle ägyptischer Könige im Bewußtsein ihrer Nachwelt«, 1. Teil, in: »Münchner Ägyptologische Studien«, Nr. 17, Berlin 1969.
Wisnewski, G., in: »P.M. History«, Nr. 1/1998, »Ein Roboter erforscht die ägyptischen Pyramiden«, S. 14-19.

Danksagung

Unabhängig von den vielschichtigen Informationen, die sich hinter seiner Arbeit verbergen, braucht ein Autor für das Schreiben eines Buches noch ganz andere Dinge: viel Ruhe und ein wenig Abgeschiedenheit, Liebe und Unterstützung aus dem Kreis seiner Familie, verständnisvolle Freunde und hilfsbereite Bekannte, kompetente Gesprächspartner und einen professionellen Verlag. Am Ende dieses Buches soll mein Dankeschön auch in dieser Reihenfolge an all die Menschen gehen, die in vielerlei Hinsicht zu seinem Gelingen beigetragen haben.

Mein erster, ganz herzlicher und liebevoller Dank geht natürlich an meine Frau Christine. Ohne ihre Liebe, ihr Verständnis und ihre Ausdauer für die pyramidalen Probleme meiner Studien hätte ich in den letzten Monaten nicht so effektiv arbeiten können. Außerdem war sie mir eine unschätzbare Hilfe beim Lesen des Manuskriptes. Auch meinen ägyptenbegeisterten Eltern, Erika und Heinz Haase, und meinen Schwiegereltern, Barbara und Dagobert Mende, schulde ich Dank für ihre vielseitige moralische und innerfamiliäre Unterstützung, die ich erfahren habe.

Obwohl sich die Ergebnisse dieses Buches in erster Linie auf die ägyptologischen Erkenntnisse der breit gefächerten Fachliteratur, auf die Erfahrungen eigener Exkursionen in Ägypten und auf unendlich viele Stunden der Zwiegespräche, Analysen und Berechnungen stützen, gab es auch einige Fachwissenschaftler, die mir bei einzelnen Recherchen bereitwillig Auskünfte gaben und denen hier gedankt sei: der Berliner Ägyptologe Rolf Krauss, der Direktor des Deutschen Archäologischen Instituts in Kairo, Rainer Stadelmann, sowie der Leiter der letzten Grabungskampagne in Abu Roasch, der Schweizer Ägyptologe Michel Valloggia.

Mein Dank gilt auch meinen Freunden und ehemaligen Reisegefährten, mit denen ich interessante Tage am Nil verbrachte: Tanja und Thomas Heinrich, Markus Schulz und Beate Kirsten sowie Frank Werner. Ebenso sei Freunden, Bekannten und Kollegen gedankt, mit denen ich in den letzten Jahren über Ägypten diskutierte, die sich für meine Arbeit interessieren und die mir Hinweise für meine Studien lieferten: Manuela und Michael Franzkowski, Jörg Ritter und Petra Robohm, Peter und Claudia Fiebag, Jörg Dendl, Sabine Garnitz und Andreas Ihlenfeld, Arno Sauerbier und Rudolf Gantenbrink.

Abschließend geht natürlich auch wieder ein Dankeschön nach München, zu den Mitarbeitern des Herbig-Verlages, die bei der Vorbereitung dieses Buches maßgeblich beteiligt waren. Hierbei ist besonders mein Lektor Hermann Hemminger zu nennen, der sich für das Thema »Re« stark gemacht hat und stets ein kompetenter Ansprechpartner war. Und zu guter Letzt noch ein Gruß an das Atelier der Firma Numberger, die beim Setzen dieses Buches eine hervorragende Arbeit geleistet haben.

Michael Haase,
Januar 1999

Register

Abschlußstein 121, 152
Abu Gurob 190, 204
Abu Roasch 12, 21, 44, 48
Abusir 151, 185ff.
Abusir-Könige 190ff.
Abusir-Pyramiden 190ff.
Abydos 88, 113
Ägyptisches Museum in Kairo 85
Aldebaran 222
Altes Reich 14, 16
Alvarez, Luis 104
Amenemhet I. 146
Amenophis II. 133
Anch-Zeichen 41
Arbeitsplattform 110
Arnold, Dieter 119f., 149, 158
Assmann, Jan 32
Assuan 62
Atum 8, 32f., 175, 184, 202
Atum-Priesterschaft 36, 173f.
Atum-Tempel 9, 177f.
Aufweg 54, 213
Ausrichtung der Pyramidenbezirke 56
Ausrichtung der Pyramidenseiten 219ff.

Baefhor 72
Baefre 68,71
Bahr el-Lebeini 55, 89
Baka 36, 44, 67ff., 78
Barkenfahrt 41
Barkengruben 65, 125
Barkenprozession 29
Barsanti, Alexandre 77ff.
Basaltsarkophag des Mykerinos 162
Ba-Seele 213
Bastet 123
Bauarbeitergraffito 61, 78
Bauleiter 52, 64, 87
Baumaterialien 64, 90
Bauorganisation 88ff.
Baurampe 64f., 111ff.
Beamtenfriedhof 90
Beckerath, Jürgen von 69
Begräbniszeremonie 61, 215
Bekhen-Gestein 71
Belzoni, Giovanni Battista 97
Benben-Stein 31, 202
Beobachtung der Sonne 219f.
Beobachtung des Sternenhimmels 222
Bicheris 68
Binsengefilde 221
Borchardt, Ludwig 136, 195

Campbell-Grab 82
Carter, Howard 203
Chaefchufu 72
Chaemwaset 97
Chentkaus I. 82, 172f.
Cheops 14, 36, 43, 167f.
Chephren 14, 36, 44, 67ff., 85ff., 148ff.
Chnumchufu 139

Dahschur 117, 195
Demokratisierung der Gesellschaftsstruktur 211
Der den Großen schaut 182ff.
Der den Großen von Heliopolis schaut 182ff.
Diorit 62
Djedefchnum 73
Djedefhor 71f., 168f.
Djedefre 15, 21, 36, 43ff.
Djedfeptah 171
Djedi 168ff.
Djedkare 207
Djoser 35
Djoser-Nekropole 188f.
Dju Descher 176

Edwards, I.E.S. 93
Eigenname 46f.
Ekliptik 221
El Gamaliya 176
Entladezone am Taltempel 90
Erbe der Götter 25
Erbrecht 69f., 86
Ernährung der Toten 208f.
Erste Zwischenzeit 15
Exakte Chronologie 67
Expeditionsleiter 184

Faijum-Oase 12, 117
Fallsteinvorrichtung 60
Familienfriedhof der Cheops-Nekropole 72f.
Felskern 91
Festung des Re 196f.
Freihaltung des Kammersystems 120
Fundamentsockel 91

Gantenbrink, Rudolf 114f.
Geb 32
Gebel el-Ahmar 62, 176, 184
Geburtslegende d. 5. Dynastie 171
Geburtsname 46
Gesellschaftsstruktur der Pyramidenzeit 34f., 124, 211
Giza-Plateau 72, 80ff.
Goldhorusname 46
Götter 23f.
Götterbild 26ff.
Götternamen 40, 138
Götterneunheit von Heliopolis 31
Göttertempel 26ff., 194
Götterwelt Ägyptens 23f.
Goyon, Georges 111, 119
Grabausschachtung 56ff., 77
Grabbeigaben 99, 126
Grabenstruktur um den Djoser-Komplex 187f.
Granit 62, 103, 159
Granitobelisk des Sesostris I. 177
Grauwacke 44, 62, 71
Großer Graben von Sakkara 187f.
Großer Kanal 55
Großer Sphinx von Giza 16, 66, 127ff.
Großer Stern 221
Gundlach, Rolf 48

Hafen der Giza-Nekropolen 88f.
Harachte 41, 218
Hassan, Selim 139
Hathor 123, 150
Herrin der Sykomore 150
Haus des Chephren 150
Hawass, Zahi 136
Helck, Wolfgang 26, 68, 182, 211

Heliopolis 14, 24, 29ff., 40, 173ff.
Herodot 108, 158
Herrinnenname 46
Hetepheres II. 44
Hetepsechemui 213
Hieratisch 71
Himmelfahrt des Königs 218
Himmelsgott 25
Himmelsrichtungen 218f.
Himmlischer Kanal 221
Hitan el-Gurab 82
Hohenpriester von Heliopolis 172, 183
»Hohen Sand« von Heliopolis 32, 177
Hölscher, Uvo 93
Hor-em-achet 133ff.
Horizont des Cheops 20
Horizontischer Horus 41
Hornung, Erik 18, 32
Horus 25, 41, 47, 85
Horus-Name 25, 46, 224

Imhotep 35
Ineb Hedj 7, 35
Innere Rampe 158
Institut Français d'Archéologie Orientale 57
Isis 32, 223
Iunu 8

Jenseitsversorgung 34ff., 208f.
Jenseitsvorstellungen 34ff., 182, 210f., 217
Junker, Hermann 182

Kagemni 224
Kairo 18, 176
Kaiser, Werner 199ff.
Kambyses 180
Kammergestaltung 103ff., 212, 226
Kammern und Gänge unter dem Sphinx 136f.
Kammersystem der
  Pyramide des Baka 77
  Cheops 106f.
  Chephren 97ff., 106f.
  Djedefre 59ff.
  Mykerinos 160f.
  Sahure 153f.
  Teti 226
  Unas 214
Ka-Statue 98
Kawab 44
Kernmauerwerk 62
Klemm, Dietrich D. 142
Klemm, Rosemarie 142
Knick-Pyramide 95, 117
König von Ober- und Unterägypten 68
Königinnenkammer 62, 98
Königliche Titulatur 47
Königsamt 25
Königsdogma 25
Königsfriedhof der 1. und 2. Dynastie 225
Königsfriedhof von Abusir 190ff.
Königsideologie 27, 31, 46, 202
Königsliste aus dem Neuen Reich 44
Königtum 25f.
Konstruktionsraster 58f.
Kontaktstellen zum Jenseits 34
Kopflose Pyramide 195
Koptos 62, 71
Kosmogonisches Modell 32
Kosseir 71
Krauss, Rolf 217ff.
Krummer Kanal 221
Kultansiedlung des Sonnengottes in Heliopolis 174f.
Kultkapellen im Sphinx-Tempel 150
Kultpyramide 126
Kultvollzug 26ff.

Lauer, Jean-Philippe 79, 187, 215
Leben nach dem Tode 34f.
Lebenskraft 99
Lehner, Mark 66, 98, 111f., 118
Lexikon der Ägyptologie 69
Lischt-Pyramide 146
Locher, Kurt 223
Logistik 53, 64, 87, 165
Logistische Koordinierung der ankommenden Rohstoffe 98
Lustort des Re 196ff.
Luxor 71, 178, 227

Maat 28
Magazinräume 89, 159
Manetho 68, 230
Mariette, Auguste 136
Mastaba 19, 34, 54, 73, 180f.
Mastaba el-Faraun 164f., 228
Mastaba G 2100 180ff.
Maximus 71
Medum 116f.
Medum-Pyramide 94, 117f.
Memphis 12, 24, 35, 86, 207
Menkauhor 207
Menkaure 46, 165
Mennefer 7
Merenre I. 214, 228
Merib 182f.
Meritites 44
Mittleres Reich 72, 155, 231
Montuheru 134
Mykerinos 36, 68, 156ff.

Nachkomme des Gottes 25
Nachtfahrt des Sonnengottes 41f., 202, 218
Nebenpyramide der Chephren-Pyramide 126
Nebka 68, 78
Neferefre 193
Neferhetepes 44
Neferirkare 70, 192
Neigungswinkel 57ff., 113
Neith nördlich der Mauer 150
Nekropolenwechsel 86
Nemes-Kopftuch 66, 130
Nephtys 32
Neues Reich 27, 72
Nil 8, 12
Nildelta 212
Niuserre 194
Nut 32

Obelisk 31, 178f., 197
Obeliskenheiligtum 197f.
On 31
Opfergaben aus dem königlichen Totentempel 147
Opfergabenmagazin 99
Opfergefilde 221
Opferstiftungen 33, 44, 70
Orakeldeutung 29
Orion 221f.
Osiris 32, 210ff., 223
Osiris-Religion 211

Ostwestorientierung der Totentempel 187ff.

Papyriarchive 205
Papyrus Westcar 171
Pepi I. 214, 228
Pepi II. 164, 214, 228f.
Periode der Unsichtbarkeit 221
Perring, John Shae 57
Petrie, Flinders 177
Pfeiler(stadt) 31
Piazza San Pietro 179
Politische Programme 47
Priester-Astronomen 219f.
Pylon 194, 207
Pyramide des ...
Baka 78
Cheops 18, 61, 89
Chephren 16, 21, 89ff., 112ff.
Djedefre 51ff.
Djedkare 207f.
Djoser 35
Menkauhor 195f., 225
Merenre I. 228f.
Mykerinos 155ff.
Neferefre 193f.
Neferirkare 193
Niuserre 194
Pepi I. 228f.
Pepi II. 228f.
Sahure 152, 190f.
Schepseskare 194
Teti 224ff.
Unas 212ff.
Userkaf 185f., 188f.
Pyramidenbau 108ff.
Pyramidenfeld bei Abusir 190ff.
Pyramidenstadt 89
Pyramidentexte 36, 41, 205, 214
Pyramidion 121, 152

Quarzit 62

Ramessiden 97
Rampenproblem 64f., 108ff.
Ramses II. 133
Ramses III. 33
Rawoser 169
Re 8, 39ff., 174ff.
Reduktion der königlichen Grabmäler 157, 166
Re-Harachte 10, 41, 177, 218
Reisner, Georg Andrew 68
Revolution von Memphis 14, 230
Richtung der Glättungsarbeiten 121, 159f.
Ricke, Herbert 144ff., 201
Rosengranit 57, 62, 103, 188
Rote Pyramide 61, 117
Rudjedjet 169f.
Rundumanschüttung 114ff.

Sachebu 169, 174
Sahure 70, 190f.
Sakkara 35, 195, 207, 225
Sakkara-Plateau 185ff., 228
Sa-Re 46, 179
Sargtexte 226
Sarkophag des Teti 226
Sarkophag des Chephren 99, 102f.
Sarkophag des Mykerinos 162f.
Sat el-Kom 174
Scheinbare jährliche Sonnenbahn 221
Schepseskaf 162ff.
Schiaparelli, E. 177
Schiffsgrube der Djedefre-Nekropole 65f.
Schreiber des Gottesbuches 219
Schreine des Thot-Heiligtums 168f.
Schu 32
Seked 59
Serdab-Kammer 98
Seschat 25
Seth 32
Sethos I. 133
Setka 65
Sirius 221
Snofru 14, 36, 117
Sohn des Re 46
Sonnenglauben 47
Sonnengott 33, 39ff., 218
Sonnenheiligtum des ...
Menkauhor 201ff.
Neferefre 199, 203f.
Neferirkare 193, 203f.
Niuserre 196ff., 203f.
Sahure 199, 203f.
Userkaf 190
Sonnenkönige 151ff.
Sonnenkult 16, 31f., 40, 133, 146f., 173ff.
Sonnenscheibe 39
Sonnenstadt 29
Sphinx 65, 127ff.
Sphinx-Tempel 16, 143ff.
Spiegelbild des Sonnenlaufes 56
Spiralrampe 111ff.
Stadelmann, Rainer 72, 93, 195
Statuenkopf des Djedefre 215
Steigungsverhältnis 58
Steigungswinkel 57f., 113
Steinbrüche auf dem Giza-Plateau 90f., 142f.
Steinräuber 179
Sternenzelt des Djedefre 51
Strabo 180
Stufen-Pyramide 35f., 164

Taltempel 54
Taltempel der Chephren-Pyramide 85, 122f., 141, 145
Tefnut 32
Tempelausrichtung 187f.
Tempelbibliothek 219
Tempelgründung 197
Teti 179, 214, 224f.
Thebanische Königsgräber 227
Thronfolge 67
Thronnamen 46
Thutmosis IV. 132
Tjenti 219
Totenkultideologie 34ff., 124f., 209ff.
Totenopferkult 35, 208f.
Totenpriester 44
Totenstiftung 208f.
Totentempel 54, 65, 125, 148, 205f.
Totentexte 214ff., 227
Transportwege 64f., 108ff.
Traumstele 132f., 138f.
Tura 12
Tura-Kalkstein 63, 125, 159
Turiner Königspapyrus 44, 73

Umfassungsmauer 97

Unas 212ff.
Uräus 41, 66, 130
Urhügel von Heliopolis 32ff., 177, 197
Userkaf 44, 70, 171, 185ff.

Valloggia, Michel 57, 62
Verfügbarkeit des Grabes 157
Verkleidung der Pyramide 121, 125
Vermenschlichung des verklärten Königs 156
Verner, Miroslav 39, 166, 172
Verschlußmechanismus des Chephren-Sarkophages 103
Vorstellung des Sonnenlaufes 218
Vyse, Howard 137, 162

Wadi Hammamat 71f.
Was-Zepter 41
Weltenkammer 197
Werkstätten 78, 89, 109
Westfriedhof der Cheops-Pyramide 19, 180f.
Wildung, Dietrich 68, 139
Wirtschaftssystem des Landes 209
Wohlwollen des Königs 114
Wohnquartiere der Arbeiter 89
Wunsch nach Jenseitsversorgung 114

Zaubertexte 214
Zawyet el-Aryan 76ff.
Zentralfriedhof 124, 181
Zeremonialbart 66
Zugriff auf die Ressourcen der Grabbauindustrie 124